Chinese Economists 50 Forum

中国经济50人论坛丛书

走进中国经济50人论坛

握手中国最有影响力的群体经济学家

中国经济50人论坛丛书
Chinese Economists 50 Forum

新浪·长安讲坛 第十辑

中国经济新常态与政策取向

吴敬琏 刘鹤 樊纲
易纲 吴晓灵 许善达 蔡昉◎主编

中国经济出版社
CHINA ECONOMIC PUBLISHING HOUSE
北京

图书在版编目（CIP）数据

新浪·长安讲坛 第十辑 中国经济新常态与政策取向/吴敬琏等主编.
北京：中国经济出版社，2015.2（2021.11 重印）
ISBN 978-7-5136-3678-0

Ⅰ.①中… Ⅱ.①中… Ⅲ.①中国经济—经济发展—文集
②中国经济—经济政策—文集 Ⅳ.①F124-53 ②F120-53

中国版本图书馆 CIP 数据核字（2015）第 013867 号

责任编辑　乔卫兵　寇艺明　杨元丽
责任审读　贺　静
责任印制　马小宾
封面设计　华子图文设计公司

出版发行　中国经济出版社
印 刷 者　北京艾普海德印刷有限公司
经 销 者　各地新华书店
开　　本　710mm×1000mm　1/16
印　　张　23.75
字　　数　375 千字
版　　次　2015 年 2 月第 1 版
印　　次　2021 年 11 月第 7 次
定　　价　58.00 元
广告经营许可证　京西工商广字第 8179 号

中国经济出版社 **网址** www.economyph.com **社址** 北京市西城区百万庄北街 3 号 **邮编** 100037
本版图书如存在印装质量问题，请与本社发行中心联系调换（联系电话：010-68330607）

中国经济50人论坛
丛书编委会

序言

由“中国经济50人论坛”主办的长安讲坛（现由新浪冠名赞助），从2001年开始到现在，已经举办了200多期。呈现在读者面前的，是在这个讲坛上，中外经济学者所做的演讲的记录，我们把它们选编成一个系列文集。

“中国经济50人论坛”完全是一个非官方的学术组织，其目的是使一些学者能够经常地相互交流与沟通，定期或不定期地在一起讨论一些大家正在进行着的研究课题，相互启发一些研究思路。它不像美国的总统经济顾问委员会，是一个政府机构，也不像法国总理府搞的“经济40人”、德国科学院的“智人团”等，多少有些“官方色彩”。“中国经济50人论坛”完全像是一个“同人会”，尽管它的一些成员有政府职位，尽管在最初的成立阶段，国家信息中心和中国经济信息网给予了重要的组织方面的支持，但它本身不是一个（也没有意图成为一个）正式的机构，而是一些经济学者自发组织进行交流的平台。

“中国经济50人论坛”成立以来，搞了不少“封闭式”（没有媒体报道）的研讨会，但“长安讲坛”则是一个面对公众的政策讲坛，对任何参加者都不收取任何费用，每次活动请一位专家或学者，就自己近期研究的一个问题，作40～60分钟的演讲，然后听取听众的批评、提问，并答疑、讨论30分钟，在一个半小时的时间里，可以将一个问题相当深入地讨论一番。对听众来说，可以从专家的演讲和答疑中获得大量的信息、知识，可快捷地了解到这一方面问题目前研究的前沿状况；而对讲演者来说，这不仅是一个发布自己研究成果的讲坛，也是一个直接听取批评、发现问题、得到反馈、以便改进自己研究的绝好机会。“中国经济50人论坛”几年来坚持每两个星期搞一次“长安论坛”，几乎所有在经济理论和经济政策领域里有所建树的学者、专家，都到讲坛上宣讲过自己的研究成果，涉及范围广泛，讨论问题深入，回顾起来，已颇为壮观。也正因如此，出版界和我们论坛的组织者觉得，将“长安讲坛”和其他一些相关的公共论坛上大家的发言或发表的论文收为文集，或许具有一定的学术价值，也得以使大家的研究成果产生更大的社会影响。

在这套丛书出版过程中，各位作者当然会对自己的论文或演讲稿进行一些修改和补充，在一定程度上，这里收集的东西，已经不同于当初在论坛上宣讲的内容，但这其实也是论坛本身的成果，体现了论坛的作用，因为论坛的目的就是为了在更广泛的讨论和辩论当中，使大家的观点得到修正和完善。不过，在这套丛书中，我们仍然可以看到这几年来大家所关心、所讨论的问题的踪迹，这也是一个历史的记录。

我们将努力把这个讲坛和论坛的活动继续办下去，因此，这套丛书也会不断地出下去，也许会更加及时地反映论坛上大家所讨论的问题，使更多不能身临论坛的读者，能够及时了解论坛上的话题，以各种方式加入到经济问题的讨论中来。毕竟，中国的经济改革与经济发展，需要更多的人参与，需要有更多的新观点、新思想、新办法，需要有更多的民主机制，来解决我们所面临的和将要面临的各种难题，确保中国能够持续地发展下去。

樊　纲

目录

序　言 …………………………………………………………… / 1

中国经济中的存量和流量　韩文秀 / 1

中国经济挑战与机遇　哈继铭 / 23

新型城镇化与深化改革　韩　俊 / 59

日元国际化的经验及其对中国的启示　管　涛 / 83

金融改革与中国经济转型　黄益平 / 105

读懂中国经济数据　王小鲁 / 125

贤能体制与中国经济发展　姚　洋 / 143

从三次国际经济危机得到的经验教训　汪同三 / 155

新历史起点，新改革征程　吴敬琏 / 171

中国的城镇化与市场　任志强 / 185

融资贵、融资难与金融改革　余永定 / 199

中国企业国际化战略　隆国强 / 217

在中高速增长阶段向中高端水平迈进　王一鸣 / 235

千呼万唤始出来——从公布调查失业率说起　蔡　昉 / 247

深化改革的必要准备是进一步解放思想　段永基 / 275

中国的发展潜力、增长要素与风险管理 樊 纲 / 283

影响中国市场经济良性发展的十大法律问题 刘光超 / 301

混合所有制——公有制与市场经济的衔接点 宋晓梧 / 313

中国现代化之路（1949—2014） 胡鞍钢 / 329

人民币的新角色 李 波 / 349

附录 1 中国经济 50 人论坛简介 …………………………………… / 363

附录 2 中国经济 50 人论坛成员名录 ……………………………… / 365

附录 3 中国经济 50 人论坛企业家理事会名录 …………………… / 369

韩文秀
论坛成员
国务院研究室副主任

中国经济中的存量和流量

Chinese Economists 50Forum

Chinese Economists 50Forum

韩文秀简历

50 人论坛成员。

1980 年 9 月—1989 年 1 月，在北京大学经济系学习，获经济学学士、经济学硕士学位，其中，1984 年 9 月—1986 年 9 月，在北京大学学报编辑部工作。

1989 年 1 月—1997 年 7 月，在国家计委经济研究中心（现国家发展改革委宏观经济研究院）工作，先后任副处长、处长。

1997 年 8 月—2005 年 3 月，先后任国家计委（国家发改委）财政金融司调研员、综合司处长、副司长。

2005 年 3 月—2011 年 8 月，任中央财经领导小组办公室局长。其中，2006 年 9 月—2010 年 1 月，在中国人民大学财政金融学院学习，获经济学博士学位；2010 年 7 月—2011 年 8 月，挂职任中共广东省委副秘书长。

2011 年 8 月起，任国务院研究室副主任。

期　　目：总第 249 期
演讲时间：2014 年 3 月 27 日

今天和大家讨论的问题是：中国经济中的存量和流量，重点是存量，也可以称为中国的存量经济学。这可能是一个大家既熟悉又陌生，既新鲜又古老的题目。在经济理论和政策实践中，对这一问题还没有一个完整、成熟的体系，我对这一问题的研究认识也有限，因此，我希望对这一问题采用某种漫谈的方式，力图进行全方位的梳理。

一、存量和流量的基本关系

为什么要研究存量问题？当一个人家徒四壁的时候，他想的多是如何靠自己的劳动获得收入；当一个人家财万贯时，他可能就要想如何以财生财；当债务工具十分丰富和发达时，他可能会想到如何更好地发挥有限资本的杠杆作用以小搏大，甚至“空手套白狼”。这些都涉及存量和流量问题。在当代中国，流量问题依然重要，与此同时，我们的家底越来越厚，各类存量问题日趋凸显，加强对存量演变规律的研究势在必行。

流量和存量是经济分析中的两个重要概念。流量是指一定时间跨度内的变量，好比通过一个河段的水流量。存量则指在某一个时点上某一变量的量值，如同湖中所盛的水。流量是一个与时间区间相对应的概念，存量则是与时点相对应的概念。在经济指标中，产值类、产量类、需求类和供给类指标一般都是流量，资产负债类指标、保有量、人口数等是存量。具体来说，GDP 是流量，国民财富是存量；一个人的工资或收入是流量，家庭财产是存量。按照联合国、世界银行等编制的 2008 年版《国民经济核算体系》，经济存量是指某一个时点的资产和负债的头寸或持有，经济流量则反映经济价值的产生、转换、交换、转移或消失，涉及机构单位的资产和负债在物量、构成或价值方面的变化。

从行为的角度，英国经济学家希克斯（Hicks，1946）把现期的生产和消费活动称为“流量活动”，把资产持有活动称为“存量活动”。《新帕尔格雷夫经济学大辞典》还从市场供求的角度，认为那些目的是为现期内消费而购买的是流量需求，那些目的是为现期期末作为资产持有而购买的是存量需求；与此类似，从现期的生产中供给的货物是流量供给，而从过去的生产中即库存中供给的货物是存量供给。由此，可以对流量需求与流量供给之间的均衡、存量需求与存量供给之间的均衡，以及流量加存量需求与流量加存量供给之间的均衡问题，展开一系列的分析，建立复杂的模型。

存量和流量之间相互联系，在一定情况下可以相互转化。一方面，存量来源于流量的积累。存量是资产或负债在持有期内伴随某些物量或价值的变化而连续增加或减少的结果。例如，每年借款不断累加，形成某个时点上的债务余额。另一方面，存量也会产生流量，例如债务会形成利息，每年需要偿还的利息多少是一个流量；相应地，股票、基金等资产也会带来红利，而红利和工资一样，都是收入流量。

关于存量，可以从不同角度来考察其特征。

物质形态的存量和价值形态的存量。我国目前钢铁生产能力在 8 亿吨左右，全国城市住房面积大约 230 亿平方米，这些都是物质形态的存量。2013 年地方政府性债务累计 17. 9 万亿元（含或有债务），广义货币 M2 达到 110. 65 万亿元，这些都是价值形态的存量。

积极的存量和消极的存量。各种资产、财富可以视为积极的存量，而负债、水和土壤的污染程度等可以视为消极的存量。

存量的质量。两个国家，可能都有 10 亿平方米住房，但二者在质量上有较大差异，如棚户区、贫民窟就不能和高楼、别墅相比。两个国家，可能都有 5000 万辆汽车，但二者在质量上也会有较大不同。甚至两个银行都有 5 万亿元贷款资产，但其质量（不良贷款率）也可能有所不同。或者两个城市，都有 500 亿元的债务，但二者对应的资产质量和风险程度也是不同的。如何用统一的标准来衡量存量的质量，是一个很难的问题。

存量的结构。流量有结构问题，如收入分配结构。存量也有结构问题，如财产分布结构。同样是政府债务，但结构上可能有很大差异，如两个城市之间，一个可能主要对应着高速公路等资产，有良好的现金流，另一个可能主要对应着学校等纯公益性资产，缺乏现金流。再如，日本政府债务的持有者约 90% 是国内投资者，而危机爆发前希腊政府债务的持有者近 80% 是外国投资者。通常来说，如果存量结构不合理，则调整起来的难度比流量结构调整更大。

存量的升值和贬值。物质形态的存量（如房屋、设备）通常有生命周期，从而有折旧。在现实生活中，原来价值量相同但物质形态不同的存量，可能在升值、贬值上存在惊人的差异。随着时间的推移，有的存量可能越来越升值，有的存量则越来越贬值。例如建筑，埃菲尔铁塔、巴黎圣母院、美国国会山可能越来越有价值，而一些粗制滥造的建筑可能在几十年后越看越不顺眼，人们急欲拆除而后快。再如，一个人 10 多年前花钱买了一大堆高档家用电器，现在几乎一文不值；另一个人用同样的钱买了几件红木家具，现在可能增值很多，甚至翻番。

存量的临界点和警戒线。按照某个收益率来计算，当一个人拥有的金融资产达到一定规模时，他的年收益额就可以达到当地的人均收入水平，意味着他不用从事其他职业就可以享受当地的平均收入或生活水平（所谓“食利者阶层”），如果他的金融资产规模更大，则他凭此得来的收入就与其他人的平均数拉开了距离。从负债来说，某个债务余额必然对应着一定规模的还本付息需要，而这一还本付息额又与财政、企业或家庭的偿债能力相联系，如果明显超过偿债能力，就可能导致债务危机。因此，马斯特里赫特条约规定欧元区国家 60% 的债务率和 3% 的赤字率标准，前者是存量警戒线，后者是流量警戒线。

以上表明，存量有不少独有特征，应深入研究存量经济学。

二、存量和流量的若干实证分析

（一）国民财富和 GDP

根据世界银行的定义，国民财富是指一国所拥有的生产资产、自然资产、人力资本和社会资本的总和。生产资产应称为人造资产，是由人类生产活动所创造的物质财富，包括各种房屋、基础设施（如供水系统、公路、铁路、桥梁、机场、港口等）、机器设备等。自然资产又称自然遗产，被视为大自然所赋予的财富，是天然生成的，或具有明显的自然生长过程，包括土地、空气、森林、水、地下矿产等。人力资本是指人类通过自身教育、健康、营养等方面的投资而形成的为自己创造福利的能力。社会资本被视为联系生产资产、自然资产和人力资本的纽带，是促使整个社会以有效方式运用上述资源的社会体制和文化基础。

17世纪英国经济学家威廉·佩蒂曾说，劳动是财富之父，土地是财富之母。可以说，经济生产活动是物质财富的来源，GDP就是当年经济活动的结果。从GDP与财富积累的关系看，我国既存在独特的有利因素，也存在独特的不利因素。我国经济增长速度快，过去30多年经济增速平均达到近10%，同时，投资率、储蓄率高，长期在40%以上，这些都有利于加速财富积累。但另一方面，我国GDP质量低，其中有比别国更大的比例不能有效形成财富积累，甚至还会造成财富损失。汪洋同志任广东省委书记时曾说，建大桥，这是GDP，让大桥塌了、拆了又是GDP，再建一次大桥还是GDP，这样有了三笔GDP，浪费大量成本，但真正形成的财富就那一笔。这类现象在我国屡见不鲜。1998年，云南省投资3.8亿元修建的昆禄公路，正式通车18天，就出现路基沉陷、路面开裂；1999年，重庆綦江彩虹桥建成仅3年突然整体坍塌，造成40人死亡；2006年，主体工程刚完工的广东石岗嘴大桥尚未装修即坍塌；2007年，湖南沱江大桥竣工前倒塌；2009年上海闵行区在建的13层住宅楼倒塌；2011年，云南新三公路通车第二天出现坍塌；耗资11亿元的武汉白沙洲长江大桥通车10余年间大修了近30次；2007年2月，沈阳五里河体育场“夭折”在18岁；2006年10月，“坚固得像碉堡一样”的山东青岛市著名地标建筑青岛大酒店被整体爆破，建成仅20年；2010年2月，江西南昌著名地标五湖大酒店被整体爆破，建成仅13年。有人很深刻地指出，我们有5000多年的历史，却少有50年的建筑。我国是世界上每年新建建筑量最大的国家，每年新建面积达20亿平方米，使用了世界上40%的水泥、钢筋，建筑的平均使用寿命却只能维持25~30年。而根据我国《民用建筑设计通则》，重要建筑和高层建筑主体结构的耐久年限为100年，一般性建筑为50~100年。另一组数据显示，英国、法国、美国的建筑平均使用寿命分别为132年、85年和80年。

因此，GDP和财富不一定同步增加。多年来我国GDP增长很快，但国民财富增速却明显不及GDP增速，从人均的角度看也是如此，说明我国国内生产总值流量转化到国民财富存量的效率较低，存在明显的“跑冒滴漏”问题。2000—2005年，我国人均GDP（按美元不变价计算）增长54.4%，而人均国民财富增长34.4%；同期，美国人均GDP增长8.1%，人均国民财富增长10%；日本人均GDP增长5.6%，人均国民财富增长7.8%。日本在人均GDP增速较低的情形下，依然能实现人均财富的较高增长，美国、英国的人均国民财富增速也高于人均 GDP 增速，说明这三个国家从 GDP 流量积累国民财富存量的效率较高。这种高效率可能来自于单位 GDP 的能源资源消耗低，用于人力资本的投入大，注重自然资源的保护。

表 1　各国人均国内生产总值

国家＼年份		1995	2000	2005
中国	数额（美元/人）	1838	2657	4102
	增速（%）		44.6	54.4
日本	数额（美元/人）	28026	28898	30446
	增速（%）		3.1	5.6
美国	数额（美元/人）	35071	40931	44242
	增速（%）		16.7	8.1
英国	数额（美元/人）	24872	29448	33318
	增速（%）		18.4	13.1

资料来源：根据 OECD 数据整理。

表 2　各国人均国民财富

国家＼年份		1995	2000	2005
中国	数额（美元/人）	9845	14310	19234
	增速（%）		45.4	34.4
日本	数额（美元/人）	470797	509112	548751
	增速（%）		8.1	7.8
美国	数额（美元/人）	585347	667626	734195
	增速（%）		14.1	10.0
英国	数额（美元/人）	502395	575979	662624
	增速（%）		14.6	15.0

资料来源：The wealth of nations dataset，World Bank。

表 3　各国全部国民财富

国家	年份	1995	2000	2005
中国	数额（万亿美元）	11.9	18.1	25.1
	增速（%）		52.3	38.9
日本	数额（万亿美元）	59.1	64.6	70.1
	增速（%）		9.4	8.6
美国	数额（万亿美元）	155.9	188.4	217.6
	增速（%）		20.9	15.5
英国	数额（万亿美元）	29.3	34.4	39.9
	增速（%）		17.6	16.0

资料来源：The wealth of nations dataset，World Bank。

诺贝尔经济学奖得主阿罗等人 2010 年估算，中国总财富在 2000—2005 年间增长率为 3.86%，美国和印度分别为 1.39% 和 2.60%；中国人均财富增长率为 2.92%，美国和印度分别为 0.22% 和 0.86%。这也表明我国国民财富增长大大低于 GDP 增长。由此我们需要思考一个问题：为什么日本高速增长只有不到 20 年，却成为一个发达国家，而中国高速增长已持续 30 多年，却仍是一个中等收入国家？这里可能既有起点问题，也有增长质量差异。

下面对中美之间的财富和相关的存量、流量作一对比。

第一，我国的财富存量与美国之差远大于 GDP 的差距。道理很简单，财富是多年积累的结果，而多年来美国的年度产出持续大于我国。2005 年，美国 GDP 为 13.09 万亿美元，中国为 2.26 万亿美元，美国相当于中国的 5.8 倍。按照世界银行的计算，2005 年美国全部国民财富为 217.6 万亿美元，中国为 25.1 万亿美元，美国国民财富相当于中国的 8.7 倍，而在 1995 年则为 13.1 倍。（2005 年，日本、英国 GDP 分别为 4.57 万亿美元、2.32 万亿美元，相当于中国的 2 倍、1 倍左右，日本、英国全部国民财富分别为 70.1 万亿美元、39.9 万亿美元，相当于中国的 2.8 倍、1.6 倍。）如按人均来算，2005 年美国人均 GDP 为 44242 美元，中国为 4102 美元，美国是中国的 10.8 倍；从人均财富来看，美国为 734195 美元，中国为 19234 美元，美国是中国的 38 倍。（日本、英国人均GDP是中国的7.4倍、8.1倍，人均财富是中国的28.5倍、34.5倍。）但一个不争的事实是：中国的GDP增长速度和国民财富积累速度都更快，表明我们正在持续追赶、缩小差距。

第二，即使未来一个时期中国的GDP总量赶上美国，那时我们的国民财富总量与美国相比仍有较大差距。2013年，中国的GDP为56.89万亿元，折合9.18万亿美元，相当于美国的55.5%。1996年我在法国进行访问研究期间曾经预测中国经济规模可能在2025年前后赶上或超过美国，近来一些机构和人士的预测也大体如此。但流量与存量不同。如果说国民财富更接近于衡量一个国家的综合实力，那么就要承认，在我国年度GDP赶上乃至超过美国之时，我们与美国在综合实力上仍会存在差距。

第三，即使财富总量差不多，但在质量上也可能存在差距。举一个形象但可能不够准确的例子。航母既是财富的一个具体形式，也是军事实力的重要标志。现在世界上共有20艘航母，其中美国10艘，其他国家（包括我国的辽宁舰）加起来共10艘。美国航母排水量每艘均在10万吨以上，加起来有100万吨以上，其他国家加起来只有35万吨，相当于美国的1/3，而从单个航母看，其技术水平和战斗力也是美国遥遥领先。这样讲，并非要“长他人志气、灭自己威风”，而是正视现实，看到中华民族伟大复兴将是一个长期艰巨的奋斗过程。要增强忧患意识，奋起直追，既要在总量上，也要在质量上提升我国的GDP和国民财富水平。

第四，唯有中美之间可以类比的另一个财富现象。美国和中国都曾经历长期持续的贸易顺差，因而积累了一大笔财富，只不过在美国是黄金，在中国是外汇。“二战”后美国的黄金储备最多时达到20663吨(1952年)，相当于全世界的65.5%，至今美国仍是全球第一大黄金储备国（2013年有8133吨，占全球25.5%）。我国的外汇储备到2013年底已经达到3.82万亿美元，可谓天文数字，在可以预期的将来，还有继续增加的可能。那么，存黄金好还是存外汇好？这个问题很难回答，现实中也很难选择。历史上，黄金的价格曾经跌宕起伏，从最高点的一盎司1813.5美元（2011年8月）跌至1192美元（2013年6月），美国多年来也没有把那么多黄金都打造成金项链，而是放在仓库里。中国的外汇储备倒是有投资收益，但美国国债收益率不算高，如何用好规模庞大的外汇储备，一直是人们热议的一个存量问题。

（二）财富效应和负财富效应

所谓财富效应，通常是指由于资产价格上涨，导致资产持有人的财富价值增大，进而使其边际消费倾向和消费信心提高，促进了消费，最终带动了经济增长。股市飘红，饭馆吃饭的人就多了；与此相反，当资产价格下跌，导致资产持有人的财富价值明显缩水，就会降低其消费信心和边际消费倾向，抑制消费需求，最终减缓经济增长，这可以看作负财富效应。当财富规模足够大，资产价格变动也足够大的时候，财富效应或负财富效应就成为影响宏观经济运行和微观主体行为的一个重要因素。

我国已处于需要对财富效应更加关注的阶段。比较典型的财富效应有股市财富效应和房地产财富效应。有学者①对 19 个发达国家的实证研究表明，房价上涨产生的财富效应大于股价上升带来的财富效应。有学者②以美国数据为样本研究发现，不动产增长 1 美元，消费增加 0.08 美元，房地产的边际消费倾向高于金融资产的边际消费倾向。从美国的经验看，股市上涨的正财富效应为 0.04，即股市财富每增长 1 美元，消费支出增长 0.04 美元，而股市下跌的负财富效应为 0.07③。研究发现，我国确实存在股票财富效应和住房财富效应，但总体上比较微弱（金融资产财富效应约为 0.002，住房资产财富效应约为 0.003），其中住房财富效应大于股票财富效应，原因可能是人们认为住房财富更具有永久性，而股票财富则更具有暂时性。但也有学者提出与住房财富效应相反的“房奴效应”，因为房价不可能持续上涨，家庭为了购房和偿还房贷而节衣缩食，造成“房奴效应”，这实际上也属于负财富效应。要看到，我国房价在过去多年持续上涨，目前不同城市已出现分化，有的三四线城市房价出现停滞甚至开始下跌，今后的走势有不确定性。当前我国经济下行压力较大，在这种情况下，要十分关注“房奴效应”和潜在的负财富效应。

---

① Luding & Slok，IMF，2002.

② John D. Benjamin，American University，2004.

③ 刘建江．股市对经济增长的贡献：美国案例［J］．世界经济，2000（6）．

（三）财富管理、财富调节和收入调节

一个国家越富裕，财富管理越重要。在改革开放初期，我们多数人不知何谓财富管理，也没有这个需求，而现在，财富管理在我国已成为一个蒸蒸日上的行业。财富分配差距通常远大于收入分配差距，因为财富分配差距在很大程度上是收入分配差距多年积累的结果。而财富管理有助于以钱生钱，从而使财富拥有者以更有效的方式和途径生成更大的收入，积累更多的财富，导致所谓的马太效应。例如，银行对财富管理客户的某些基本服务是免费的，对某些稀缺投资机会如购买收益率较高的国债可以优先提供，还有一些高收益投资产品的门槛较高，专门为巨额财富拥有者设计。再者，财富就是资本、就是生产资料，生产资料占有的不平衡必然导致收入分配的不平衡，而这种不平衡的程度可能远远大于人的劳动收入差距。据国家统计局计算，近几年我国居民收入差距的基尼系数多在0.47～0.48，应当说收入差距已经比较大，但处于高位相对稳定状态。另一方面，家庭财富分配差距更大，而且还在扩大。这方面没有权威的数据。据世界银行2010年的一项研究表明，中国1%的家庭占有全国41.4%的财富。西南财经大学2014年的调查显示，中国10%的最高资产家庭拥有60.6%的资产。据福布斯全球富豪榜，中国内地上榜富豪由2005年的2个上升到2014年的152个，占全球比例由0.3%上升到9.7%。我国是一个发展中国家和中等收入国家，中国人在全球富豪榜上的排名迅速蹿升，表明我们在收入分配结构矛盾尚未得到有效缓解的同时，财富分配差距可能正以加速度的方式在演变。

通常来说，人们对比尔·盖茨、巴菲特、扎克伯格的财富不嫉恨，因为他们的财富是由创业奋斗而来。但如果一个社会的收入和财富分配差距过大，无论由什么原因引起，都可能引起社会不满。收入差距过大，还可能妨碍消费持续扩大，因为低收入者有消费意愿而无购买能力，高收入者购买能力强但消费倾向低。因此，收入和财富分配问题如不妥善处理，将既影响公平，也影响效率，进而影响经济持续健康发展和社会和谐稳定，这也是中等收入陷阱的一大因素。

表4　福布斯全球富豪榜中国人变化情况　（入榜门槛为10亿美元）

年份	中国（不包括港澳台地区）入榜人数	占全球比例（%）	美国入榜人数	全球入榜人数	全球富豪总资产（美元）
2014	152	9.7	492	1565	6.4万亿
2013	122	8.6	442	1426	5.4万亿
2012	96	7.8	420	1226	4.6万亿
2011	115	9.5	413	1210	4.5万亿
2010	64	6.3	403	1011	3.6万亿
2009	28	3.5	357	793	2.4万亿
2008	42	3.7	467	1125	4.4万亿
2007	20	2.1	415	946	3.5万亿
2006	8	1.0	371	793	2.6万亿
2005	2	0.3	341	691	2.2万亿

资料来源：根据福布斯全球富豪榜数据整理。

（四）资产、负债和杠杆

历史上许多金融危机都表现为资不抵债，无论内债或外债，短债或长债，政府债、企业债或家庭债。因此，弄清资产、负债这笔账很有意义。英国在17世纪就有经济学家（即著名的威廉·佩蒂）估算过英国的国民财富，目前美、日、欧等许多发达国家都在定期编制和发布国家资产负债表，我国在这方面多年来是空白。近两年，由于国内外对我国地方融资平台和国家债务状况的热议，三个研究团队（中国社科院李扬、复旦研究小组马骏、中国银行研究小组曹远征分别牵头）不约而同地开展了对中国国家资产负债表的开拓性研究，他们得出的结论有相似之处，也有一定差异。

资产负债表给了我们一个有用的分析框架，但现实中有些问题仍然似是而非，需要深入研究。一是社会负债率（或杠杆率）上升还有多大空间，现在我国是否已经到了必须去杠杆化的阶段？社科院报告认为2012年我国全社会杠杆率（全社会负债与GDP的比率）为215%，已经很高，去杠杆化在所难免。与此相关，现在我国货币存量已经很大（2013年M2为110.65万亿元，相当于GDP的194.5%），因此有观点认为货币供应量扩大的余地也已有限，应当节制。问题在于，从宏观调控的角度看，当前的杠杆率究竟应当适度上升、保持稳定还是去杠杆化？这涉及我们在应对经济下行压力、稳定经济增长方面还有多大的政策操作空间，关系到宏观调控中货币供应量等重要指标的设定。二是分部门来看杠杆率阀值或警戒线如何界定？社科院报告认为2012年末中国的企业部门杠杆率（企业债务占GDP比例）已达113%，超过OECD国家90%的阀值，在有统计的国家中高居榜首，需高度警惕。另一方面，政府杠杆率在不同国家则有很大的差异，如日本政府债务率多年前已超过200%，但很少有人担忧其发生危机，这可能与其债务90%以上是国内投资者持有有关，同时日本政府也拥有大量资产。而希腊、意大利等国政府债务率与日本相似（有的略低），却发生危机或暴露出巨大风险。三是这次国际金融危机是资产负债表危机还是现金流量表危机？这可能与债务所对应的资产结构有联系，当资产是优质的，能够产生稳定而充足的现金流时，那么债务违约的风险就小，如果资产属于纯公益性的，不能直接产生现金流，那么债务积累的风险就会增大。这也说明，对我国地方政府性债务风险的分析，既要看总量，也要看债务所对应的资产的结构和质量。

在物质形态上，也有负债或负财富。例如，滇池本来是一笔财富，如果人们继续向滇池排污，滇池就有可能成为一笔负财富；一些重金属加工企业四周的土地本来都是财富，但如果企业任意排污，可能会导致土壤重金属超标、地下水污染，从而转化为负资产。

（五）生产能力和物质存量：以钢铁为例

产品生产能力是年度投资不断积累的结果，是一个存量。产能的变化可能经历两个不同的阶段：第一个阶段是产能扩大的过程，这往往是投资和经济增长加速的过程；在出现产能过剩矛盾之后，可能迎来第二个阶段，即去产能化的过程，这往往是投资和经济增长减缓的过程。

钢铁是一个典型的例子。2000—2010年，我国粗钢产量由1.27亿吨扩大到6.39亿吨，年均增长17.7%，这一时期工业增加值平均增长11.3%，GDP年均增长10.5%。随着产能过剩矛盾的加剧，化解产能过剩措施的推进，2012年和2013年粗钢产量增速分别减慢到2.1%和8.7%，工业增速相应减缓至7.7%和7.6%，GDP增速同样减慢至7.7%（两年均为7.7%）。更为典型的是河北省，过去多年靠钢铁工业扩张推动了经济快速增长，2012 年全省钢铁产能达到 2.86 亿吨，占全国的近 1/3，但“成也萧何，败也萧何”。现在河北省去产能化的压力很大，近来媒体不时报道河北省炸掉一些钢铁厂、水泥厂的消息。2014 年 1—2 月，河北省工业增加值增速陡然跌落至 3.6%，为全国各省倒数第二低（黑龙江省最低，增长 0.3%），比上年同期回落 8.6 个百分点，可见去产能化的“威力”之大。由此联想到全国，一方面要化解产能过剩矛盾，另一方面要面对经济下行压力来稳定经济增长，宏观调控的难度之大可想而知。去产能化将是一个长期的过程，无论自我消化还是转移到境外，都会对经济增速产生影响，可以说，这也是我们判断中国经济由高速转入中高速增长的一个重要依据。

与此相关的另一个存量问题是，在我们的国土上堆积多少吨钢铁就算饱和了？工业化完成的程度是否也与一国人均拥有的钢铁存量有一定关系？据中国行业研究网研究报告测算，截至 2005 年，美国累计消费了 75 亿吨钢，人均 20 ~ 40 吨，而新中国成立以来累计消费了 31 亿吨钢，人均 2 吨。另据世界钢铁协会数据测算，1980—2013 年，美国累计消费 35.6 亿吨粗钢，中国累计消费 69.1 亿吨粗钢。估计目前中国人均拥有钢铁存量不到 10 吨，而美国应为 40 吨左右。中美之间钢铁拥有存量尤其是人均拥有存量上的差距，有助于解释许多问题。

一是为什么我国钢铁生产和消费连续多年居世界第一？而且现在这种态势仍在持续。2013 年粗钢产量 7.79 亿吨，占全球产量的 48.5%，是美、日、英、俄等八国集团的 208.5%。因为我国处于工业化中后期，有对钢铁消费的客观需求。美国也曾在历史上是世界第一钢铁生产和消费国。二是为什么我们对铁矿石的需求那么大？因为这既与钢铁生产规模大有关，也与我国钢铁存量小、用废钢比例小有关。据世界钢铁协会数据测算，1990—2013 年，在钢铁生产中利用废钢的比例，美国为 55%、英国为 26.9%、日本为 26.3%，而中国仅为 4.4%。我国现在还没有那么多的废钢可以回炉。今后相当一个时期，我国还可能大量消费和积累钢铁，并大量进口铁矿石。三是钢铁质量在一定程度上可以替代钢铁数量，我国钢材的质量总体偏低，同样的建筑工程需要更多的钢材数量，而美、欧、日等发达国家钢材质量总体较高，因此在用钢数量上少些也可以达到同样的功能。其他金属如铜等，可能也有与钢铁类似的存量、流量问题。

表5　美国、日本、中国炼钢用废钢比例

年份	美国			日本			中国		
	总产量（千吨）	废钢（千吨）	废钢比例（%）	总产量（千吨）	废钢（千吨）	废钢比例（%）	总产量（千吨）	废钢（千吨）	废钢比例（%）
1990	89726	40054	44.64	110339	60110	54.48	66349	3976	5.99
1991	79738	35615	44.67	109649	29664	27.05	71000	3346	4.71
1992	84322	36945	43.81	98132	24988	25.46	80935	5042	6.23
1993	88793	40634	45.76	99623	25885	25.98	89539	2162	2.41
1994	91244	41870	45.89	98295	24519	24.94	92613	-4796	-5.18
1995	95191	44297	46.53	101640	26735	26.30	95360	-9926	-10.41
1996	95535	46107	48.26	98801	24204	24.50	101237	-5973	-5.90
1997	98485	48881	49.63	104545	26026	24.89	108911	-6203	-5.70
1998	98658	50428	51.11	93548	18567	19.85	114588	-3933	-3.43
1999	97427	51159	52.51	94192	19672	20.89	123954	-1376	-1.11
2000	101803	53925	52.97	106444	25373	23.84	127236	-3779	-2.97
2001	90104	47997	53.27	102866	24030	23.36	151634	-3909	-2.58
2002	91587	51362	56.08	107745	26766	24.84	182249	11457	6.29
2003	93677	53033	56.61	110511	28420	25.72	222336	8669	3.90
2004	99681	57390	57.57	112718	29744	26.39	272798	20947	7.68
2005	94897	57675	60.78	112471	29413	26.15	355790	11058	3.11
2006	98557	60654	61.54	116226	31956	27.49	421024	7383	1.75
2007	98102	61765	62.96	120203	33432	27.81	489712	13108	2.68
2008	91350	57621	63.08	118739	32568	27.43	512339	29113	5.68
2009	58196	39178	67.32	87534	20591	23.52	577070	8436	1.46
2010	80495	53652	66.65	109599	27316	24.92	638743	43142	6.75
2011	86398	56171	65.01	107601	26573	24.70	701968	56539	8.05
2012	88695	56633	63.85	107232	25827	24.09	716542	58637	8.18
2013	86955	56574	65.06	110570	26721	24.17	779040	70070	8.99
平均值			55.04			26.35			4.42

资料来源：世界钢铁协会。平均值百分比系根据废钢数量和总产量测算得出。

（六）住房存量、住房投资和资产泡沫

这里所讲的住房存量是指作为国民财富的全部已建成的住房，不仅是指已建成而未卖出的库存。一些发达国家住房价格长期比较稳定，其中一个重要原因是经过多年的投资建设，住房存量很大，而人口总量稳定，人均住房面积较大，甚至达到某个饱和水平。目前我国城镇全部住房存量约为230亿平方米，人均32.9平方米，虽不能说饱和，但水平已经不低了，可以设想，中国的人均住房面积也有一个饱和度问题，不能认为越大越好，一旦达到这一饱和度，对住房的需求将明显放缓，出现转折性变化。今后一个时期，我国人均住房面积还有扩大的趋势，城镇化率提高对应城镇人口增加，这两方面因素决定了我国住房需求还有很大的潜力。另一方面，近年来超常规的需求增长（包括消费需求和投机投资性需求，而消费需求中又包含了家庭几代人共同出资为子女买房而放大的有购买能力的刚性需求），房价越调越涨的"经验"导致人们对房价只涨不跌的预期强化，共同为房地产市场注入了泡沫，使房地产价格已明显脱离了普通家庭的购买力，价格飞涨反过来又刺激供给猛增。资产价格泡沫是一个存量，从国内外历史经验看，泡沫一旦形成，终归是要破灭的。在不完善的体制机制下，资产价格一旦进入飞涨通道，上涨趋势就很难挡住，而在房地产市场供求形势出现转折、进入下行通道后，资产价格的下降趋势同样也很难控制。如果人们对股市指数从6000点跌落到2000点记忆犹新的话，恐怕也要思考一些城市特别是一些三四线城市的住房存量是否太大了，去库存化或去泡沫化可能是一个痛苦而漫长的过程。

而在这一调整过程中，房地产投资等流量就只好成为慢变量甚至零增长了，这反过来又成为制约国民经济稳定增长的阻力因素。2005年鄂尔多斯房地产投资增速为169.2%，现在则进入去库存化的调整期，房地产投资增速大幅回落，2012年曾出现58.8%的负增长。鄂尔多斯就曾提出，在测算和监控住房需求、推进保障性住房及旧城拆迁改造等项目的基础上，暂停新建商品房土地供应，中心城区从2012年开始三年内禁止批建新的商品房开发项目，集中消化存量，提高参与中心城区商品房开发和旧城改造房地产企业的进入门槛。另一种更为激烈的表现形式就是房地产债务违约，这在开发商和购房者当中已有个案出现，今后的走

势如何，需要高度重视。总之，上亿人的住房需求对中国经济而言是一个巨大的金矿，但不能够乱采滥挖，而应当悉心呵护，细水长流，在开发中保护，在保护中开发，这样才能为经济长期持续健康发展提供源源不断的动力支撑。

（七）其他存量问题

存量问题无处不在。随着我国发展水平提高，一些存量问题越来越凸显，越来越急迫。一是城镇化率达到多高将会趋于稳定或饱和？今后的城镇化速度应当加快还是放缓或保持目前的节奏？国家新型城镇化规划的目标是，到 2020 年城镇化率达到 60%，户籍城镇化率达到 45%，这意味着未来几年城镇化率为每年提高大约 1 个百分点。实践将会如何演变呢？二是财政国库资金余额常年在 3 万亿元以上，个别月份达到 4 万亿元，有人认为这是资金趴在账上睡大觉，能否降低这一余额水平，使更多的死钱变成活钱呢？财政部门在这方面已经采取了一些激励约束措施，效果如何人们拭目以待。三是“僵尸企业”，即一些企业半死不活，但压占了大量信贷资金，如何才能激活“僵尸企业”，从而提高金融服务实体经济的效率呢？四是气候变化在某些意义上也涉及存量问题，即大气中的温室气体（包括二氧化碳等）浓度上升，导致气候变暖。对我国而言，如何降低二氧化碳排放强度、有效应对全球气候变化，而又确保作为发展中国家、中等收入国家的发展权益呢？这其中也有一个平衡点问题，这方面的国际博弈十分激烈。五是土壤污染、地下水抽采等，包含了存量与流量的关系问题。严重的土壤污染是多年违规排污，超量使用化肥农药等的结果，而土壤污染到了一定程度就不再具有“财富之母”的功能，而是生产出毒大米，要想治理和恢复土壤的健康状况，往往要付出更大的代价、更长的时间。地下水的回补也是如此。六是既得利益格局。不合理的既得利益格局一旦形成，就有自我维护、自我强化的功能，这对于推进改革来说，将是极大的阻力，这就是为什么 2014 年《政府工作报告》强调要以壮士断腕的决心、背水一战的气概，冲破思想观念的束缚，突破利益固化的藩篱，来推进改革。如果没有足够的勇气和智慧，改革在既得利益格局面前受阻的情景也是有可能的，古今中外不乏这样的先例。因此，我们既要勇于改革，又要善于改革，推进精明的改革。

三、存量和流量分析的政策启示

第一，通过提高发展质量来高效地积累国民财富，提高财富质量。粗放的 GDP 增长，名义上快，但在财富积累上要打很大的折扣。要提高投资质量、出口质量、消费质量、工业质量、服务业质量、农业质量、GDP 质量，形成转化率高、质量也高的国民财富。

第二，工程建设要建立在科学规划的基础上，不得无缘无故赶工期、改规划。过去许多项目为了政治原因而赶工期，提前建成投产，今后应严格限制这类情况，越是提前建成，越要严格验收。因为提前建成的事实可能表明，不是设计有误，就是施工有误。外国教堂中豆腐渣工程不多。德国科隆大教堂被誉为哥特式教堂建筑中最完美的典范，始建于 1248 年，耗时超过 632 年，直到 1880 年才宣告完工。世界第一大教堂梵蒂冈圣彼得大教堂于西元 326—333 年初建，又于 1506 年重建，直到 1626 年才正式落成。位于法国巴黎市中心的巴黎圣母院始建于 1163 年，在 1345 年全部建成，历时 180 多年。要提高规划设计包括城市规划的科学性、严肃性、权威性，决不能出现十年前规划是绿化用地，十年后发现崛起一片高楼大厦的情形。

第三，加大调整和优化存量结构的力度。这里只举一个例子，就是今后要下决心引入财产税，包括房产税、遗产和赠予税等，这既关系公平，也关系效率。年轻人总会一代一代地成长起来，他们应当靠自己的创业、创新、创造来生产和获得财富，这样的话，别说富过三代，富过十代都是可以的。需要说明的是，财产类税收在征收方面不存在任何不可逾越的技术障碍，发达国家几百年前就已经征收了（例如荷兰于 1598 年开征遗产税）。同时，财产类税收并不必然会明显加剧财富的海外转移，别的国家也有财产税，甚至税率更高。如果说财产税有可能在遥远的将来或某些国家退出历史舞台，那么在财富分配差距很大的特定发展阶段上，运用财产税进行调节也是十分必要的。

第四，加强对与存量相关的警戒线、临界点、转折点、饱和度等问题的研究和掌控，防止某些存量问题积重难返。在经济预测中很难把握的一个问题是，经济走势的拐点或转折点将会在何时何地以何种斜率出现，一些存量问题的变化或影响也有相似之处。那些带来负面影响的存量，如债务问题，水、土壤、大气污染问题等，往往有警戒线或临界点问题。这类问题往往在理论上有高难度，但政策上有大益处，希望经济学人能在这些高端问题、前沿问题上多下功夫。

第五，把优化增量与盘活存量结合起来。一些存量资源如果能够用活，则可以激发出更多的正能量。如资产证券化，可以盘活信贷资产，提高银行资金的配置效率。当然，凡事都有度，资产证券化在实践中既有不少经验，也有深刻教训。

第六，更加注重人力资本等软实力存量的积累。据联合国下属机构计算，2008 年中、美人力资本分别为 8.73 万亿美元和 88.87 万亿美元，相差 10 倍，远大于物质资本和自然资本存量的差距。同时，我国产品和企业的品牌价值也远低于美国、日本等发达国家。在未来的国际竞争和国家综合实力构成中，软实力的作用将更加凸显，这也是我们的弱项、短板。我们要加强人力资本、社会资本方面的投入和积累，这样才能提高核心竞争力，占据国际竞争制高点。

总之，随着改革开放持续推进和经济持续快速发展，中国的家底越来越厚，我们正在进入财富时代、资产负债时代。从国际比较看，如果说过去 30 年主要是流量赶超的话，那么现在已进入存量赶超的时代。我们的 GDP 规模已从改革开放初期的 10 多位上升至第 2 位，我国的经济增长已从高速转入中高速。今后，我们要在努力保持 7% ~8% 中高速增长的同时，更加重视资产负债等各类存量管理，更加重视国民财富的高效积累，实现国家综合实力和竞争力的有效提升，为实现中国梦提供坚实的支撑。

参考文献

[1] 联合国等国际组织．国民经济核算体系 2008 [M]．中国统计出版社，2010.

[2] Hicks. *Value and Capital*. 2nd edn, Oxford: Clarendon Press, 1946.

[3] 世界银行环境局，J. 迪克逊等．扩展衡量财富的手段：环境可持续发展指标 [M]．中国环境科学出版社，1998.

[4] Ludwing & Slok, "The Impact of Stock Prices and House Prices on Consumption in OECD Countries", IMF Working Paper Research Department,

2002.

［5］Benjamin J D，Chinloy P，Jud G D. “Real estate versus financial wealth in consumption”［J］. The Journal of Real Estate Finance and Economics，2004.

［6］刘建江．股市对经济增长的贡献：美国案例［J］．世界经济，2000（6）．

［7］西南财经大学中国家庭金融调查与研究中心．2014 中国财富报告［J］．展望与策略．2014.

［8］李扬．中国国家资产负债表 2013［M］．中国社会科学出版社，2013.

［9］马骏．中国国家资产负债表研究［M］．社会科学文献出版社，2012.

［10］中国行业研究网．融入循环经济 永葆钢铁产业青春［EB/OL］．2005.

哈继铭
论坛特邀专家
高盛中国投资管理部副主席兼首席投资策略师

中国经济挑战与机遇

Chinese Economists 50Forum

Chinese Economists 50Forum

哈继铭简历

高盛中国投资管理部副主席兼首席投资策略师。1993 年获美国堪萨斯大学经济学博士学位，并有复旦大学学士与硕士学位。1993—2004 年在国际货币基金组织任高级经济学家，1999—2001 年出任国际货币基金组织驻印尼代表，2001—2003 年在香港金融管理局工作，2004 —2010 年在中国国际金融公司任首席经济学家，于 2010 年加入高盛，任董事总经理。

期　　目： 总第 250 期

演讲时间： 2014 年 3 月 28 日

我想就中国经济短期和中长期的一些宏观问题以及相应挑战和机遇，从五个方面来探讨一下眼前经济和资本市场的变化情况。第一，短期经济发展的形势以及政策如何应对，当然这是我们的猜测。第二，中长期中国经济增长的动力何在，主要看改革红利和人口红利是否依然存在或者说有所减弱。第三，在中长期中国经济可能遇到的挑战与机遇，哪些领域的挑战大于机遇，哪些领域的机遇更为明显。第四，来看一些具体的问题，比如大家比较关注的人民币汇率走势，如何判断未来汇率的变化，这种变化是在什么样的国际环境和国内金融改革内容中来展现的。第五，更实际一点，探讨一下全球股市的变化。

首先来看短期的经济情况。用一句话来说，经济增长逼近底线，尽管这个底线到底在哪谁都不太清楚。2014 年增长目标定在了 7.5%。我觉得一季度的 GDP 增速可能低于 7.5%，所以是逼近底线。

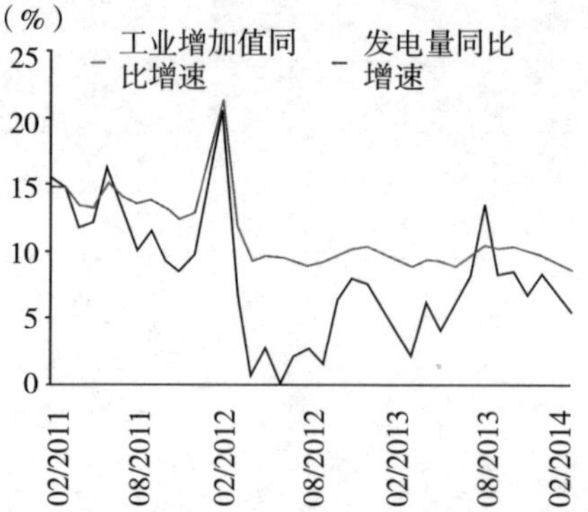

图 1　工业增加值和发电量同比增速
（2011 年 2 月至 2014 年 2 月）

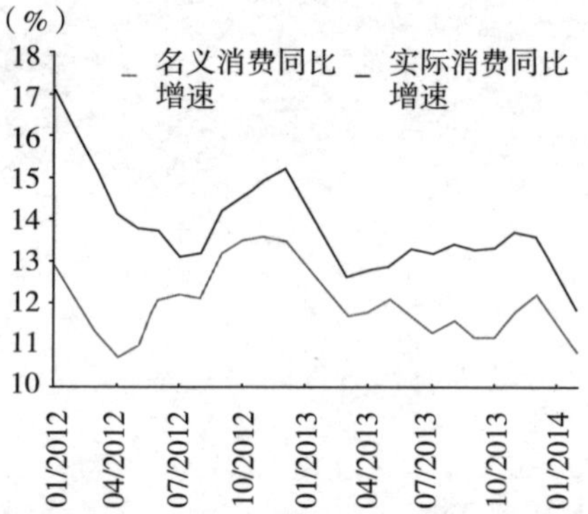

图 2　社会消费品零售总额同比增速
（2012 年 1 月至 2014 年 2 月）

做出这个判断的主要依据在于，中国工业增长值的变量和 GDP 的增速关系非常密切。2013 年 12 月还是 9.7%，2014 年 1—2 月降到 8.6%，这是五年来的最低点。另外是消费，从社会零售总额的增长情况来看，从 2013 年 12 月的 13.6% 下降到 2014 年 1—2 月的 11.8%。11.8% 是十年来的最低点。还有出口额，2014 年 1—2 月合并来看下降 16.%。总体来说出口增速是走弱的。我觉得 1 月的 10.6% 可能高于真实情况，而 2 月下降 18.1% 又低于真实情况。为什么出口数据会有那么大的偏差？我觉得和人民币升值预期有关。因为中国资本账户还没有开放，贸易账户是开放的。升值预期很强烈的时候，很有可能出现高报出口的现象。所以要想把从境外廉价获得的资金转入中国进行套利、进行套汇的话，它需要一个正当的理由，不能说我的钱进来就是要投资，这个中国还没有开放。要证明贸易获得顺差，你就得出示凭证，说你确实出口了那么多的东西，所以有可能出现故意高报出口，其目的是把在境外获得的廉价资金挪入国内进行套利套汇活动。在汇率有升值预期的时候，出现高报出口这种倾向是明显的。1 月韩国和中国台湾的出口都是负增长，只有中国独家是 10% 的多增长，这是很奇怪的现象。到了 2 月人民币贬值了，原来进来的钱要急着出去，这时候有可能低报出口或者高报进口，目的是为了把钱拿出去。所以显示出口分数出现负的 18% 多，别的国家没有出现过这么大幅度的下降。

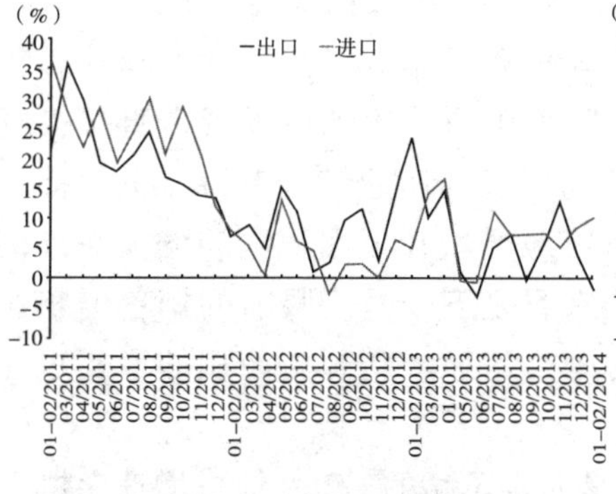

图 3　中国出口和进口同比增速
（2011 年 1 月至 2014 年 2 月）

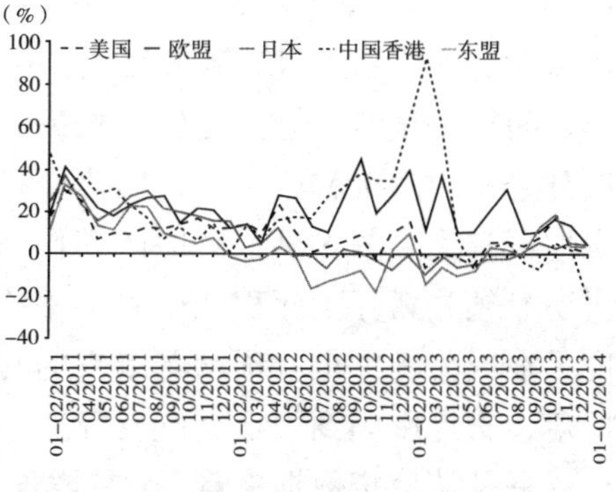

图 4　中国出口同比增速（按目的地）
（2011 年 1 月至 2014 年 2 月）

从图 3 和图 4 可以看到，中国报出的对香港地区出口骤然下降。为什么？因为香港地区是通常被用来进行套利活动的途径。过去在人民币大幅度升值的时候，两地一日游，上午出去高报，回来的时候低报，制造外贸顺差。实际是在外面已经借了钱了，利率 2% 左右，拿进来买个理财产品，利率就套 3%，人民币还升值 3%，这就有 6%，一年做一次赚 6%，两次就是 12%。有媒体报道有人做了十几次。外贸的数据似乎也显示了 1—2 月的巨大变化，可能也体现了人民币汇率的变化，导致了外贸数据的失真度，出现了相反方向的变化。

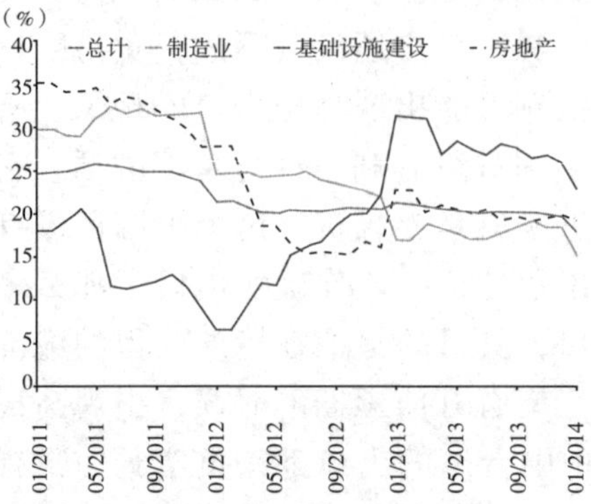

图5　固定资产投资同比增速（2011年1月至2014年2月）

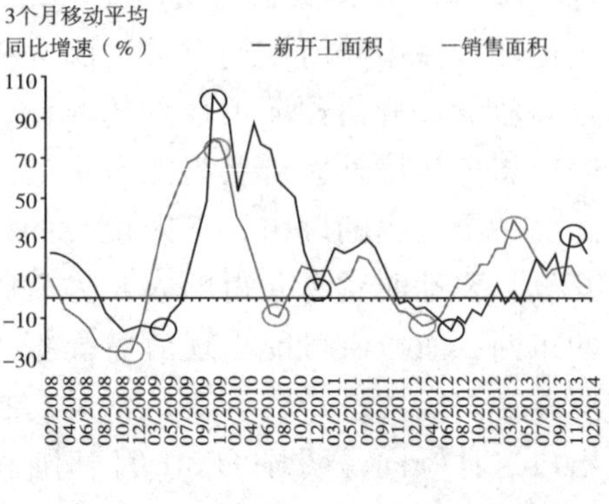

图6　房地产新开工面积和销售面积同比增速（2008年1月至2014年2月）

中国最重要的“马车”就是投资。国民资产投资1—2月增速17.9%，是12年来的最低。1—2月的工业生产数据5年来最低，消费10年来最低，投资12年来最低，出口又降了那么多，经济下降的态势非常明显，显然形势是比较严峻的。从前瞻看，房地产投资占直接投资四分之一，间接就更多了，因为牵扯到很长的产业链，上游、下游都跟房地产有关。图6显示房地产销售与房地产新开工面积之间的关系。销售明显领先新开工面积几个月，平均来看是五个月。眼前的销售增长速度是在回落的，也就预示着未来的几个月房地产新开工面积的增长也在回落，直接影响到固定资产投资。

另外从信贷数据来看，1月增长是非常迅猛的，2月信贷增速急剧下降，尤其是中小银行。为什么集中在中小银行信贷增速急剧下降呢？中国的信贷是受贷存比的管制，你吸收存款100元钱，放贷不能超过75元钱。大银行资金比较充裕，贷存比在60%多，很多中小银行是70%多，接近75%。1—2月出现了网上理财的现象，从银行里面吸走了不少存款。存款吸走以后，最后又通过货币市场基金的形式转存入银行，但是转存进去的时候，是算作同业存款，它不纳入贷存比的计算，也就是说分母少了一块。尽管后来又通过基金形式存进去，但不能作为贷存比计算了，所以很多银行贷存比遇到压力无法放贷了。中小银行本来贷存比已经接近75%，这一下日子会比较难过。

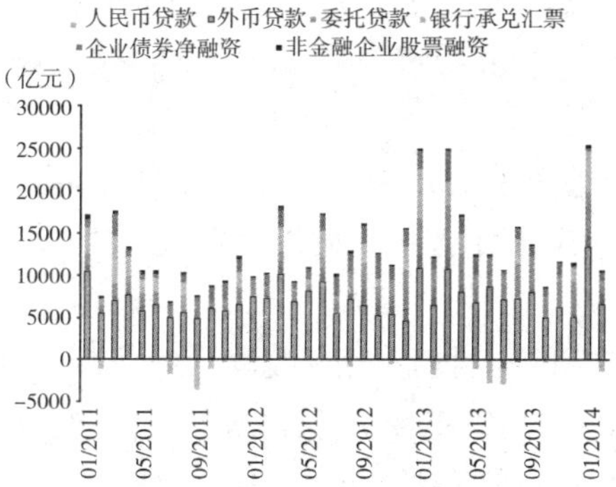

图 7　新增社会融资总量
（2011 年 1 月至 2014 年 2 月）

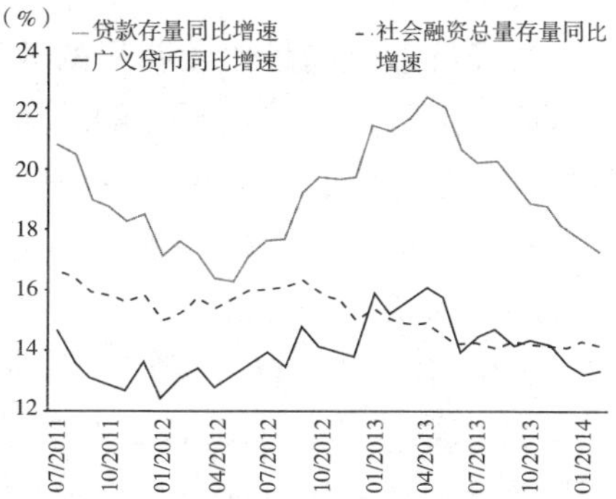

图 8　中国贷款，社会融资总量存量
和广义货币同比增速
（2011 年 7 月至 2014 年 2 月）

正好银行不愿意做网上的理财生意。有人从银行吸收了存款，最后利用庞大的网络信息，直接对冲到企业放贷，应该是受到极大的鼓励的，前提是把资金用到了实体经济。但事实不是这样，事实上这个钱又回到银行去“吃”银行的。这对实体经济的贡献似乎并不是那么大，所以加强适当的监管也是有必要的。

至于 2014 年“两会”把 GDP 目标和 2013 年一样定在 7.5%，是不是意味着 2014 年增速至少还要 7.5%？我觉得可能不是这样。过去中国政府拟定一个增长目标，通常理解为是当年增长的最低下限，但是这次不一样，它的内涵可能有所区别。一是 2014 年和 2013 年比很多地方政府也把它们的增速下调了。二是从部委来看，工信部也把工业增加值的增速从 10% 降到 9.5%。固定资产投资的增速也下降了，本来是 18%，现在调到 17.5%。三是出口的增速，原来是 8%，现在是 7.5%。这几驾“马车”的增速都有一定程度的下调，说明 7.5% 的内涵是有所调整的。

从财政情况来看，财政赤字上调了 0.3 个百分点，从 2013 年占 GDP 的 1.8% 调到 2.1%。支出增速较快的项目一个是社会保障，还有医疗卫生，当然也有国防，都有了一定程度的上调。

2014 年“两会”期间，我们关注到中国人民银行行长说过利率市场化。给大家留下深刻印象的，是一两年要实现利率市场化。虽然我们不愿意看到一些信贷产品的违约，但是一定程度的违约看来也是不可避免的，这也是一个大家比较关注的信号。另外对人民币汇率也有一段表述，说央行不会对人民币短期波动做出反应，而会专注于人民币的中期价值。

在经济下行趋势比较明显的情况下，市场现在预期是不是又会有一些微调，会有一些带刺激性的政策来稳增长？个人认为，可能会有一些政策，但是这种靠刺激拉动经济增长的政策的效果，事实证明越来越弱，而且它的可持续时间越来越短。我们不妨回忆一下最近几年出过的所谓的微刺激和微调。

2010 年 7 月，有过以发改委加快项目审批形式的微调，经济反弹了 18 个月，股市反弹了 33%。但是到了 2012 年 4 月经济又开始下行了，于是发改委又加快了项目的审批。我们看到持续的时间是 12 个月左右，股市反弹了 23%。到了 2013 年，第二季度经济增长速度一度降到 7.5%，于是又有一些央行的市场操作，发改委加快项目的审批，还有对小微企业税收方面的优惠，这些我们还记忆犹新。2013 年夏天的时候有过这一类的政策，也是好景不长，到了 2014 年 1—2 月数据大幅度下滑。这次是持续 6 个月，股市也就上升了 15% 后来又下来了，实际股市上升的时间还没有 6 个月。如果今天再来一把微刺激的话，是不是单调递减的轨迹还得继续延伸下去？我们看到经济增长的速度从 9.6% 降到 7.9% 又降到 7.5%，我估计一季度在 7.3% 左右。

即使对股市有短期的推动，幅度也不会很大。大家很清楚，靠这种刺激只能造成未来更大的一个雪球，使得未来的问题更难以解决。所以我个人认为也不要指望有很强的政策刺激。

但是如果经济真的下滑很快，可能会带来风险，包括就业和金融。在财政领域，我们也看到政府有过比较明确的指示，全年的财政支出现在要加速，就是向前挪，要把钱用在现在。在货币政策领域，有没有改革的事情可以做，使得货币政策也能够对稳增长起到一定的推动作用，目前似乎还没有看到降息和降准。

我注意到有媒体报道，李克强总理说要降低实体经济的利率。通过改革来降低利率，而不是通过降息来降低利率，这个难度蛮大的。有些政策可以考虑，比如刚才说的 75% 的贷存比是不是可以调整一下。中国的银行受到比较高的法定准备金率的限制，存款有 20% 左右是法定准备金要上调的，这已经对银行的放贷能力有了一定的限制。再来一个贷存比，是不是有点太多了？约束太高了？这两种政策是不是有一定的重叠性？这个是值得探讨的。如果说贷存比限制更高一点或者取消的话，也不会有所谓的“宝宝”们把存款拿走之后，中小银行不敢放贷了，这个是可以商榷的。

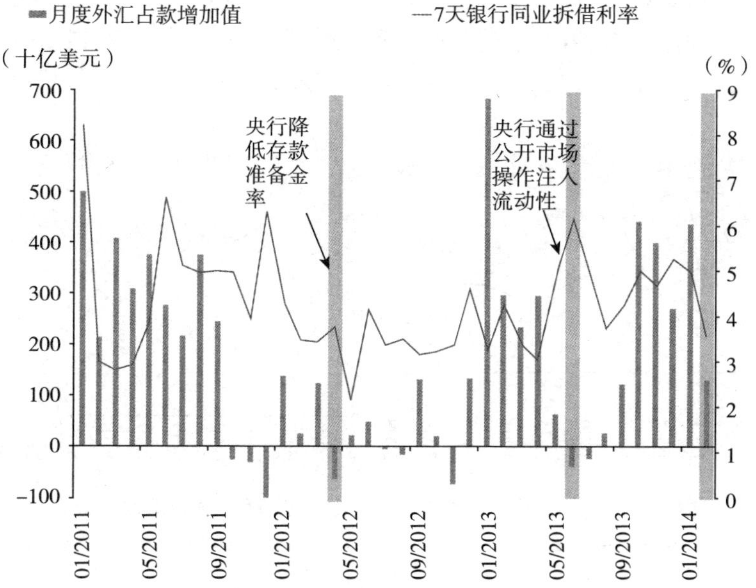

图 9　近期放松货币政策的可能性

至于法定准备金率，可能还没有必要去下调。如图 9 过去下调法定准备金率的时候，往往是货币市场利率上升，外汇账款下降，出现资金外流的现象，导致国内利率上升。这个时候需要放水，也可以下调。但是目前来看，利率比 2013 年低得多，2013 年四季度的时候在 4% 以上，现在是 3% 左右。外汇债款还在上升，所以国内流动性和货币市场条件还是比较宽松的，还不至于动用存款准备金率。

二、中长期发展的动力

当一个国家出生率很高的时候，很可能遇到劳动力供应不足和资金供应不足的困难。但是若干年后，这些早年出生的婴儿长大成人进入劳动力市场以后，尤其是这个国家在那个时候又执行了低出生率政策，你会突然发现这个社会劳动力供应是过剩的，而且家庭储蓄率很高，从而导致资金价格低廉，劳动力价格低廉。这种人口结构非常有利于推动经济增长，人们通常称为人口红利。这种情形在中国可能是一个最典型的例子。1949 年以后出生率很高，当时一般国家出生率是以千分之几衡量，中国却是以百分之几衡量。生五个孩子的就是光荣母亲，当时是这样一种鼓励高生育的政策。这个政策延续了 30 年左右，直到 20 世纪 70 年代末，才开始执行只生一个的计划生育政策。

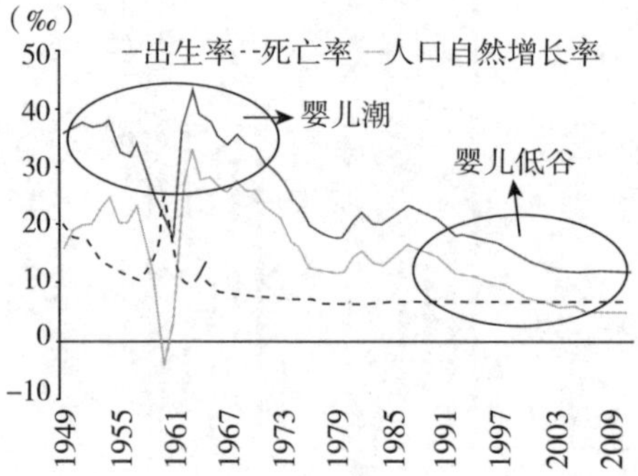

图 10　中国出生、死亡和人口增长率（1949—2011 年）

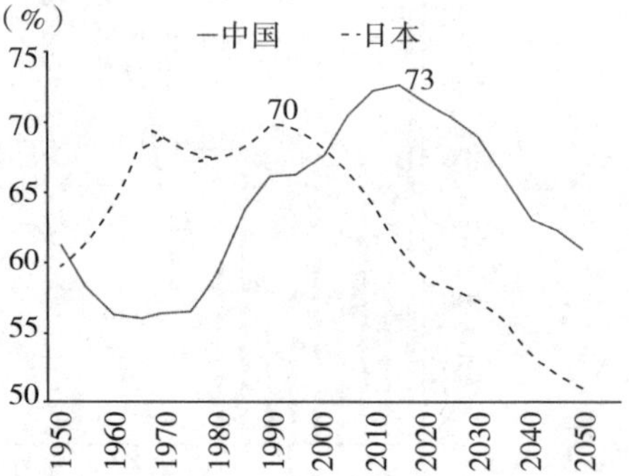

图 11　适龄工作人口占比比较（1950—2050 年预计）

如果在脑子里形成一张图的话，1949 年以后的 30 年，人口结构像一个左三角形，左边是孩子很多，中年人少，老年人少，这样一种人口结构明显是劳动力供应不足。家里有六七个孩子，父母两个工作都养不活或者勉强养活，哪有剩下的余钱存银行，所以家庭储蓄率也很低，在缺人缺钱的情况下，整个国家经济比较贫困。

但是 30 年以后，小孩们长大成人了却被告知，你生孩子的时候只能生一个，人口结构一下子变成一个鸭蛋形，两头小，中间大。老人少，青年、中年人多，小孩更少。劳动力供应相对总人口非常充裕甚至过剩。家庭储蓄率也变得很高，一是有能力储蓄，二是有愿望储蓄。因为中年人被告知只能生一个孩子，因为国家社会保障体制不健全，他觉得自己的养老要在中年时做好准备，所以储蓄率很高，资金供应非常充裕，劳动力供应也充裕。因为这个时候人不值钱，钱不值钱，干什么都挣钱，所以中国经济在要素价格低廉的情况下突飞猛进地增长。

第二个特征是失衡的增长。增长主要靠出口和投资，消费相对比较疲弱。因为劳动力价格低廉，所以出口竞争力很强。一旦中国想到生产什么拿到国际上出口，其他很多国家可能都得失业了。资金价格低廉也使得投资大幅上升，只要从银行借到款，随便怎么投个项目就能赚钱，因为这个钱来得太便宜了。但是老百姓不敢消费，挣钱的人想到的不是怎么花钱而是怎么存钱，要为自己的养老做准备。增长是投资拉动的、出口推动的，而消费增速相对比较慢。

第三个特征就是房价暴涨。要以什么载体来储蓄？不能老是把钱存银行，买股票也不是所有人都有这个胆量，所以买房子被认为是最安全最保守的。理财投资的工具在中国比较匮乏，而且资本账户关闭，人们也不能随便把钱拿到国外去投资，所以很多钱用在了房地产上，使房价暴涨。

第四个特征是人民币升值。因为这个过程，出口增长太强劲了，远远超过了进口，所以每年都有巨大的贸易顺差，导致外汇储备积累不断上升。因而造成了对人民币汇率的升值压力。

以上这四个现象似乎都是不关联的，但是它们是在这样一种人口框架下的必然结果。人总是要老的，将来它可能会变成右三角形，就是老人最多。20 世纪 50 ~ 70 年代出生的人进入老龄，而他们的下一代则是 80、90 后，人数上远不敌父母辈。80、90 后这一代人数上可能不低于他们的下一代，那就是右三角形了。将来老人多，中年人比老人少，小孩比中年人少，六个成年人对一个孩子，就是这么一种结构。在这种情况下，又变成了劳动力供应不足了，同时社会储蓄率也会下降。因为老人和孩子都是负储蓄者，只有青年、中年有工作有收入的人才有可能成为正储蓄者。当社会上老人多的时候，负储蓄者多，正储蓄者少，整个社会储蓄率就会往下拉，资金供应会变得更加紧张。

这时候就看社会对劳动力和对资金的需求如何了。有的国家老龄化到来以后，增速就下降，政府没有说一定还要增长 7%、7.5%，所以对资金的需求也就下降了，因而他们的利率反而是下降的。日本就是这个情况。中国如果将来还是要求经济增长保持 7% 左右，可能会在资金供应不足的情况下资金需求依然很强劲。这就可能把利率往上推，劳动力成本往上升，要素价格都上升，变成人更值钱，钱更值钱，干什么都不容易挣钱。所以经济增长速度一定要下降。但是有一个好的方面，就是刚才说的失衡会得到一定程度的纠正。因为出口不会像过去那么强劲，投资也不会像过去那么强硬，而消费相对来说比较平稳。人老了可以不投资，但是你还得消费，所以消费相对比较平稳，因而三驾“马车”的结构也会出现一种调整，这个调整会使经济更加平衡一些。

在“鸭蛋形”的情况下，买房的人逐年上升，青年人、中年人是买房的主力军。但是在右三角形的情况下，卖房的人逐渐上升，因为人老了首先想到的是卖房不是买房。中年时买房是为了老年卖房养老。所以那个时候房地产价格很有可能是向下走的，尤其是在某些城市，之前如果发展过度的话，向下走的趋势就会更加明显。

还有就是汇率。如果将来各种要素价格上升，我相信再加上人民币这段时期的升值，而且这种升值是在很多其他出口导向型国家汇率贬值的背景下出现的，很有可能削弱中国的出口竞争力，使我们出口增长速度进一步下滑，尤其是在附加值比较低的领域。消费进口相对来说还会比较强劲，有可能外贸的顺差逐年减少，乃至于出现逆差。那样的话人民币就不具备目前基本面推动的升值，将来汇率贬值的风险会显现出来。

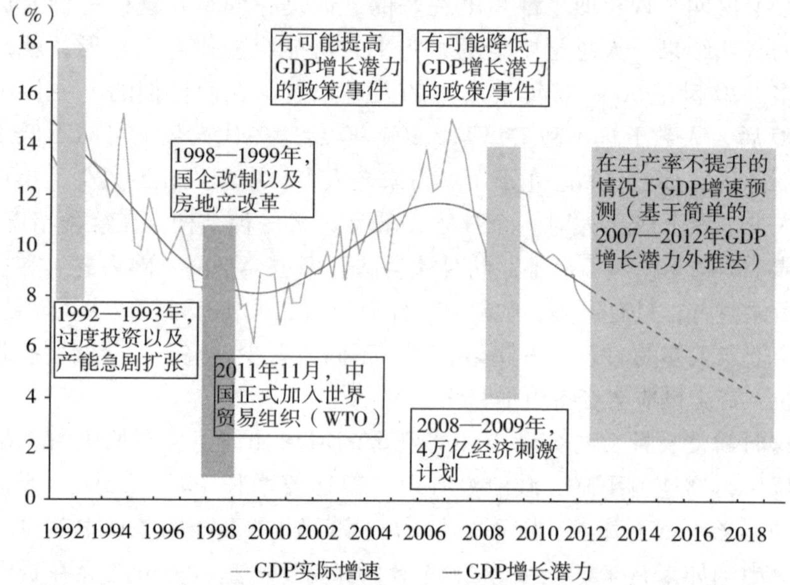

图 12　中国实际 GDP 增速与增长潜力＊（1992 年 1 季度至 2020 年预测）

＊GDP 增长潜力是由 HP 滤波计算得出

还有一个很重要的红利就是改革红利。如果人口红利是推动经济增长的唯一动力的话，中国过去二三十年的增长速度不应该平均在 10%，应该说每年基本都在 10%。为什么图 12 显示会有那么大的波动呢，这就跟另外一个推动力改革红利相关。20 世纪 90 年代初期，出现一波投资增长过快的现象，但是到了90年代中期，有过一个对之后经济增长非常有益的改革，这就是亏损企业该倒闭就倒闭，员工该下岗主动下岗，“三角债”的问题该暴露就暴露，银行该注资就注资，该重组就重组，该上市就上市，这就使得经济轻装上阵。所以这项改革的初期是做了非常有意义的减法。若不做减法，一上来就做加法，那不叫改革，那还是在滚雪球，所以改革初期一定要做一些减法。尤其是经济周期正处于高峰阶段往下走的时候，一定是因为产能过剩了，你要改革一定要有一个去杠杆的过程。这个过程一定是伴随经济增速下降的，不是说在低谷开始往上走，马上做加法经济就往上走了。我国现在也是处于一个高峰以后，单调递减的增速。尽管刺激以后从9%左右降到7%左右，这时候必须要做减法，做到一定程度可以做加法。1998年我们做了一个很重要的加法，就是房地产改革。2001年的时候又一次做加法，进入WTO，房地产投资和出口强劲增长这两个动力，推动了中国经济从1998年开始一路上涨，差不多有十年黄金时期，一直到达2007年的最高点。2008年遇到全球金融风暴的影响，出口这支引擎立即减弱。由于我们的经济高度依赖制造业，高度依赖出口，短期不可能实现经济转型，因此就来了一个几万亿的经济刺激，短期把经济往上推了一把。由于引擎本身的力量在变小，暂时的助推力也只能产生暂时的作用，之后经济又开始往下走，于是出现了那几次微调，但依然改变不了经济往下走的态势。今天又到了一个不得不改的时刻了，不是小打小闹的改，而是需要做一些伤筋动骨的改革。短期具有一些减法的属性，会使经济进一步下降，这个镇痛是不是能够忍受，是对中国的一个考验。

谈到这些问题，我们把两个红利看清以后，可能对未来经济走势的判断能够有一个带有框架式的认识。还不敢说有清醒的认识，但至少我们有一个框架来认识它。

目前中国经济面对的巨大挑战，来自于三个方面：第一个是经济结构不合理，失衡现象非常严重；第二个是债务负担很高：第三是房地产价格很高。失衡现象严重到什么程度呢？图13显示的是中国投资在GDP当中的占比，也就是资本形成在GDP当中的占比。目前国家统计局公布的数据，以支出法计算的GDP各个分量的数据截至2012年，2012年资本形成占GDP的47.8%。可以根据统计局每个季度的数据，季度消费对GDP贡献多少个点，投资贡献多少个点来做一些估算，我算的2013年是

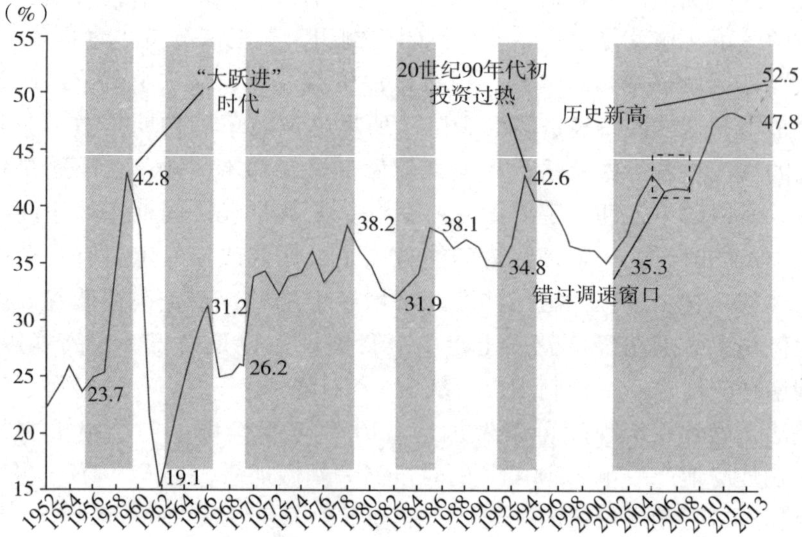

图 13　1952—2013 年中国名义投资占 GDP 比重

52.5%，也就是说 2013 年投资率进一步上升，经济结构是进一步恶化的。无论是 52.5% 还是 47.8%，与 1949 年以来的次高点比都要高出很多。

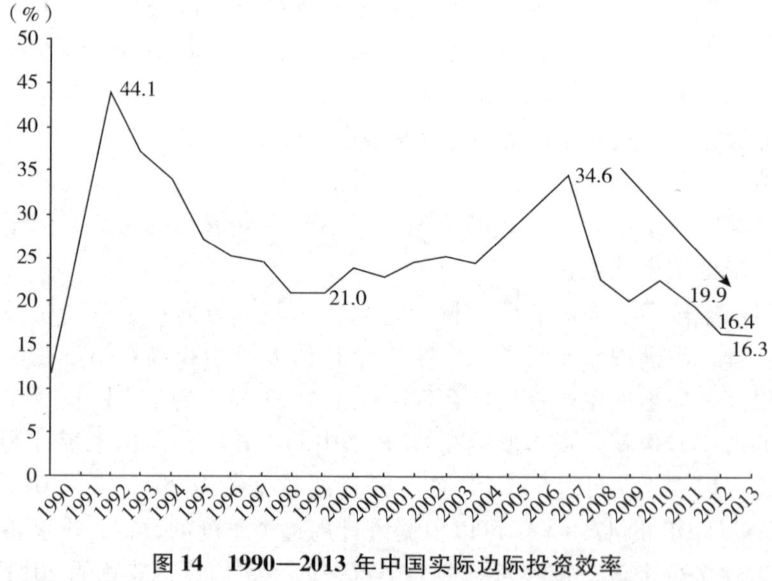

图 14　1990—2013 年中国实际边际投资效率

42.8%靠近纵轴的高峰，那是在1958年达到的。2008年有过一段时间停顿，但是又推上去了。高的投资率和长时间的扩张期造成多少产能过剩，可想而知。现在有很多领域本来是要振兴、要鼓励的行业，但是已经出现了过剩现象。在这个背景之下，投资效率在不断下降。

这里显示的边际投资效率，就是GDP的增量除以投资。从这个数据可以看到，在2008年以前，一元钱投进去能产生0.35元，现在是0.16元，投资效率明显在恶化。

下面做了一个很简单的模拟分析。如果我们现在开始痛下决心，52.5%也好，47.8也好，花八年的时间把它调下来，调到一个比较合理的水平，到2022年，让它达到40%，经济会出现什么样的走势？这几年来，进出口对GDP的贡献几乎是零，贸易顺差绝对量没有增长，占GDP的比例在不断下降。老百姓的个人消费和政府的消费对GDP的贡献差不多在3.8个百分点，因为中国现有政策鼓励消费，假设它会提高到4%，我的假设是比较乐观的，不然这个数字会很难看。让消费一夜之间突飞猛进增长不太可能，接下来是投资增速必须要慢于消费或者出口，或者要慢于这两项的出口，这样才能把投资占GDP的比率降下来。

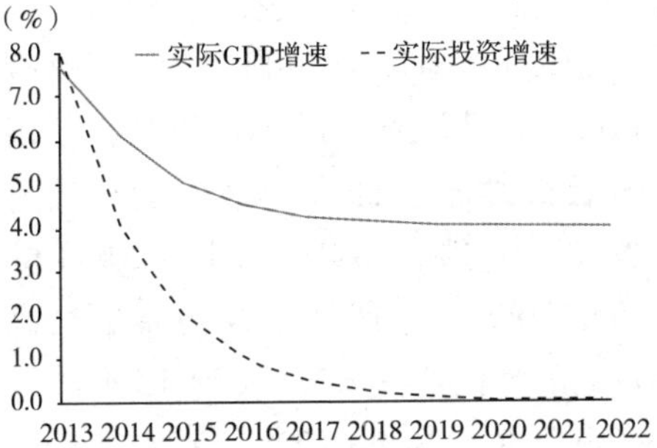

图15　假设投资占GDP比重在2022年降至40%（2013—2022年预计）

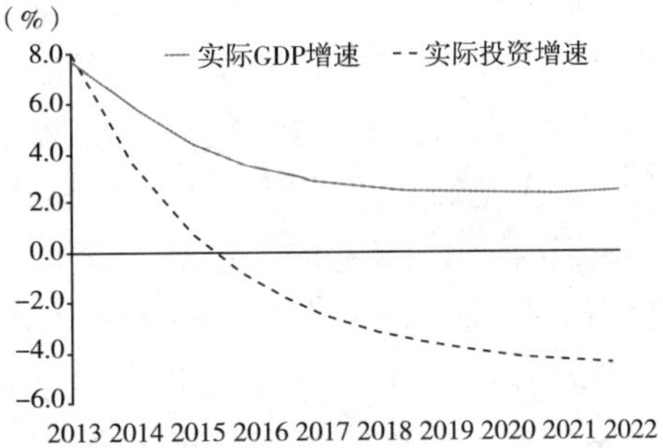

图16　假设投资占GDP比重在2022年降至35%（2013—2022年预计）

如此一来，我们看到模拟结构显示，2014年GDP只能增长6%左右。如果真到7%以上的话，到2015年的此刻再回过头来看，2014年的投资率比2013年还要高，也就是说失衡还会进一步变得更加严重，经济增长速度将会逐渐降低。到2022年，我们再回过头来一看，八年的平均增速在5%左右，这和现在要两个翻番的目标有点抵触，名义值肯定可以翻了，通货膨胀高一点就行了，实际值翻不了，这就是一个挑战。所以说调结构与实现增长目标之间是一个挑战。

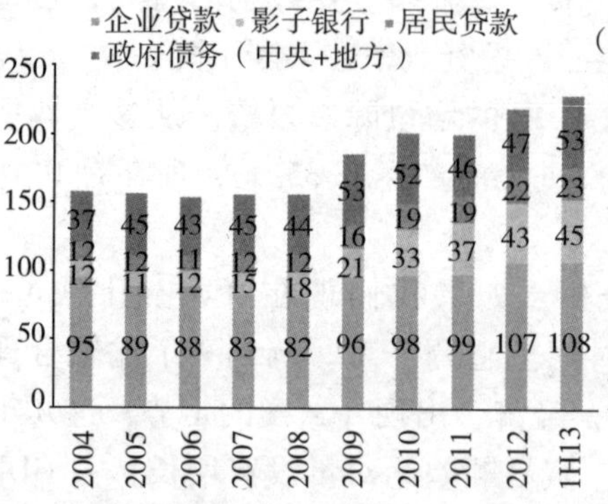

图 17　中国社会信贷总量（%GDP）
（2004 年至 2013 年上半年）

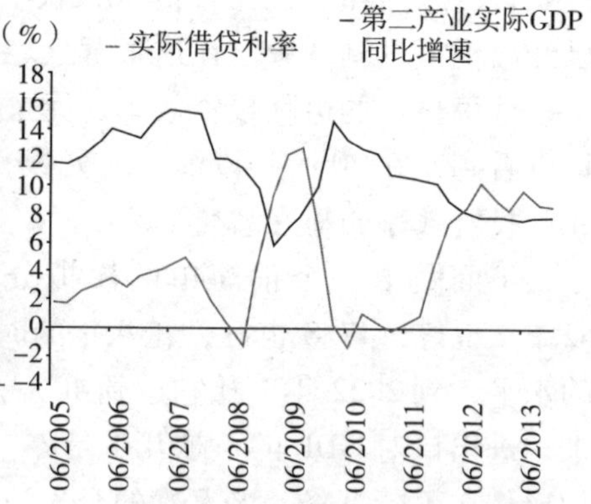

图 18　中国第二产业实际 GDP 增速和实际借贷利率
（2005 年 6 月至 2013 年 12 月）

2008 年以前，企业、政府、居民总杠杆率占 GDP 的 150%，现在是 230%。其中家庭杠杆率很低，也就是按揭贷款，还有少量汽车贷款，很多老百姓是不怎么借钱的。所以把这 20% 多拿掉以后还剩 200%。政府占 50% 多，还有 150% 左右是企业欠的钱。这 150% 里面的 1/3 是影子银行，2/3 是银行正规渠道的信贷。中国老百姓的杠杆率是最低的，政府的杠杆率和国际比较也是偏低的。西方政府一般在 100% 以上，200% 的也有。但是中国的企业杠杆率占 GDP 的 150%，为什么企业会有那么高的杠杆率呢，2005—2007 年制造业的经济增长速度有时候到 15% 甚至 16%，那个时候的实际利率水平，减去企业面临的价格 TPI，基本上没有超过 6%，因而企业有很大的动力去举债。2008 年、2009 年短暂的这两个变量有一个倒挂，但是很快又被后面的刺激政策把距离进一步拉开。第二产业的 GDP 一度增长两位数，但是实际利率则成了零，有的还是负的，因为 TPI 涨得比贷款利率要高，这又造成了企业大量举债的动力。

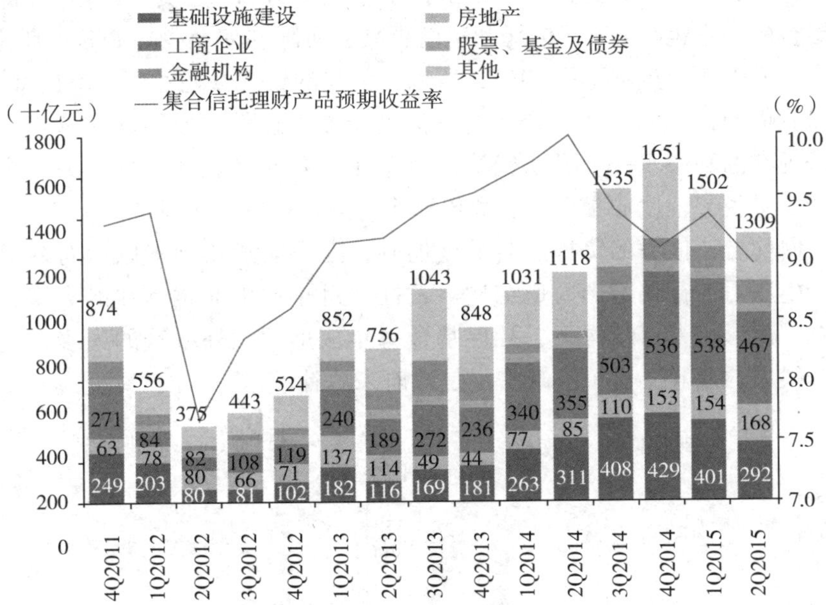

图 19　到期信托产品：规模及预期收益率

（2011 年 10 月至 2015 年 6 月，估计值）

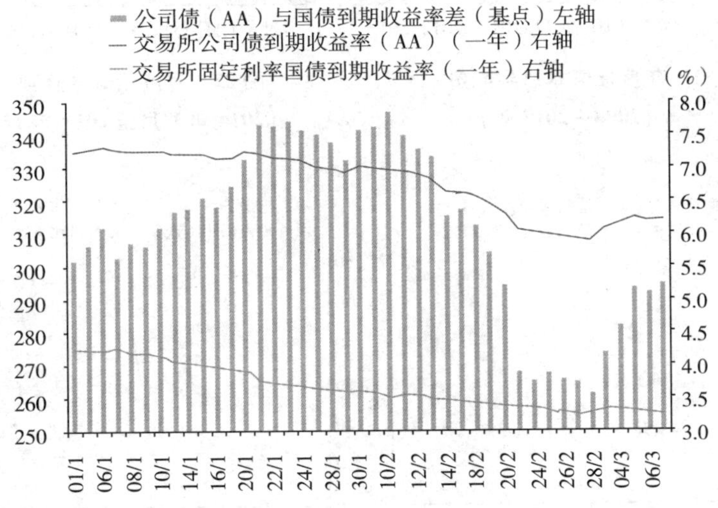

图 20　交易所公司债与国债到期收益率（2014 年 1 月至 2014 年 3 月）

但是到了今天，这两个变量倒挂了，现在的 TPI 是负 2% 左右，即使是银行的利率也得 6%，信托利率就更高，实际利率至少在 8%。但是第二产业 GDP 增速绝对不到 8%，所以之前欠的钱怎么还？压力就出来了。所以我们现在看到一些信贷违约，甚至于债券违约，原因就在这里。一个是现在的利率水平上升，经济以及企业的利润增速在下降，另一个是两个变量脱节程度非常严重，所以这个是对债务的一个挑战。

向前看，债务的负担还会继续加剧，因为老龄化到来以后对社保就会产生压力。在鸭蛋形人口结构下，社保每年往里面贡献钱的人多，而在右三角形的人口结构下，社保基金每年从里面往外拿钱的人多，这是一个很大的差异。这个空缺一定是政府来填补。

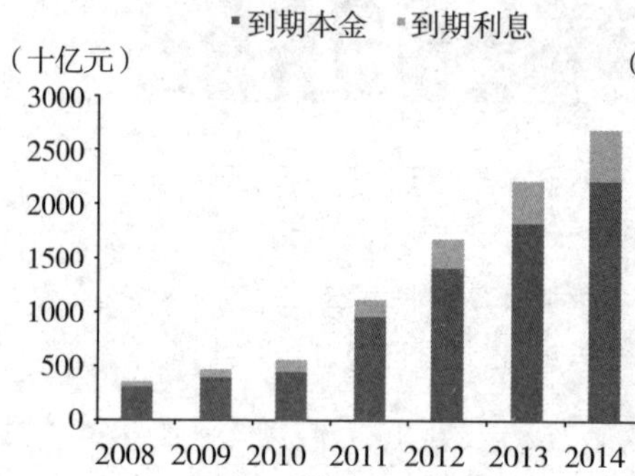

图 21　年度债券本息到期量

（2008—2014 年）

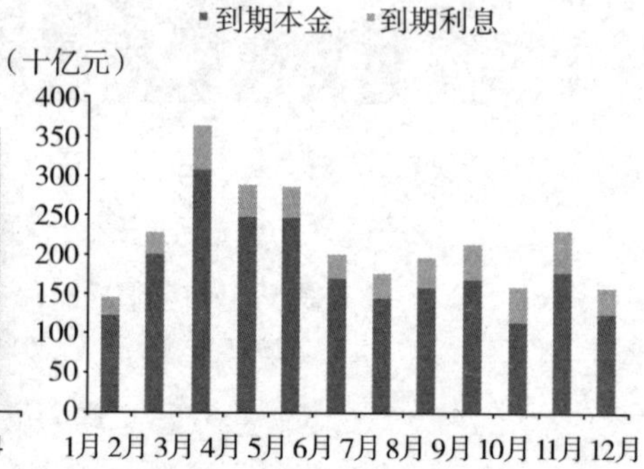

图 22　月度债券本息到期量

（2014 年 1 月至 2014 年 12 月）

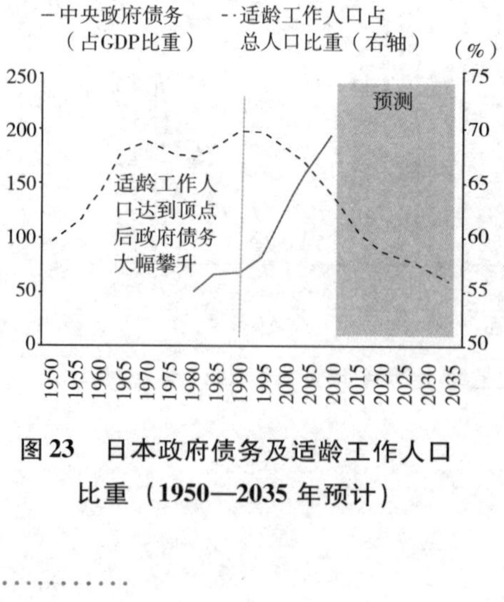

图 23　日本政府债务及适龄工作人口比重（1950—2035 年预计）

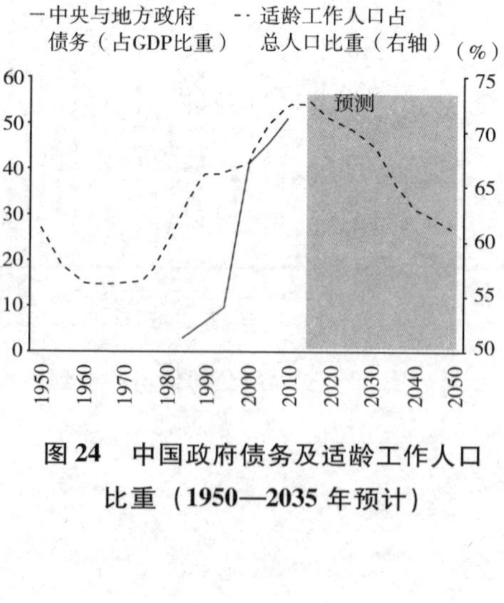

图 24　中国政府债务及适龄工作人口比重（1950—2035 年预计）

从 1990 年开始，日本的人口红利消失，老龄化开始到来，之后有工作能力人口在社会的占比急剧下降。伴随着这一过程，1990 年日本政府的债务占 GDP 的 60% ~70%，现在是 200% 多。我们现在老龄化还没有到来，中央和地方政府加起来债务占 GDP 也超过 50%。可想而知，将来政府为了应对社保压力还会有进一步的债务上升。我们不要认为企业出问题政府总会担着，实际上政府需要花钱的地方多得是。

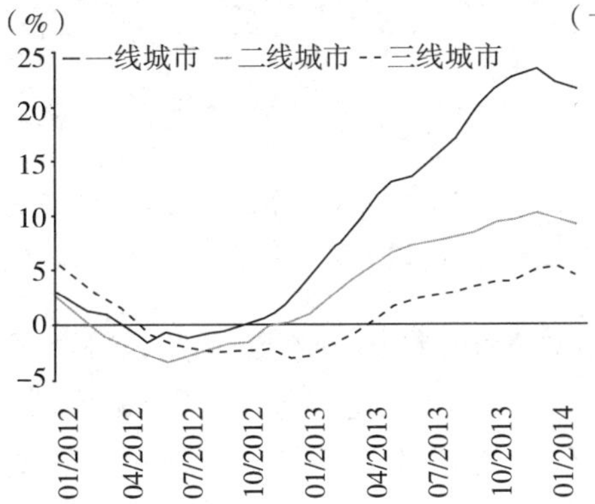

图 25　房价增长开始减速（中国百城住宅均价同比增速，2012 年 1 月至 2014 年 2 月）

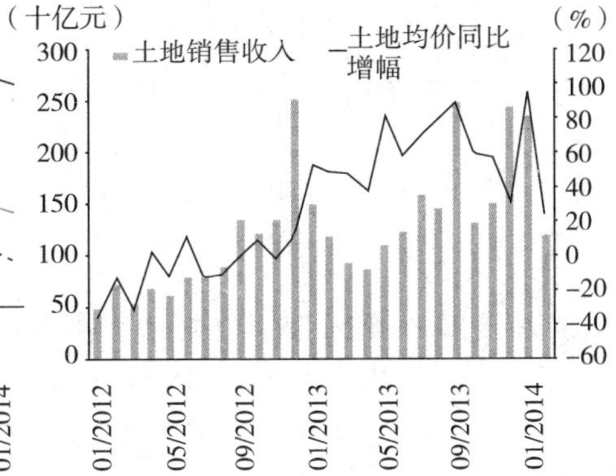

图 26　土地价格上涨继续加速（40 个大城市土地销售收入及土地均价同比增速，2012 年 1 月至 2014 年 2 月）

第三个挑战是房地产。先看短期。2013 年房价平均涨 10%，一线城市涨了 20% 多。面粉的价格上涨明显快过面包价格。过去当面粉价格快于面包价格的时候，之后的面包价格会涨得更疯。所以很多企业造成了一种错觉，只要我敢高价买面粉，将来面包一定会更贵，但将来未必。2015 年以后，第一批婴儿潮时代出生的人退休了以后，他们可能就不再买房，而是整天琢磨怎么把房价卖得高一些，卖房的动力很大。下一代虽然还买房，但是人数少于父母辈，整个社会的房产需求下降。所以现在高价拿面粉，不等于将来能够把面包卖高价。

投资率不可能简单地外推认为它还会进一步上升。有人认为，中国的投资率上上下下的周期都看到了，但是从趋势看一直在往上走，为什么说现在 52% 左右就不能再往上走了，为什么不能到 55%，不能到 60%。我说韩国最高 40%，日本最高 40%，中国的奇迹其他国家也没有创造过，为什么你说我们不能更高呢？我觉得不能更高的原因也在这。

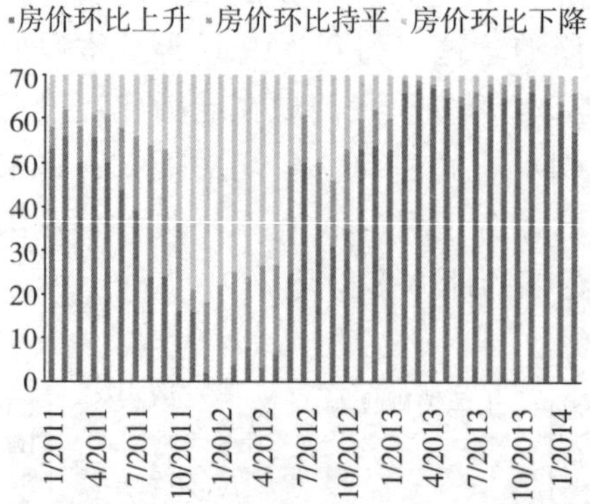

图 27　70 个大中城市新建住房价格环比化情况（2011 年 1 月至 2014 年 2 月）

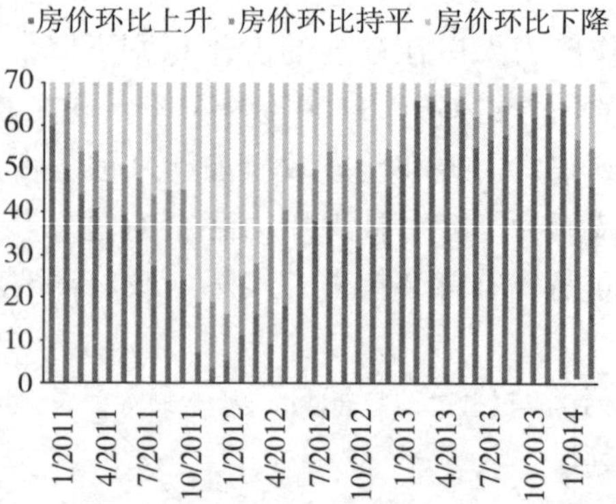

图 28　70 个大中城市二手住宅价格环比变化情况（2011 年 1 月至 2014 年 2 月）

原来能更高，是因为中国的储蓄在人口红利的释放下不断上升。每个月拿了工资就往银行存钱。老龄化到来以后，每个月老人要到银行来取钱，怎么可能有那么多资金来放贷呢？也不可能有那么多资金把过去老的贷款积攒起来。所以投资不可能像过去涨得那么快，投资率是一定要下来的，而且是被迫下来。如果是市场的力量让你下来，就变成硬着陆了。假如我们主动通过经济结构的调整让它下来，还有机会实现一个软着陆。我刚才的模拟分析显示的是一种软着陆的情形，硬着陆就不再是经济增长从 7% 降到 5% 了，有可能直奔 2% 去了。

房地产还有一个可成熟率的问题。中国房价到底有没有泡沫？生活在中国的很多人认为是有的，但是也有一些人认为没有，因为他们觉得中国的城镇化将来发展空间还很大，还有许多新的家庭还要形成，还有改善住房的刚性需求等。这个需求当然是存在的，但是我们可能要算一些比较客观的指标，来测量中国老百姓对于城市房价的承受能力。

表 1　主要城市房屋购买力情况

	一线城市						二线城市		
	平均	上海	北京	深圳	广州	杭州	成都	南京	郑州
2014 年 2 月二手房销售价（元/平方米）	19276	20427	29725	32255	19246	20207	9349	16001	6998
全部家庭									

	一线城市						二线城市		
	平均	上海	北京	深圳	广州	杭州	成都	南京	郑州
2013 年家庭月度可支配收入（元）	10655	12541	11532	12596	11765	11243	8580	11406	5577
2014 年 2 月房价下家庭月供（元）	8402	8903	12956	14059	8389	8807	4075	6974	3050
2014 年 2 月房价下家庭月供收入比（%）	76	71	112	71	78	47	61	55	
假设贷款利率上升 1% 家庭月供收入比（%）	82	77	122	121	77	85	51	66	59
高收入家庭									
2013 年较高收入家庭（40%）月度可支配收入（元）	17681	20812	19137	20902	19523	18657	14238	18928	9255
2014 年 2 月房价下家庭月供收入比（%）	46	43	68	67	43	47	29	37	33
假设贷款利率上升 1%	50	46	73	73	47	51	31	40	36

注：将官方收入数据乘以 1.2 以反映灰色收入；假设购买 90 平方米房屋，首付 30%，20% 年供款，按揭利率下浮 15%。

做一个很简单的计算，一个三口之家买一个 90 平方米的房子，首付 30%，借 20 年按揭，它的月供占到家庭收入百分之多少？在西方社会，比例超过 40% 就不敢把钱借给你了，觉得你的可承受能力有问题，在中国却是 76%！我在算家庭收入的时候故意乘了 1.2，因为可能有的家庭有灰色收入，即便如此还是 76%。这是一二线城市的平均数，有的城市超过 100%，说明这个城市收入属于平均水平的家庭根本没有能力买得起房子，一定是这个城市中较富有的阶层在买房子。较富有的阶层，基本早就买了房子，现在如果还在买，目的就是投资。我把这些城市高收入家庭单独拿出来，再算一下这个比例。一二线城市平均收入的 40% 多，有些城市就更低一些，这个可承受力证明确实是这些群体在购房，并且多半是出于投资的目的。我们也做了一些敏感性分析，如果利率上升 1 个百分点，刚才说的平均 76% 就会变成 82%，可承受力会进一步恶化。所以中国房地产也不要用泡沫这个词，这个词很难定义，这种可承受力之差是很多国家看不到的。所以这是一个挑战。

任何经济只要有挑战就有机遇。中国经济未来的机遇，就来自于我刚才说的第三驾“马车”——消费。过去几十年中国制造什么投资什么都能挣钱，将来不太可能了，将来是中国人买什么你投什么才有可能挣钱。因此我们在分析投资策略的时候，也是在中国制造领域里面寻找投资领域。

所谓消费基本上分两类，一类是商品消费，一类是服务消费。商品消费是衣食住行，中国老百姓已经不是吃不饱穿不暖，而是对消费升级的诉求越来越强。所以在商品消费领域，更多的是追求质量的提高，而不是量的简单扩大。现在中国对于进口汽车尤其是对于欧洲进口车的消费依然非常强劲，汽车消费总体增长还是保持非常快的速度。

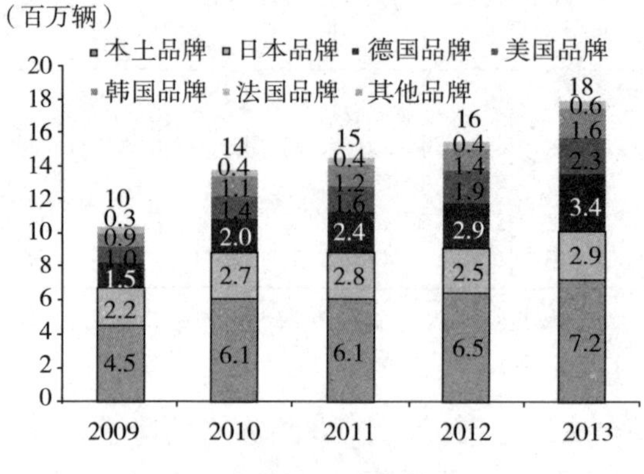

图 29 中国乘用车销量
（2009—2013 年）

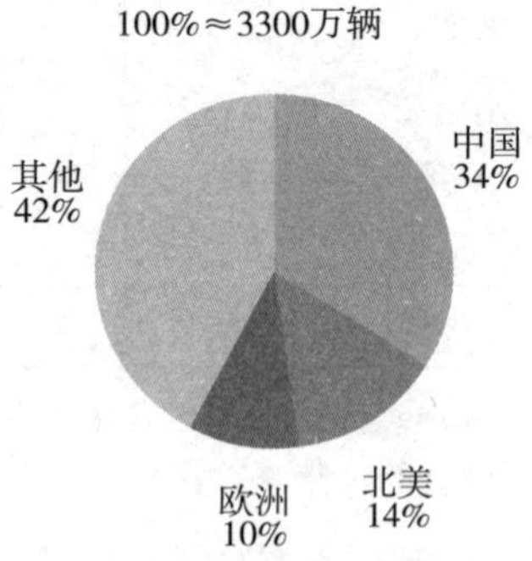

图 30 全球汽车市场增长
（2011—2020 年）

有关资料统计，四辆宝马车生产出来就有一辆卖给中国。宝马这些高品质的汽车也不受公款消费的限制，因为它们不是公车。

另外一类商品消费主要体现在农产品。随着老百姓收入水平的提高，中国人的饮食结构也朝更加营养、更加安全和更加健康的方向发展。喝豆浆的人逐渐习惯喝牛奶，吃米饭的逐渐喜欢吃肉，这样就对畜牧业产品产生了巨大需求。畜牧业消费粮食的能力比人类要强得多，转化系数大家都很清楚，一斤牛肉要用 13 斤饲料去置换，间接对粮食等农产品产

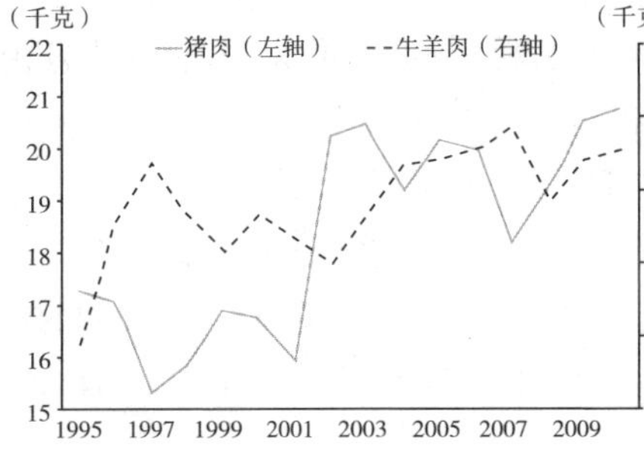

图 31　中国城镇人口肉类人均消费（1995—2010 年）

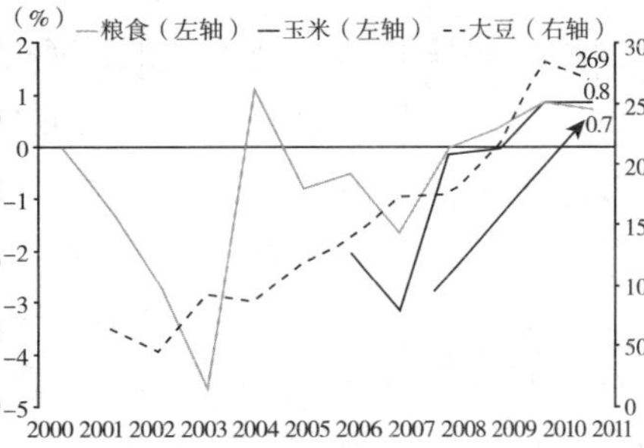

图 32　中国净进口与产量的比率（1995—2011 年）

生更大的需求。中国有很多农产品过去是净出口国，甚至是自给自足的，现在变成净进口国了，大豆、玉米甚至小麦都在朝这个方向转变。

我认为最大的消费增长点可能还不是商品消费，而是服务消费。以美国为例，老百姓的总支出当中，服务类消费占到 70% 以上，而中国才占 20% ~30%，所以我们将来的发展空间巨大。中国现在人均 GDP 购买力平价折算以后，和美国 20 世纪 70 年代初期旗鼓相当。

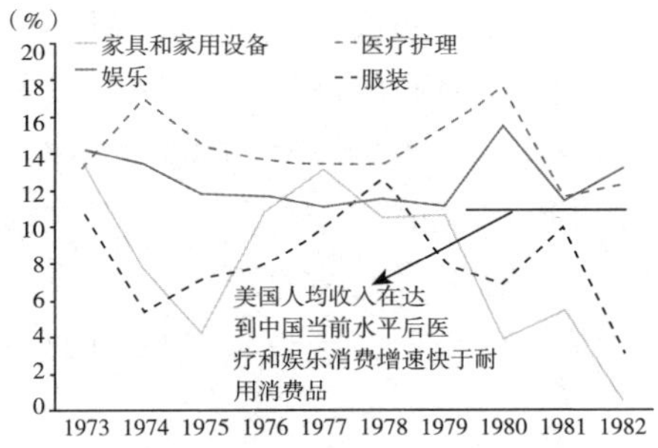

图 33　美国部分消费占总消费比重（1973—1982 年）

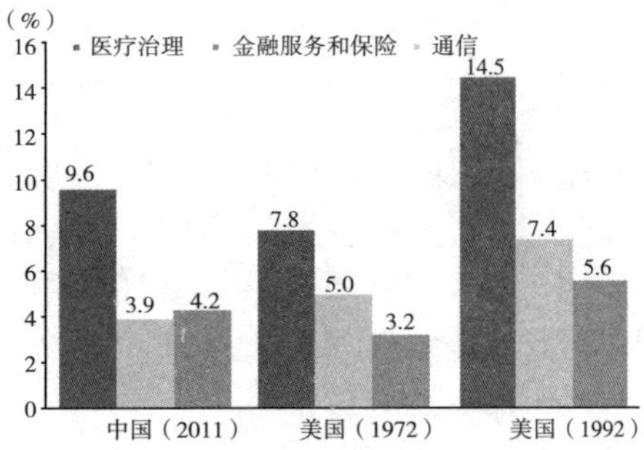

图 34　中国与美国消费占比对比（占总体消费比重）

不妨看一下美国 20 世纪 70 年代的消费结构，20 年后又是怎样的情形。在医疗保健、金融服务和通信领域，原来的占比是比较低的。到 20 世纪 90 年代初期，右边的三根柱子基本上都是翻倍增长。最左边的三根柱子是中国 2011 年的情况（如图 34），我相信经过 20 年占比也会进一步上升，更何况我们整个消费增长速度本身就比西方这些国家快很多。

我们的消费相对投资来说是弱的，但是我们两位数的增长哪个国家也没有，消费本身的增长是不慢的。所以，在宏观层面上通常是讲消费的相对占比，但从微观层面来讲，商业机构一般会看车每年涨了多少，医疗保健支出每年涨多少，看微观层面它的增长是非常强劲的。所以在医疗保健、金融服务和通信领域有很大的投资机会。尤其是医疗保健领域，我把养老也归为这个领域，推动力可能比美国 20 世纪 70 年代还要强劲。随着人们收入水平的提高，生活支出会更加注重医疗，更加注重保健，会经常去健身房锻炼。

中国除了以收入水平提高来转变消费结构之外，还有两个因素是美国 20 世纪 70 年代所不具备的。一是我国的老龄化时代到来了，而美国在 20 世纪 70 年代还没有到老龄化阶段，美国的老龄化是前两年才到来的。老龄化到来自然会对医疗保健的支出有更大的增长。二是中国的环境比美国 20 世纪 70 年代差多了，雾霾的严重给医疗保健领域提供了一个增长的空间。所以这方面是未来投资的一个值得关注的领域。

在金融服务领域，中国的银行不缺金融服务，问题是一些更高层次的金融服务还是不足的。过去大家都不需要理财服务，掏钱买房子买股票就是了。但是如果将来房价不涨反跌，可能需要其他的方式来理财。买股票光有胆量也不行，也不能光盯着中国的股票买，国外也有很多投资的机会。中国股票前几年都是下跌的，但美国的股票甚至欧洲的股票都是上涨的。将来随着资本账户的逐渐开放，会产生更广泛的投资机会，可能会有相应的金融机构跟上脚步，提供更多新的需求和服务。现在很多国内金融机构还不具备这样的条件，这块有很大的发展空间。保险公司重要的是懂得怎么去打理，怎么去投资让它增长，随着资本账户的放开，会有更多的渠道。

中国家庭通信网络消费和很多国家比，占比是很低的。2011 年的数据显示，很多国家在家庭总支出里占到 3% 甚至是 4%，我国是 2% 左右。移动电话普及率中国现在是 80% 左右，但是很多发达国家超过 100%，一人拥有多部手机很普遍，中国平均来说还没有达到这个水平。如果我们从 80% 提升到 100%，这 20% 就相当于美国总人口，在中国的每一个 1% 都是很厉害的。有人做过这个统计，说中国计划生育以后，男孩和女孩的比例失调，中国男性人数明显大于女性，超出部分相当于德国所有的男性。

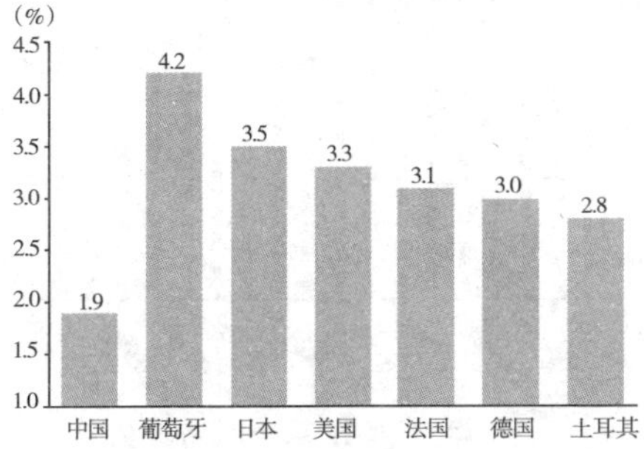

图 35　家庭通信消费占 GDP 比重
（2011 年）

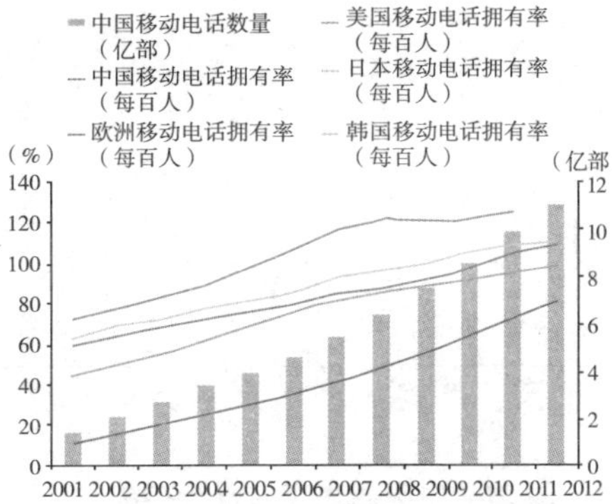

图 36　移动电话数量及拥有率对比
（2001—2012 年）

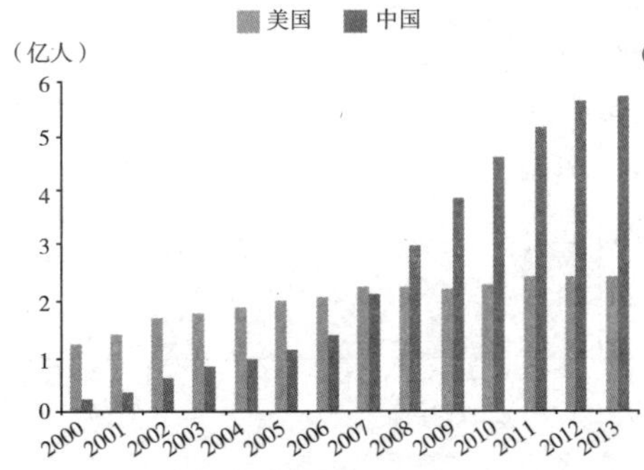

图 37　网民数量
（2000—2013 年）

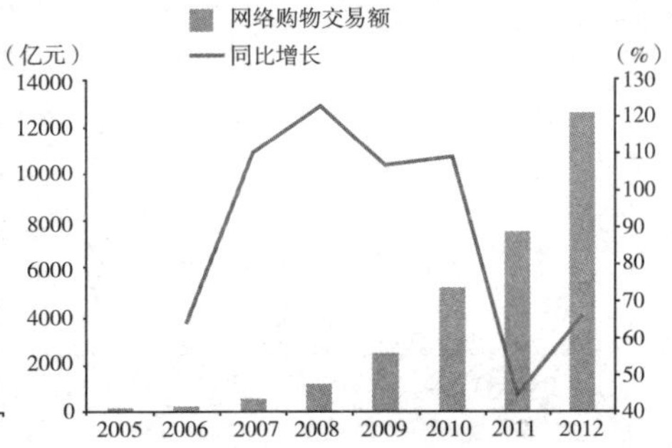

图 38　中国网络购物交易额
（2008—2012 年）

另外中国网民的数量和网上购物的数量也在明显超出常规增长。零售业增长 10%，而通过网络消费的增长达到 60% ~70%。现在用网络是很普遍的现象了，普及率越来越受到社会的认同。

从理财行业的角度看，如果将来中国资本账户真的开放了，到底有多少钱，这个赤字有多大，老百姓到底愿意拿多少钱到境外去参与投资，这是难以估算的。中国现在的家庭储蓄达到 45 万亿元，拿出 10% 到境外投资就是 4. 5 万亿元，相当于现在 QD 规模的近 80 倍，这里面的商机是很可观的。

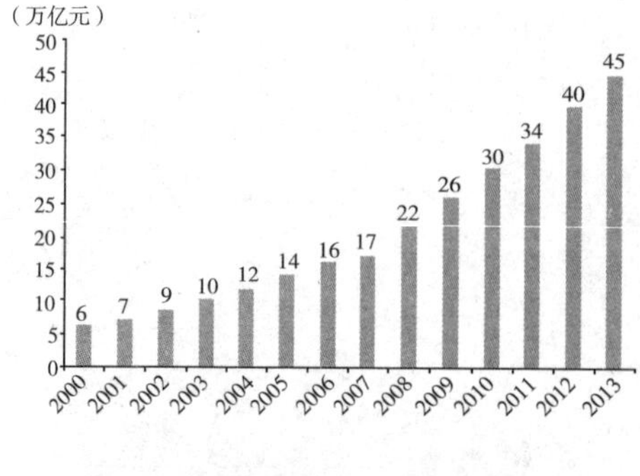

图 39　中国居民个人银行存款
（2000—2013 年）

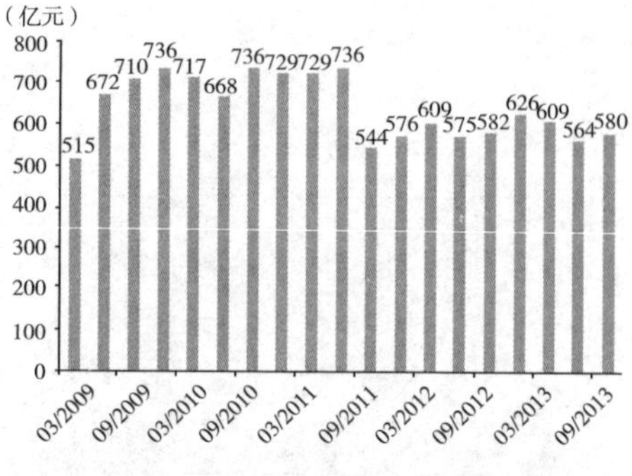

图 40　QDII 基金净资产值
（2009 年 9 月至 2013 年 9 月）

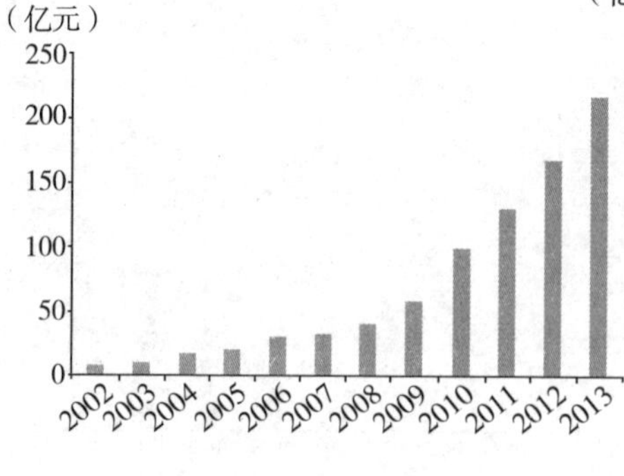

图 41　中国电影票收入
（2002—2013 年）

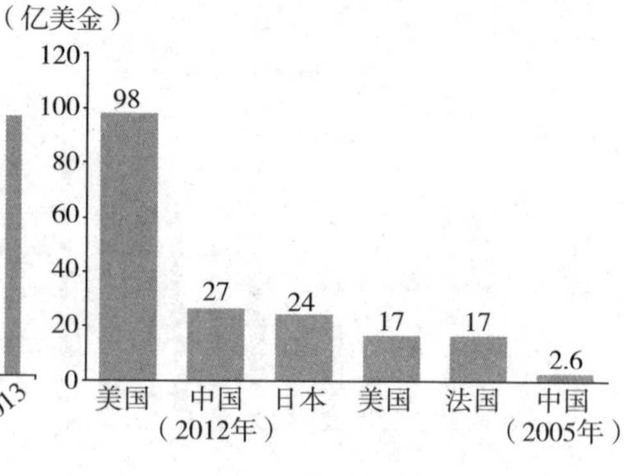

图 42　电影票房收入比较

另外一个领域是旅游休闲。现在到了节假日去境外旅游是很普遍的现象，所以在旅游休闲领域将来还会有更大的发展空间。拿电影票的收入作分析，2005 年电影票收益是 2.6 亿美金，当年日本是 20 多亿美金，中国是它的 10%。2012 年中国是 27 亿美金，已经超过了日本。2013 年的数据，中国是 36 亿美金，增长 20% 多，而日本还停留在 2012 年的水平，基本上没有变，我们已经远远超过日本。美国 2012 年是 98 亿美金，美国人口要比我们少很多，而且中国电影票并不比美国便宜。现在大家收入已经到那个层次，这种需求自然而然就显现出来了。

接下来是人民币汇率展望。我的基本观点是，人民币短期贬值，中期稳定甚至略有升值，长期贬值。所谓短期就是一两个月，中期就是一两年。为什么会有这样的观点？首先来看看最近人民币突然贬值的原因。

一是对套利、套汇的行为要给予打击，给予整治，因为套利、套汇是不产生社会贡献的行为，它挣钱了，一定是有人亏钱的。套利最简单的办法就是我国境内用人民币买一个理财产品，让子公司从我这买东西，把钱打过来，从我这买东西就等于我出口，我高报出口，因此在外面借的钱堂而皇之地拿进来，进来之后首先赚取理财几个点。二是人民币还升值，因为借的是外币，人民币一升值，在利差情况下又增加一笔。这是一种行为。三是可以通过某些大宗商品进行套利、套汇。拿贷款买理财产品买信托，借的是美元，将来人民币升值还会有套汇的盈利空间。人民币老升值的话，就会造成套利的机会。套利了一定会有人亏，谁亏了呢？是政府亏了。因为流进来的钱先是经过商业银行，最终流到央行，央行同时放出一笔等量的人民币。央行拿出外币买国债，利率是零，但是放出人民币以后，市场汇率供应高了怎么办？需要通过一些手段来对冲，或者发央票，或者搞回购，向市场出的利息远远高于买外国债券的利息，这是中国政府亏了钱。如果人民币升值外汇储备还缩水。无论是被别人套去的利差，还是被别人套去的汇率，最终买单的都是中国政府。商业银行也是没有亏什么，在这个过程当中收点手续费，没有亏损。这种套利显然是不能让它持续下去的。

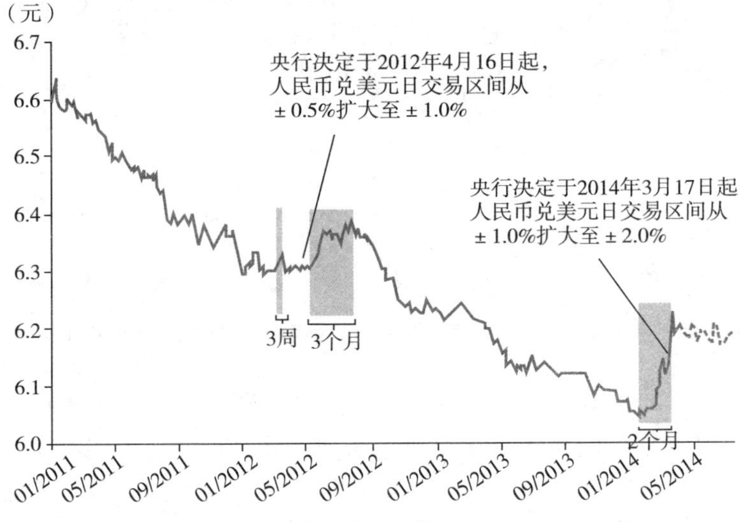

图 43　美元兑人民币汇率（2011 年 1 月至 2014 年 7 月预测）

2012 年人民币也出现过本来升得好好的，突然有几个贬值的现象。2012 年 3 月以前，汇率从 2011 年初 1∶6.6 元升到 2012 年 3 月的 1∶6.3 元左右，贬值幅度达到 0.5%。4 月 16 号又宣布放大拨付，从 0.5%上下变为 1%。所以当我们 2013 年 2 月下旬观察到人民币贬值之后，我们的第一感觉是人民币拨付马上要扩大，果然不出所料，贬值了一段时间之后，人民币拨付从 1%扩大到 2%。接下来可能是一种振荡，拨付扩大以后还有一段时间汇率的疲软。但是我相信，中期来看人民币还是要升值，不管怎么说中国外贸还是有顺差的，占 GDP 2%以上。尽管比 2006 年、2007 年占 GDP 10%以上要低，但是还是有顺差，基本面上依然支持人民币升值。从政策意图上来说，中国也希望人民币成为一个国际化至少是区域化的货币。所以，在达到这个目标以前，也不可能让它呈现出趋势性的贬值。

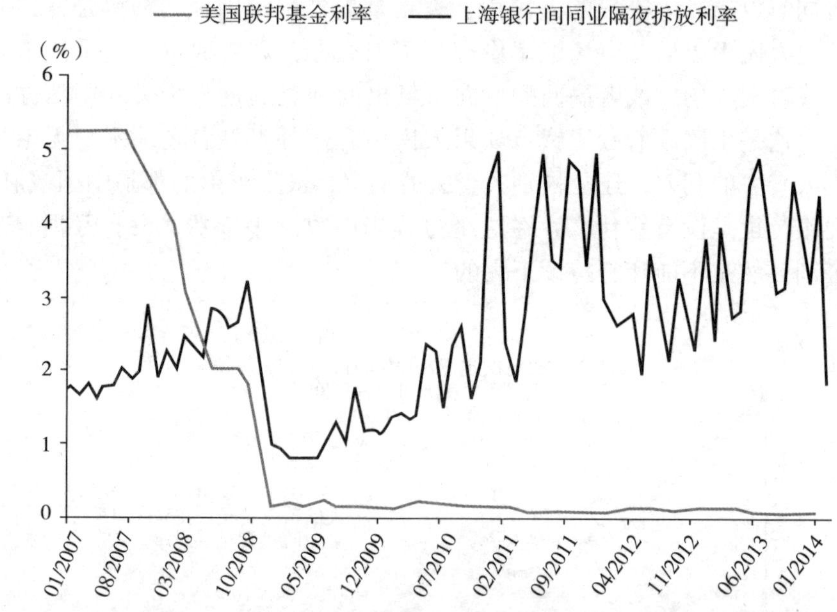

图 44　美国联邦基金利率与上海银行间同业拆放利率（2007 年 1 月至 2014 年 1 月）

一个国家的货币不可以长期对外升值对内贬值。现在人民币对内贬值的情况很明显。2004 年我从美国回来到了北京，发现中国汽车比美国贵，别的商品都比美国便宜。汽车贵是因为税收的原因，房子也比美国便宜。但是几年后发现房子开始比美国贵，又过几年发现衣服也比美国贵，到现在连吃的东西都比美国贵了。过去去超市两百元钱能买出不少东西，现在买不到什么东西，大家很明显地感觉到人民币在对内贬值。我经常到深圳开会，我认识的一个司机总会来接我。2009 年的时候他跟我说，2004 年、2005 年他来接我，一般是先在深圳花五六块钱把早饭吃了，再到香港来接，因为在香港吃早饭太贵。现在不一样了，他要提前半个小时先过境，到香港来吃早饭，因为深圳早餐太贵。这是一种很朴素的对汇率的判断，而且非常准。

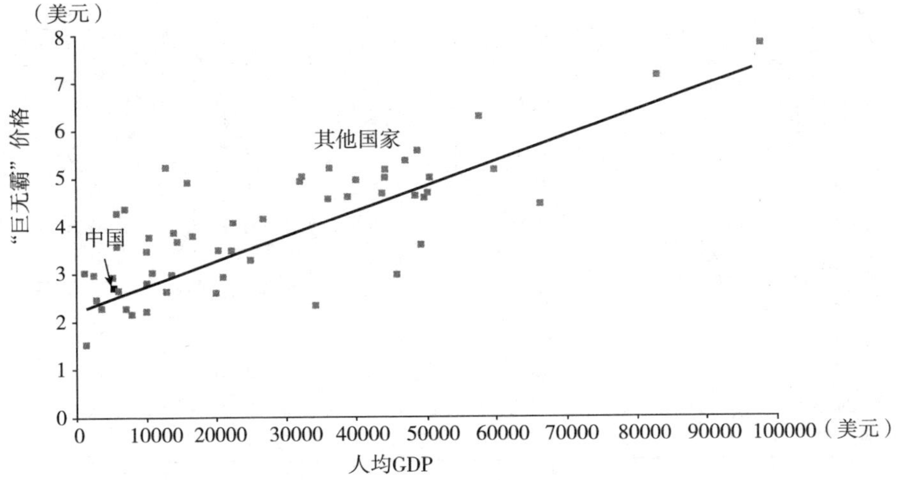

图 45　各国“巨无霸”价格与人均 GDP

我也用这种非常朴素的方式，把世界各国麦当劳巨无霸的价格占人均收入比作为比照（见图 45），发现中国在这条线以上，说明相对于中国人的收入水平来说，巨无霸占的价格比是过高的，我们的货币购买力和其他国家相比是比较弱的，人民币对内贬值已经到了这样一种程度。将来一两年也好，两三年也好，如果人民币继续升值而其他国家货币继续贬值的话，到时候再画这个图，代表中国的点就跑到上面去了。这就说明，人民币过度升值的风险在增加，这是一个长期的利率，是购买力平价的一个因素。

还有一个因素我觉得很重要，就是这个国家的劳动生产率与工资变化的关系。劳动生产率是快过工资上涨速度，还是慢于工资上涨速度，这很重要。而且不能单看这一个国家，还得看这个国家的两个变量的相对变化，看明白之后再与其他国家做对比。这里面有两个相对概念，有人认为人民币该升值，说中国劳动生产率提高很快，所以应该升值；也有人说中国工资涨得那么快应该贬值。这两种观点都好像是盲人摸象。应该把这两个变量合起来看，工资除以劳动生产率，实际上就是单位劳动的成本。

表 2　各国和地区相对中国的单位劳动成本（设中国为 1）

经济体 \ 年份	1991	2000	2005	2012
韩国	23.4	16.3	15.1	5.7
新加坡	21.5	19.5	13.3	7.3
中国台湾	21.4	12.2	7.9	2.9
中国香港	17.4	8.7	5.1	1.9
马来西亚	8.1	3.5	3.6	1.7
泰国	5.4	1.8	1.1	0.7
菲律宾	2.9	1.2	0.7	0.4
印度	2.3	0.8	0.6	0.3
印尼	2.0	0.5	0.5	0.3
美国	77.1	41.6	30.1	11.3
欧元区	86.6	31.7	29.6	11.1
巴西	N/A	7.3	5.0	3.5
俄罗斯	0.6	0.7	1.7	1.4

表 2 是其他国家单位劳动成本对中国的倍数。1991 年，韩国是中国的 23.4 倍，2012 年是 5.7 倍。中国劳动生产力有提高，工资提高速度也挺快，把这两个变量揉起来和韩国比，我们比韩国涨得快，说明我们的总体出口优势在下降。1991 年，泰国是我们的 5.4 倍，2012 年是我们的 0.7 倍，我们比它贵 30%。1991 年印度尼西亚是我们的 2 倍，2012 年是 0.3 倍，贵 70%。长此以往，中国的外贸很难再保持顺差。到那个时候就不可能在基本面上还支持人民币升值，尤其是中期升值较多的话，将来出现下调的风险也会相对更大。

最后谈一下股票市场。当投资者考虑全球投资布局的时候，需要了解新兴市场与发达经济股市的相对变化。图 48 显示的是，当美国货币政策由松变紧的时候，西方股市跑赢新兴市场。反之，当它的货币政策由紧变松的时候，它是跑输新兴市场的。为什么？因为由松变紧说明它的经济在好转，它有理由紧缩货币政策。松的时候有大量资金流入到新兴市场，而那些新兴市场由于吸纳了很多廉价的外币，资产价格大幅度上

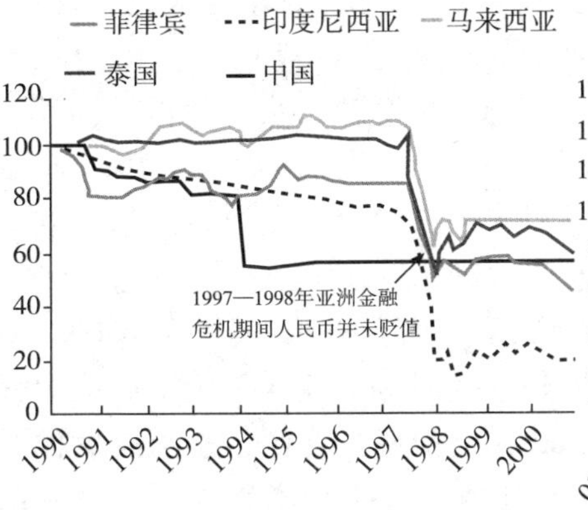

图 46　一些新兴市场货币兑美金汇率
（1990 年 1 月 =100）
（1990—2000 年）

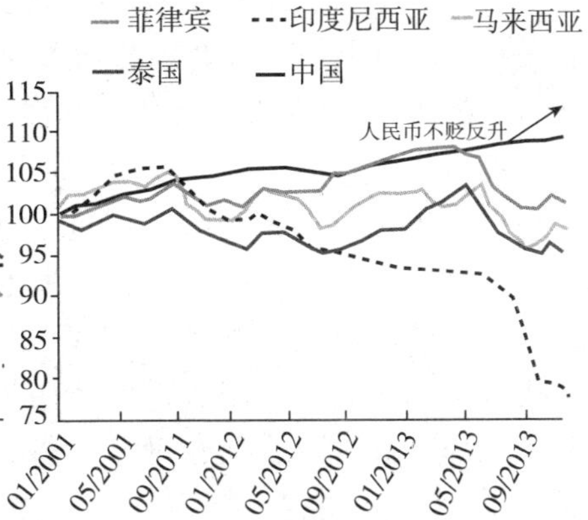

图 47　一些新兴市场货币兑美金汇率
（2011 年 1 月 =100）
（2012 年 1 月至 2013 年 12 月）

升，掩盖了国内的一些结构性的问题，执政者也没有动力去改革。但是，等到美国的货币政策转向了，不再像过去把资金洒向各个角落，反而变成抽水机了，资金就会回流。

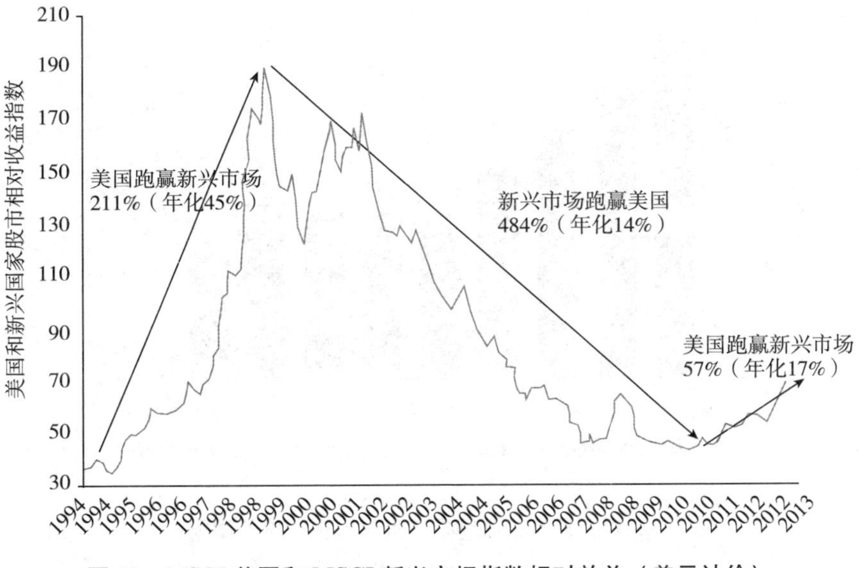

图 48　MSCI 美国和 MSCI 新兴市场指数相对效益（美元计价）
（1994 年至 2013 年 11 月）

美国经济增长的亮点在20世纪90年代是IT，现在美国也有亮点，它是能源大国，能源价格极度低廉。在这样一种背景下，我们看到1994—2000年，美国是减息的过程，流出的资金流回去，使得结构性问题水落石出。1997年、1998年亚洲经济危机爆发。1998年、1999年俄罗斯也出现主权债务违约。在这个过程当中，大宗商品出口由繁荣变为衰弱。到了2000年春天，美国IT泡沫破灭，美国开始减息。这时中国已经开始做加法了，房地产改革如火如荼，加上2001年加入WTO，似乎我们又到了一个美国货币政策由松到紧的时刻。现在每次美联储召开会议，都会减少购买债券量差不多100亿。前两天在听证会上美联储主席也说，6月可能会加息，也不是说一定加。让大家觉得在一年左右的时间，或者在18个月左右的时间，美国加息是有可能的。现在只能说由很松变得不那么松，到时候可能货币政策就真的是由松变紧了。由松变紧的话，还会出现一个发达经济的股市跑赢新兴市场股市的现象，好比是20世纪90年代一幕的重演。

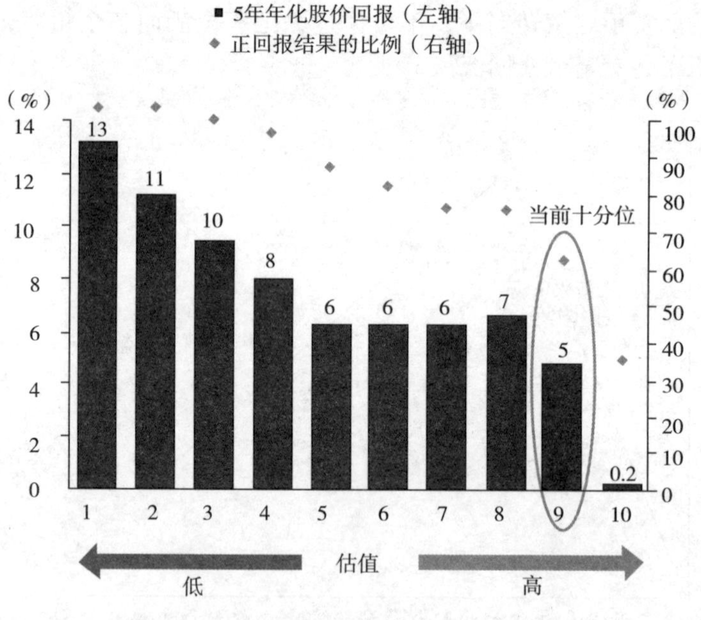

图49　美国股票价格在各估值十分位的回报

表3　1950—2012年历史市场峰值的特征　　（单位:%）

市场峰值	失业率	十年期国债收益	通胀率（同比）
1956/08	4.4	3.3	1.8
1961/12	6.1	4.1	0.7
1966/02	4.0	4.7	2.5
1968/11	3.4	5.6	4.6
1973/01	5.2	6.4	3.6
1980/11	7.5	12.6	11.9
1987/08	6.1	8.7	4.2
1990/07	5.2	8.4	4.7
2000/03	4.1	6.4	3.7
2007/10	4.7	4.6	3.5
中值	5.0	6.0	3.6
当前值	6.7	2.7	1.1

在这样的情况下，我们有必要来近距离观察一下美国和欧洲的情形。如果我们把股市的数据做一个比较系统的分析，把1945年第二次世界大战结束后到现在美国股市的数据划分成十个档次，第一档是估值最便宜的，第十档是估值最贵的。现在它处于第九档。我在高盛所在的小组，推荐重仓美国股市的时候是2009年，是跌到最低谷的时候，到现在已经涨了100%多了，跟随我们策略投资的客户都纷纷受益。到了今天第九档的时候，你是不是还让大家买？我们看到的历史数据显示，到了第九档的时候，美国股市第二年上涨的概率仍然在64%，平均幅度在5%。好像这个概率也不是很高，幅度也不是很大，但是我想说的是今天的第九档，与美国所处的宏观环境和过去股市到第九档的时候不同，要优越得多。平均来看，当过去股市涨到那么一种估值的时候，经济已经比较蓬勃发展，失业率已经很低了，达到5%。通货膨胀压力也开始显现了，而且美联储多半都加了好几次息了，十年期的国债利率在6%左右。今天则不同，失业率还高达6.7%，通货膨胀压力几乎没有，是1.1%，十年国债利率也就2.7%，而且美联储加息至少有一年多的时间。

美国经济是在复苏，但是由于失业率较高，劳动力不能通过工资的上涨来分享复苏的成果，几乎所有的成果都让资本回报获得了。这种情形和中国很不一样。中国GDP可以增长7%～8%，但是增长的成果有相当一部分让政府税收拿去了，剩下的还有一大块是劳动成本在上升，最后剩下的一块才是资本的回报，少得可怜，而且这几年是在持续下降的。所以中国经济涨8%，股市可以跌8%，美国经济涨3%，股市却可以涨30%。

欧洲的机会也许比美国会更大一些。我们推荐欧洲股票已经有一两年的时间了，当时估值是很低的，到了现在这个水平跟到谷底依然有相当可观的距离，进一步上涨的空间依然是较大的。同样是第二次世界大战结束后到现在的数据，我们来系统地看一下。第一档是最便宜的，第十档是最贵的，现在处在第四档。历史上处于第四档的时候，第二年上涨的概率在94%，幅度在12%，还不包括分红，所以欧洲股票上涨的概率相当之大。因此我们非常注重投资者重仓欧洲股票。今年春节以前，宝马股票在中国一直徘徊在70～80元，之后它公布了业绩，有一天它涨了7元钱，现在是每股92元。这只是一个例子，还有很多公司也是一定程度上享受了为中国制造的红利。我们看到估值是低于平均水平的，这是一个不争的事实，但是也没有低太多，平均水平在11倍左右，现在是9倍多一点。为什么估值这么低呢？还是跟有些行业尤其是银行地产有关，银行地产是五、六倍左右，股市里面银行地产占了很大一个部分，所以把整体估值水平拽下来了。如果把银行地产除去，剩下的也不是很低。

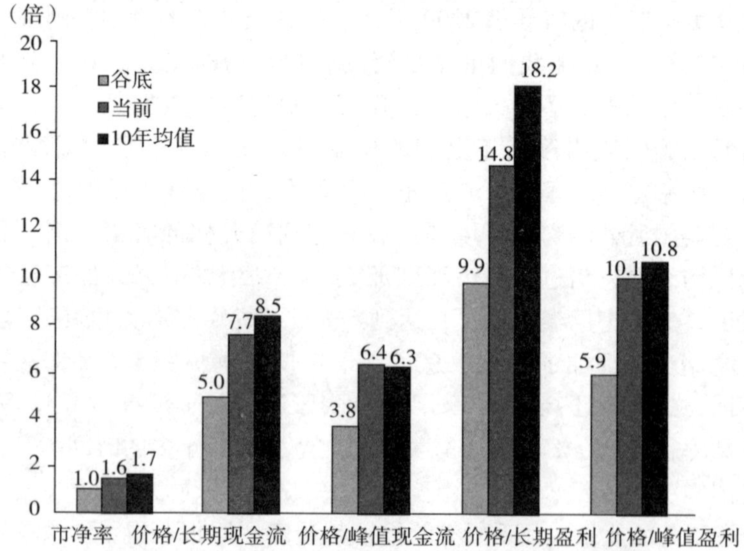

图50 MSC 欧元区估值倍数

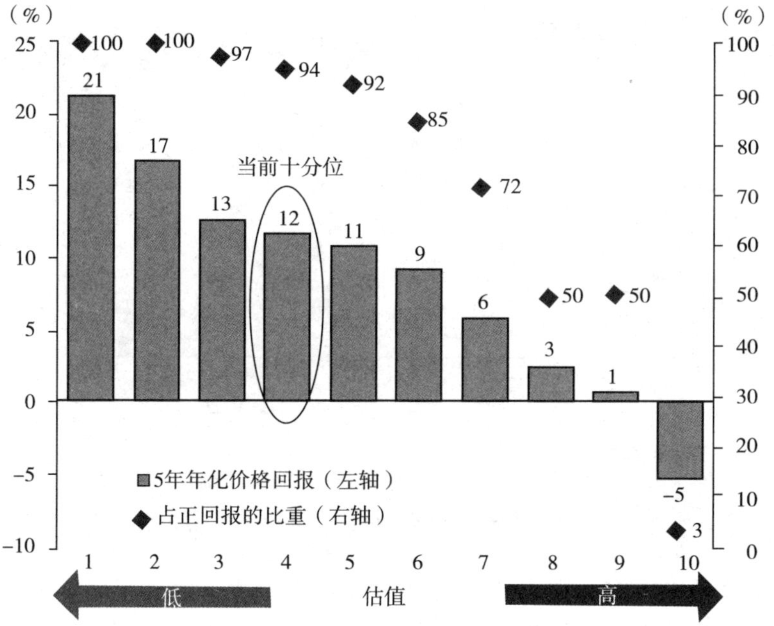

图 51　欧洲股票价格在各估值十分位的回报

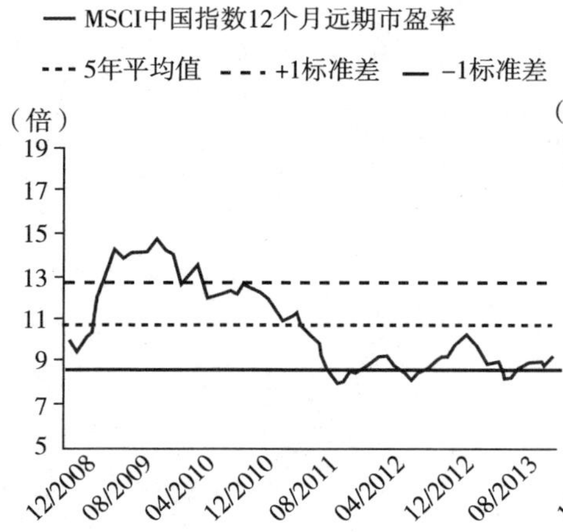

图 52　MSCI 中国指数 12 个月远期市盈率倍数（2008 年 12 月至 2013 年 12 月）

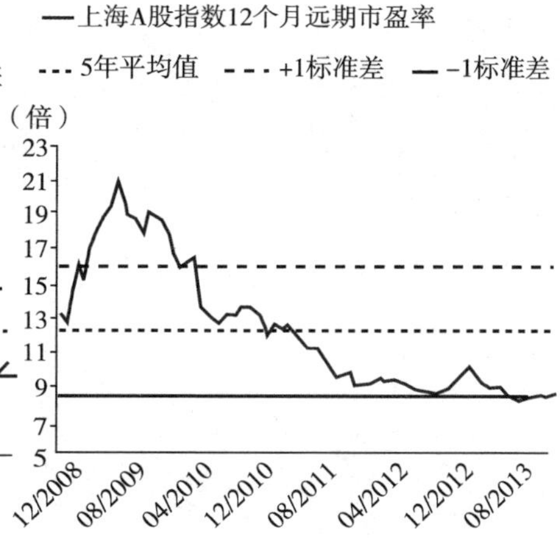

图 53　上海 A 股指数 12 个月远期市盈率倍数（2008 年 12 月至 2013 年 12 月）

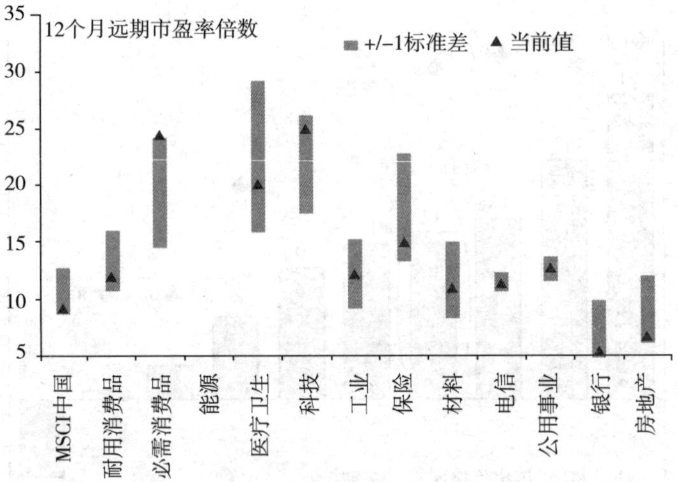

图 54　中国股市行业估值（2013 年 12 月）

大家对未来银行和地产的发展前景有所担忧，股市里面重重地打上了中国制造的烙印，而为中国制造的板块相对较少。大家觉得新的经济增长模式，可能和现在股市里面的权重，也就是最大的一些板块是脱节的，因此大家的信心不足。

韩　俊
论坛成员
中央财经领导小组办公室副主任

新型城镇化与深化改革

Chinese Economists 50Forum

Chinese Economists 50Forum

韩俊简历

50 人论坛成员。

1963 年 12 月生，山东省高青县人。1989 年 5 月毕业于西北农林科技大学农业经济管理专业，获农学博士学位。1989 年 5 月至 12 月在原国务院农村发展研究中心工作。1990—2000 年在中国社会科学院农村发展研究所工作，历任《中国农村经济》杂志社编辑部副主任、主任、副总编、社长、副所长。1995 年晋升为中国社会科学院研究员。2001 年 3 月调入国务院发展研究中心，任农村经济研究部部长。2006 年在中共中央党校第 22 期中青班学习。2008 年 10 月任国务院发展研究中心党组成员。2010 年 10 月任国务院发展研究中心副主任、党组成员。2014 年 10 月任中央财经领导小组办公室副主任。

参加过党中央、国务院一些文件的起草工作。长期从事农业、农村、农民问题研究，合著《调查中国农村》《中国县乡财政与农民负担问题研究》《中国食品安全战略研究》《中国新农村建设调查》《中国农民工战略问题研究》《我国食物生产能力与供求平衡战略研究》等。自 1993 年开始享受国务院政府特殊津贴，多次获孙冶方经济科学奖、中国发展研究奖、“三个一百”原创出版工程著作奖等。兼任中国社会科学院研究生院、中国农业大学博士生导师。担任中国农业经济学会副会长，农业部软科学委员会副主任。是第九届、第十届全国青年联合会常委。

期　　目：总第251期
演讲时间：2014年4月10日

中央最近召开了城镇化工作会议，国务院又颁发了我国第一个“新型城镇化国家规划”。前不久，国务院发展研究中心和世界银行共同发布了关于中国新型城镇化的联合研究报告。这个问题现在是社会各个方面高度关注的一个热点。下面主要是想给大家介绍我们跟世界银行合作研究这个课题，包括一些基本的判断和一些主要的政策建议。

我们国家城镇化的水平已经超过了50%，2013年城镇化率达到53.7%，2013年城镇常住人口是7.3亿。过去二十年我们的城镇化速度非常快，我们仍然处在一个快速城镇化的过程当中，这个过程远远没有结束。我们国家城镇化的峰值，估计是在70%～75%。按照国家新型城镇化的规划目标，到2020年我们的城镇化率是60%，2030年将达到66%左右。也就是说从现在起到2020年，中国要新增城镇人口大概1.26亿人。到2030年，新增城镇人口要达到3亿人。

到2030年，中国估计会有10亿城镇常住人口，其中相当一部分是中等收入阶层。这在世界城镇化历史上也是一件大事。外国很多机构都在研究这个问题。中国已经出现了一个暴富阶层，虽然这个阶层很小，但是它可以把伦敦、澳大利亚的房价都抬起来。最近伦敦很多楼盘，包括伯明翰等城市，由于中国人有钱人去买，它的售价比正常的市场价高出20%～30%。随着城镇化进程中中等收入阶层不断壮大，中国将需要进口多少粮食，需要进口多少石油，需要进口多少芯片？我们现在进口石油和大豆花了12万亿～13万亿美元外汇，我国整个IT产业高级芯片80%要靠进口，进口芯片花的外汇比进口大豆和石油加起来还要多。世界银行前副行长斯蒂格利茨教授讲过，21世纪对世界影响的两件大事，一个是美国的高科技，另一个就是中国的城镇化，可以说中国城镇化的速度和规模是史无前例的。

现在大家已经越来越达成一种共识，城镇化可以创造巨大的内需，可以为经济增长注入新的动力。人口向城镇的集聚，产业向城市的集中，可以产生集聚效益，可以提高生产率。经济活动在城市的集聚有利于新思想的传播，有利于创新，有利于产业结构的优化。只有城镇化同步推进，服务业才能发展起来。城镇化是现代化的必由之路，中国要解决农业、农村、农民问题，不能单独就农业论农业，就农村论农村。只有通过城镇化来转移农民，才能够最终从根本上化解城乡的二元结构。

但是从全世界的经验来看，城镇化也可能会带来一些负面的影响。这几年我去非洲、拉丁美洲和亚洲的一些国家考察，他们问中国怎么把城镇化作为一个重大战略？他们认为在他们国家城镇化会带来一系列问题。有些国家因为城镇化，城市出现大量贫民窟，失业率很高，人们集中到城市里来，对城市的社会管理和社会稳定也提出了新的挑战。就我国而言，如果城镇化急于求成，片面地追求城镇化率，用这个政策导向的指挥棒去鼓励各个地方提高城镇化率，地方政府像崇拜 GDP 一样崇拜城镇化率，那一定会带来很大的风险和挑战。

前几年到地方调研，当地政府不会讲这里的城镇化率是多少，而现在去调研，都喜欢说城镇化率多高了。但是如果问一下，你们的城镇化率是怎么统计出来的？往往说不太清楚。到目前为止，国家统计局并没有建立一个完善的流入地人口统计制度。农村有多少农民出来了，大数是清楚的，但是这些农民都流到哪里去了，基本上都是粗略估计出来的，没有建立在一个真正科学的统计制度基础上。

李克强总理在 2014 年政府工作报告中，对新型城镇化给出一个定义。他的表述是，坚持走以人为本、四化同步（农业现代化、工业化、信息化、城镇化）、优化布局、生态文明、传承文化的新型城镇化道路。这应该是一个最新的表述。国务院发展研究中心在研究这个问题的过程中，提出走新型城镇化道路要处理好三大关系。第一个关系是产业发展、就业吸纳和人口集聚的关系。因为城镇化是一个人口聚集的过程，人口聚集的背后是产业的发展，是就业机会的创造。如果片面追求让人到城里来，没有产业支撑，没有就业机会的创造，一定会带来严重的城市病。第二个关系是城市的经济发展、资源利用和环境承载能力的关系。全国城市常住人口已经达到 7.3 亿，北京、上海是特大型城市，人口超过 2000 多万。有的经济学家讲，北京可以到 6000 万人，深圳可以到 3000 万人。其实任何一个城市的资源和环境承载是有极限的，如果北京再增加 3000 万人，水资源根本就没法承受。第三个关系是如何处理好城市空间优化布局和城乡协调发展的关系。中国不可能像新加坡那样，完全搞成一个城市化的国家。中国的现代化程度无论多么高，将来一定有一部分人住在农村，而且到了一定阶段还可能会出现“逆城市化”，有些城里退休的有钱阶层，肯定愿意搬到农村去生活。现在韩国就鼓励一些老人从城市到农村去，他们制订了一个国家计划，每年有5万人到农村去，政府帮助他们去找住所，帮助他们在农村重新创业。我估计中国总有一天也会走到这样一个阶段。一方面要推进城镇化，另一方面人口在大中小城市之间如何布局？在城乡之间如何布局？这是在做顶层设计的时候必须考虑的一个问题。

根据李克强总理和世界银行金墉行长2013年11月会谈达成的共识，在过去15个月的时间里，世界银行和国务院发展研究中心包括财政部三家，联合启动了关于新型城镇化的重大课题的研究，参与研究的包括我们聘请的专家有110多人，有人说这是迄今为止国内最大的一个课题组。我们这项研究，包括一个总报告和七个专题报告。它的英文版2014年3月25日已经在世界银行的网站上全部挂出来了。

在这项研究中，我们对新型城镇化给出了一个定义：中国的新型城镇化应该是高效、包容、可持续的。研究围绕着高效、包容、可持续三个关键词展开。高效就是促进生产要素在城乡之间、城城之间、城市内部优化配置，增强城市创新能力，实现城镇化的集聚效应。包容就是让全体人民，特别是农民和弱势阶层参与发展，而且要公平分享城镇化的成果。参与最重要的是要创造更多的就业需求，共享最重要的是获得平等的公共服务。可持续的城镇化，就是以生态文明理念为引领，构建绿色产业体系，形成绿色消费模式，增强绿色保障能力，实现人与自然的和谐相处。这是我们对高效、包容、可持续的新型城镇化给出的一个定义。

下面围绕这三个方面，先讲一下研究中的一些主要发现和一些判断。

关于高效，我们认为城镇化在增进经济效率方面的作用还没有充分发挥，城市的集聚效率还不强，城市资源利用和配置效率还不高。突出的问题是资源利用，其中最突出的是土地的利用效率不高，土地市场在配置土地资源方面发挥的作用还远远不够。

城市开发强度就是建成区的面积占城市国土面积的比重。中国的城市开发强度已经很高了，北京扣除山区后开发强度已经高达57%、上海是43%、深圳为47%。深圳的面积达2000多平方公里，几乎开发过半了。前不久有人说，深圳可以容纳3000万人，实际上它已经没有地了，你不能把所有绿地改成城市，而且它还有山区。整个日本全国的开发强度只有16.5%，日本三大都市圈的开发强度只有16%。法国巴黎大区为21%。中国香港面积很小，只有1104平方公里，不到北京的十分之一。中国香港的人口有700多万，它的建成区面积只有260平方公里，还有500平方公里被划成受保护地区，这说明中国香港对土地的利用是相当节约的，香港还储备了大量的土地。到香港大家最大的感受是它的容积率非常高，到处是高楼。

我们国内地级市两百多平方公里的开发区很多，随便就搞出一个上百平方公里的开发规划，从土地利用结构来讲，明显不合理，当然这和我们的发展阶段有关。比如现在城市土地利用结构当中，工业用地占的比重太高，大约占到30%，而居住用地占的比重偏低，这和我们的城市产业结构有关系。像伦敦、纽约、巴黎这些大都市，它们的GDP当中，工业增加值没有一个超过10%的。北京整个经济结构当中，工业仍然占到30%以上，天津占到50%以上，武汉占到了56%，我们的工业占比还是太高了。

我们的土地利用结构中北京居住用地只占30%，而伦敦占到46.7%，首尔占到62.5%，纽约占到42.2%。最新的数据显示，全国城镇化、工业化每年需要建设用地超过73万公顷，其中基础设施建设用地2013年已经达到31.7万公顷，工矿业用地21万公顷，房地产用地20.3万公顷。在这20.3万公顷房地产用地中，保障房用地占到三分之一以上，商品房建设的土地供给比重还是偏低。房子越来越贵的原因之一是居住用地占的比重明显偏低。

城市建设要讲容积率。现在北京的住宅容积率一般限制在2.5以下，上海是2.5，香港是10，纽约甚至高达12。樊纲教授说，他不理解为什么土地这么短缺，而容积率却定得这么低。据说主要理由是要让居民能够看得见太阳，房子建得太高太密集就看不见太阳了。图1中把广州和首尔做了一个比较。横轴是城市的国土面积，纵轴是人口密度。白色的是广东，灰色的是首尔。在100平方公里以内的人口密度，广州可以高达1.5万~3.5万人，首尔是2万~2.5万人。我国一些城市市中心人口密度是非常高的。但是你看一下其中的差别，城市越往外扩展，广州的人口密度就急剧下降，而首尔的人口密度下降却非常平缓，100平方公里和500平方公里内的人口密度差距不大，人口在城市的分布相对均匀。我们的城市到了300平方公里以外，人口的密度就降到5000人以下，很

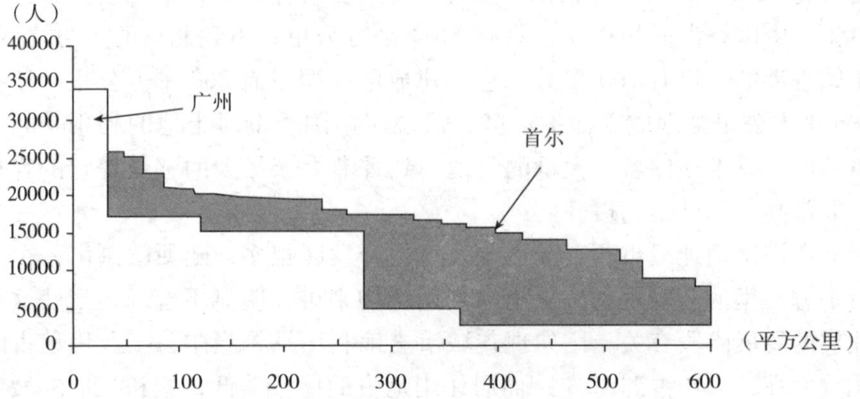

图1　广州和首尔的国土面积与人口密度

多小城市人口密度都达不到1万人。甚至很多国家级开发区，人口密度很多都在5000人以下，有的连3000人都不到。这就使我们理解了为什么北京的郊区都叫“睡城”。在北京郊区买房的人，无法在当地就业，当地没有建立完善的公共服务体系，在郊区买房子就是为了在那睡觉。早晨五点出来，晚上九点到家，成了“朝五晚九族”。

这样一种城市规划模式，造成在郊区居住并就业的人占比偏低，而通勤人群占的比例太高，给我们的城市交通造成巨大的压力，也使中心城市的房价抬得非常高，城市病非常严重。这反映了我们的城市规划理念有问题。如果达到首尔的人口密度，广州还可以再增加420万人，深圳还可以增加530万人，当然这样的假设毫无意义。城市一旦建起来，相当于泼出去的水，覆水难收，不可能把楼推倒重新再盖，很多城市规划刚搞了二十年就已经落后了。

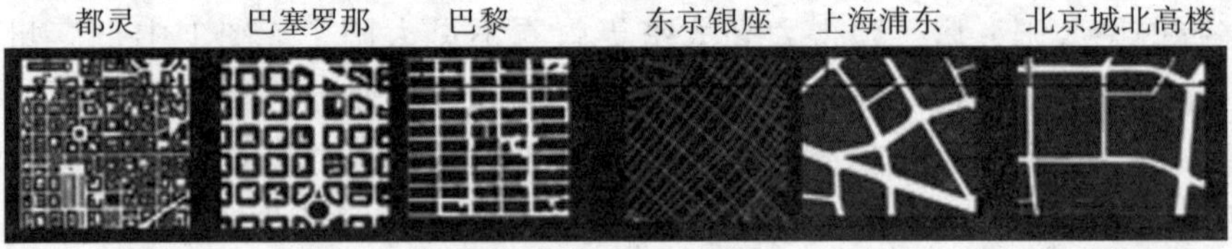

图2　各国城市路网

中国的城市路网的密度只有欧洲一些城市的六分之一，中国的街区比国外的街区要大得多，都是大院子套围墙，所以城市的连通性就很差。

意大利的都灵城市街区很小。巴黎和东京的银座，很多街区只有 150 米乘以 150 米，几乎见不到 1500 米乘 1500 米的街区，而这样的街区在中国比比皆是。上海浦东和北京城北高楼地区的街区都很大。如此大的街区使土地利用的集约度也受到很大影响。现在世界上有一个慢城市运动，就是鼓励建立小街区，出门五分钟就能见到草地，上班步行距离不超过 20 分钟，城市节奏要慢下来。现在中国什么都要快起来，北京很多人每天花在上下班路上的时间需要两三个小时，这就是效率的损失。城市本身可以产生集聚效率，提高效率，但是如果城市规划布局不合理，“城市病”严重，本身也会造成效率的损失。

我国土地的城镇化明显快于人口城镇化。现在城镇建成区面积在过去十年增长了 76. 4%，但城镇常住人口只增加了 50. 5%。过去十年，我们的城市人口密度下降幅度超过 25%，主要是很多城市搞了一些新区和开发区，人口密度很多在每平方公里 5000 人以下。城市土地的利用不是越来越节约，而是越来越粗放。中国的城镇化存在一个突出的问题，就是对土地财政依赖过大，可能世界上找不到任何一个国家的政府，是通过卖地来维持城市基础设施的运营，包括通过卖地的收入来搞城市基础设施的建设。这里给大家提供一个最新的数据，2000 年我们的土地出让收入只有 596 亿元，2013 年土地出让收入已经达到了 4. 2 万亿元，年均增长 38. 7%。土地出让收入占地方财政收入的比重同期从 9. 3% 提高到 60. 9%。2000—2013 年，城市建成区的面积扩大了不到一倍，同期卖地的收入达 20 万亿元。

这种城市土地出让制度我们是从香港地区学来的。香港地区回归以来，卖地收入一共只有 1626 亿元，占同期财政收入比重是 4. 92%。2009 年香港特区政府财政收入是 3184 亿港币，卖地收入是 144. 7 亿港币。2013 年上海卖地的收入超过了 2000 亿元，北京也接近了 2000 亿元。我到一个沿海地区的县级市去调研，市长告诉我，他们 2013 年卖地的钱是 120 亿元。一个县级市卖地的钱就可以跟香港地区卖地的钱差不多。香港已经高度城市化了，没有多少地出让了，它也不能靠土地来发展。

从图 3 可以看出土地财政是不合理的，是不可持续的。20 世纪 80 年代末到 90 年代，我们从农民那里征来一亩地就 2000 元，到 21 世纪初提高到两三万元。即使在上海郊区，征农民一亩地给的补偿也就七八万元。最近媒体大量报道平度土地引发的群体性事件，平度这次征地给农民补

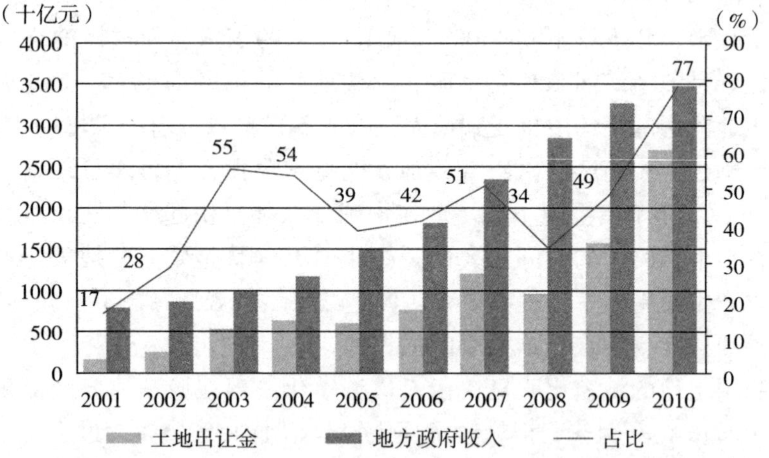

图 3　2001—2010 年土地出让金收入与地方政府收入

偿一亩地还不到 10 万元。一亩地给农民的青苗补偿费和地上附着物的补偿费才 2.5 万元，给每个农民的就业安置费才 6800 元。平度承诺土地出让净收入的 20% 再给农民，还要补偿农民 1600 多万元，这个补偿标准不低了，但是农民还是不答应。现在我们的土地出让收入是 4.2 万亿元，但是土地征用的成本越来越高，所以土地出让的净收入是下降的。净收入占土地出让收入的比重高时能占到 30%，这两年已经降到 10% 以下，也就是说政府靠卖地来赚钱越来越不可持续。

它的不合理还有一个方面。政府把土地市场完全垄断起来，以很低的价格把土地征过来，然后用一个很高的价格把土地卖出去。尤其是房地产的用地价格过高，地价越来越贵，房价也就越来越高，使得一些大城市的普通老百姓根本无法承受这么高的房价。我们这种土地财政可以说是两头都侵害了民生，既损害了农民的利益，也损害了城市普通收入阶层的利益。所以说它既不合理，也不可持续。

图 4 是 2008—2012 年土地出让收益的情况，一年净收益是 6000 多亿元。现在土地出让的收入是取之于农，但是主要用之于城。城市建设支出占到 55% 以上，城市保障性安居工程的支出占到 10.23%，农村基础设施建设支出只有 8.42%。中央曾经出台文件，说土地出让纯收益用于水利建设的支出不低于 10%，但是还没有达到这个标准，现在比重只有 3.87%。中央有关文件也讲土地出让的纯收益一部分要用于教育，但

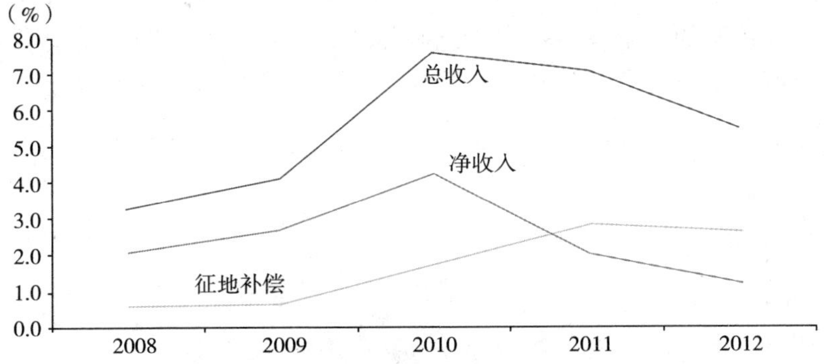

图4　2008—2012年土地出让收入占GDP比例

2012年这方面的比重只占到4.66%。这些都说明现在的土地利用是非常粗放的，土地收益的分配是不公平的。这是我们国家城镇化发展面临的最突出的问题。

我们为什么要强调城市化应该是包容的呢。目前我们城市内部的二元结构越来越突出，城市化的包容性远远不够。刘易斯提出了城乡二元结构理论，说农村有大量剩余劳动力。对剩余劳动力是怎么鉴定的呢?这些劳动力的边际生产率为零。形象地讲，一个家庭有5块地，种这5块地只需要3个劳动力。但是这个家庭有5个劳动力，3个人的活5个人干，有2个人的劳动力边际生产率就为零。这就是刘易斯对二元结构最经典的定义。如果有工业化，有新的就业机会，农村劳动力中边际生产率为零的这些人就可以大量转移出来。这种转移对农业部门的生产率并没有影响，但是转移到一定程度，到了“刘易斯拐点”，城乡二元结构很快就会走向一个现代社会经济结构。我们国家现在已经到了这个拐点，起码已经接近了这个拐点，这是我们现代化有决定意义的发展阶段。

问题是大量农村的剩余劳动力来到城市，但是现行的户籍制度使这些人只能在城市打工，不能够融入城市，不能够获得和有当地户口的城市居民同等的权利，这是一个非常突出的问题。现在城镇常住人口中，不到4个城镇常住人口中就有1个是流动人口，这是一种典型的城市内部的二元结构。我们一定要下决心打破城乡之间和城市内部的“双二元”结构。

农民工的规模已经接近2.7亿人，举家迁移占的比重只有20%左右。

农民工在城镇就业不稳、家庭不全、居所不定、服务不均，这是对城市内部二元结构的一个概括。由于这种城市内部二元结构的存在，使得中国在快速的工业化和城镇化过程当中，收入差距并没有出现明显缩小的趋势。

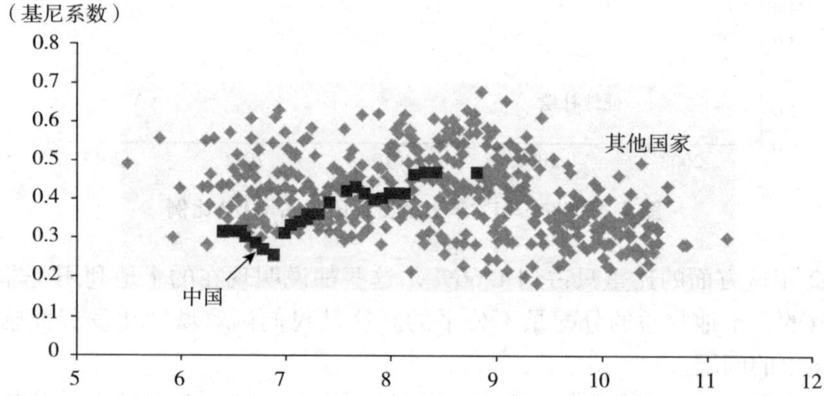

图 5　中国日益加剧的不平等

图 5 是根据世界银行的有关数据，做的一个不同国家基尼系数的分布图。中国的基尼系数是上升的一条曲线，最近有轻微的下降。中国并不是世界上收入差距最大的国家，但是越来越接近 0.5 的警戒线。拉丁美洲有些国家基尼系数是 0.6 甚至比 0.6 还高。中国台湾的基尼系数只有 0.2 左右。中国台湾是工业化、城镇化过程中成功地控制了收入差距扩大的一个经济体。

最近五年，农民工在城市参加养老和医疗保障的比例都在 20% 以下，而且过去五年提高的速度也很慢，五年只提高了 4 个百分点。农民工在城镇参加正规社会保障的比例为什么这么低呢？以武汉为例，一个农民工要参加城市社会保险，企业承担的费用占工资总额的 31%，养老保险占 20%，医疗占 8%，失业占 0.5%，计划生育占 0.7%，工伤保险占 0.5% ~2%，个人达到 10%，养老 8%，医疗 2%。武汉一个农民工要交足“五险”，企业每月要支付 516 元，个人支付 165.71 元。制造业的工资成本大约占到总成本的 10% ~15%，服务业大约占到 30% ~35%。如果企业给农民工交齐保险的话，很多企业的成本要增加 1.8% ~6%。所以很多企业出于成本的考虑，多方规避法律规定，少报缴费基数和参保人数，甚至拒不为农民工参保。

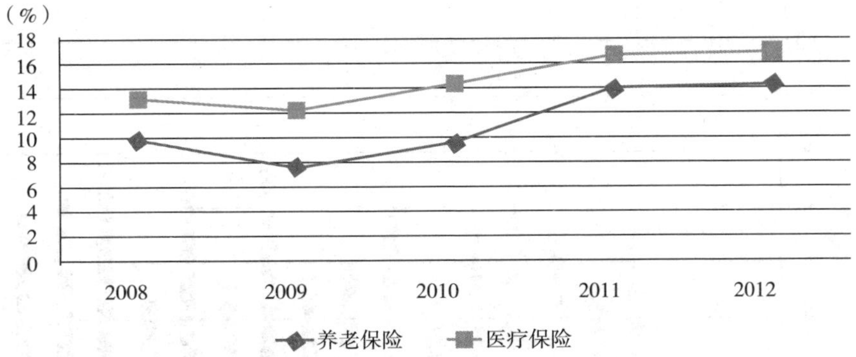

图 6　外出农民工参加城镇养老和医疗保险的比例

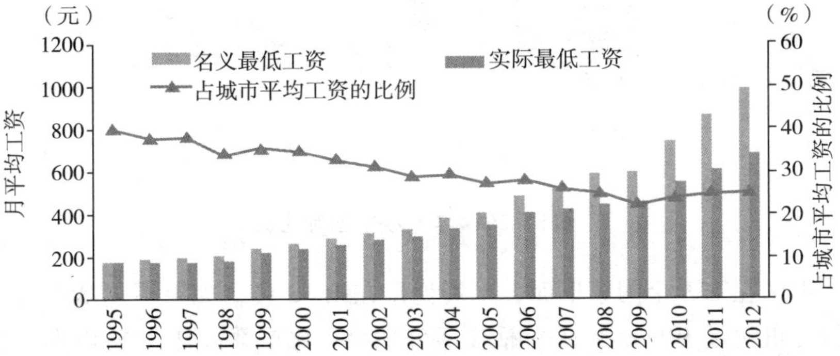

图 7　1995—2012 年城市最低工资调整

从 1995 年以来，我们的最低工资标准是逐步提高的，全社会的工资水平也在不断提高。我们的最低工资占城市平均工资的比例是一个下降的趋势，虽然最近几年趋势稍微有点变化，但是总体来讲，我们的最低工资水平相当于城市工资水平的比率只有 25% 左右，和世界其他国家相比这个水平是偏低的，有不少国家达到 35% 左右。

前几年富士康接连十几个人跳楼，媒体做了很多的报道。很多地方就把最低工资当成了一个最高工资的标准，就按最低工资标准给农民工发工资。如果工人不加班一个月就挣一千多块钱，农民工一半的收入是靠加班。我们对世界上 130 多个国家工资契税做了一个比较（见图 8）。工资契税定义为社会保障的各种扣除占工资的比例。

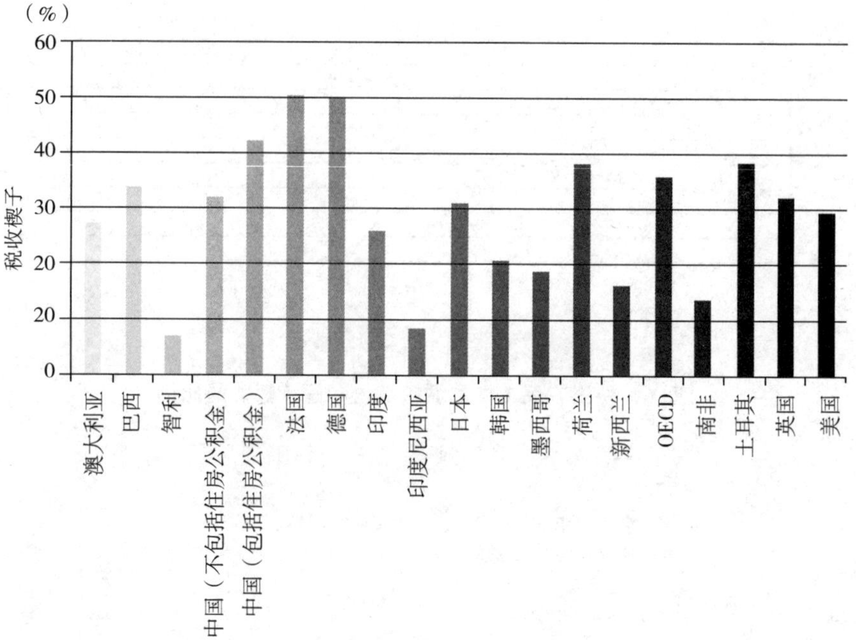

图 8　2012 年契税的国际比较

中国在 133 个国家里面，工资税排在第 13 位。如果不包括住房公积金，比重超过 30%；如果包括住房公积金，比重就高达 40% 以上。包括住房公积金，比我们高的只有法国和德国，很多国家比我们要低多了。所以，十八届三中全会明确讲，要适当降低社会保障的缴费水平。对庞大的农民工阶层，社会保障缴费水平的门槛太高了。

新型城镇化必须走可持续发展的道路。现在我们的城市环境包括空气污染、水土资源短缺、交通拥挤等问题，城镇可持续发展的基础非常脆弱，这些都是老百姓感受最直接的问题。全国资源性城市有 118 个，资源枯竭性城市占到了接近 60%。全国现有的 661 个城市中，资源性缺水，包括生态污染性缺水的大中城市有 400 多个，北方城市缺水更是非常普遍的问题。在 500 个大型城市当中，只有不到 1% 的城市达到了世界卫生组织公布的空气质量标准，全球 10 个污染最严重的城市有 7 个在中国。国务院发展研究中心下属机构和有关其他研究机构，联合发布了一份全球环境竞争力的研究报告，对 133 个国家的环境竞争力做了一个评估，中国排在大约第 87 位。我们的城市空气质量排在全球倒数第二位，倒数第一位是印度。

我们的单位 GDP 能耗是世界平均水平的 2.2 倍，是发达国家的 3～4 倍。城市人均建设用地 182 平方米，发达国家和发展中国家只有 80 多平方米，我们高出了 100 多平方米。现在大家最关注的是空气污染的问题，实际上土壤污染、水污染也都存在。我们已经对全国 74 个城市的 PM 2.5 进行监测，今后还要扩大监测的范围。京津冀 13 个城市中，有 7 个城市空气污染排在全国的前 10 位。全世界空气质量最差的城市在中国，中国空气质量问题最大的城市在京津冀地区。

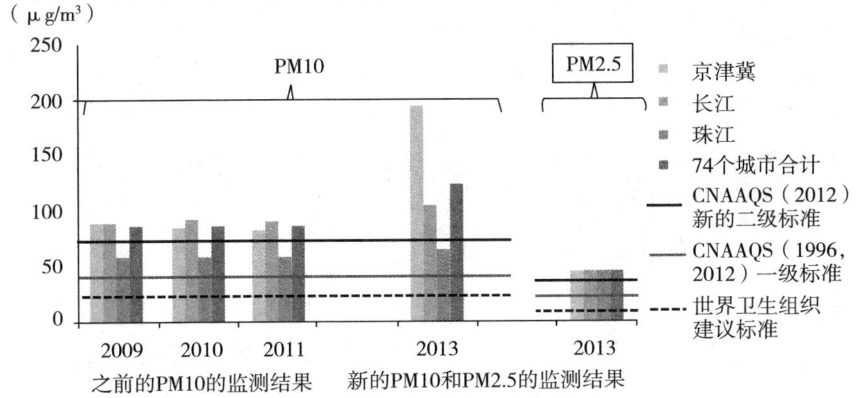

图 9　2009—2013 年 PM10 和 PM2.5 的监测结果

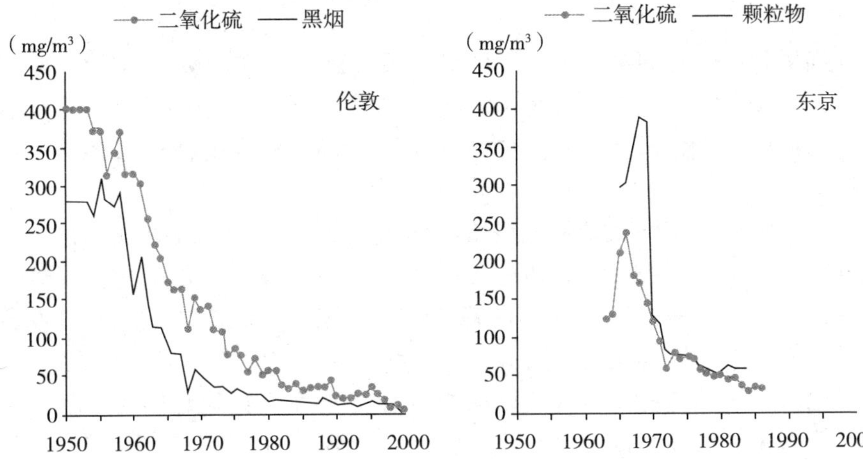

图 10　1950—2000 年伦敦和东京的空气污染浓度

所有的工业化国家都经历了环境污染的阶段。我们对伦敦1952年的烟雾事件做了研究。1952年12月，持续4天的烟雾导致伦敦10000多人死亡，于是1956年英国就在这方面开始立法。另外还有美国的洛杉矶烟雾事件和东京的空气污染事件等。空气污染治理是一个漫长的过程。伦敦的二氧化硫黑烟从20世纪50年代的很高水平降到100以下，花了20年，降到50以下花了30～40年。日本东京还好一点，加大治理以后很快就降下来了，但是东京对二氧化硫污染的治理，从20世纪60年代一直持续到90年代，投入了巨额的资金，其中还不包括对土壤污染和水污染的治理，日本在这方面的教训也是非常惨痛的。现在京津冀已经制定了大气污染的防治计划。

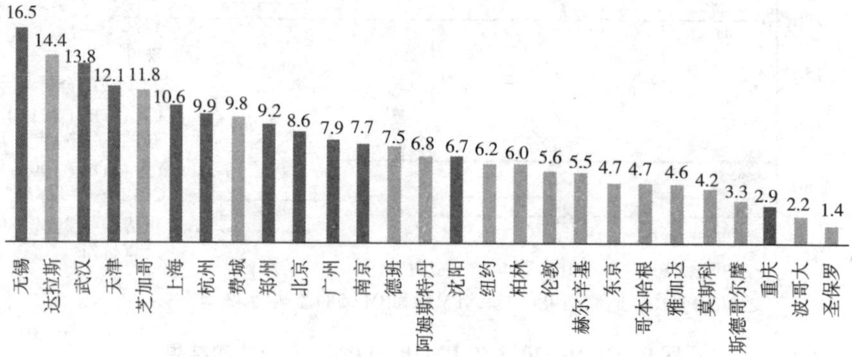

图11　中国11个城市和世界其他城市人均 CO_2 排放

如果我们的资源利用方式不转变，城市化推进这么快，到2020年以前，人均碳排放有可能超过美国。图11是世界上包括中国的城市人均碳排放的比较，谁也没有想到无锡竟然排到最高。排在前面的大多是中国的城市。

有关专家对中国236个地级市产业结构做了一个研究，发现这些中等城市产业结构当中，工业占的比重都非常高，都是一种工业主导性的产业结构，服务业占的比重都是偏低的。中国人均碳排放这么高，原因就是我们的工业人均碳排放过高，工业使用的能源占到了70%以上。东京、伦敦、纽约这些城市人均碳排放为什么这么低？就是因为它们的人均工业碳排放已经很低了，工业占的比重不到10%。如果产业结构不调整，工业比重总是这么高，人均碳排放是降不下来的。

另外，现在我们的城市面临很多环境问题，这与资源价格没有理顺

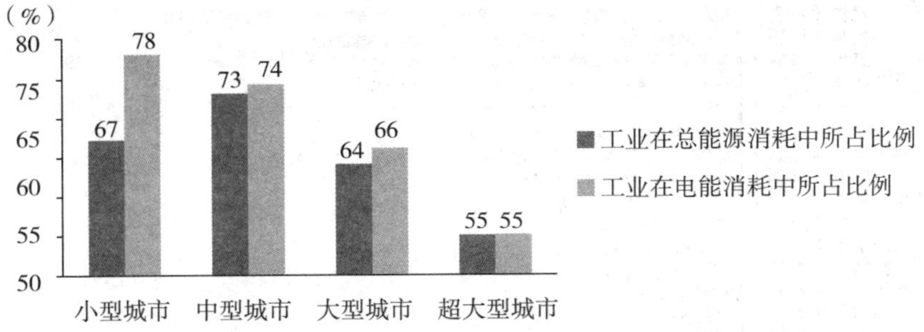

图 12　2010 年城市中工业能源使用占总能源需求的比例

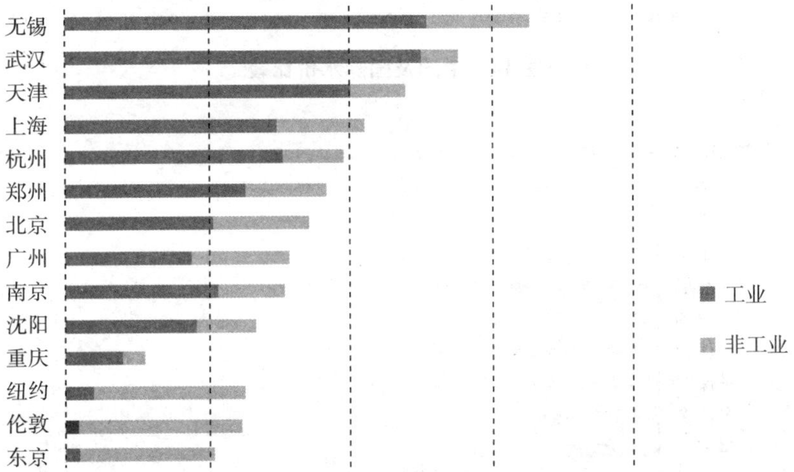

图 13　中国城市与世界其他城市人均工业及非工业 CO_2 排放对比

有直接关系。哥本哈根的水费比北京要高出大约 15 倍。所以城市可持续发展不光是政府的责任，不光是企业的责任，也是每个居民的责任。如果我们在资源环境方面的收费水平弥补不了成本，城市不可能实现可持续发展。

再看看电价的国际比较，哥本哈根是全球最高的。我们的电价和它们相差很大。当然，我们的收入差距也很大，不可能按哥本哈根的水平来收电费，老百姓也承受不了。

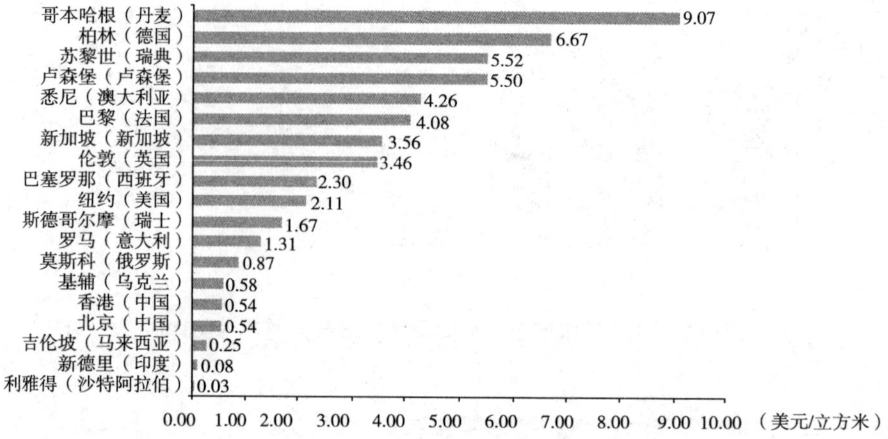

图 14　中国及国际水价比较

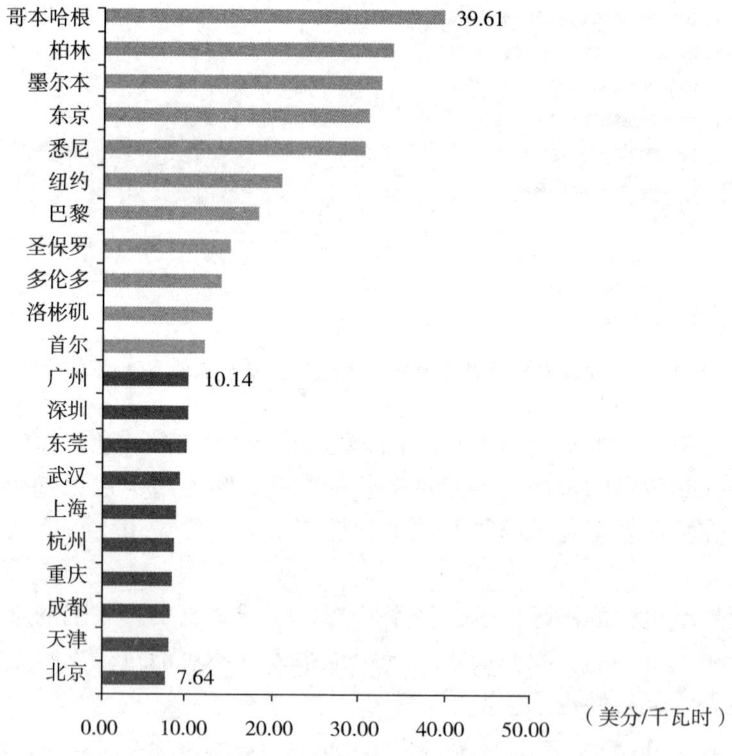

图 15　中国 10 个城市与其他国家主要城市的居民用电价格比较

前面我主要是讲问题。那么如何才能解决这些问题，实现城市高效、包容、可持续地发展？关键要靠改革，要推动重点领域和环境关键环节的改革。

第一，要提高城市的包容性，户籍制度的改革是绕不过去的。户籍改革的方向大家是有共识的，就是要注重社会公平，实现基本公共服务对常住人口的全覆盖，逐步消除户籍人口与非户籍人口之间不平等的待遇和差距，保障外来人口与本地居民平等享有基本公共服务，逐步创造居民自由迁徙的公平环境。对这些目标大家没有根本性的分歧。现在中央已经开始实施差别化落户政策，这也是符合中国国情的。计划经济体制下形成的制度，存续时间最长的就是户籍制度。户籍制度从1958年开始一直持续到现在，不可能在很短的时间彻底把它改过来，它需要一个过程。实施差别化的落户政策，就是全面放开建制镇和小城市落户限制。城区人口50万~100万的城市落户也是放开，100万~300万的是合理放开，300万~500万是合理确定落户的条件，500万以上的特大城市人口规模严格控制。国家有关部委在发布新型城镇化规划的时候，大城市并不是没有落户希望的。北京市要控制人口规模，每年合理落户10万人，过去10年每年新增常住人口增加45万人。伦敦、纽约这些城市在发展最快的阶段，每年新增城镇人口5万~10万人。上海增加的速度更快，为50万人左右。所以说在500万人以上的特大城市落户，门槛还要有。农民工是不是能在城里留下来，跟改不改户籍制度没有直接的关系。有这个户籍制度，2.34亿的农民工也照样进到城里来。不改革他也不一定就得离开。我们对全国20多个城市7000多位农民工做了一个问卷调查。八成左右的农民工说，你不放开户口我也不回去了。我们发现，农民工选择在哪儿居住，跟他的就业路径是高度一致的。他在城里就业，肯定就希望在城市定居下来。农民工的市民化，不是简单给他们发一个居住证或者是户口本，户籍的改革是形，公共服务均等化才是实。农民工的市民化，就是农民工群体平等分享城市公共服务和其他居民权利的过程。我们提出农民工市民化的目标，就是个人要融入企业，子女要融入学校，家庭要融入社区，农民工群体要融入社会。国家新型城镇化规划采纳了“四个融入”的提法。

个人融入企业。现在大量的企业包括大国企，使用的都是劳务派遣工。过去只有农民工被劳务派遣，现在连大学生、硕士生甚至博士生都被劳务派遣。劳务派遣是跟企业有劳动关系，但是没有签订合同。现在国家有了政策，劳务派遣工比例几年之内要降到10%以下，目前有的企业高达70%甚至80%。

子女融入学校是农民工融入城市的基础。现在北京的小学和初中里，农民工的孩子在学校占到快近50%了，有的城市是农民工孩子和本地人的孩子单独编班，甚至有极个别的学校是一校两区。我们曾经对武汉做过调研，主题是“同在蓝天下，共享好教育”。武汉实行混合编班，农民工的孩子和本地人的孩子在一个班里面。我们专门总结了他们怎么让孩子融入学校的经验。孩子融入不了学校，家庭就很难融入城市。

国家新型城镇化规划提出，农业转移人口落户要跟财政转移支付挂钩。意思是农民工在地方定居下来，地方政府给他户口，给他提供公共服务，但是现行的财政体制存在明显的不适应。广东农民工有3600万人，在小学和初中阶段农民工随迁子女337.8万人，占到全国20%以上。现在广东农民工的随迁子女，在义务教育阶段只有一半在公立学校读书，162万人是在民办学校。如果想把这162万随迁学生中的四分之三转到公办学校就读，需要多少钱？我们算了一下，年度生均公用经费需要43亿元，年度教师开支需要130亿元，一共是173亿元。此外，还需要新建学校，一次性建设投入200亿元，这就将近400亿元了，而中央财政给广东省的农民工随迁子女义务教育阶段奖励补助资金一年只有5亿元。按常住人口确定转移支付的机制还没有建立，中央要求再高，要推动农民工市民化，公共服务要对常住人口全覆盖，但是地方做不到，也没有动力和能力去做。国家新型城镇化规划明确讲，要建立农业转移人口落户跟财政转移支付挂钩的机制，就是要从体制上解决这个问题。

第二个改革是关于土地。实现城市的高效发展，包容发展和可持续发展，土地问题是一个必须推进的改革。中央已经明确，土地制度改革总的原则就是守住底线、试点先行、稳步推进。首先是土地集体所有制不能改变。其次是耕地红线不能破。中国有13亿人口，城镇化过程中耕地面临的压力非常大。我们对城镇化对粮食消费产生的影响做了一个调查，基本的判断是，一个农村人口到城里来工作、生活，适应了城市现在的消费结构，他每天直接和间接消费的粮食要增加20%。中国的粮食自给率现在不到90%，要想保持85%的自给率，必须要有耕地16亿亩以上。要保持90%的粮食自给率，耕地必须是在17亿亩以上，如果要保持95%的自给率，耕地必须要接近18亿亩。为什么中央要定18亿亩的红线？我们现在养活中国人需要30亿亩的播种面积，现有的这点地已经不够养活中国人了。每年我们要进口粮食8400多万吨。我国的小麦、玉米、稻谷自给率高达98%，但是大豆的自给率现在只有18%左右，大豆2013年进口了6千多万吨。我们进口这些粮食，相当于在国外使用了8亿多亩的土地播种面积。中国现在播种面积不到24亿亩，每年还得进口这么多粮食和大豆，才能够保持平衡。

我接待过很多美国的代表团，我说中美两国最大的差异是什么？我们的人口比美国多10亿人，但是我们的耕地比美国少10亿亩。我们的人口比印度多1亿人，但是我们的耕地比印度少6亿亩。美国不存在国家粮食安全，印度人也没有像我们把粮食安全当成治国安邦的根本。在城市化过程中，我们要划定耕地红线，如果不保护耕地，我们的粮食尤其是我们的主粮不可能靠国内来解决。如果中国大米的自给率降到80%，把全世界可以出口的大米都买来也不够我们消费。有人说国外可以多种稻谷，但全世界可以出口大米的国家只有五六个。有的经济学家说只要有市场，粮食就是安全的，但是在稻谷问题上这种说法是不成立的。除非南方人不再吃大米，改吃小麦等粮食。最重要的红线是，要把保护农民的土地权益放在最重要的位置上，不能以牺牲农民的土地权益为代价来推进城镇化。

现在对土地问题的分歧还是很大的，所以中央讲要先试点。现在任何一个改革都可能会跟现有的法律相冲突。作为执政党，要讲以法治国，改革就是破旧，要突破一些法律界限。改革开放之初我们没有几部法律，现在有了两百六七十部法律。习近平总书记讲，改革要依法有据，要突破法律还要依法获得授权。有的经济学家讲，在城镇化进程中农民进城了，就应该让资本下乡。中国的国情使我们在制定政策的时候，对资本下乡还得保持警惕。我们鼓励资本下乡，但是资本下乡是有条件的。现在资本下乡真正种粮食的没有多少，农业部调查的数据是不到9%，2013年在江苏一个地级市调查，发现土地流转用于种水稻的土地不到1%，都去种草种花种树了，都去养鱼了。将来大米谁来生产？搞非农化更是不可以的。所以在现阶段，我们的政策不能够鼓励土地、农地集中于少数大公司手中，这样会过分挤压农民的就业空间。我们的政策允许多种形式流转土地，主要还是以专业大户、家庭农场、农业合作社等形式的适度规模经营主体。对工商资本下乡要有准入和监管，特别是对资本下乡搞非粮化搞非农化，要有严格的监管政策。

中国城市土地资源实现更加高效利用，主要是怎样更好地发挥市场作用。现在工业用地占的比重很高，工业用地的价格只有商业用地的十分之一，出让一平方米大约五六百块钱，而商业用地一平方米大约是4000～6000元。一亩地工业用地是二三十万到三四十万，商业用地一亩地是两三百万。但是，很多地方工业用地说是三四十万一亩地，实际上跟企业谈的时候，很多压到了三五万甚至零地价，所以很多企业本来只用50亩地但圈了500亩地，因为土地太便宜了。要使土地资源更加高效利用，主要是靠市场手段，更多地让市场来配置土地，更重要的是要解决土地增值收益的分配问题。土地增值分配最主要的是征地制度改革，山东平度因为土地引发的群体性事件，把征地制度存在的缺陷全部暴露出来了。给农民一亩地的补偿就几万块钱，但是土地一出让，80多亩地卖了1个多亿。农民说你一亩地卖一两百万，我一亩地只能拿不到10万块钱。征地过程也完全不透明，农民在不知情的情况下土地被征走了，什么权利都没有。这就是典型的行政权侵犯财产权，公权侵犯私权，农民的土地财产权是他的私权。全世界没有一个国家是因为保护土地产权经济发展就受影响了。现在就是要提高对农民的补偿标准，农民可以参与整个征地过程。

有的同志跟我交流，问宅基地现在放不放开？中央的政策是审慎稳妥推进宅基地制度改革试点，现阶段也只能允许宅基地在农村内部流转。城乡之间宅基地放开的条件是不具备的。在过去这些年，一些人集聚了巨大资本，如果这些资本跑到农村去炒宅基地，宅基地价格肯定会大幅度上涨。农村内部宅基地的供求矛盾也非常紧张，一部分农民的居住成本也会大幅度提高。这个改革肯定是有人受益有人受损，现在我们还没有看得很清楚，只能是先试点。像中国台湾、日本和韩国，城里人也不可以到农村去买宅基地搞庄园，他们的法律规定是非常细致的。

还有一项改革是集体经营性建设用地入市，这个改革跟征地制度改革一定得同步推进。我最近去一个直辖市，主要领导亲自策划研究，38亩集体经营性建设用地，正式要到土地市场上搞招牌挂，到最后两个星期还是没有搞成。背后的问题是，你征农民一亩地就给10万元，拿到市场上一亩地卖到500万元，你今后再想征农民的地肯定是越来越难了。

另外一个问题是，农民的集体建设用地在市场上出让以后，卖到500万元一亩地，该交税还是要交税的，一系列的税收制度配套也得建立起来。征地制度改革，跟集体建设用地（主要是经营性的），这两件事必须同时推进。征地制度不动，集体建设用地让它入市，这个矛盾马上就会显现出来。所以说这个改革必须要有很好的顶层设计。

现在土地方面需要加强的最基础性的工作就是土地确权。当土地的权利还没有明确，产权还没有界定清晰，就把市场开放了，肯定是一个扭曲的市场。2006年，我们在全国对2749个村庄做了一个调查，调查中问村干部，村里的地是谁的你知道吗？本来法律是非常清楚的，农村的土地是归农民集体所有。但是村干部1/5说是归国家所有，4.1%说不清楚，8.1%认为归农民个人所用，回答正确的只有67.8%。你再问他归哪一个农民集体所有，是镇农民、大队农民还是小队的农民集体所有？更是一头雾水，很难说清楚。我们的农村改革改了35年了，土地究竟是谁的，农民和村干部的回答竟然五花八门。农民和村干部对土地的产权归属认知还这么模糊，说明土地产权还没有界定得很清晰。许多农民把国家与集体混淆，把国家和集体等同。前些年，有的城市规定农民只有放弃土地才能获得城市户口当市民。我们对7000多位农民工的调查表明，八成以上的农民工进城以后，希望保留农村的承包地，因为他们很难做到举家进城。农民希望保留农村宅基地和房产的占到67%以上。我们在有关报告中提出，农民工的市民权不能以土地换。有人问，你怎么能让农民两头沾光？我们在调研时农民说，你给了我馒头，也不能把我的窝头拿走。这个话说得很好，窝头本来就是农民的，土地是农民的财产权利。农民进城市享受公共服务，是政府应尽的义务，不能说享受公共服务就要放弃你的财产权利。土地不是国家给农民的福利，农民的土地和房子是他的财权，不存在两头沾光的问题。现在中央的政策非常明确，不能够强迫农民“双放弃”来获得城市户口，但是农民自愿我们也不反对。

第三方面的改革是城镇化需要钱，钱从哪里来？最近有大量的研究，我们采用两种计算方法，算出来到2020年大约需要20万亿~27万亿。按现行的办法，这么庞大的融资需求是难以满足的。现在地方融资平台风险偏大，地方政府负有偿还义务的债务很大一块是用土地出让收入来还。如果现在地价掉下来，房价掉下来，这个问题马上会凸显出来。在我们债务余额中市政债比重也就是10%，这个比重是很低的。扩大市政债的发行规模，让市政债更好地发挥作用，我们需要解决市政债发行和法律层面的问题，包括约束机制也要建立起来。在现行的体制下，民间资本很多领域进不来，所以我们提出要建立一个多元可持续的资金保障机制。比如说对融资平台在加强监管和风险管控的基础上，要使它更好地发挥作用。医疗、保健、教育、金融要放松管制，让更多民营资本进来。另外一些垄断性的行业，可以用特许经营权的方式来融资，包括资产证券化，包括PPP都是很好的融资工具。

第四个方面，要实现城市的可持续发展必须向污染宣战。要改变高碳、粗放的城市化道路，推进绿色发展、循环发展、低碳发展，形成节能、节地、节水的新型城镇化道路。要理顺资源税和资源费的关系。要利用科技革命机遇，大力发展绿色经济和低碳技术。最重要的改革是加强绿色治理，要更多地采取市场化的手段，水、能源、交通、服务的价格能够覆盖成本，在这方面我们有很大的改革空间。特别是要建立对空气污染、水污染超越行政边界和采取跨辖区管理的机制。

习近平总书记在中央城镇化工作会议上，引用了亚里士多德的一句话：人们来到城市是为了生活，人们居住在城市是为了生活得更好。搞城镇化不是为了GDP，是为了让人民生活得更美好，这才是城镇化的根本目的。

管　涛
论坛成员
国家外汇管理局国际收支司司长

日元国际化的经验及其对中国的启示

Chinese Economists 50Forum

Chinese Economists 50Forum

管涛简历

50人论坛成员。

1970年11月生，江西人，经济学博士，副研究员。

现任国家外汇管理局国际收支司司长，中国金融学会常务理事，中国国际金融学会理事，中国世界经济学会常务理事，中国改革基金会国民经济研究所特约研究员，对外经贸大学、外交学院和江西财经大学兼职或客座教授、硕士生导师。

1992年武汉大学世界经济系毕业，获经济学学士学位。1998年获日本－国际货币基金组织－澳大利亚亚洲奖学金项目资助，赴澳大利亚国立大学学习，获发展经济学硕士学位。2001—2004年在北京师范大学世界经济专业学习，获经济学博士学位。

1992年起加入国家外汇管理局，先后在政策研究和国际统计部门工作。长期从事货币可兑换、国际收支、汇率政策、国际资本流动等问题的研究。参与了1994年以来我国外汇体制改革重大方案和2008年以来国际金融危机外汇收支风险应急预案的设计，撰写了大量工作报告和学术论文。

期　　目：总第 252 期
演讲时间：2014 年 4 月 24 日

我今天所讲的这个研究主要是一些个人体会，不代表我所在单位的意见。跨境人民币使用是由人民银行货币政策二司牵头做的，所以他们的领导可能更有发言权。日元国际化的问题，是从很多其他渠道获得的第二手或者是第三手资料，有些资料不一定准确，如果我讲的有不对的地方，欢迎大家批评指正。

我想从四个方面讲日元国际化对中国的启示。首先讲日元国际化的大概过程，接着总结日元国际化的成效，再分析日元国际化的经验与教训，最后归纳对跨境人民币使用业务的发展有哪些启示。

一、日元国际化大概可以划分为三个阶段

第一个阶段是起步阶段（1960—1970 年末）。日元的国际化和跨境人民币的使用有类似的背景。当时日本从贸易顺差转为贸易逆差，积累了一定的外汇储备，本币也面临着升值压力。在这种背景下，大家开始考虑要推动本币的国际化。作为货币不可兑换的国家，通常是对本币用于计价结算有严格的限制，1960 年把日元列为对外结算可以使用的货币，也开始允许非日本居民在日本银行建立自由兑换和转账的自由日元账户，这就开启了日元国际化的开端。

1964 年 4 月，日本实现了日元经常项目可兑换。所谓经常项目可兑换，就是取消了跟经常项目对外支付有关的一些汇兑限制，无论是进口、劳务对外支付还是投资收入转移都不能限制。国际货币基金组织管理全球的汇兑事务，包括汇率制度安排、外汇管制、储备货币的安排等，这是国际货币基金组织的职责。其中第八条款规定成员必须承诺取消经常项目对外支付和转移的限制，还有一项要求是要避免双重或多重汇率安排，不能使用两种或者两种以上的汇率进行兑换。如果经常项目可兑换，货物服务贸易便捷化程度就大大提高了，减少了许多限制。

在起步阶段，还有一个事件，1973 年 2 月日本开始实行浮动汇率制度，日元汇率波动开始增加。根据布雷顿森林体系的安排，当时国际货币体系是美元和黄金挂钩，各国货币和美元挂钩这样一种固定汇率安排。

20 世纪 60 年代以后美元多次发生危机，最后导致到了 70 年代布雷顿森林体系崩溃，固定汇率和浮动汇率开始并行。在这之前浮动汇率是非法的，比如当时加拿大、澳大利亚要实行浮动汇率安排，根据国际货币基金组织的管辖是不被允许的，只能作为特例安排。现在则反过来了，你的汇率如果不浮动，国际社会就要有很多指责。在这种背景下，日本开始了日元国际化，但总体上可以说是一种消极被动的国际化。大的背景是汇率开始浮动以后，日本企业为了应对新出现的汇率风险敞口，开始转向越来越多的使用日元结算。如果你能用本币进行进出口结算就可以回避汇率风险。特别是船舶机械企业，收款期比较长，所以更愿意使用日元来结算。这是一个基础的市场条件。另一个方面，由于当时日本整个经济金融管制程度还比较高，担心日元国际化会冲击境内市场，削弱管制效果，所以日本政府对日元国际化总体持消极态度。虽然开了一个口子，可以用日元做计价结算货币，但是总体上来说不是很积极推动这个事情。

第二个阶段是 1980—1990 年初，这是日元国际化的繁荣时期。20 世纪 70 年代末，日本大藏省提出“正视日元国际化”，提出使日元和西德马克一起发挥国际通货部分补充机能的方针，加快解除资本管制。主要是因为那时美元发生危机，大家对美元没有信心了，希望有新型的国际货币能够代替美元的部分职能，增加国际的流动性。1980 年 12 月，日本开始实施新的《外汇法》，大幅度取消过去比较严格的外汇管制，基本上实现了日元在资本项目下的可兑换。从 1964 年经常项目可兑换，到 1980 年资本项目可兑换，期间大概经过了 16 年时间。中国是 1996 年提出经常项目可兑换，现在又提出来加快资本项目可兑换，但具体还没有一个时间表。由于资本项目可兑换以后，资本流动更加便利，日元计价结算的金融交易大量增加，日元国际化由此迈入了一个新的阶段。

1984 年 5 月，日本大藏省发布《日美日元美元委员会报告》和《金融自由化与日元国际化的现状和展望》，提出为促进金融自由化和日元国际化，应采取国内金融市场开放、改善外资金融机构市场准入和欧洲日元市场开放等措施来推动日元的国际化。从 1986 年 12 月起，在日本东京建立了离岸市场。这个时期主要是既有外面美国给它施加压力，又有它自身的动力，属于“威逼利诱”的日元国际化。当时日本的经济实力大幅度增加，积累了大量的贸易顺差，到 20 世纪 80 年代中期，日本超越西德成为西方的亚洲经济强国，它的自信心和雄心大幅度膨胀。还有一个背景是，日本对外不平衡问题日益显现，和美国贸易摩擦加大。当时日本比较强势，弥漫的气氛是日本人“可以说不”，日本要买下美国。这种经济地位和实力是第一和第二之间的冲突，不一定完全是意识形态的冲突，更多是竞争关系引起的。日本作为第二强国想赶超“老大”，肯定会对“老大”形成挑战，“老大”也肯定会进行遏制的，这里面不存在什么阴谋。“老大”要维护在全球的霸权，这是一种最高的国家利益。所以在那时日美贸易摩擦非常多，美国向日本金融市场开放施加了很多压力。在那个时期金融自由化也成为一种世界潮流，迫使日本加快放松国内的金融管制和加快对外开放市场。从日本本身来讲，在经济强大了以后，也想谋求政治上相应的地位，把日元国际化作为提高日本国际地位的标志，受到许多日本人的追捧，在政策上也积极推动日元国际化。

第三个阶段是从1997年开始至今，这是日元国际化的提速阶段。一是日本大藏省设立了外汇和其他交易委员会，专门研究日元国际化的问题。1999年4月大藏省发表《面向21世纪的日元国际化》的报告书，强调随着亚洲金融危机的爆发以及国内外经济和金融环境的变化，日元国际化有利于推动东京金融市场的发展和稳定亚洲经济，并提出了一整套措施，包括加强东亚地区区域内的金融和货币合作，要把日元国际化的功能性战略向区域性战略转变，实施日元亚洲化的战略等。这个时期的主要背景是，随着20世纪80年代末到90年代初，日本股市、楼市资产泡沫先后破灭，日本的银行业出现了倒闭风潮，日本经济陷入了长期停滞，日元国际化也陷入了僵局。1997年亚洲金融危机爆发以后，引起了对东亚货币体系的反思，同时欧元诞生以后改变了国际货币体系的竞争格局，并为日元国际化打开了区域货币合作的新思路。

二、日元国际化大事记

日元国际化从20世纪60年代初期开始起步，到现在为止过去了四五十年时间，取得了一定的进展。但总的来讲，现在日元国际化的程度和日本经济的地位是不相称的。在2010年以前日本是世界第二经济大国，2010年以后被中国超越了还是排位第三，但是日元国际上的使用程度，不管是经常项目项，还是资本项目项或者作为储备货币，它的使用程度都是比较有限的。

首先看它在国际贸易结算中的使用情况。日元在国际贸易结算中，在出口项下的使用程度比进口项下使用程度要高。在1980年是29%，到2006年出口项下的日元结算比占到40%，进口贸易1980年只有2%，到2006年只有24%。跟现在中国情况不一样，中国2009年开始推跨境人民币计价结算，是从贸易计价结算开始的，但是贸易项下目前这个阶段主要还是进口付人民币的多，出口收人民币的少。日本在这段时期，出口项下用日元的多，进口项下相对少一点。即便如此，和其他国际货币比起来，日元在贸易结算里的使用程度还是比较低的。2006年，美国90%以上都是使用美元，进口项下也将近90%；在欧元问世以前，德国马克出口项下达到将近80%，进口项下有50%多，到欧元出来以后是61%，进口项下也有50%多；英国出口项下最高的时候大概有70%，到现在也有50%～60%，进口项下是30%～40%的水平。可以看出，日本和主要国际货币比较起来，在进出口贸易上以本币结算的比例相对还是比较低的。具体原因在第三部分总结日元国际化经验教训的时候再做进一步的分析。

其次看日元在资本项下的使用情况。在国际债券市场使用日元作为计价结算的货币总体上也是比较低的。它的市场份额在1995年6月份达到最高的19%，2013年9月底只有2%，其市场份额急剧下降。在外汇市场上，日元作为交易货币的比重相对比较高，但是也有一些波动。1998年日元在全球外汇交易中份额达到21.7%，是第二大交易货币。欧元诞生后，日元份额退居第三位。2007年最低的时候降到17.2%，2013年又回升到23%。在近期交易中，日元份额达到将近30%，衍生品交易份额不到20%，只有18.8%。总的来讲，在外汇市场上作为比较活跃的交易货币，美元有80%～90%，欧元现在是全球第二大交易货币，有30%。中国的人民币发展也很快，根据国际清算银行2013年4月做的调查，全球每天人民币外汇的交易量已经达到了1200亿美元，现在排到全球第八、第九的位置。但是情况比较特殊的是，现在人民币在境内在岸市场的交易量每天400多亿美元，在离岸市场全球人民币的交易量有700多亿美元，离岸市场人民币的交易量已经超过了在岸市场。这引起了大家的关注。我们的人民币外汇的交易主导权应该在在岸市场还是离岸市场？后面我在谈对跨境人民币使用启示的时候，也会对这个问题做一个简单的分析。

日元资产在全球银行业对外资产中波动比较大。由于日本经济衰退，日本银行业低迷，长期陷入资产负债表的衰退中，日元资产在全球银行业的比重有比较大的下降。2002 年全球银行业对外资产中，日元资产为 3251 亿美元，比 1995 年 6 月的 7016 亿美元下降了 54%。日元在储备货币中的比重也明显偏低，最高的时候是 1995 年，日元占全球已知的分配的官方外汇储备中，占比是 7%，欧元诞生以后，日元比重只有 34%。日本的经济规模是英国的两倍，到 2012 年日元在全球外汇储备中的占比和英镑差不多，跟日本经济地位比起来，在储备汇率中的占比还是有限的。这也可以看出，在日本经济整体比较低迷的情况下，大家对日元资产的追逐兴趣下降。

还有一个指标是看日元在国际货币体系中发挥“锚”的功能。在国际货币基金组织计算的特别提款权中是四种货币：美元、欧元、英镑和日元。日元的比重只有 9.4%，少于英镑的 11.3%，更不要说和美元、欧元比了。在国际汇率制度安排中，实行盯住汇率安排的是属于“锚”的货币。盯住美元的有 43 种货币，盯住欧元的有 27 种货币，盯住其他货币的有 21 种，没有一种货币是盯住日元的，所以日元在国际汇率制度安排里面没有地位。其中有一个很重要的原因，日元本来应该在亚洲有一定影响力，但是在日元国际化高潮的时候，它没有重视地区货币合作，没有把日元推出去。甚至在亚洲出现危机的时候，日元也跟着带头贬值，进一步加剧了金融动荡。

中国就不一样，人民币在亚洲金融危机以后能够迅速提高它的国际地位，重要的原因是在亚洲金融危机的时候，中国政府采取了负责任的态度，承诺人民币不贬值。这当然首先对中国有好处，可以防止中国受到金融危机的冲击和传染，同时也对其他亚洲国家有好处。因此，亚洲金融危机以后，人民币强势货币的地位进一步确立。1994 年外汇体制改革，人民币的官方汇率和外汇调剂市场汇率并轨。1993 年底，官方汇率是 5.8，外汇调剂市场汇率是 8.7，从 5.8 并到调剂市场汇率的 8.7，所以说 1994 年汇率是从 8.7 起步的。并轨初期，很多人都觉得中国经济过热，贸易还是赤字，人民币汇率是稳定不了的。但 1994 年的改革结果出乎意料，不仅稳住了人民币汇率，当年人民币汇率实现了 2.95% 的升值，甚至外汇储备还翻了一番。那时，我们讨论的问题和今天讨论的问题都是一样的：为什么会出现人民币对外升值对内贬值，外汇储备是从经常项下还是资本项下来的，外汇储备多了还是少了。

三、日本国际化的经验和教训

第一个是强势的经济和强势的货币。本国经济持续健康增长是本币国际化的根基。在国际货币体系中遵循着强者越强的“马太效应”。当一国经济在全球份额达到一定规模以后，这种货币国际交易需求开始上升，规模越大，本币国际化动力越强。经济越强势，大家对于本币的资产就更加有信心有兴趣。之所以日元国际化能够从20世纪六七十年代开始起步，到八九十年代进入一个高潮，很重要的原因就是1973年布雷顿森林体系崩溃后，美元开始衰落，日本和德国的经济开始起飞。美国经济从“战后”一支独大，变成跟日本、德国形成此消彼长的格局，日元与德国马克得以填补美元腾出的这个空间，实现本币国际化的飞跃。如果没有一个健康的经济做支持，国际化是缺乏基础的，也是走不长远的，所以现在日元国际化开始进入相对弱势。进入21世纪以后，美国经济维持相对优势，而日本经济陷入长期停滞，加上欧元诞生后形成新的国际货币体系的竞争格局，造成了日元在国际货币体系中的地位由盛转衰。所以，这其中既有日本经济本身不好的原因，也有美国经济强势和欧元出现带来的影响。

第二个是货币政策信誉也是本币国际化成功的关键。德国马克的国际地位在退出流通前明显超过日元，除了德国经济一直比较稳定，同样也经历了马克的快速升值。1985年的广场协议，美国一方面压日元升值，一方面压西德马克升值，但是两种货币都升值了，德国没有出现经济停滞，日本却出现了经济停滞。大家研究它的原因，认为不仅仅是汇率短时期内大幅度波动对实体经济带来冲击这么简单。还有一个重要原因，是宏观经济政策应对汇率波动出现了不同的应对策略。当时日本采取的措施，是通过压低日元利率来阻止国际上对日元资产的追逐，防止日元过度升值。低利率的后果造成了流动性很多，一部分流向生产领域，造成了制造业的产能过剩，另一部分流向金融市场，造成了股市和楼市两个泡沫。这两个泡沫破灭以后，就带来长期的经济停滞。德国中央银行一直是坚定的反通胀主义者，它把物价稳定看作是第一位的。所以，一直用高利率政策抑制通货膨胀，在很大程度上避免了这个问题。当然还有其他的原因，比如说德国参与了欧洲经济与货币联盟，坐在一个大碉堡里对抗美元，而日本则是单枪匹马和美元对抗，所以它的抵抗能力稍微弱一些。

1971—1994 年，德国月均通货膨胀率只有 2.2%，日本大概是 4.9%，日本的通胀记录不如德国。同期德国马克汇率波动率为 6%，而日元达到 18%。最近一段时间大家都在谈人民币汇率形成机制改革的问题，改革的目标是扩大汇率浮动区间，增加人民币双向浮动的弹性，通过增加汇率弹性来抑制无风险的套利或者抑制投机活动。汇率波动性越高，越能够减少套利资金的流入。但是，波动性的高低要有一个合理区间，既不能太高，也不能太低。原来人民币汇率的波动性太低。有人用国际上常用的夏普比例来分析中国人民币作为利差交易货币的吸引力和受欢迎程度，结果发现，在 2014 年 2 月波动以前，人民币是最好的利差交易货币，但 2 月汇率波动以后变成最差的了。人民币汇率的波动率提高后，夏普比率变成了负值，人民币作为利差交易的套利货币吸引力大幅度下降。

日元大幅度波动，很大程度上是因为日本长期实行出口导向型的经济发展战略，所以一个重要的政策支柱是通过低估日元来支持出口发展。所以日元波动性大更多体现的是弱势日元的这种政策。日元更像软货币。而德国马克波动的时候是强货币的特征。德国马克作为“硬通货”形象对马克国际化起到了很大的推动作用。而日元的汇率不稳定，增加了使用者的汇率风险和交易成本。在改革开放初期，我国通过“黑字环流”计划借了许多日元低息贷款，也就是日本人给了中国很便宜的日元资金。当时大家觉得是好事，但实际结果却是灾难性的。因为人民币从 20 世纪 80 年代改革开放以后到 1993 年底，总体上是贬值的，而日元汇率却一直在快速升值。其后果是，借日元贷款的利息成本比较低，但在汇率上中国企业却吃了很大的亏。所以说，日元汇率波动性比较大，对我们来讲在一定程度上增加了交易成本。还有一个原因，在 2004 年之前，日本经常性地对外汇市场进行干预。1998 年亚洲金融危机，亚洲的货币普遍贬值，日本政府不但没有承担亚洲地区大国的责任，相反它放弃了对日元汇率的坚守，纵容日元的贬值，日元加入到了区域性竞争性贬值的行列。

金融危机开始只是一些小国汇率在贬值，逐渐扩散到地区性的强势货币，像新加坡元也在1998年开始出现贬值，接着扩散到日本。日本本身是亚洲经济大国，日元在这个时候应该发挥稳定作用，结果它也跟着贬值，所以给亚洲国家带来一个很不好的印象，进一步挫伤了亚洲国家用日元计价结算的信心。实际上，日本在20世纪90年代开始推行“雁形战略”，即日本当雁头，四小龙当雁翅膀，其他一些后进国家作为雁尾的垂直分工战略格局。如果趁势把日元纳入区域经济合作里，通过雁形分工的格局来加强日元在亚洲地区的使用，这是一个很好的机会，但是当时他们没有把握住。

第三个教训是服务实体经济是本币国际化的重要依托。货币的国际化是本币职能在国际上的延伸，只有本国产业链向外延伸，本币国际化才有了生命力。但是日本的情况就不容乐观了。从对外贸易来看，随着日元升值，日本企业加快对外转移低端产业，境外分支机构与总部之间使用日元结算增多，日元出口开始多元化。通过对外投资建厂，顺便把产业转移出去，贸易顺差转移出去，出口也出去了，等于变成了向新型市场出口原材料，新型市场加工以后出口到美国、欧洲那些国家去。把贸易顺差转移出去，减轻跟其他欧美国家的贸易逆差。日本有可能在出口做更多的使用日元计价结算，所以它有定价权。特别是日本采用“黑字环流”政策以后，向亚洲国家提供日元贷款，进一步刺激日元在贸易项下流出。我们一直在研究，在贸易顺差的情况下，什么样的本币的国际循环对于减轻国际收支平衡的压力是有利的。我们发现日元的“黑字环流”计划确实是很有意思，它的贸易是顺差，资本是流出，国际收支才能够平衡，一个顺差一个逆差相互抵消，外汇储备可以少增一点。我把日元借给你，你通过向我支付进口，把日元又还给我，这样形成一个贸易顺差和资本项目逆差的比较完美的切合。这种通过“黑字环流”形成的日元在资本项下输出、从贸易项下回流的循环格局，既兼顾了日元的国际化，又在一定程度上缓解了国际收支不平衡的压力。这些对我们也是有借鉴和启示意义的。

刚才我们也提到了，跟出口项下比起来，在进口结算项下日元的比例相对比较低了。一个重要的原因是日本是一个资源匮乏的国家，原材料在进口比重中一直比较高。1988年日本对木材、铁矿石及原油等原材料进口占总进口的规模为53%，2008年这个比重仍有42%。在大宗商品交易中美元计价结算是绝对地位，很大程度上导致日元在日本进口结算中比重难以提高。虽然是需求大国，但是你不是它的结算货币。所以现在也有人研究真正让人民币“走出去”，就是要在中国发展一些大宗商品交易。外国人到中国交易这些商品，然后用人民币来计价结算，这样的话，人民币才能实现在基于服务实体经济这个基础上的扎扎实实的国际化。

我们研究的结果显示，1996—2012 年，日本对外直接投资占整个对外资产的比只有 10%，证券投资项下的资产占到 45%，其他投资占到 30%，剩下就是储备资产的对外投资。美国和欧盟直接投资头寸占比均超过 20%。所以，日本对外投资不是以直接投资为主，而是以金融间接投资为主。在直接投资当中，日本又是以金融和房地产投资为主。根据日本财务省统计，1985—2004 年财年，日本对外直接投资中，制造业平均占比仅为 35%，非制造业中金融和房地产占 52%。在日本经济泡沫破灭前的前三财年，金融和房地产投资更占到 63%。所以，他们是大量的对外房地产扩张，买下了美国很多地标。由于对外投资和实体经济脱离比较多，直接投资里多以非制造业投资为主，缺乏实体经济的依托，日元国际化失去了创造境外支付、结算、使用网络体系的土壤。

日本国际投资头寸表可以衡量一个国家对外金融资产和负债的存量。对外金融资产主要是对外直接投资、对外证券投资、其他投资、储备资产，包括外汇储备、黄金储备，还有一些基金组织分配的特别提款权，还有基金组织的头寸等，这是它的资产。我们可以看到，1996 年日本对外直接投资占整个对外金融资产的比重只有 10%，2000 年只有 9%，2010 年是 12%，这其中将近一半都是对外证券投资。

第四个教训是本土金融市场发展是本币国际化成功的一个重要条件。日本在这方面是一个“短腿”。现在有人研究日本金融战败，认为确实是缺乏战略眼光，日本的金融业发展改革是滞后的。私人储蓄是以对外证券投资的方式获取收益，日本的套利效益非常活跃，在国际市场上有一个非常著名的投资主体叫“渡边太太”，日本人炒外汇、炒股票、炒债券，炒风盛行。日元在国际化过程中没能处理好离岸市场对在岸市场的渗透，由于各种原因造成离岸市场超前发展，反过来又削弱了在岸市场的管制效果，导致了在岸市场被边缘化。刚才我们提到，从 1986 年开始，日本在东京建立离岸中心，大量日元资金从在岸的银行和海外分行迂回流到境内的信贷市场，导致日本当时对国内信贷的一些窗口指导就失效了。现在上海自贸区搞金融开放的试点，也要搞一个自由贸易账户，要对一线放开，二线管住，一线和二线有限的打通。在这种情况下，会不会对在岸市场很多金融和外汇的控制带来影响，我们也在密切关注和深入研究。从日本的情况来看，当时在在岸市场实行的很多金融控制造成了很多的影响，在一定程度上间接助推了日本国内资产泡沫的膨胀。

回顾亚洲金融危机，当时是从泰国开始发生的。泰国发生货币危机一个重要的诱因，是在20世纪90年代中期，泰国出口导向型发展战略非常成功，泰国雄心勃勃地也要搞成区域性的国际金融中心，为此在曼谷搞离岸市场。离岸市场有两种模式。一种离岸市场是两头在外，是分离型的，从境外吸收存款用于境外；还有一种是一线和二线可以打通，是渗透型的，从境外吸收存款可以部分用于境内。曼谷离岸市场跟日本一样是渗透性的离岸市场。泰国很多机构和企业也是从离岸市场借了很多廉价的资金，然后到在岸市场使用。中国企业借外债主要是用于生产经营，而泰国企业和很多机构借了外债之后是去炒股、炒楼，这在一定程度上造成泰国在危机前积累了大量的外债，而且很多外债是短期的债务。当市场情绪发生逆转，大家对泰国的汇率（当时泰国实行盯住汇率安排）失去信心，因而对泰国铢从在岸和离岸两个市场发起攻击，引爆了整个亚洲金融危机。所以，对于离岸市场的发展必须进行充分的研究和认证。

当离岸市场可以发日元债券，在岸市场也可以发日元债券的时候，日元国际化通过这个渠道“走出去”，实际上造成了在岸市场和离岸市场在日元债券市场这个层面的竞争。在日本国内发武士债的发行费用是发行额的0.78%，在欧洲货币市场发行日元债券的费用大概只有0.2%，因此，包括日本的企业在内，从成本考虑，纷纷跑到欧洲的债券市场去发债。所以，1996年欧洲日元债券发行额将近14万亿日元，而日本本土的武士债券发行额就比较少了，欧洲的日元债券发行相当于整个日本本土武士债发行的3.5倍。如果在岸市场不发展的话，本地“走出去”以后也会造成在岸市场边缘化。日本证券业务“墙内开花墙外香”，不仅让渡了国内的经济利益，加剧了国内金融服务业的发展停滞，而且倒逼国内金融改革的初衷因为国内结构改革重重阻力也并未实现。所以说，日元的国际化在一定程度上对于在岸市场是有负面冲击的。

现在全球每天人民币和外汇的交易量有1200亿，离岸市场交易量远超过在岸市场，一个很重要的原因是在岸市场管制比较严，限制比较多，造成很多的交易到离岸市场去完成。有人说在中国境内基本上没有什么事可干了，变成香港分支机构的经纪人，帮他们介绍生意到香港去做，这个结果就造成了在岸市场的空心化，进一步流失到了离岸市场。通过本币的国际化，在一定程度上会倒逼国内的改革，如果不改革，不放松管制，将来本土市场就会越来越被空心化和被边缘化。我们强调要通过扩大对外开放促进国内的改革。如何能把改革和开放协调好，一方面是通过开放给改革新的压力和动力，另一方面改革要通过调整加快跟上开放的步伐。反过来讲，如果改革由于种种原因确实不尽如人意，对于开放的步骤和安排就要谨慎考虑。开放和改革应该是整个经济建设发展的两个轮子，一个轮子快一个轮子慢就容易翻车。在某个合理区间内，一个轮子快一点，可能会带着另一个轮子跟着跑；但如果一个轮子太快了，另外一个轮子确实跟不上，就容易出现车子倾覆的情况。所以，我们既要理解要开放促改革，另外也要更加深刻地认识到改革开放必须要加强协调。

第五个教训是国际收支失衡是本币国际化的制约因素。大家有这样一种认识，货币的国际化重要的考虑是减少对美元的依赖，可以少持有、少积累一些外汇储备。但是，本币的国际化和对外经济是不是平衡是两件事情，本币国际化并不一定能够促进国际收支平衡，相反在一定时期还可能加重对国际收支的失衡。现在有人回顾日元国际化，提到20世纪八九十年代是日元国际化发展最快的时候，一个很重要的基础就是当时日元在升值，大家对于日元有信心，都愿意持有日元资产。那时日本人也因为经济上的成功，愿意通过输出日元进一步提高日本的国际形象，提高日本的国际地位，所以也有动力去推日元的国际化。结果是什么？到了20世纪80年代中期，日本采取种种措施阻止日元的过快升值。但另一方面，由于推日元国际化，方便了非居民持有日元资产，意味着日本的对外负债增加。这个对外负债不一定是美元负债，而是用日元对外负债，在国际收支平衡表上反映的也是资本的流入。有人回忆那段历史的时候说，日本在当时一方面不让日元升值，另一方面又让非居民越来越方便地持有日元资产，一定程度上抵消了日本阻止日元升值的努力。因此，日元不升值与日元国际化的政策，在一定程度上形成了相互冲突。

日本还有一个重要问题是，由于外汇储备无法投资于本币市场，日本储备多的这个特征天然限制了日元在全球外汇储备中的占比空间。中国现在全球外汇储备持有量全球第一，日本也有一万多亿美元的外汇储备。在与日本人讨论外汇储备经营问题时，日本人还经常说，中国比较幸运，因为中国至少还可以购买日元金融资产，而日本的外汇储备却不能投资日元资产，只能买欧元、买美元的，其他货币要么容量太小，要么不让投资。所以，日本外汇储备经营通常采取被动的投资策略。但因为长期以来，日元利率很低，发特别国债购买外汇储备的成本也就较低，然后去市场上买美元，闭着眼睛投到美元国债上，还是有利差可赚的。在危机之前，美元利率比较高，美国国债收益率比较高，即便这次全球金融危机发生以后，美国搞 QE 和低利率政策，美债收益率低了，但还是比日本国债收益率高一点。

对于日本来讲，由于本身外汇储备比较多，外汇储备不能在日元资产上摆布，所以日元天然在全球外汇储备的结构里面占比空间受到一定的抑制。2006 年之前，日本一直是世界第一外汇储备大国，日本外汇储备最高时一度占到全球外汇储备的 22%，至今仍占 10% 左右。中国现在外汇储备占到全球的 30% ~40%，未来用外汇储备币种结构来评估人民币国际化水平时，必须考虑这个因素的影响。

研究了日本的历史以后，我们发现，货币国际化背后是想当然的所谓合理性，即通过本币国际化减少对外币的依赖，减少外汇储备的积累。减少对外币的依赖是有可能，用本币计算以后，规避了汇率风险，但是不是能够减少外汇储备的积累，这是另外一个问题。所以说应该把国际收支平衡和本币的国际化协调好。

第六个经验教训是良好的国际协调战略是本币国际化的重要外部条件。货币国际化属于国家外交战略的一部分，涉及对现行国际货币秩序的调整。日本在经济崛起时未能较好适应自身在国际秩序中的定位，对本币国际化产生了不利影响。一方面是由于日本过度自信，导致自身错过了经济结构调整和转型的最佳时间；另一方面是由于当时应对日元升值的宏观政策失误，造成了资产泡沫，酿下了“失去的二十年”的苦果，日本经济出现长期的停滞。在对外战略方面，日本 20 世纪 60 年代就提出来要建立泛太平洋组织，成立亚洲经济合作机构等设想，但是由于在政治、经济、军事上对美国高度依赖，真正的注意力仍然以面向欧美发达国家为主。1998 年 4 月日本外部省发表的外表蓝皮书写着，区域经济合作有可能导致世界经济的隔离，使之陷入贸易保护主义壁垒之中，因此日本对亚洲区域合作在很长一段时间里跟欧洲相比都采取比较消极的态度。日本长期以来都有一种脱亚入欧的观念，而且日本本身又对第二次世界大战侵略行径没有彻底反省，所以在心理上没有消除和亚洲国家的疏远感。从区域贸易的占比来看，1999 年日本在亚洲贸易中的比重为 15.1%，美国是 15.6%，欧美也有 13.9%。在亚洲吸收的外商直接投资中，日本占比只有 9%，美国占比 19%，欧洲有 16%。在亚洲贸易和外来直接投资中，日本的占比都不是非常显著。

在日元国际化过程中，面对美元和德国马克（欧元）的竞争，日本政府聚焦与放松资本管制和国内金融自由化，由于缺乏区域货币和金融合作，显得独木难支。亚洲金融危机爆发之后，日本才仓促提出区域金融合作的设想，提出在亚洲搞一个货币基金组织，用亚洲人的外汇储备来解决亚洲的问题。但是由于种种原因，合作没能启动。在那场危机中日本人的表现不是很好，所以危机之后，所谓亚洲地区的货币金融合作也不是日本人主导的，主要还是在东盟加上中、日、韩这个框架下进行区域的货币合作。亚洲金融危机过后，日本开始重新审视区域合作的问题。由于欧元诞生，日本经济又不太好，中国开始崛起等因素交织在一起，日本虽然意识到要通过区域合作来推本币的合作化，但是在利用区域优势推日元国际化这个问题已经丧失了最佳的时期，错过了时间窗口。

四、跨境人民币使用业务发展的启示

人民币跨境使用是从 2009 年开始大面积、大规模试点并逐步推广，到目前为止取得了一些进展。对我们来讲，汲取日元国际化的教训，对于推动跨境人民币业务的健康发展有以下几点启示：

第一个启示是，要抓住人民币走出去的历史机遇。中国有一些有利的条件来推进人民币的跨境使用。一是规模基础。中国经济规模居世界第二，预测再过一二十年中国有可能超过美国，成为全球最大的经济体。当然我们的经济总量大，但 13 亿人口平均之后也不算大，所以是大国不是强国。但是经济体量大以后，对于提高国际上对我们货币的需求也有很大的推动作用。我们不但经济规模大，贸易规模也很大。2013 年进出口规模居世界第一，是外来直接投资目的地之一，对外直接投资也在蓬勃起步中。每年对外直接投资能破千亿美元了，再过几年，直接投资项下有可能对外直接投资会超过外来直接投资。从需求基础来看，2005 年汇率形成机制改革以来，到 2013 年底人民币累计升值超过 30%。按照国际清算银行编制的人民币名义和实际有效汇率指数，人民币分别累计升值了 32%、42%。人民币名义有效汇率在国际清算银行监测的 61 种货币里排第一位，是升得最多的。人民币在过去一段时间都是比较强势的货币，特别是 2008 年全球金融海啸发生以后，国际资本大进大出，出现资本流出压力的时候，人民币汇率保持住基本稳定。现在人民币汇率已经在趋向合理均衡水平，双向波动幅度也在逐步加大，所以大家对于使用本币结算管理汇率风险的观念逐步深入人心。刚才提到为什么在 20 世纪 60 年代日本人提日元的计价结算，很重要的原因是日元汇率经常调整，特别是到了 20 世纪 70 年代，日元汇率浮动以后这种需求更加显现了。现在人民币汇率波动越来越大，特别是 2014 年 2 月中旬以后，人民币汇率波动性增加，在一定程度上给大家上了生动的一课。原来人民币长期单边升值，汇率波动性比较低，汇率风险管理实际上套取人民币升值的好处，对外汇收入做一些套取保值的避险措施，进口支付这一方面长期没有什么管理。我们发现，这次汇率波动导致很多企业发现近期有很多外汇贷款和外债，过去都是裸贷，没有进行对冲汇率敞口，现在汇率反向调节以后，有很多企业开始增加这方面的风险管理。还有一种规避汇率风险的手段，如果能用本币计价结算，就没有汇率的波动风险问题。

二是大家对人民币越来越有信心。一方面是中国的政治稳定，还有一个是我们外汇储备充足，通货膨胀相对较低。尽管宏观经济目前有一些下行的压力，但是普遍认为目前下行是主动调整，是想把速度放下来，进行结构调整和经济转型，然后实现可持续的发展，大家觉得目前的调整是良性的，是目标内的调整。在全球实行刺激性货币政策情况下，人民币利率相对比较高，人民币资产回报也相对比较高。前一阵子人民币汇率波动性比较低的时候，人民币资产高回报成了一种无风险的回报，所以使海外机构和个人对人民币资产表示出较大的兴趣，大家都愿意配置人民币资产。这就好比股票配置制一样，你这个行业很重要，又是一个领头企业，所以谁都愿意配置到这个股票上，不会在意你这个股票价格目前是高还是低。中国经济在国际经济中确实是很强势和稳定，作为全球资产配置的需要，都会对人民币资产进行一定的配置。

三是国际环境有利于人民币跨境使用。这次金融危机的中心是美国，始发于美国次贷危机，所以说对美元本位是一个很大的冲击。现行的国际货币体制有很大的缺陷。特别是这次危机发生以后，美国搞了几轮量化宽松的货币政策，导致主要储备货币的币值大幅度波动，新兴市场经济体承受了一定的压力，大家希望能通过国际储备货币体系多元化来对现行的国际货币体系进行改良。也有人提出搞超主权货币，目前只是在理论探讨阶段，近期内还难以实现。至于回到金本位，包括有人提出是不是把比特币（电子货币）引入作为储备资产，目前都是在探讨阶段。基本的共识认为，在可预见的未来，储备货币体系多级化是一个现实的选择。当然，也有人反映，如果储备货币多元化以后会有一些负面的影响，某些时候大家在不同的组别汇率之间进行选择，从一种货币逃离到另外一种货币上，有可能会加剧国际金融市场的动荡，对持有外汇储备的国家来讲也是一种风险。但是，现实世界里都是在各种约束条件下进行政策选择，而不会有免费的午餐。

第二个启示是，要审时度势稳健推进人民币走出去。经济基础仅仅是国际货币化必要而非充分的条件。美国在经济规模上很早已经超越了英国，但是美元替代英镑也是在两次世界大战以后。我们在政策上支持货币的跨境计价结算，可以推动本币的走出去，但是交易信心和习惯在一段时间很难改变，所以要有一定的耐心。随着跨境人民币业务的逐步推广、扩大，应该说最近一段时间人民币的跨境使用有了很大的提高。现在国内人民币的跨境收付，已经占到整个跨境收付的比重 20% 左右，是仅次于美元的第二大跨境收付的货币。国际上对人民币资产也有非常大的兴趣，我们根据不同来源的数据汇总分析，现在海外人民币资产总规模到 2013 年底有 2 万亿元人民币，3000 多亿美元，其中 70%、80% 是存款，还有一些其他资产。可以说是从无到有，人民币海外市场发展非常快。但是人民币目前仍然是一个风险资产，而不是一种安全资产和避险资产。市场风险偏好会在很大程度上影响海外持有人民币资产的热情，加剧中国跨境资金流动的顺周期波动。2011 年底出现的情况就非常典型，由于国际上发生了美债信用降级，欧债危机加重，国内经济出现下行压力，2011 年底发生一轮资金流出的压力，人民币出现了贬值的预期。2011 年的 12 月第一周，人民币对美元的交易价连续一周跌停，海外就开始纷纷减持人民币资产。海外的离岸市场人民币汇率，相对于在岸市场人民币汇率，从原来的溢价变成折价，最高的时候差一毛多钱。这就带给我们另外一个思考，如果我们是用本币对外负债的话，好像就可以减少货币错配的问题，因为本币可以敞开印。美国人发行国债，国际投资者买走，还也是还美元，大不了美联储开动机器印钞，所以美国人不会赖账，这就是格林斯潘的逻辑。但是我们要想到，也许从债务债权关系角度，负债方借本币负债不用承担汇率波动的风险，但人家让你提前或者加速偿还本币负债的时候，海外的持有者做另外一个动作，把对你的放款即对外债权收回来以后，同时把人民币的资产做减持，这还是会影响跨境资本流动的。我们可以通过离岸市场和在岸市场的隔离，限制离岸市场人民币外汇的买卖到在岸市场来平盘，但是限制的后果就造成了离岸市场和在岸市场的价格存在差异，就有可能导致跨市场套利的机会。在离岸和在岸市场经济联系非常紧密的情况下，就可能通过一些管理规避套取利差的好处。国内很多学者都在研究跨境人民币业务跨市场套利行为的形式以及规模的影响，因为这些东西是客观存在的。在推动人民币跨境使用的时候，要想到开放进一步扩大以后，使得原来的很多管理受到削弱，所以必须得有一定的容忍度。另外，我们也要正视这个问题，首先是要把数据、信息弄清楚，在有一定容忍度的情况下，特殊的时候采取一些临时性的措施，对过度和无序的套利行为进行适当地调控。还是说人民币现在还是一种风险资产，我们在推人民币走出去的时候，必须高度重视这个问题。现在改革进入深水期，经济进入转型期，很多矛盾比较突出。人民币走出去会倒逼改革，同时也会增加解决国内问题的一些复杂性。以开放促改革，要把开放和改革的问题处理好，趋利避害。

现在我们来对国际货币体系做一个分析，大体可以分为三个层次或者说是三级世界。美元是中心货币，次中心货币是其他发达国家包括欧元，尽管也是主要国际储备货币，但跟美元比起来不可同日而语。美国出现危机的时候美元不但不贬值，大量的资金还投向美元安全资产，美元反而升值。欧洲危机的时候，欧元还是有一定的贬值压力。欧洲虽然出现了主权债务危机，但是并没有发生欧元危机，原因在于在欧盟内部的南北欧之间存在一定差异，资金不是逃离欧元区，而是从南欧这些债务危机国家流向北欧经济状况比较好的国家。所以，虽然欧元汇率有一些波动，但是由于南北欧的情况不一样，欧洲的债务危机并不等同于欧元危机。剩下就是外围货币，具有更加明显的风险资产的特征。要把人民币走出去的目标定位好、途径路线设计好。近中期目标应该是逐步从外围货币走向次中心货币，现在还不敢奢望在可预见的时间里实现与中心货币并肩这个目标。所以，在目标设计过程中要预留相当大的时间弹性。

第三个启示是，推跨境人民币使用的时候，要紧紧抓住求真务实这条主线。国际货币的出现是人类行为选择的结果，而不是人类计划的结果。你不可能事先去设计它，而要实事求是。所谓求真务实体现在三个方面。一是以服务实体经济为中心。本币国际化应该侧重于培养国内产业向国外延伸，并防止国内产业空心化。可以借鉴日本"黑字环流"的计划，以人民币对外贷款或投资支持境外购买中国商品。中国是贸易顺差，我们可以把人民币借出去，这样既推了人民币的跨境使用，同时有利于通过资本项下输出本币和贸易项下回流本币这种循环方式，促进国际收支平衡，这是双赢。加快建设人民币跨境交易的支付、清算这些基础设施，便于企业开展国际贸易和投资活动。鼓励境内银行在境外开设分支机构，为境内企业提供境外金融支持。企业投资走到哪里，金融服务就跟进到哪里。国内银行对于人民币跨境使用是非常有兴趣的，在很大程度上有利于支持中资在海外机构的发展。二是以夯实跨境使用人民币信心为基础，保持本国经济持续健康发展，保持长期稳定的物价水平，维护货币政策良好信誉。建设具有深度和广度的境内金融市场，逐步消除人民币回流投资渠道的瓶颈限制。三是要以区域货币金融合作创造为条件。积极利用东亚国家在区域合作上已有的共识基础和组织基础推动区域合作，推进人民币跨境计价结算使用。支持民间贸易投资的区域便利化。加强区域货币合作，合理确定地区性货币贸易。促进扩大人民币进入亚洲国家的外汇储备篮子，长期建立区域性的货币稳定机制。

第四个启示是，要统筹兼顾跨境人民币使用过程中推改革与防风险这两个关系。一方面要妥善处理好人民币国际化和促进国际收支平衡的关系。把握好跨境人民币业务的开放次序和发展节奏，为实现经济可持续发展和推进相关改革创造条件。另一方面也需要在解决对外经济失衡问题中，防止人民币走出去对促进国际收支平衡带来一些过度的干扰和影响。再一个方面是加快国内金融市场发展，提高金融服务实体经济的效率，以发展的办法防范和化解本币国际化进程中在岸市场被边缘化、空心化的风险。现在离岸人民币外汇交易市场发展要比在岸市场快，是由于在岸市场限制比较多，特别是我们在人民币外汇衍生品交易方面有比较严格的限制，在离岸市场做人民币外汇衍生品交易可以采取灵活交易。强调实体原则，在一定程度上可以防范过度投机的风险，从宏观上来讲能够减少市场的波动，从微观上来讲通过衍生品的交易把不确定性变成确定性，锁定风险，让企业集中精力做好主业。价格已经约定好，企业组织生产经营就可以了。但是，没有一定的投机，这个市场缺乏流动性，大家的风险偏好就会同质化，容易形成单边的市场。现在，在岸市场的现状是，在贸易顺差、直接投资净流入的情况下，要求所有衍生品交易在客户端都要有实虚背景，那么，这两个顺差已经客观在那里，大家都要卖外汇，谁去买外汇？香港 NDF 市场从来没有任何官方机构对市场进行干预，哪怕过去一段时间人民币单边升值预期比较强烈的时候，这个市场也可以随时出清。就是它允许投机，由于大家的风险偏好不一样，大家可以讨价还价进行交易。可见，适当放松实需，对市场发展是有帮助的。任何事情都有一个度，像这次国际金融危机发生以后，大家都说是金融创新造成的后果，是过度的创新。但是大家都认为中国现阶段的问题不是创新过度，而是创新不足，所以我们还有发展的空间。

再一个方面，在人民币国际化过程中要统一协调好本外币跨境监管政策，妥善处理好人民币国际化与资本项目可兑换的关系，减少监管套利。中国的实践是非常特殊的，本币还没有资本项目可兑换，但国际化已经开始逐步迈进。国际化或者是人民币的跨境使用越便利，对于现存的资本管制的手段影响就越大。如果说，在资本项目下，用外币计价结算有一套严格的标准，用本币就没有这个限制，那么自然市场会选择外币不让做的就用人民币去做。比如个人对外投资，由于某些社会现状的现实考虑，使我们在个人对外资本转移上有一些控制。但如果我们不同时对用人民币对外投资进行控制，个人就有可能用人民币的形式把钱搞出去，到香港以后再很便利地换成外汇，又从香港投到别的地方去。这样就可以规避掉整个管理。所以，跨境监管政策要协调好，就是要把国际化和可兑换的关系处理好。

黄益平
论坛成员
北京大学国家发展研究院副院长

金融改革与中国经济转型

Chinese Economists 50Forum

黄益平简历

50人论坛成员，北京大学国家发展研究院教授、副院长。兼任澳大利亚国立大学克劳福特公共政策学院Rio Tinto中国经济讲座教授，英文学术期刊《China Economic Journal》主编和《Asian Economic Policy Review》副主编。主要研究领域为宏观经济与国际金融。曾经担任国务院农村发展研究中心发展研究所助理研究员、澳大利亚国立大学中国经济项目主任、哥伦比亚大学商学院General Mills经济与金融国际访问教授、花旗集团董事总经理/亚太区首席经济学家、Serica投资基金董事、财新传媒首席经济学家及巴克莱董事总经理/亚洲新兴市场经济首席经济学家。获得澳大利亚国立大学经济学博士和中国人民大学经济学硕士。

期　　目： 总第253期

演讲时间： 2014年5月8日

一、金融改革的成绩和问题

我最初开始研究金融改革与中国经济转型这个问题，主要是因为看到两个有意思的现象。

一是中国经济非常独特的增长模式。这个模式有两个突出的特征。第一个特征是增长速度非常快。过去三十几年平均每年保持10%的增长速度，林毅夫、蔡昉和李周三位老师一起在1994年出了一本书叫《中国奇迹》，他们认为中国这样一个大型的新兴市场国家能持续实现这么快的经济增长，是一个非常了不起的成绩，是一个奇迹。第二个特征是非常突出的结构性的矛盾，其中包括经济结构失衡、收入分配不公、资源利用效率低下和环境污染严重等问题。正是因为这些问题，前总理温家宝曾经指出中国经济的增长模式是不协调的、不平衡的、低效率的和不可持续的。换句话说，中国经济一方面非常成功，另外一方面问题非常大，但它们是同一个硬币的两面。过去十几年来，政府一直试图转变这个模式，"十一五"规划称增长模式，"十二五"规划改成叫发展方式。政府采取了不少措施，但似乎效果不是很好。我感兴趣的是为什么我国经济会形成这样独特的增长模式？到底怎样才能转变这个方式？

二是中国独特的改革策略。经济学界对我们的改革策略有很多大同小异的描述，比如"渐进式""摸着石头过河""自下而上"或者"双轨制"。与这些叫法相对应的是苏联、东欧的"休克疗法"，即短期内快速取消计划、私有化国企、发展市场经济，但"休克疗法"马上导致了产出下降、失业上升和社会不稳定。相比较而言，中国改革的效果比较好，不但经济稳定，初期也没有特别群体的利益受到严重伤害，因此公众对改革的支持度比较高。以"双轨制"作为改革策略的优劣，中外经济学家如张维迎、樊纲和诺顿等教授已经有很多分析和论述。不过我们过去实施的改革策略其实是叠加在一起的两个"双轨制"：第一个是国有与民营企业之间的"双轨制"，第二个是产品与要素市场之间的"双轨制"。前一个"双轨制"已经被学界充分讨论，后一个"双轨制"是我在研究中总结出来的，基本内容就是产品市场几乎全部已经放开，但在要素市场包括劳动力、土地、能源、资本等的市场还存在十分严重的政府干预与价格扭曲，而金融抑制则是要素市场扭曲的重要表现。为什么我国采取了如此独特的改革策略？它与我国的增长方式又有什么关系？

几年前我参加哥伦比亚大学派曲里克（Patrick）教授主持的中日韩金融改革的比较研究。[①] 研究开始的时候他向我提出了这样一个问题：如果把中国的经验与其他新兴市场经济比较，我们会发现一方面中国经济增长非常快，但另一方面中国的金融改革明显滞后。这是否意味着发展中国家没有必要积极推进金融改革？当然，由此衍生出来的下一个问题是中国可以一直保持这样的状态吗？

首先让我们对中国的金融改革进程做一个简单的国际比较。国际货币基金组织的经济学家曾经做了一个综合性的金融抑制指标（见图1）。其中包括利率管制、金融机构产权、信贷管制、进入门槛、资本项目、银行监管和证券市场限制七个方面的政策，这个指数在0~1，1表示最严重的金融抑制，0表示没有金融抑制。这个指数告诉我们，过去三十几年中国的金融政策其实也在不断放开，金融抑制指数从改革开放初期的1下降到21世纪头十年的0.6以下，因此我国的趋势和全球的趋势是一致的。但我国金融抑制的程度确实还非常高，不仅远远高于世界平均水平，甚至超过了低收入国家的平均水平。

我和王勋博士还专门用中国的数据构建了一个金融抑制指数，这个指标也揭示，从1978年到现在，我们的金融政策是在不断地开放，金融抑制指数最高的时候接近1，现在不到0.6（见图2）。假如把发达国家金融抑制的平均水平即0.1左右作为我国改革的最终目标，那么可以说在过去三十几年间中国金融自由化大致已经走过了一半的路程。但我国能否继续现在相对滞后的金融改革呢？在回答这个问题前，我们首先应该注意到的一个客观事实是过去几十年我国的经济增长似乎并没有受到严重的金融抑制的影响。

---

① Yiping Huang, Xun Wang, Bijun Wang and Nian Lin, 2013, "Financial reform in China: progresses and challenges", in Yung Chul Park and Hugh Patrick (eds.), *How Finance Is Shaping the Economies of China, Japan and Korea*, Columbia University Press, New York.

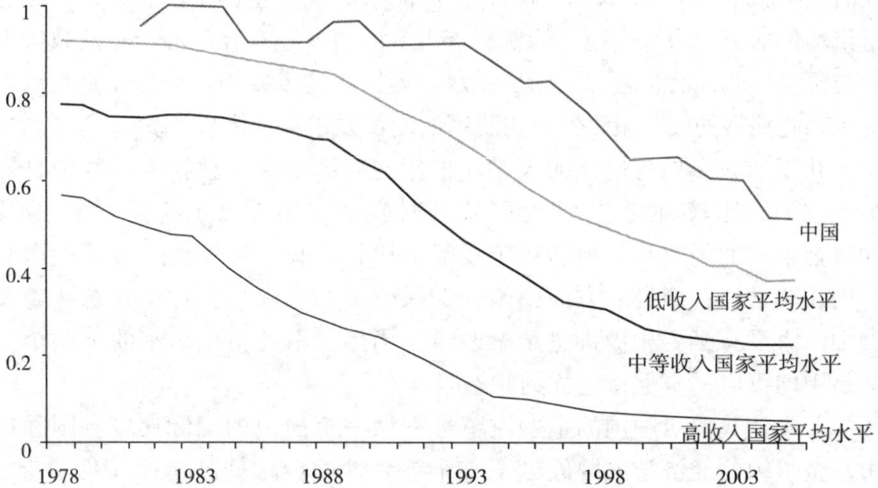

图1　中国与国际金融抑制的综合指数

资料来源：Yiping Huang，Qin Gou and Xun Wang，forthcoming，“Financial liberalization and the middle - income trap：What can China learn from multi - country experience?”，China Economic Review.

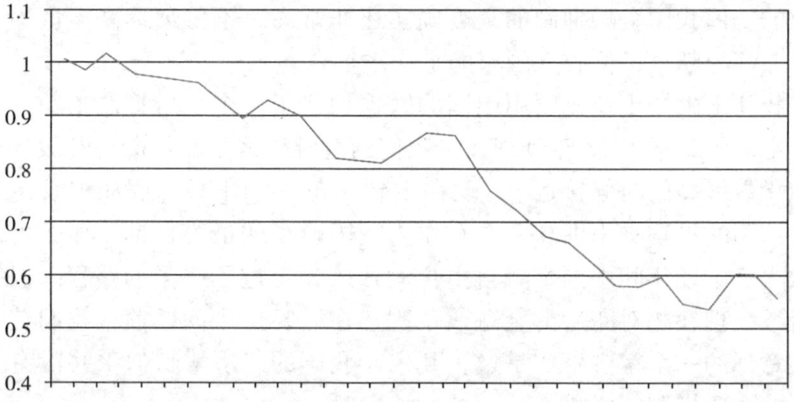

图2　中国金融抑制指数

资料来源：Yiping Huang and Xun Wang，2011，“Does financial repression inhibit or facilitate economic growth：A case study of Chinese reform”，Oxford Bulletin of Economics and Statistics，73（6）：833 - 855.

不可否认的是，过去三十几年我国金融改革的方向和进程还是非常清楚的。1978 年刚刚开始改革的时候，我们整个金融体系就是一个银行，当初叫中国人民银行，同时还有另外两块牌子，中国人民建设银行和中国银行，但都不是独立的金融机构。所以真正的金融机构实际上就是一家中国人民银行，既是商业银行又是中央银行。现在我们的金融体系已经发生了翻天覆地的变化，在这个变化的过程中，我国的金融改革呈现出非常鲜明的特征，简单地用一句话概括就是我国的金融改革"长于建立框架和发展规模但短在开放市场和改善机制"。

我国金融体系的框架和规模其实并不落后。我国目前的金融体系应该说已经相当完整了，包括一行三会的监管部门、国有商业银行、股份制商业银行、政策性银行、中央银行、证券公司、保险公司、资产管理公司等，几乎应有尽有。另一个非常突出的成绩是金融资产规模已经非常庞大。经济学家通常用广义货币供应 M2 占 GDP 的比重来反映金融深化的程度或者金融资产的相对规模。目前我国这个比重大概在 200% 左右，在全世界都已经算非常高了，美国是 80%。我们债券市场的总规模也已经非常大，全世界排在第三位，最近我国债券融资量占据全球第一位。

不过我国金融改革的短板也十分清楚，一是市场机制没有真正放开，二是治理结构没有真正得到改善。金融资源的配置和价格并不真正由市场决定，央行对利率有管制，对汇率有干预，对银行信贷的配置包括规模和构成都要施加影响力，对跨境资本流动的管制更是直截了当。过去新公司股票 IPO 上市的配额都是由政府决定的，所以看起来市场已经建立起来了，但市场机制的作用非常有限，政府的影响力仍然非常大。

金融机构的治理没有得到根本性的改变，还是具有许多传统的国有金融机构的行为和特征。自东亚金融危机以来，我国政府在金融机构改革方面采取了很多措施，力度也不可谓不大，比如大型的国有商业银行，经过转移坏账、国家注资、引入战略投资者等改造，现在都已经是上市公司了。但这些上市的国有金融机构和其他上市公司相比，在治理结构、治理框架和管理行为方面仍然有很大的距离。比如 2008 年发生的全球金融危机和经济衰退，中国经济增长也显著减速，资产价格往下走。如果是一个市场化的银行，这个时候的反应应该是收缩信贷、控制风险并修补资产负债表。但是我国上市的国有商业银行都纷纷响应政府号召，大幅度发放贷款支持经济增长。本来 2009 年初央行预定新增贷款额度为 5

万亿元，到年末实际增加了10万亿元。显然我国银行的行为更像政策性银行不像商业银行。银行帮助政府保增长，政府应当感到欣慰，但股东会怎么想不好说。逆周期是政府的事，不是商业银行的责任。

二、两个“双轨制”与金融改革

2013年11月召开的十八届三中全会关于全面深化改革的《决定》，明确提出了要加速金融改革。为什么政府现在决定要加速推进金融改革？这个政策如果落实将会对中国经济产生什么样的影响？在讨论这些问题以前，我想先往回退一步讨论金融政策与我国独特的增长模式之间的关系。

对中国经济改革策略的解释非常多，林毅夫等在《中国奇迹》中提出的思路是从前以重工业导向的发展战略转变为现在以比较优势导向的发展战略。比较优势导向就是你适合做什么你就做什么，实际上是听从市场的声音。所以这个发展战略的转变，在很大程度上也是一个市场化的过程。樊纲老师说的“双轨制”，是说在计划和国有部门已有的基础上再生出一块来，不断发展壮大，然后渐进式地把中国变成市场经济。1994年美国加州大学诺顿教授出了一本书叫《超越计划的增长》，阐述的也是这个意思。中国三十几年来改革的实质，就是从中央计划走向市场经济，虽然不同的学者表述方式各不相同，但核心的变化就是市场机制发挥越来越大的作用，这和十八届三中全会决定的改革方案是一脉相承的。不过同样是从计划到市场，走的过程和方式可以不一样。苏联和东欧在启动改革时，采取的是“休克疗法”，把过去的计划体系全部取消，把国有企业变成民营企业，力图重新塑造一个市场经济。

而我国的改革方式是“双轨制”，实际是两个“双轨制”的叠加。在文献或者政策讨论经常提到的是第一个“双轨制”，就是国有与民营企业之间的双轨制。改革开放初期，我们的策略是先保留国有企业，让它们继续生产、发展，但是政策的重点开始转向支持民营经济，让非国有经济以更快的速度发展。这样经过一段时间以后，经济结构中非国有经济成分的比重就会越来越高，等到非国有和非计划这一块变得足够强大，我们几乎就可以忽略国有和计划这一块，实际也就完成向市场经济的过渡了，这就是我们通常说的“在发展中解决问题”。迄今为止，我国的“双轨制”策略要优于苏联、东欧的“休克疗法”。一是不会在改革初期出现收入急剧下降，而这个问题在苏联和东欧都发生了，因为非国有经济、市场经济的建立和发展是需要时间。我们的“双轨制”保证了经济的稳定。二是我们的经济改革是一种帕累托改进，在改革初期没有出现哪一个社会团体或者群体的利益受到伤害，企业没有关门，工人没有失业，国有企业的职工可以继续就业。这样公众对改革的支持度比较高，或者反对比较少。

但这个“双轨制”的缺点也很明显，因为存在计划内和计划外两轨，很容易产生两轨之间的套利甚至腐败。原来设想的是保持“双轨制”改革，通过发展来解决问题。但是随着经济的发展，很多问题并没有真的得到解决，有些反而变得更大了。比如 1978 年有国企垄断的问题，但是今天这个问题依然很突出。“双轨制”策略在支持经济增长方面一直很成功，三十几年来经济保持了平均 10% 的增长。但是这个“双轨制”改革策略在 20 世纪 90 年代已经碰到了第一次危机。为什么我国在 20 世纪 90 年代改革的力度很大，一个很重要的原因是当时碰到了三大危机。第一个是财政危机，改革初期财政收入占 GDP 的比重大概在 36%，到 90 年代初下降到 11%，这个比例在国际上都是相当低的。一开始这个比例下降是可以理解的，因为改革就是放权让利，让企业获得更大的好处，所以政府收入占 GDP 的比重下降是一个符合预期的变化。但是当财政收入的比例低到只有 11% 的时候，政府的财政能力就会出现问题，有些地方连吃饭财政都保不住。所以后来搞财税改革，设计了分税制。第二个是国企危机，90 年代中期有一个说法，我们的国企是三分之一明亏，三分之一暗亏，三分之一持平，出现了国企全行业亏损，所以后来才有了抓大放小的改革，三年有三千万国企工人下岗。第三个是 20 世纪 90 年代后期的银行业危机。1998 年亚洲金融危机爆发，银行坏账率高达 40%。如果没有国家兜底，银行肯定已经爆发十分严重的危机。所以 20 个世纪 90 年代是三重危机，财政危机、国企危机加上银行危机，这三个危机的根源就在于第一个“双轨制”。我们希望把国企、把计划保留下去，在发展中解决问题，但事实上没有彻底解决问题。于是国企变成了全行业亏损，对于我们的财政和银行造成了更大的打击。所以 20 世纪 90 年代的很多改革，在我看来很大程度上就是希望缓解或者解决第一个“双轨制”造成的问题。当时的改革效果不错。2001 年底加入 WTO 以后，我国经济又开始了新一轮的高速增长。但是客观地讲，当时的改革只是缓解了那些问题，并没有从根本上解决问题。实际上今天仍然在讨论的垄断、国企效率和银行不良资产等问题都跟“双轨制”改革有关。

第二个“双轨制”是从我自己的研究中总结出来的。[①] 这个双轨存在于产品和要素两个市场之间。在今天的中国经济中，产品市场基本都已经放开来了，比如农产品、制造业、服务业产品的价格基本上是随行就市、由市场供求决定的。但是在要素投入品市场，比如劳动力、土地、资本和能源等市场，政府干预仍然非常普遍而且价格扭曲依然十分严重。当然不同市场的扭曲方式不尽相同，比如劳动力市场的政策干预更多的是源于户籍制度，或者城乡之间不同的福利体系。资本市场的扭曲很突出也很普遍，金融抑制就是对资本市场的扭曲。土地在农村是集体所有，在城市是国家所有，土地价格的决定实际上是政府起很大的作用。虽然用于房地产开发的土地很贵，但工业用地费用很便宜，过去外国人到中国办厂投资，很多地方政府竞相提供非常低廉甚至免费的土地使用权。这些要素市场的扭曲实际上是压低了投入品的价格。劳动力比较特殊，因为劳动力的供求关系，并不完全受政府的影响。但是政府在资本、土地、能源等方面，压低投入品价格的倾向非常明显。政府为什么要这样做，我的解读有两条。第一条是政府希望在某种程度上，仍然对资源配置保有影响力。这和前面的第一个“双轨制”是有关系的。因为有国有和非国有，有计划和市场，政府必然还要在经济当中发挥作用，影响资源的配置。当要素市场受到政府干预的时候，政府可以决定资源往哪走。第二条原因，把要素投入品的成本压低，目的就是为了保证经济的高速增长。这其实就是对企业的变相补贴，或者对居民的变相税收。投入品市场的扭曲，简单讲就是过去三十年政府一直在不断主导从居民向企业进行收入再分配。举例而言，政府把存款利率压得很低，存款的人受到损失，借款的人得到好处。对居民来说是一个伤害，对企业来说却成了一个福利。也可以说对穷人来说是一个伤害，对富人来说是一个福利，因为是穷人存款，富人从银行借钱。由于这样一个机制或者说发展方式，我们的企业、投资者、出口商、生产商都在享受变相的补贴，因此他们的活动越来越活跃，这样我们也就能理解为什么我国的经济结构失衡变

---

① Yiping Huang, “Dissecting the China puzzle: Asymmetric liberalization and cost distortion”, *Asian Economic Policy Review*, 2010 (2): 281 - 295.

得越来越突出。与此同时，消费占比越来越低。对于消费疲软或者消费不足，有人说是因为社会福利体系不发达，有人说是因为收入分配不平等，我觉得最重要的原因是收入增长不够快，赶不上 GDP 的增长。而居民收入增长赶不上 GDP 增长，在很大程度上跟要素市场扭曲有关系。

这一个“双轨制”，即要素市场扭曲和产品市场放开，产生的直接结果就是一方面经济增长速度非常快，另一方面结构性矛盾很突出。这个结构性矛盾突出反映在经济结构失衡、收入分配不公、资源利用效率低下，甚至环境污染等。这两个不同的方面，其实是同一个增长模式的表现，而这个增长模式的根源就是第二个“双轨制”。

根据这个逻辑，我们就比较容易理解为什么金融改革是现在这样一个状况。金融政策需要达到的目的，第一要支持非计划经济的发展。1978 年我们决定逐步向市场经济过渡，计划之外搞经济就需要金融。在计划经济年代，资金的融通或者调配主要是靠国家计划，而发展市场经济则金融体系必不可少。同时，“双轨制”的核心问题是还需要考虑计划，还要保留国有经济。于是在开放金融体系的时候，政府还需要对金融体系有一定的控制力。虽然金融高速发展，但政府在金融体系当中保留了各种抑制性的政策。要素市场的扭曲，其中一个很重要的原因可能是为了集中更多的资源，支持经济的高速增长。金融资源尤其是资本投入是非常重要的，所以对金融的扭曲是我们过去增长政策中一个很重要的成分。

从 20 世纪 70 年代末开始建立各种商业银行，到 80 年代把中央银行分离出来，逐步建立起其他一些商业银行，再到 80 年代后期开始考虑股份制改革，推行股权交易，到 90 年代初建立两个证券交易所等，这一系列的改革和金融政策，都是在建立体系和发展规模，但政府仍然保持着自己的影响和控制力。

三、金融抑制政策已经难以为继

那么金融抑制对于经济增长到底会产生什么样的影响？我们曾经做了两个研究，第一个是研究金融抑制对于中国经济增长的影响，结论是在 20 世纪 80 年代和 90 年代金融抑制对中国经济增长有正的影响。但是自进入 21 世纪以来，这个影响就变成负的了。也就是说，在改革早期这些抑制性政策没有影响经济增长，但现在已经成为制约经济增长的重要因素。

另一个研究是用跨国数据看金融抑制对不同收入水平国家的经济增长的影响。我们特别关注金融抑制在中等收入国家的作用，现在中国经济已经进入了中等收入水平行列，能否成功避免中等收入陷阱就是一个重大挑战。从国际经验看，从中等收入经济走向高收入经济的成功率相当低。世界银行曾经做过一个统计，1960 年以来全世界大概有 88 个国家都曾经进入中等收入国家行列，其中只有 13 个成功上升为高收入国家。所以一个重要的问题是什么样的政策可以帮助我们走向高收入国家？这里面可以考虑的政策变量很多，今天我只讨论金融抑制的影响。

我们的实证研究证实金融抑制对不同收入组别经济体增长的影响不一样（见表 1）。如果看全样本，金融抑制对经济增长的影响显著为负。在低收入国家影响不显著。但在中等收入国家，影响是负的且非常显著。到高收入国家，这个影响是正的。这最后一个结果我们认为不能解读为进入高收入阶段，政府应该重新采取抑制性金融政策，而是表明很多高收入国家金融自由化过度，反而伤害了经济增长。不过这个研究关于中等收入国家的结论与前面关于中国经济的研究结论是一致的，即金融抑制已经严重影响经济增长。所以为了支持可持续增长，我国必须加快推进金融改革。

表 1　金融抑制对不同收入组经济增长的影响不一样

	全部国家	低收入	中等收入	高收入
金融抑制	–	..	–	+
法制秩序	+	+	+	..
民主政治	..	..	..	..
政府规模	–	..	–	–
教育	+	..	+	+
通胀	–	..	–	..
投资率	+	..	+	+
贸易开放度	+	+	+	+

如何理解金融抑制对经济增长的影响在不同发展阶段不一样？我们认为任何政策都是有利有弊的，只是有时候利大于弊，有时候反过来。经济决策就是一个成本效益分析的过程。金融抑制的概念最初是麦金农

教授提出来的，通常认为金融抑制有两个方面的影响：一是降低资源配置效率，二是影响金融深化。这两条都不利于经济增长，我们把它称为麦金农效应。另一个效应我们称之为斯蒂格利茨效应。斯蒂格利茨教授发现自20世纪80年代开始金融危机变得越来越频繁，与之相随的是新一轮的金融自由化。20世纪的最后二十年，全球发生了100余场金融危机。斯蒂格利茨提出金融的最大问题是信息不对称和道德风险，如果市场不发达、监管不完善，那么适度抑制的金融政策可能反而有利于应对信息不对称的问题。具体就我国的情况而言，国有金融机构可能效率不高，但过去几十年一直能够十分有效地将储蓄转化为投资，支持了经济增长。与此同时，国家的介入也保障了金融体系的稳定。这样看来，金融抑制可能是有利于经济增长的。在任何一个国家，麦金农效应和斯蒂格利茨效应同时存在，只是在不同的环境下两个效应的相对关系不一样。我国在20世纪80—90年代，斯蒂格利茨效应主导，但到了今天麦金农效应已经变得更加重要。

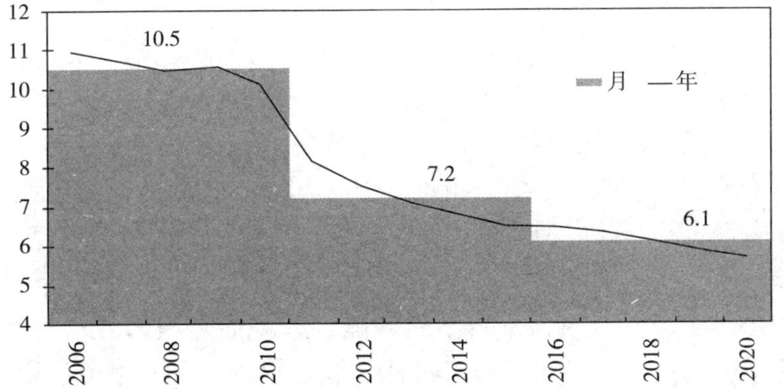

图4　中国金融抑制指数

资料来源：Cai Fang and Lu Yang，2012，“At What rate can Chinese economy grow in the next 10 years?”，（in Chinese） in Chen，Jiagui et al（eds），*Chinese Economy Blue Cover Book* 2012，Social Science Literature Press.

现在的问题是第二个“双轨制”也遇到了危机的风险，也就是说要素市场扭曲也出现了难以为继的迹象。主要有三个方面的理由。

第一个理由是前总理温家宝说的，目前的增长模式已经难以维系，各种失衡、低效和收入分配等问题已经成为经济进一步增长的重要约束因素，处置不当甚至可能酿成巨大的风险。十八届三中全会提出了一个既有深度又有广度的改革方案，实际是基于全社会已经达成了一个共识，即过去的增长模式已经持续不下去了，只有通过改革才有可能保持持续的经济增长。上面讨论的关于金融抑制对经济增长的影响分析已经充分证明其是制约经济增长的重要因素。

第二个理由是在经济发展中出现了一系列新的风险，比如说房地产泡沫、地方融资平台、过剩产能等，它们都跟要素市场的扭曲紧密相关。比如说房地产泡沫是如何形成的？一个重要的原因就是要素市场扭曲。一方面土地供应的控制权完全掌握在政府手里，而基于对土地财政的依赖，地方政府显然偏好高地价，这就为高房价创造了一个重要的供给因素。从需求方面来看，金融抑制、社会福利体系不发达使得我国的储蓄率非常高，关键是老百姓存了钱，除了投到房地产市场别无他途。如此看来，虽然不能说房地产市场泡沫是完全由要素市场扭曲引起的，政策扭曲肯定是其中一个十分重要的因素。

我认为这一系列的问题，还不至于在短期内造成巨大的风险导致经济崩溃，或者导致金融危机，但是它们确实都是实实在在的问题。这些问题在短期内不会引发金融危机，最重要的原因是在我们的背后站着中央政府。如果地方融资平台出了问题，地方政府会给它支持，就算地方政府搞不定了，中央政府也一定会出来支持。金融机构也一样，人们都认为政府不会让它倒台，所以也不会有大问题。我们的很多信托产品的中介和背后也都有政府相关机构介入其中。这样一来，虽然有很多风险，但是这些风险在短期内都不会出现非常大的问题。我的看法是中国金融短期内出问题，不会因为资本金的问题，有可能是因为流动性的问题。从理论上讲，金融机构如果资不抵债，钱都损失掉了，很可能引发一轮金融危机。但是在我们国家不会，因为很多机构都是和政府有关系的。如果流动性出现问题，会对实体经济造成巨大的伤害，而且会有很大的放大效应。

第三个理由是现行的许多扭曲政策可能已经难以为继，过去行之有效的政策限制现在无效了，所以不改革不行，影子银行就是这样一个例子。几周前我和美国纽约大学的末日博士鲁比尼（Ruobini）教授会谈，他感觉中国的影子银行要出大问题。我问他解决影子银行风险有什么办法？他说办法很简单，就是把所有的影子银行都变成正规的银行，影子银行出现问题就是因为没有正规的监管和政策体系支持。变成正规的银行就可以让这些金融交易受到资本金、流动性监管，享受存款保险以及中央银行最终贷款人的服务，这样就可以化解影子银行的风险。我觉得他提出要加强影子银行监管的思路是对的，但他没有想到影子银行是怎么产生的。你把一个影子银行变成正规银行，就会不断有新的影子银行产生出来。我认为影子银行产生的根本原因就是金融抑制政策太严厉了。影子银行其实就是自发的利率市场化。利率管制太多，存款利率太低，钱在银行存一年，到年末什么利息也拿不到，甚至有的存一年还要亏损。所以很多老百姓就把银行的钱取出来去买理财产品。

还有一个例子就是热钱。到目前为止，中国对跨境资本流动尤其是短期跨境资本流动是有管制的。每次金融风险一波动，就经常听到热钱进来了，热钱又出去了，这说明我们的资本管制的有效性在不断下降。这个很容易理解。1978 年管制跨境资本流动很容易，但是到今天再管制就非常难，因为经济非常开放了，贸易、旅游以及各种交流非常多，想完全把资本流动卡死，几乎不可能。

现在的问题是，我们对中国金融体系的信心最终全部落到一个点上，就是中央政府。所有的金融主体或者是经济部门，都在透支中央政府的信用。从单个来说，哪家银行出问题了，中央政府出钱；哪一个信托产品出问题了，中央政府出钱。但是如果这个过程不断持续下去，很多地方政府融资平台，缺乏软预算约束，银行如果不能很好地控制风险，最终就会出现大问题，这是我们现在面对的最大的风险，虽然这个风险不是今天也不是明天就会出现，但是它的趋势非常令人担忧。除了一系列的金融风险不是资本金的问题而是流动性的问题以外，还有一个不是存量的问题而是流量的问题。如果存量控制死了，我们现在还有财政能力可以把它消化掉。如果流量不断上升，最后会出大问题，中央政府的信用总有一天会兜不住的。

所以从上述三个方面看，第二个“双轨制”已经难以为继。第一个“双轨制”即国企与民企之间的“双轨制”的问题，20 世纪 90 年代已经解决了一大半，但尚未彻底解决，比如国企改革，现在还是摆在我们面前的一个重大问题。而政府尚未真正着手解决第二个“双轨制”即产品与要素之间的“双轨制”带来的问题。

不过，出乎大家预料的是我国的经济增长模式其实已经开始发生转变。这个模式最突出的两个特征包括高速增长和结构失衡。从增长看，现在经济减速已经成为事实，2013 年底经济学家们争论增长目标应该定在 7% 还是 7.5%，这个争论背后一个重大的变化是大家不再认为保不住 8% 中国就会出大问题，这是一个很大的进步。过去一年来增长速度不断下降，但没有出现过去一直担心的大面积失业和社会动荡，这些表明我国的经济结构已经发生了重要的变化。

与此同时，经济结构也已经开始发生转变。下面重点讨论三个方面的证据。

第一，我国经常项目顺差占 GDP 的比例（见图 5）已经从 2007 年的峰值 10.8% 下降到最近几年的 3% 以下。可以说，外部账户的再平衡已经基本完成结束。这是为什么央行官员认为目前人民币汇率已经大致接近均衡水平，即便过去比较激进的一些美国智库如彼得森研究所也认为人民币已经不存在严重的低估问题。

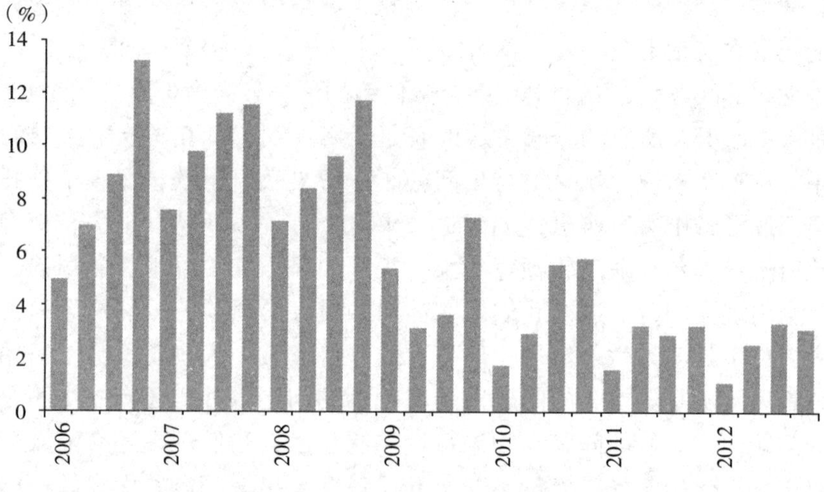

图 5　经常项目顺差占 GDP 之比

资料来源：国家统计局与 CEIC 数据公司。

第二，收入分配已经开始改善。根据国家统计局的数据（见图 6），2008 年以前基尼系数不断上升，意味着家户收入分配不断恶化。但在 2008 年以后基尼系数连续下降，表明收入不平等的问题已经开始逆转。

第三，消费占 GDP 之比开始回升，扭转过去消费不足的问题。过去我国经济结构的特征是投资占 GDP 的比重很高，经常项目顺差占 GDP 比重很高，而消费占 GDP 的比重不断下降。官方数据表明这个比重从 2000

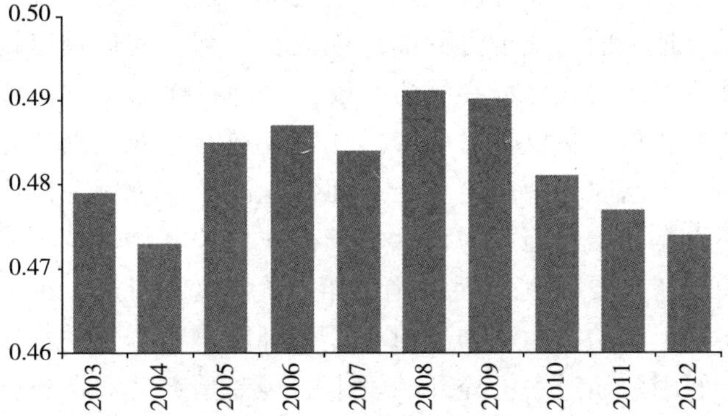

图6 2003—2012 年家户基尼系数

资料来源：国家统计局与 CEIC 数据公司。

年的 62% 下降到 2010 年的 47%。不过根据我们做的研究显示，2008 年以后总消费占 GDP 的比重其实已经开始回升了（见图 7）。李稻葵教授和他的助手也一起做过一个类似的研究，他们用不同的方法，看不同的数据，但得出了大致相似的结论，即 2007 年以后居民消费占 GDP 的比重有所回升。而官方数据也表明，2011 年以来消费占比下行的势头已经止住，并且开始缓步回升。

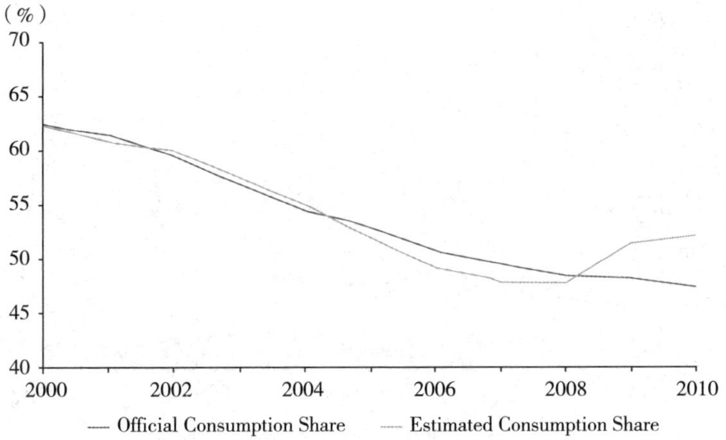

图7 消费占 GDP 之比

资料来源：国家统计局与巴克莱资本。

最近我们还看到一个比较重要的变化是第三产业的比重已经超过第

二产业的比重，服务发展速度超过了制造业，这也是过去我们一直试图追求的结果。把上面这几个方面的证据放在一起，我们可以说经济再平衡已经开始，增长模式已经在发生转变。当然这个转变才刚刚开始，失衡问题还非常严重，所以再平衡或模式转变还有很长的路要走。不过可能有人会问，十八届三中全会关于全面深化改革的方案才刚刚推出，大多数措施还没有开始实施，为什么增长模式已经开始转变了呢？要理解这一点，我们还是要回到前面讨论的第二个“双轨制”。正如我们已经指出的，要素市场的扭曲相当于对企业的补贴、对居民的征税，是结构失衡的重要原因。而过去已经开始发生的转变是劳动力市场已经发生很大变化，从之前的过剩转为现在的短缺，也就是劳动力市场已经跨越了所谓的刘易斯转折点。这个转变也许不是政策导致的，甚至我们也不能说过去劳动力成本低主要是政策制约的结果。但劳动成本上升的后果跟其他要素价格上升一样，改变了经济结构。

民工实际工资增加加速是从2004年开始的（见图8）。我国的劳动力市场整体出现了短缺的问题，这是为什么过去几年经济增长一直减速，但是劳动力短缺的矛盾并没有消失，民工工资还在快速上升，到现在仍

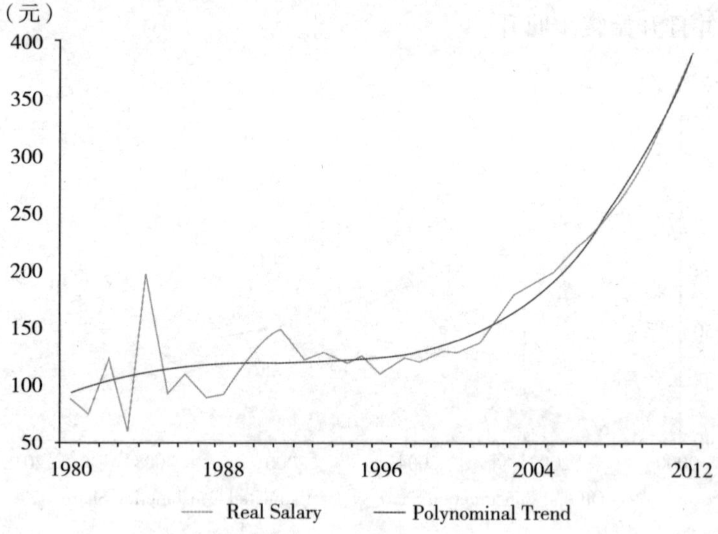

图8　民工实际月工资

资料来源：国家统计局与巴克莱资本。

然如此。工资上升，投资回报就受到了影响，企业利润率下降，出口的竞争力减弱，经济增长速度就开始放慢。与此同时，民工工资大幅度上升，对收入分配有改善，工资上升是挤压投资回报，而通常的情况是穷人靠工资收入、富人靠投资回报。这就是我们前面看到的最近几年基尼系数下降的主要原因。更重要的是工资一上升，居民的收入就上升了，所以对消费也有改善。所以说，劳动力短缺，工资上升，自发地促进了经济结构的改善，只不过经济再平衡才刚刚开始，现在还不能说这个转型已经结束。而且这个转变并不是政策改变的结果，而是市场变化的结果。而要真正完成增长模式转型，需要全面推进要素市场的改革与市场化，这其中就包括金融改革。

根据我们过去所做的关于要素市场扭曲的研究，所有扭曲中最严重的扭曲就在金融市场。所以我们认为金融改革是下一步经济结构转型最重要的核心。三中全会的《决定》里具体分成十一个方面，如果概括起来其实是三个方面，一是降低准入门槛，二是开放市场机制，三是改进监管质量。从总体上看，就是要让市场发挥更多的作用，逐步减少政府对金融体系的控制和干预。一个是国内利率市场化，另一个是人民币国际化，这两个问题就统领了很多其他的改革。比如利率市场化，最后可能要把存款利率上限放开。最近周小川行长说我们要用两年的时间实现利率市场化，说起来容易但做起来难。

如果放开存款利率上限，会不会导致金融机构之间的恶性竞争？一是要看国有商业银行能不能进一步改革，让它们成为负责任、有市场担当的金融机构，不然盲目地把利率放开来，后果不堪设想。二是市场上有很多软预算约束的经济主体也需要改变它们的行为。不然的话，市场利率一旦放开，地方政府融资平台不会受利率波动的影响，这样可能会扰乱市场秩序，甚至挤出那些面临硬预算约束的机构的融资需求。这显然不利于我国实现金融为实体经济服务的政策目的。另外，放开存款利率后，央行靠什么调控货币政策？一种可能是把上海银行间拆借市场的利率作为政策利率，但是目前这个市场还不具备这个条件。还有我们需要发展比较完善的国债收益率曲线作为市场利率定价的基础。现在我们还没有存款保险制度，所有财务成本都落在政府上面也是做不下去的。所以，利率市场化看起来很简单，把存款的上限放开就行了，但它应该以一系列的其他改革作为前提条件。两年之内能够完成已经是比较大胆的预期了。

人民币国际化涉及汇率改革、资本项目可兑换、跨境贸易和投资以及人民币结算等方面。人民币能不能国际化，最终是由国际市场根据我们的经济规模和金融市场状况来决定的，更重要的是也会考虑我们的制度环境。这个制度环境涉及货币政策体系，可能涉及法制体系，可能涉及政治的体系。如果我们想把人民币国际化，把上海建成国际金融中心，前提条件就是外国人愿意把钱存在我们的银行里，愿意拿钱来融资、投资，从事各种金融交易。

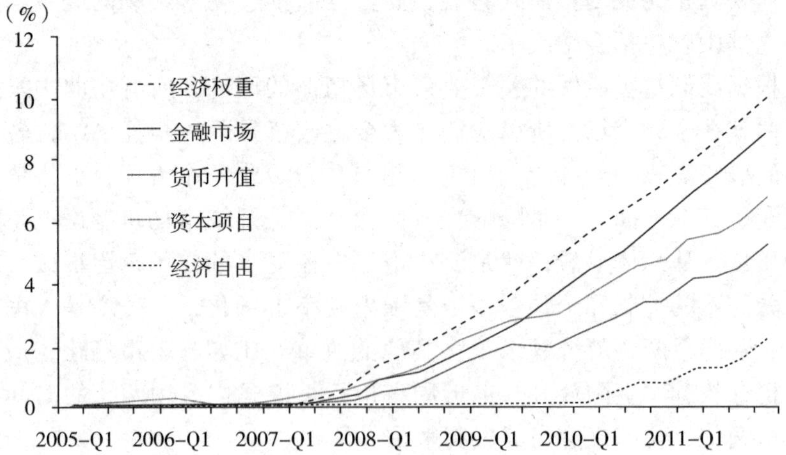

图 9　人民币在国际储备货币中所占比重

资料来源：Yiping Huang，Daili Wang and Gang Fan，2013，“Paths to a reserve currency”，Working Paper，Asian Development Bank Institute，Tokyo.

总之必须对经济有信心，对市场有信心。所以我们一定要对自己有信心，如果中国的老百姓把钱偷偷拿到外国去花，我觉得很难在短期内实现我们的目标。我们不能光重视经济方面的变量，光是金融市场的变量也不够，还需要考虑社会、环境、生态、制度等因素。人民币能不能国际化，是一个综合考量的结果。我们还有相当长的路要走。

这个转型已经开始，如果转型成功的话，我总结了六个方面的变化：增长速度可能还会放慢；通胀压力会提高；收入分配会改善；经济结构会相对平衡；产业升级会不断加速，最后是经济周期会更动荡。如果我们的分析是对的，今后中国经济模式和特征与过去三十几年将有很大的差别。但是可以肯定的是，新的增长模式将会更加可持续。

王小鲁
论坛特邀专家
中国经济改革研究基金会国民经济研究所副所长

读懂中国经济数据

Chinese Economists 50Forum

Chinese Economists 50Forum

王小鲁简历

王小鲁，1951 年生，经济学博士。现任中国改革基金会国民经济研究所副所长、研究员，中国经济体制改革研究会特约研究员、理事。

自 1978 年起曾任中国社会科学院内部刊物《未定稿》和《中国社会科学》杂志编辑、中国农村发展研究组成员、《走向未来》丛书编委、中国经济体制改革研究所副研究员、研究室主任、《经济发展与体制改革》杂志主编。

20 世纪 90 年代在澳大利亚访问、学习，获澳大利亚国立大学经济学博士，并获杰出博士论文奖，2001—2014 年兼任澳大利亚国立大学研究员。曾任联合国大学、亚洲开发银行研究所、国内外多所大学和研究机构的访问学者、访问教授、特聘专家，承担过联合国、世界银行、亚洲开发银行、澳大利亚国际发展署等国际组织和中国政府部门的多项研究课题。

早期研究领域有农村改革、乡镇企业、沿海开放、国有企业改革等。近十年主要研究中国经济增长、地区发展、城市化、市场化改革、农村贫困、收入分配等问题。在国内外发表中、英文学术论文近百篇，出版和主编了中、英文研究报告、专著十余种。两次获孙冶方经济科学奖。

期　　目：总第254期

演讲时间：2014年5月15日

很长时间以来大家对中国的经济数据有很多困惑和质疑，围绕经济统计数据或者指标产生的议论和争论原因也有很多，其中有对统计指标的口径、统计方法理解的问题，也有统计数据本身的准确性和真实性的问题，涉及的问题比较复杂。今天我想借机谈一下对一些经济指标的理解。

一、关于经济增长率的统计

长期以来，围绕经济增长率有不少争论。我们的增长率统计是不是可信？是不是准确？我们的GDP增长率统计基本上采用了国际标准，国家统计局做了很大的努力，从各方面来完善这个数据。由于这是一个高度综合性的指标，是由大量的分项指标汇集而成的，而且涉及全国无数个生产单位和无数个参与经济活动的单位和个人，所以这个指标的统计过程是一个复杂的过程，涉及的方面很多。

GDP是指一个国家在一定时期内全部生产活动的最终结果。通常有三种方法进行统计：生产法、收入法和支出法。各国根据自己的情况采用的方法不一定相同。中国基本是以生产法为主。主要原因是，在过去计划经济时期，我们的统计主要是依靠企业到各级政府层层上报，再进行数据收集汇总形成的。这样的方法和生产法统计比较容易接轨。我们目前仍然使用以生产法为主的统计，但是也用收入法和支出法进行核算。

从生产过程的角度来统计，还是从生产过程结束以后产生的收入来统计，或者从这些收入是怎样支出的角度来统计，只是三个不同的角度，指的都是同一个东西。所以从理论上讲，三种方法角度不一样，但得到的最终结果应该是一样的。事实上，世界各国谁也不能完全做到这一点。因为统计工作的复杂性，加上方方面面的因素和问题，每一种分项指标的收集整理都有可能存在一定的误差。另外在计算和统计方法上也仍然存在一些值得探讨和需要改进的地方，所以很难做到三种方法完全一致。我们国家以生产法的统计为主，同时也参考收入法和支出法，在三种方法之间应该是有一定程度的调整，所以最终的结果是比较接近的。

生产法是生产部门创造的增加值的汇总。它的基础数据主要来自企业、农户、个体经营者等生产单位。因为小企业和个体经营户、农户的数量太多了，不可能做到一家一家进行统计，所以对于小企业和个体经营者的统计，通常是通过典型调查的方法，对采集的数据进行推算，再和统计得到的企业数据进行汇总来核算GDP。我们的GDP统计历年来做了不少改进，其中经济普查是一个非常重要的方面。因为很多报上来的数据可能会产生偏差，每隔一定的时间，在全国范围进行一次涵盖所有生产单位的经济普查，由此取得的数据相对来说真实程度比较高，比较可信。

过去两次经济普查以后，都对GDP数据做了调整。第一次经济普查有一个重大的调整，就是把GDP上调了17%，这主要涉及第三产业也就是服务业。过去我们的统计对服务业遗漏比较多，通过经济普查补充了这方面的数据，所以做了一次性的调整。调整以后，还要对以前年份的数据根据普查的情况再进行调整，追溯到以前若干年。

最近，国家统计局开始实行全国90万家企业统计数据的网络直报，这是一个比较重要的措施。通过网络直报的方法，可以使企业的数据直达国家统计局，不再需要一级一级上报，这就避免了中间过程可能产生的数据误差和损失。所以总的来说，GDP数据的统计还是在不断改进的，基本上还是一个比较可信的数据。但是，仍然存在着一些问题。

一是表现在全国每年GDP增长率和全国31个省市自治区统计的GDP增长率不一致。每年地方统计的GDP增长率基本上都比全国增长率平均水平要高出2~3个百分点。这是一个比较突出的问题。

表1　2008—2012年全国和各省GDP增长率

指标	2008年	2009年	2010年	2011年	2012年
各省平均增长率（%）	12.3	11.9	13.5	12.5	11.0
全国GDP增长率（%）	9.6	9.2	10.4	9.3	7.7
差额（个百分点）	2.7	2.7	3.1	3.2	3.3

2008—2012年，如果我们把各省的经济增长率简单平均一下，把得到的结果和全国GDP增长率来加以比较，可以看到每年相差大约在3个百分点左右。各省的增长率一般都高，有些年份甚至是所有省份的增长率都高于全国的增长率。这个现象是怎么造成的？一个是一些地方政府

倾向于夸大自己的政绩，因此干预统计工作，尽量报高不报低。这个现象各级都有发生，特别是在基层单位就更突出。比如每个县都有统计局，他们对本县经济状况统计得出的初步结果，通常要上报给县委县政府。县里主要领导可能会说，你们的数据是不是统计得太低了？为什么我们的增长率这么低？邻近的那个县怎么就比我们高？你们是不是再重新算一算。这样一来，重新计算的结果通常就把 GDP 算上去了。

为了解决这个问题，国家统计局采取了一些措施，在每年 GDP 统计过程当中，要做所谓“挤水分”的工作。要通过数据分析发现一些不实的、虚假的成分，把这部分剔除，如此一来就会导致全国统计的 GDP 数据低于各省的统计。这项工作只做到全国统计，国家统计局现在还不能够直接去修改各省的数据，所以就造成了数据的差别。各地统计局在行政上隶属于地方政府，不是直接隶属于国家统计局。地方统计局行政上受地方政府领导，和国家统计局之间只是上下级的业务指导关系，所以这个数据问题和行政管理体制有关系。

全国和地方的数据到底哪一个更准确一些？在我看来，全国的更准确一些，也就是挤过水分的数据更准确一些。但是也不排除这样一种情况，我们现在的统计仍然存在一些遗漏。刚才我说了过去曾经通过经济普查对服务业的遗漏有过重大的修正。尽管如此，现在是不是仍然有遗漏？我认为不排除这种情况。因为存在遗漏，数据就有可能在某种程度上低估了，而有些地方政府又倾向于高估统计数据，这两种情况在某些场合下可能起到某种互相抵消的作用。

国家统计局在上一次对 GDP 的数据做重大修正以前，如果把修正以前的各地方统计的 GDP 加总，再来和修正以后的全国数据比较，两者在总量上倒是比较接近，而修正以前的全国统计数据显得偏低，这是因为统计遗漏造成的。现在是不是仍然存在这种情况？我认为不排除一定程度的统计遗漏。但总的来看，全国的 GDP 统计准确性还是高于各地的统计。这种情况和地方政府的政绩追求动机有关，和地方政府的政绩观也有关。李克强总理在辽宁省担任省委书记的时候，有人问他有关 GDP 的统计，他曾经讲 GDP 是一个人造的数据，他更相信一些实物数据，比如说发电量、货运量等。后来就有人把这几个指标叫李克强指数。这样说也未必准确，但是在实物数据和综合性的 GDP 数据之间，确实存在着一个很密切的相互关系。有的时候我们通过对实物数据的分析判断经济形势，可能要更准确一些。

1992 年和 1993 年我国经济出现过热，然后采取了从紧的宏观政策，这个政策持续了几年，到 1997 年已经开始出现经济下滑的趋势。比如 1997 年的电力消费增长率下降到了 4.8%。通常年份电力消费的增长和工业产出的增长，与 GDP 的增长具有比较强的因果关系，因为你要生产就要耗电。由于效率提高、节能减排等原因，我们的经济增长率可能会高于电力的增长率，但不会差太多。1997 年电力消费增长率降到 4.8%，铁路货运增长率下降到 0.7%，说明经济增长出现了显著放缓趋势，但是当年报告的经济增长率是 9.3%，继续保持着高水平。由于各项数据都很好，仍然保持高增长低膨胀，说明现行政策不用做大的调整。结果使我们的决策层错失了在亚洲金融危机的冲击到来之前提早调整宏观政策的机会。

1998 年，时任国务院总理朱镕基提出经济增长目标是 8%。这一年电力只增长了 2.8%，铁路货运量降到了负 4.6%，说明经济是在下滑。但事后公布的统计结果，当年的经济增长率是 7.8%，仍然是比较高的增长速度，和政府提出来的 8% 的增长目标只相差了 0.2%。这种情况在我看来是不真实的，根据当时电力、铁路货运和主要工业品实物量的增长等一些数据来推算，恐怕得不出 7.8% 这样一个增长率。如果要进行估算的话，在 3% ~4% 比较可信。说明国家统计局 1997—1998 年的数据在某种程度上是不真实的。2002 年朱镕基总理视察国家统计局，留下了四个字的题词叫“不出假数”，这说明当时的领导人也意识到了统计容易出现不真实的问题，而且这种不真实对宏观政策和整个经济的发展是不利的，有时会造成相当严重的结果。

在以后的年份里，这种情况变得相对好一些，但在某些年份也出现过类似的问题，只是程度上没有差那么多。举例讲，2008—2009 年全球金融危机，从 2008 年第四季度到 2009 年出口大幅度下滑，对我们的出口产业是一个非常重的打击。2007 年电力消费增长率是 14.4%，2008 年降到 5.6%；2007 年铁路货运量的增长率是 9%，2008 年降到 5.1%，2009 年是 0.9%。电力和货运是和经济增长关系最直接的两个指标，虽然两者增长率都出现了大幅度下滑，但 2008 年的经济增长率仍然保持在 9.6%，2009 年是 9.2%。在我看来这两年的数据也是偏高的，不太真实。

我们发现，分析增长数据似乎存在这样一个规律：当经济过热的时候，实物增长率通常非常高，而 GDP 增长率的上升相对缓和；在经济不景气的时候，一些实物数据增长率有大幅度下降，而 GDP 的增长率下降的幅度相对比较小。让人感觉我们的统计部门在统计的时候，似乎是做了某种平滑处理，上涨的时候往下修一修，下跌的时候往上修一修，这个处理方式是有益还是无益的呢？我看是无益的。当数据出现大幅度跳动的时候，我们的统计分析人员有时候可能确实很难判断究竟是数据误差，还是实际情况真的发生了大幅度变动，于是在某些情况下可能会把它当做数据误差来进行修正。但是不排除有另外一个可能性，我们统计部门的工作人员也面临行政上的压力。

1998 年朱镕基总理提出的目标是 8%，如果当年统计出来增长率是 3% 或 4% 会很难看。国家统计局一直在对统计数据做“挤水分”的工作，挤的时候就存在一些人为因素的空间，有的时候多挤一点，有的时候少挤一点。这就可能导致前面说的结果。如果存在这种情况，领导人当时可能会高兴一点，统计部门的压力也会轻一点，但对经济决策是很不利的。在数据不真实的情况下，政府领导人容易做出不正确的决策，而这种不正确的决策容易导致国民经济本身蒙受损失。当然，我们不能把板子都打在统计部门身上，根本原因是某些领导人存在过度追求 GDP 发展的政绩观，这就跟我们的政绩指标、考核体系有关。如果考核的东西都和 GDP 有关，事实上就是在鼓励各级政府追求 GDP，有时候甚至是不惜手段，用不正确的手段来虚报数据等。

我们一直在讲政府职能转变，各级政府的政绩考核也做了很多改变，虽然 GDP 已经不是唯一的考核指标，但是很多考核指标仍然和 GDP 有密切的联系。比如说要看投资，看城市化率，看就业的情况，多看一些指标应该说有所改进，但是这些指标有很多和 GDP 有关，投资是直接和 GDP 相关的，城市化率的存量很难一下子改变，每年城市化率提高多少也是和经济增长相关的一个指标。还有短期的就业也同 GDP 相关。所以现在地方政府的激励机制仍然没有根本改变，还需要付出很大的努力。

二、关于工业增加值的统计

在统计里面有两个不同的工业增加值指标。工业统计中有工业增加值，GDP 核算也有工业增加值，前者增长率通常比后者高 2 ~ 3 个百分点。原因在哪？在我看来恐怕还是一个挤不挤水分的问题。工业统计中的工业增加值增长率，基本上是从地方各级取得数据的汇总，而 GDP 中的工业增加值这部分，它的增长率是经过了所谓“挤水分”，因此就造成了两个指标的差别。

表 2　2007—2013 年工业增加值

工业增加值 \ 年份	2007	2008	2009	2010	2011	2012	2013
GDP 核算数（%）	14.9	9.9	8.7	12.1	10.4	7.7	7.8
工业统计数（%）	18.5	12.9	11.0	15.7	13.9	10.0	9.7
差额（百分点）	3.6	3.0	2.3	3.6	3.5	2.3	1.9

从表 2 可以看到，2007—2013 年 GDP 核算数中的工业增加值增长率，比工业统计的工业增加值增长率要低 2 ~ 3 个百分点。2007 年按照 GDP 核算，工业增加值增长了 14.9%，按照工业统计数增加了 18.5%，相差明显。现在来看两者的差别小了一些，2013 年 GDP 核算工业增加值增长率是 7.8%，工业统计增加值增长率是 9.7%，但两者之间还是有明显差别的。相比较而言，我还是更相信 GDP 核算的工业增长率。

三、关于就业率的统计

关于就业统计指标的理解，经常出现一些问题，比如统计中有一个指标叫“城镇单位就业人数”，还有一个指标是“城镇就业人数”，这两个指标之间有非常大的差别。包括有些经济学家在内也不太懂得这个差别，有时候这两个指标混用，用城镇单位就业人数来代替城镇就业人数，这样的用法是错误的。

表 3　就业率统计

指标	人数（万人）
城镇就业人数	37102
城镇单位就业人数	15236
城镇私营企业和个体就业人数	13200
差额	8666

2012年城镇就业人数37102万人，城镇单位就业人数只有15236万人，连前者的一半都不到。差别在哪呢？第一，城镇单位就业人数没有包括私营企业。第二，所有的个体经营者也都没有包括在内，还有其他小的统计口径的区别，因此造成了这么大的一个差别。如果把2012年城镇私营企业就业和个体就业加在一起是1.3亿人，和单位就业人数合并是2.8亿人，和城镇就业人数的3.7亿人还差了8000多万人。根据统计指标的解释，其中可能存在几方面的问题。一个是城镇单位就业人数不包括下岗和离岗人员，不包括业余打工的学生、实习生，不包括企业通过劳务外包使用的人员，剩下8000万人的差额有一部分可能是这样的。是不是能够全部解释这8000多万人的差别，我还有一点疑问，我感觉城镇单位就业人数的统计可能存在偏低的情况。

城镇就业人数这个统计相对来说比较好，因为它和历次的人口普查是衔接的。通过人口普查，能够全面了解城乡人口和就业的情况，这个普查数据通常会反映在城镇就业人数统计数据里。当普查结果和历年的常规统计不一致的时候，统计局通常要重新调整。总的来说，城镇就业人数这个数比较可信，但是仍然不排除偏低的可能。为什么说偏低？这里有几种原因，主要原因是流动人口。国家现在统计的城镇常住人口，是指在城镇居住半年以上的人口。就业统计也应该和这个指标相衔接，就业半年以上也应该被统计在城镇就业人数里面。

但是，这个统计即便是在人口普查过程中也有可能存在遗漏。比如人口普查是按照街道、按照区域、挨家挨户进行的，理论上是每家每户都要走到。但是有很多农民工住在临时性的工棚里，也没有门牌号码，普查的时候会不会遗漏？如果遗漏了一处建筑工地的工棚，就可能漏掉了几百人，甚至更多。还有一些农民工没有正式居住场所，住在打工的餐馆里，住在地下室里，还有的住在仓库里，这些都不是正式的居住场所，所以普查时都有可能被遗漏。再加上农民工的流动性比较高，如果找不着本人，就很难搞清楚这个人到底是不是常住人口。这些情况，都有可能造成在人口普查的过程中发生遗漏。我们也做过一些推算，认为确实存在一部分遗漏。

由于人口普查可能对流动人口和流动的就业人员产生遗漏，因此我们现在的城市化率是不是很准确？可能要打一个问号。我们做了一个推算，根据国家统计局对农民工的监测数据和经济普查数据进行对比，发现经济普查比农民工监测数据还少了一些。监测数据专门针对农民工，收集信息比较详细，因此应该比普查数据中的这部分数据更准确。2012年城镇就业按照目前统计是37102万人，如果把这个因素考虑进去做一个修正，进行计算得出的结果是，在3.7亿人之上还要再增加4000多万人，接近4.2亿人。相应的农村就业人员要减少3000多万人。城市化率有可能比官方公布的数据还要高2~3个百分点，2012年应超过55%。

四、关于居民收入的统计

居民收入是大家关心的问题，在这方面争议也比较多。现在的统计中就存在两套不同的居民收入数据，一个是国家统计局的城乡住户调查数据。最近国家统计局做了一项工作，把城乡两个调查合并成一个调查，样本进一步扩大了，这是一个很好的改进。如果我们看历年城乡住户调查数据，再根据住户调查数据推算居民收入，以2011年为例，推算的结果全国居民可支配收入19.6万亿元。国家统计局还有另外一个数据，是资金流量表数据，它提供的居民可支配收入是28.6万亿元，这两个指标差了9万亿元，差别相当大。

这是什么原因？可以说，其中有一部分是统计口径的差别。我们在进行住户调查的时候，居民收入和支出都是按照现金收入、现金支出进行调查。而在资金流量表数据里，它的核算是你虽然住自己的房子，既没有房租收入也没有房租支出，但这和你租住别人的房子统计不一样，因此在统计上把这块要加进去。根据统计理论，要把它计算作你的虚拟租金收入，这个收入是你付给你自己的。现在虚拟租金收入计算是偏低的，这个计算虽然会导致两个数据之间有一定程度的差别，但不会那么大。

至于为什么会有这么大的统计差别，主要的原因还是调查遗漏。比如说，住户调查对居民收入有重大的遗漏，原因有两个。一个原因是通过随机抽样形成用户调查样本。比如抽到某个区、某个街道的某个门牌号码的那一户，你要求他参加调查，作为国家统计局固定的观测样本。这户人家愿意做或者不愿意做？通常很多高收入居民不愿意做。你就得再另外找一户，如果碰到拒访还要另外再换样本，最后换到有人愿意做了，他的收入水平和前面的拒访者收入水平一样吗？很可能不一样。这种情况也比较多。中等收入和低收入居民拒访率比较低，因为他的收入很简单，主要就是工资收入。而高收入居民收入来源很多，其中可能有他自己认为比较敏感的收入。即便来源都合法，也不一定愿意讲。这种情况就会造成样本中间遗漏相当一部分高收入居民。第二个原因是有些居民同意调查，但填表的时候一年 50 万元的收入只报了 10 万元、20 万元，这种情况也是存在的，而且发生率相当高。出现这种情况通常没有办法再去核查，你只有相信他报的数据。造成的结果就是，取得的高收入居民数据，明显低于真实的情况。

这里涉及一个重要的问题就是灰色收入问题。灰色收入问题也是我过去几年的研究课题。我发现我们的统计数据在居民收入方面反映的情况不够真实，没有反映出实际的居民收入，特别是高收入群体。所以几年来我们在全国各省市区的 60 多个大中小城市，做了三次城镇居民的抽样调查。我们采用不同的调查方法，尽可能做到数据比较真实可靠，在这个基础上再来进行模型推算，推算我们国家实际的居民收入到底有多少。

刚才说到 2011 年有两个数字。一个是城乡住户调查数据，全国居民收入 19. 6 万亿元；一个是资金流量表数据，全国 28. 6 万亿元。我们在调查的基础上经过数据分析和模型推算，得到的结果是 34. 7 万亿元，比住户调查数据高了 15. 1 万亿元，比资金流量表数据高 6. 2 万亿元。这几次调查都有报告，在报告里我把高于资金流量表数据的 6. 2 万亿元称为灰色收入。因为资金流量表数据来自经济普查，覆盖是全面的。如果有一部分收入没有被资金流量表数据包括，它的来源就是不清楚的，不知道它到底从哪里来，也不知道到底是不是合法收入，我们把这种情况称为灰色收入，它的来源和是否合法不能界定。我们的分析结果说明，这部分灰色收入，加上住户调查数据的统计遗漏和误差，主要都集中在高收入居民。

图 1 是 2005 年所做的推算结果。城镇居民由国家统计局，分为最低收入、较低收入、中下收入、中等收入、中上收入、较高收入和最高收入 7 组。中间 3 组每组占 20%，两头的 4 组各占 10%。按这样的分类方式对居民收入做重新推算，可以发现差别最大的是右边的最高收入组，人均收入推算结果大约是统计结果的 3 倍以上，而其他组相差不太大。

图 2 中 2008 年的结果基本上一样，最高收入这一组相差了 3 倍左右。图 3 中 2011 年的结果还是基本上一样，最高收入这一组推算结果是人均年收入 18. 8 万元，而统计数据只有 5. 8 万元。

图1　2005年城镇居民收入水平

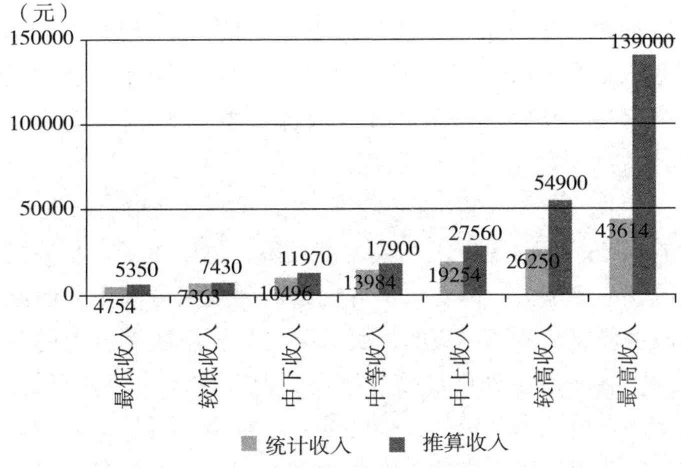

图2　2008年城镇居民收入水平

如果城镇居民中10%的最高收入居民，人均年收入只有5.8万元，会不会有那么多人买房子？会不会有那么多人买汽车？会不会有那么多人出国旅游？会不会有那么多人在国外市场上大量购买奢侈品？如果按照现在最高收入居民可支配收入的统计，这些情况恐怕都不会发生，房价也不会不断上涨，因为没有人买得起这么贵的房子。事实说明，高收入居民的真实收入远远高于统计数据。

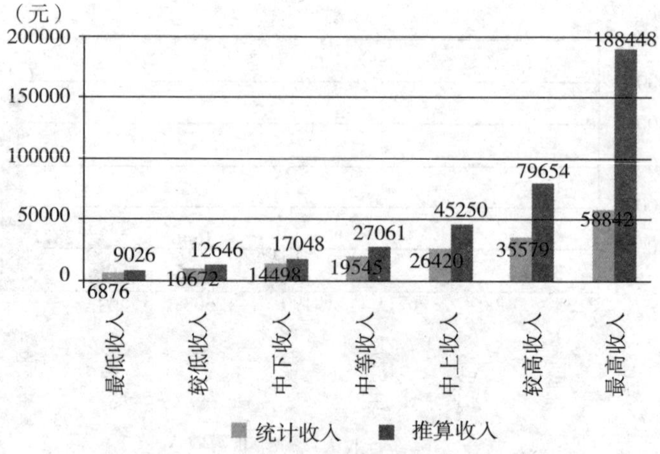

图 3　2011 年城镇居民收入水平

图 1、图 2 和图 3 表现的是推算结果和统计数据的差别，低收入居民得到的推算结果和统计结果是比较接近的。按照统计调查，2011 年城镇 10% 最高收入居民和 10% 最低收入居民，家庭人均收入之比是 8.6 倍，不到 9 倍，而按照推算结果来计算，两者相差 20.9 倍。实际收入差距要远大于统计数据所显示的收入差距。

这么大的收入差距问题出在哪？首要的问题就是腐败和收入分配不公，这是最大的问题。我们现在正在大力度反腐，也取得了初步的成效，希望这种情况能够继续下去。但要根本解决腐败和收入分配不公的问题，不是单纯靠行政手段反腐就能解决的，更重要的是要解决制度上的问题。比如政府的管理体制如何做到更加公开透明，财政体制如何做到更加规范化，更加管理有序，更加公开透明，能够受到全社会老百姓的监督，让老百姓有发言权、监督权。我认为这是财政体制改革的一大任务。只有解决这些制度方面的问题，才能从根本上杜绝腐败、收入分配不公等问题。

五、关于居民消费的统计

关于居民消费的统计也存在一些争议。比如 2012 年按照我们的支出法核算，居民消费 26.2 万亿元，占 GDP 的比重是 36%。有学者和商界人士质疑这个数太低了，说居民消费不可能就这么少，应该更多，他们也举出了很多例子，比如奢侈品消费。这些质疑我认为有一定程度上的合理性，但要区分两个情况。

一是居民消费总额是不是被低估了？我觉得有可能偏低。刚才说到的居民收入统计，即使按资金流量表数据，根据我们的推算也还是低估的。所以居民消费相应也会有一定程度的低估。

二是消费率是不是被低估了？居民消费现在占 GDP 的比重是 36%，这个 36% 是高估还是低估呢？有些人推论说居民消费被低估了，消费率肯定也被低估了，应该是 40% 或者是 50%。我不同意这种说法，原因是当居民消费被低估的时候，居民储蓄也被低估，遗漏的程度有可能更大。我们很多高收入居民的消费率通常低于中低收入居民，他的储蓄率更高。高额收入中有相当一部分是拿来储蓄和投资的。经济学讲的储蓄，并不只是包括银行存款，所有用于投资的支出都是你的储蓄。

高收入居民的储蓄率要远高于中低收入居民，消费率要低于中低收入居民。如果它的收入统计低了，遗漏掉的既包括消费也包括储蓄，而且储蓄被遗漏的成分更多，这是我们在调查中发现的情况。因此在我看来，居民消费总量统计上可能有一定程度低估，但是居民消费率并没有被低估，甚至有可能实际的居民消费率比现在的统计数据还要低，原因就在于有更大的一块是居民储蓄的遗漏。

六、关于消费价格指数（CPI）的统计

经常听到一些老百姓说 CPI 统计得太低了，他们实际感受到的通胀率，比公布的 CPI 要高。为什么会有这个差别？有几个不同的原因可以来解释。

第一个原因，在 CPI 的构成中，上涨最快的部分是食品价格，而工业品价格上涨慢、不上涨甚至是下降。中低收入居民对食品价格更敏感，因为他们的收入总量低，用于食品支出的比重会更高。这个比重叫恩格尔系数，恩格尔系数越高说明收入水平越低。低收入居民的收入大部分都用来买吃的了，他们的恩格尔系数就高。当收入水平高了，除了用于食品开支，还可以有大量的收入用于文化娱乐、旅游和各种其他消费，所以恩格尔系数就会下降。在这种情况下，只有低收入群体对食品价格更敏感，食品价格上涨比其他的幅度要大，低收入居民感受到的通货膨胀的压力就会比公

布的CPI更大。因为CPI是一个综合的指标，它包括各类消费品。

第二个原因，很多老百姓觉得房价是一个非常沉重的负担，房价在不断涨，越看越买不起。房价涨这么快，但CPI好像没有反映出来。实际上房价并不包括在CPI里面。有人批评统计局，说你不包括房价不对，这个有点冤枉了，因为按照国际统计惯例，房价是不包括在CPI里面的。在国际统计体系中间，是把居民买房子作为投资行为，而不是消费行为，所以在统计消费品价格的时候不统计在CPI。感受到房价的压力，但是CPI并不反映这个情况。当然，这不等于说可以不统计房价，房价应另外统计。

第三个原因，存在某些统计困难。CPI统计也是一个比较复杂的事情。谁也不可能把全国万亿种消费品的价格变动全都统计出来，所以只能统计有代表性的一些大宗消费品。统计局可能选择其中的几百种做代表，其中有吃的、穿的、用的各类消费品都有。但是统计的时候还是会面临困难。当我们在统计CPI的时候，要算的是今年的价格比上年上涨了多少，如果某种新产品是今年才出来的，就没法计算它比上年上涨多少。所以要统计的商品，必须是持续的和稳定的，上年有，今年有，明年还会有，比如大米、白菜等商品就容易统计，也能算得出来它比上年价格上涨了多少。但是一款新牌子手机，今年刚刚出来，上年没有，就没法算。

这样就会导致统计上的困难。大宗的、稳定的商品，一般来说涨价慢，但新的产品，比如新牌子的手机比旧牌子贵，有它的道理，因为新牌子手机功能更多，样式也更漂亮了。新牌子的电视也是一样，所以你需要花更多的钱。但有的时候，只是样子变了，功能相差不多。这种情况在CPI统计里面没有办法区分，因为不完全是同一种产品，就不可比。这种情况也会使大家觉得物价要比公布的CPI高。

七、关于固定资产投资和固定资本形成的统计

这样两个指标看起来很像，但有统计口径的差别。主要是固定资本形成的统计，不包括投资中的土地价值，这是最主要的一个差别。比如说一个投资项目，先要买地，然后在地上盖房子，花的所有的钱都要计算在固定资本投资里。但固定资本形成统计，需要剔除投资中的土地价值。在理论上讲这是有道理的，固定资本形成算的是新形成的价值，而

土地是原来就存在，它不是新形成的。

但是这里面会造成一个重大的差别，地价天天在涨，像北京这样的城市地价非常贵，固定资本投资中有大笔的钱花在这里面，而固定资本形成却不计算这部分。我们把 GDP 做一个拆分，其中一部分是消费，一部分是固定资本形成，还有一部分是净出口。这里面土地价值没有算。虽然在理论上有道理，但是原来的土地没有那么贵，不值这么多钱，现在土地价值高了，增值的这部分怎么算？

如果是个别交易过程，可以把土地增值看成随机波动，把它忽略掉。但在我们国家城市化快速推进的大背景之下，这里面就可能会有问题。城市地价在上涨，反映的是整个城市经济的发展变化。随着城市经济的发展，从宏观经济的角度来看，会产生溢出效应，体现在土地价值上。在某种程度上，至少其中的一部分在我看来应该被认为是新形成的价值，因为土地生产率提高了。在经济学里迄今为止还没有解决这个问题，经济学仍然沿袭原来的传统，土地既然是原来就存在的，土地价值就不算在新形成的价值里。这是统计里的一个问题，不只是我们没有解决，全世界都没有解决这个问题。

这两个统计指标的差别，还不限于刚才这个因素，还有其他因素。2012 年全国固定资本投资总额是 37. 5 万亿元，固定资本形成总额只有 24. 2 万亿元，固定资本形成占固定资产投资的比重只有 65%，两者相差 13. 3 万亿元。能不能都看成土地价值的差别？我认为不能。因为当年的全部土地出让收入，我的印象里是不到 3 万亿元。这显然解释不了 13 万亿元的差别。这部分差别发生在哪？某种程度上也涉及统计水分的问题。各级政府在做投资统计的时候，也存在一个想要表现政绩的问题，就高不就低，尽可能说多一点，让工作成绩更显著一点。国家统计局在做 GDP 核算的时候，也需要对这些数据进行分析和过滤，剔除掉他认为不可靠的部分，这恐怕也是导致两个数据差别大的原因。

八、关于房价的统计

图 4 是从搜狐网上下载的。图 4 中的房价统计用了中原地产北京、上海、广州三个城市的二手房价统计。2007—2011 年，这三个城市的二手房价按照中原地产的统计，涨到原来的 220% ~280% 左右，涨幅是

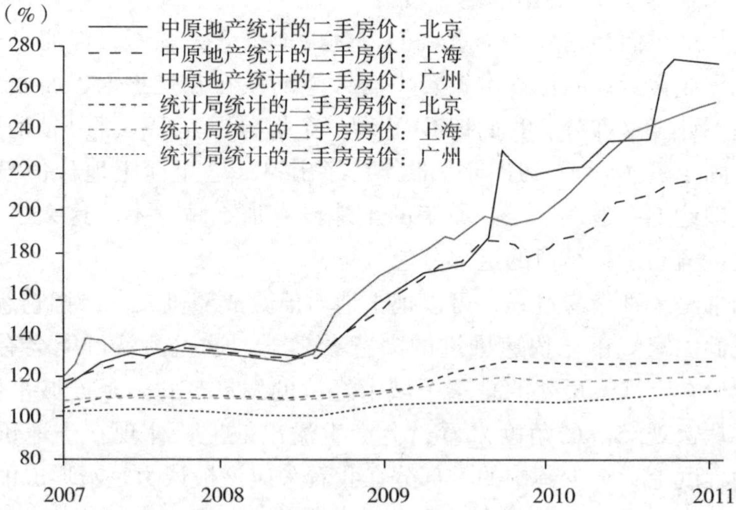

图 4　二手房价统计数据

120%～180%。但是根据统计局二手房价的统计，这三个城市的房价涨幅只有 20% 左右，差得有点太远了。不能说中原地产的统计一定就准确，但是和大家的感受相差不多，而 20% 恐怕是不能让人信服的。我想这方面的统计亟待改进。

前面我谈到的这些统计问题，有的涉及我们对统计指标的理解，有的涉及统计指标的复杂性，还有的涉及统计指标和政府政绩观之间的问题。因为统计工作很专业，很复杂，对有些统计指标我们不太理解，容易发生误解，这种情况容易存在。我们的统计工作本身也很困难，因为 13 亿人口这么大的一个国家，你要把方方面面的情况和数据都搞得那么准确，实在是很困难的事情。

同时，统计工作面临最大的压力还是来自各级政府，常常会涉及政绩问题，这种情况对统计影响比较大。这是我们现在行政管理体制存在的问题，也恰恰是我们改革需要解决的问题。如何端正政府的政绩观，纠正政府的这套激励机制，让它把劲用在该用的地方，用在为老百姓提供服务，而不要一味地追求 GDP，更不要去追求虚假的 GDP。这是改革政府管理体制和转变政府职能的关键。

对统计部门来讲，需要秉承一个基本的原则，那就是客观、中立、唯实，这也算是我的希望。

姚　洋
论坛特邀专家
北京大学国家发展研究院院长

贤能体制与中国经济发展

Chinese Economists 50Forum

Chinese Economists 50Forum

姚洋简历

江西新干人，1964 年生于西安。1986 年毕业于北京大学地理系本科；1989 年毕业于北京大学管理科学中心，获经济学硕士学位；1996 年毕业于美国威斯康星大学农业与应用经济学系，获发展经济学博士学位。

现为北京大学国家发展研究院院长，中国经济研究中心教授、主任，北京大学社会科学学部委员，同时担任《经济学季刊》主编，《*Agricultural Economics*》副主编，《*World Development*》副主编以及《世界经济文汇》、《*China Economic Journal*》和《*Journal of Rural Cooperatives*》学术委员会成员。

主要研究领域包括中国制度转型、开放条件下的中国经济增长以及农村发展。在国内外发表学术论文数十篇，著有《制度与效率——和诺斯对话》和《作为制度创新的经济改革》（中英文版），并与他人合著《制度经济学三人谈》《我们的时代》《Ownership Transformation in China》《CSR and Competitiveness in China》等著作，出版文集《自由、公正和制度变迁》《土地、制度和农业发展》《中国道路的世界意义》和《穿行于书斋和现实之间》，主编《转轨中国——转型时期的社会公正和平等》《Globalization and Economic Growth in China》（与他人合编）和《China's Economic Reform and Growth》（与他人合编）等；在《读书》和《南方周末》等杂志和报纸发表数十篇通俗性文章和评论，并在《Foreign Affairs》和《Financial Times》等英文杂志和报纸上发表过文章。

获 2009 年孙冶方经济科学奖、第一届和第二届浦山国际经济学奖（2008 年、2010 年）、第二届张培刚发展经济学奖（2008 年）。被评为 2006 年北京大学十佳教师、《南方人物周刊》2008 年青年领袖。

期　　目：总第 255 期
演讲时间：2014 年 5 月 22 日

我今天要给大家讲的是"贤能体制与中国经济发展"。我曾经在别的地方讲这个话题，有人提出来说，"贤能体制"好像有一定的表彰政府的意思，他们提议是不是用一个更加中性的词，所以我在用英文生造了一个词 Selectocracy，翻译成中文叫"选拔制"，这个似乎更贴切一些。

我分四个部分内容来讲。第一个是从纯粹学术的角度和民主做一个对比，如何认识中国当前的体制。我最近和学生写了两篇文章，作为中间这两部分，大体上把两篇文章的内容介绍一下。最后讲一下我们的体制存在的一些问题和矛盾，及下一步怎么去改这个体制。

一、选拔制和民主制的比较

这个问题好像是政治学家关注的问题，但经济学界这个问题也非常重要。如果观察一下第二次世界大战后的世界经济发展，我们发现成功的经济体是极少数的。世行公布的全世界大概 200 多个国家和地区，真正的高收入国家大概是 50 个左右，也就是说绝大多数还是中低收入的国家和地区。"战后"实现从一个穷国到一个富国转变的经济体有多少呢？我们的计算只有 11 个。我们用的标准，是达到美国人均收入的 45% 就算高收入国家，能达到这条线的国家只有 40 多个。全世界绝大多数国家要比美国穷得多，这说明经济赶超是一个小概率事件，大概只有 5% 左右的概率。我们也研究了所谓的中等收入陷阱的决定因素，或者说摆脱中等收入陷阱需要做些什么，最后发现和托尔斯泰在《安娜 · 卡列琳娜》这本小说的开篇说的一样："所有幸福的家庭都是一样的，所有不幸的家庭都有各自的不幸"。幸福的家庭就是这些赶超的经济体，有很多相同的地方，只有满足了这些相同的条件才会有经济的增长。相反就不会有经济的增长，甚至满足了这些条件也未必有经济增长。不幸的国家有各种各样的不幸，有各种各样的原因。经济赶超从这个意思上讲是非常困难的。到目前为止，中国的情况极其像这些发生赶超的经济体，我们现在的指标和赶超经济体的指标基本上是一致的。我们现在和韩国差距大概是二十七八年，几乎所有的经济度量都相当于韩国 20 世纪 80 年代中期水平。所以，我认为有理由相信，我们也可以避免中等收入陷阱，在不远的将来成为一个高收入国家。这里所说的高收入定义，是达到美国人均收入的45%。要达到美国的人均收入水平是非常困难的，没有几个国家的真实收入能达到美国的水平。也有很多国家名义收入超过美国，比如新加坡已经超过美国，但真实的收入还是没有美国高，因为新加坡的物价太贵了。

所以我们需要一个解释，中国到底在哪些地方和哪些事情上做对了？这是我们要问的问题。我们在经济上几乎都做对了，不用再去解释。但是，我们需要给出一个政治经济学的解释，回答为什么我们几乎都做对了。谈发展不谈政治经济学是没有多大意义的，我这里算是一个尝试，从政治经济学的角度给中国经济增长一个解释。我以前用“贤能体制”这个词，有人觉得我在表扬政府，希望大家不要给它戴上一个道德色彩的帽子，学术就是学术，我的观点纯粹是学术性的，和价值判断无关。

我们这个体制到底是一个什么体制？老外说是一党专政，但是我们这种威权体制和其他的威权体制有很大的不同。我们不是曾经在历史上发生过的，或者在别的国家仍能看到的那种个人独裁，肯定不是。我们也不是中东的那种威权体制，也不是拉美曾经发生的威权体制。东亚的威权体制有自己的特点，共同的地方是高度的制度化。我们的体制也是高度的制度化。虽然是共产党一党领导，但是还有很多制度对党的行为进行约束，包括对党的高级干部的约束。另外，中国也有很多民主的因素。我研究过农村的选举问题。有人说农村的基层选举根本就没有意义，都是走过场。我是经济学家，相信数字，我们收集了全国（除西藏和新疆）二十多年来有代表性的250多个村子的数据，看的结果是农村实行选举是有用的，对村干部、对改善农村的公共品投入、对村级的财政支出都有约束。在城市里，我们也有很多民主的因素，我有一篇文章写了这方面的问题。

中国是一个混合体。还有一种说法，说这种制度是一种以行政为主导的独裁体制。一位印度裔政治学者甘地从纽约大学毕业，在自己的博士论文就问，为什么这些非民主体制国家还需要制度。她解释说，这是因为独裁者需要这些制度来笼络人心，比如说谁支持我，我就让他进入议会，或者给他好处让他来支持我。用这种方式来理解中国的体制就太片面了。还有一种解释说政治家的目标和政客的目标是要政治生存，民主制度也好，非民主制度也好，大家的目标是一样的；我们应该从这方面理解政治，包括不同国家政客的行为，纯粹是为了政治生存。我不否认，你既然坐在这个位置上，当然要努力保证自己的生存。但这是不是唯一的目标呢？个人的取向是政治生存，但是，一定要推广到非民主国家的制度安排也是为了政客们的政治生存，这个就有问题了。如果这样的话，是不是也可以说，民主制度也是为了政客政治生存才造出来的？人在这方面的动机很复杂，哪怕在非民主制度里面也一样。

回到 1949 年，当时的领导者在设计制度和想象中国未来的时候，很难否定他们是为了创造一个更加美好的中国，绝对不会建造这些制度只是为了保证他们自己的政治位置。我们作为学者的任务是，要解释这些政治家或者政客们的行为，什么时候是和社会的追求是一致的，或者是能实现制度所要求他做的事情。西方理解中国之难，就难在这里。西方认为中国这些制度全是为了某些人的生存而建立的，我觉得这种看法是有问题的。我们应该把这个制度说清楚，然后告诉世界说我们这个制度是怎么工作的，两者并没有多大的差别。在中国学术界我非常敬重汪晖的学问，他是有追求的人，作为中国当代的知识分子，他试图把中国的东西呈现给世界，在努力尽到自己的一份责任。

共产党的合法性来自于服务大众，要搞经济建设，要给大众不断地提供好处，所以有强大的激励效应。我们有很多法律制度，不都是为了共产党执政，更不可能只是为了少数人坐在那个位置上。我们的绝大多数法律的制定，是为了社会总体的进步和秩序。其实，中国共产党在某种意义上，并不是我们通常所说的那种政党，我们有 8000 万党员，每个人的想法可能都不一样。如果我们还用通常的政党的概念来想象，我们就得不出来正确结论。

二、中性政府

Disinterested Governments，翻译成中文是“中性政府”。这个词在中文和英文里都有一些歧义。别人因此经常批评我。我说，那你们给我一个词，他们也想不出来，所以我还是接着用。什么叫“中性政府”？这里并不是说，政府或者政府官员没有自己的利益。政府是由官员组成的，官员都有自己的利益和目标追求。我这里说的“中性政府”是指当它面对社会的时候保持中性。社会上有很多利益集团，政府是不是选边站？

1927 年 4 月 12 号蒋介石发动“四一二”政变，叛变革命并开始清党，他这么做就是代表了他自己的阶级，代表了国民党内的右翼。蒋介石 1927 年掌权之后，很快就颁布了三个土地改革法案，但最后都没有实行下去。因为地主阶级是支持他的，他不可能把自己的阶级利益根源挖掉。从这个意义上说，蒋介石代表的是国民党的右翼，他打心眼里要保护这些人的利益。

有人说，过去我们的政府一会儿偏向这个群体一会儿偏向那个群体，政策是有偏向的。比如国企改革的时候，很多工人下岗利益受到了损害，怎么能说是中性的呢？我的意思是说，这并不是因为它想代表某些人的利益才那么干，而是有别的目标，只不过在当时只能这样做才会更好些。“中性政府”在分配资源的时候，不管你是谁，该出手时就出手，这就少了一点政治的羁绊，才容易关注长远的目标。我想说的是，在面对各种利益集团的时候，采取一种没有偏向的态度，才能放开手脚去做。

在过去三十多年里，中国共产党搞的就是中性政府。共产党能变成这样一个中性政府或者中性的执政者，首先有政治上的基础，是集体的领导，不担心有人来挑战权力，基本上和民粹的压力能保持一定的界限。我们这篇文章更想谈的是社会结构。

什么决定了经济的长期增长？有本书叫《为什么国家失败》，作者提出来制度最重要。我也承认制度是重要的，但是我们做一个思想实验。假设坐着时光机回到 20 世纪 50 年代，有一帮世界银行的人设计了完美的制度给一个非洲小国，这个小国能不能有很高的经济增长？多数人会说不太可能，所以光有制度是不行的。我个人认为可能人力资本更重要，或者说整个社会的发展更重要。为什么经济赶超发生在亚洲，或者说经济比较好的国家都在欧亚大陆？深究起来，欧亚大陆是产生人类文明的地方，当你的制度合适或者宽松，它们就自然发展起来了。社会结构可能会起到有利的作用。诺斯和温加斯特认为，英国光荣革命之后，国王的权力受到限制，他想发动战争去借款要经过议会同意，于是国王承诺还款就比较可信了。张雨燕老师有不同的解读，说产权保护在经济发展的早期不应该是中性，而应该是有偏向性的，光荣革命使新兴的商人阶层得到保护并且得势，因此经济上更强大了。带来先进生产力的这批人一定要掌权。中国明代和晚清时期为什么没有发生工业革命？虽然中国的商人阶层也是代表先进生产力，但是他们必须要拿到红顶成为朝廷赐封的官员，要用官帽保护自己，皇帝没有真正保护他们的财产，还时不时要敲诈他们一笔。所以在这种情况下中国的工业革命就没有发展起来。这是反面的例子。

另外一个例子是智利。皮诺切特统治智利十七年，他邀请在国外留学的一帮年轻人，就是所谓的“芝加哥男孩”回到智利，帮助他搞新自由主义的经济政策，智利从20世纪80年代初到90年代末这段时间增长达到7%。这个和皮诺切特的统治有关系，他要让智利成为资本家的国度。虽然皮诺切特统治期间很残暴，有2000多人莫名其妙失踪，但是他非常支持资本家，而且也得到了很多中产阶级的支持，因为大家的生活水平确实改善了。

东亚的情况又是不同的。这里没有出现一个很强势的阶层。韩国社会一直很平等，中国也没有某个阶层拥有不可逾越的权力。在其他国家，政府不为强势阶层服务，它就会被推翻掉，拉美的政权就是这样来回倒腾。东亚政府的经济政策就更加灵活一些，因为没有大的政治羁绊。

政治权力可以推翻政府。你不同意政府的政策，就可以推翻政府。政府则可以跟另外一个群体结盟，最后是两个群体之间的争斗，再加上政府所谓的镇压能力。政府只关注群体的经济能力，而群体的政治权力不会影响它的决策。原因在于，当比较平等的时候，可以把经济转化成政治权力，但你去转化别人也会转化，最后会相互抵消掉，因此，均衡情况下谁也不会去投资政治，因为投资政治没有任何生产性。这样政府就会不去依赖任何组织，他的决策会更加倾向于搞长期经济建设。

前面假设两个群体的生产能力是一样的。如果假设两个组织或者两个群体生产能力不一样，则即使是在适应锥里，有一个群体也会在经济上越来越富有，那么，经济上弱势的群体的政治权力就会变得相对比较大，它就会得到政府的关注，因为如果政府不去关注他，不给他更多的好处，这个群体就可能会把政府推翻掉。在这种情况下，政府就变得有偏向了，它就会把一部分资源给这个政治上比较强势的集团，但是这未必对经济增长有好处。最后的模型显示，政府会在适应锥的边界上来回振荡。中国跟这个模型有点像，社会已经变得非常不平等了，高能力的群体财富不断积累，积累到一定程度老百姓就会起来反对，于是政府就要做点事，因此就产生这个振荡的过程。

三、如何选拔地方官员

中央领导人面临两个选择。第一是选择有能力的人，要选有能力的人出来做地方领导；第二是忠诚度也非常重要，一定要选忠诚度高的人上来。我们在写一个理论模型，也可以应用到大公司里面。大公司有很多层级，越到基层选拔可能越注重能力。这些人在底下不可能挑战你的权威，因此，选出来的人越有能力越好。但是，到了上层，忠诚就变得重要了，因为上层干部具有了决策权力，让不忠诚的人上来可能会动摇领导人的权威。

2005 年李洪彬老师和周黎安老师在一篇很有名的文章中发现，经济增长的表现在省部级干部的提拔上是有用的。经济增长率和周边的省、市相比，如果你能提高一个标准差，那么你升迁的概率就会增加 15%，这是相当高了。但是，其他人的研究发现，从省到中央的升迁更重要的是政治关联。

张牧扬是我的学生，在上海财大工作，花了很大的精力收集城市级别的数据，全是从网页和图书馆收集的资料，收集了 2000 多个城市领导人 1994—2010 年的数据。在这个数据中，我们还构造了连通样本。为什么要连通样本？这是因为，在通常的固定效应模型中，城市领导人对经济增长的贡献是没法分别出来的。连通样本足够大，可以来比较官员的能力。最大的连通样本是 175 个城市，将近 1200 个领导人，可以用来估计领导人的相对能力。我们估算出来领导人能力的分布，由此可以知道领导人的相对排名。我们第一个结论是，领导人是有用的，因为他们之间的能力差异很大，把最高的那个人换成能力最差的人，这个城市的经济表现就要变坏。第二个结论是，最高能力和最低能力相比，最高能力比最低能力的人升迁概率高 22% ~31%。在我们的样本里，从市升到省这一级的概率是 30%，也就是说最高能力和最低能力比，最高能力一定能升迁，最低能力的人一定不能升迁。

我们的研究可以解释一个“中国之谜”：为什么腐败没有阻碍中国的经济增长？当然这里有很多理论。比较流行的是说腐败是润滑剂，但我不相信这个理论。很多国家的腐败拿了钱也不做事，没有润滑剂的作用。我一开始说不幸的家庭有各自的不幸，菲律宾的不幸在哪里呢？菲律宾的不幸是社会结构太差了，基本上被精英家族所统治。在 20 世纪 60 年代菲律宾是发展中国家的明星。它的人均 GDP 是中国的五倍，但是现在它的人均 GDP 只是中国的二分之一。我到菲律宾访问，问菲律宾朋友为什么这么多年没有发展，而且差距还在拉大。菲律宾朋友说是因为腐败。我说中国也有腐败，为什么中国经济不断在增长。这位菲律宾朋友给我讲了一个笑话，说有一位菲律宾议员到美国去访问，美国议员带他去家里看一下他在河边的大房子，非常漂亮。菲律宾议员问你哪来那么多钱，你没有产业。美国议员把他领到窗口，指给他看旁边的一条河，问他，你看到河了吗？他说看到了。问你看到河上那座桥了吗？他说看到了。美国议员说我这栋房子就是那个桥的一半，是拿了回扣了。转过年美国议员到菲律宾访问，菲律宾议员领到他到家里去，也是在河边，但不是一栋房子而是一幢宫殿。美国议员说不可能，菲律宾这么穷的国家你怎么能住上宫殿呢？菲律宾议员把他领到河边，说你看到那条河了吗？看到了。你看到河上那座桥了吗？没有桥啊。那就对了，我这栋宫殿就是那座桥。这就是菲律宾的腐败，当然这是一个笑话。真实的情况是，2008 年在我访问菲律宾的时候，阿罗约总统为了取得地方“独裁者”们的支持，把这帮人请到总统府，临走时每人给了一个小手提袋，说是一个礼物。记者听到了风声就堵在总统府外面，说你们拿了总统什么东西？有一个人只好打开，里面是 50 万美元的现金。你说菲律宾能搞好经济吗？连总统都在贿赂这些地方“独裁者”。

在中国，我觉得腐败不是一个润滑剂，而是有其他机制在解决这个问题，比如升迁给予官员强烈的动机，让他们关注经济建设。

四、中国选拔制

我们这个体制解决了经济增长问题，解决得相当好。但问题也很大。首先是政府无处不在。关于政府到底是管多了还是管少了的问题，直到今天还在争论不休，我是比较坚定地认为政府管得太多。现在的政府实在没有必要管那么多，管太多就让社会缺少了活力。金融管制稍微放一放，就会发现金融创新像蘑菇一样往外冒，压都压不住。当国家管控的弹簧一松，我们的创新就活跃得不得了。政府管太多，自己也累，在民主社会，比如印度，天天上街游行，政府照坐在那里没事，这就是民主制度的好处。其次，政府的行政权力过大。行政把立法都给替代了，没有一个分权的机制。再次，我们的增长可能也许太多了，有一些是好的增长，但有一些却不是好的增长。比如说很多城市都搞太阳能电池板，江河湖泊全污染了，而且非常耗能。后来欧盟和美国征我们的倾销税。现在太阳能电池板价格下来了，又搞煤制气，想把煤变成气，这种东西在现在的能源价格下毫无生存能力。政府做事跟企业不一样，它可以不计成本，因为它花的钱要么是上一届政府攒下来的，要么是银行贷款，要么是市场上筹来的，没有几个市长想着把这个钱还了。这是由制度决定的。我们征税主要是以增值税为主，只要东西卖出去就开始征税，不管企业是否赢利。这种机制有问题，要改。

总结一下，我理解中国经济高速增长的原因，首先是因为过去三十多年有一个比较中性的政府，其次是选拔机制，这两点使得我们的政府从上到下有极强烈的激励机制要把经济搞好。这是一个政治经济学的解释。这里我要引用一段话，是两个很有名的印度学者写的。这两个人一个是政治学家，一个是经济学家：

> "It is well worth remembering that the difference in the economic performance between China and India is not the extent to which each has turned to markets, because both have. Rather, the Chinese Communist Party - state, as an economic institution, is more responsive, more meritocratic, and more skilled in human capital than the Indian state. Rebuilding the Indian state on firmer foundations may well determine not just what future India will have, but whether it has a future."
>
> ——Devesh Kapur (University of Pennsylvania) and Arvind Subramanian (Peterson Institute), *Business Standard*, September 6, 2013.

他们认为经济改革不是中国成功的奥秘，至少横向比较不是。搞市场经济的国家很多，世界上 90% 的国家在搞市场经济，但成功的很少。市场经济有可能是个必要条件，但绝对不是充分条件。他们的理解很准确，这个总结从印度学者的口中说出来，和我想说的是比较贴切的。

汪同三
论坛成员
中国社会科学院学部委员

从三次国际经济危机得到的经验教训

Chinese Economists 50Forum

汪同三简历

50 人论坛成员。

1948 年生于江苏南京。1977 年，进入北京师范学院数学系，1982 年获数学学士学位。同年考入中国社会科学院研究生院数量经济与技术经济系，1984 年获经济学硕士学位。

1995 年在中国国际信托投资公司海外投资部工作半年后，进入中国社会科学院数量经济与技术经济研究所从事经济研究工作。1987 年再次考入中国社会科学院研究生院数量经济与技术经济系攻读博士学位，并于 1990 年成为我国第一批自己培养的数量经济学博士。1989 年破格晋升为副研究员，1992 年再次破格晋升为研究员。先后任该所经济模型研究室副主任、主任、所长助理、副所长、所长。并被人事部授予“中青年有突出贡献专家”称号。2006 年当选为中国社会科学院首批学部委员。

汪同三长期从事经济模型理论、方法论及其在经济预测和政策分析方面的研究工作。20 世纪 80 年代开始参与和美国学者的模型研制合作项目，建立了中国宏观经济计量模型，在此模型的基础上，于20 世纪90 年代开始承担总理基金项目，“中国经济形势分析与预测”，至今已 10 余年。此项目在国内外产生了越来越大的影响，并得到有关国际机构的资助。在进行经济预测的同时，对现实经济问题也进行了大量的研究，取得了很多成果。此外，在中国社会科学院工作期间，参与了很多国际合作研究项目，以及国家重点项目的工作，取得显著成绩。

期　　目：总第256期
演讲时间：2014年6月5日

我原来定的题目是“从三次国际经济危机得到的经验教训”，今天下午又加了一个副标题：宏观调控思路和方式的创新。党的十八大开始提到这个问题，2014年政府报告又明确提到宏观调控的创新，我想和大家交流一下对这个问题的看法。

三次国际经济危机，是指20世纪90年代末的亚洲金融危机，还有2008年、2009年开始的美国金融危机，以及2010年、2011年以后出现的欧洲主权债务危机。这三次危机对世界经济有很大的冲击，对中国也造成了很大的影响。我们对这三次危机采取了一系列的政策措施，这些应对措施有不同的特点，也产生了不同的效果，在国际上的反响也有所不同。

20世纪90年代末的亚洲金融危机，中国采取了一系列对策，简单地用一句话来概括，就是人民币不贬值。

一旦爆发金融危机，各个国家的应对危机之策，就是如何设法减少自己的经济损失。普遍的做法是，主动以各种方式使本国货币贬值来提高自己的竞争力。因为货币贬值以后可以增加出口，提高本国产品的国际竞争力。所以当亚洲金融危机首先在泰国爆发以后，其他各国包括韩国、日本、新加坡都在纷纷使自己的货币贬值以求自保。但是，在诸多的东亚经济中，有一个地方不能这么做，它就是中国香港。因为中国香港的政策是港币和美元挂钩，中国香港经济是和美国经济绑在一起的，这也是保持香港经济繁荣的重要政策之一。因此当亚洲金融危机来了，其他国家都可以搞货币贬值，唯独中国香港无法用这个办法来减少它在金融危机的冲击下所受的损失，所以当时香港的楼市、股市一塌糊涂，一泻千里。

还有一条是政治上的原因。1997年7月1日香港回归祖国，在回归前后的一段时间里，国际上有不少人质疑，香港回归以后中国政府如果管理不好，它的经济就会出问题。巧合的是，1997年7月1日香港回归祖国，正好碰上1997年夏天爆发亚洲金融危机，香港经济一片萧条，似乎也给那些质疑的声音提供了证据。当时我们面临的任务，不仅仅要搞好内地经济本身，还有一个任务就是要设法保护香港地区的经济，帮助香港经济摆脱亚洲金融危机的冲击。所以我们采取了一个政策是人民币不贬值。

人民币不贬值，等于把人民币和美元挂上钩了，港币也是和美元挂钩，一个很简单的数学等量代替，就等于人民币和港币挂钩了。我们用庞大的内地经济来保护香港地区的经济，使香港经济能够止住当时凶猛下跌的趋势，逐步取得了复苏。执行了人民币不贬值的政策，内地经济和香港经济都能够比较有效地应对亚洲金融危机的冲击，在较短的时间内走出亚洲金融危机的阴影，经济得到一些恢复，成绩是肯定的。但是从另一个角度来看，由于执行这样的政策，我们在其他方面也遭受了一些损失。

一是我们出现了通货紧缩。我们国家价格波动的特点就是通货膨胀，而且有时候通货膨胀非常严重。最高点是 1994 年，通货膨胀率曾经高达 24.1%。唯独在 20 世纪 90 年代末和 2000 年前后这几年，出现了通货紧缩。

从经济学来讲，在一般情况下，宁可有点通货膨胀也不要通货紧缩。为什么？从短期来看，通货紧缩能给消费者带来好处，商品便宜了，大家可以多买一些东西，提高自己的生活质量。但是从长期来看，通货紧缩不利于经济发展。我们每一个人天天都辛辛苦苦地工作，就是希望以后活得比现在好一点。如果你想以后比现在活得好一点，就需要有比现在更多的收入，所以你就必须要有比现在多的产出。如果你要有比现在多的产出，就一定要使以后的生产规模比现在大，或者生产效益比现在高。因此，你现在就要投资，因为你不投资这些目标就实现不了，你也就没有办法提高自己的生活水平。你要投资就要限制自己的消费，把这部分收入拿去投资。一个人必须具备两种功能，一个是消费功能，一个是投资功能，这样才能使人活下来，而且以后活得会更好一点。

马克思讲，在资本主义社会，只有资本家才具备投资功能，而工人阶级只具备消费功能，他们出卖自己的劳动力，换来工资养活自己和家庭。所以在资本主义社会下，一个劳动者并不是一个完全的人，他只具备消费功能而不具备投资功能。到了社会主义计划经济时代，我们的工人名义上是当家做主，但是仍然只具备消费功能，不具备投资功能。那时候居民把很少的余钱存起来，既不叫存款，也不叫投资，而是叫支援国家社会主义建设。投资功能是国家从资本家手里接替了投资的功能。

只有到改革开放以后，我们搞市场经济了，中国的老百姓才逐步成为一个完备的人，他不仅具备消费功能，而且也开始具备投资功能，普通劳动者买点股票，存点钱，买点债券，都叫间接投资。

假如我决定限制现在的消费，拿出一些钱去做投资生产矿泉水，预计两年以后投产。现在矿泉水是一块钱一瓶，如果两年后我的工厂投产，矿泉水依然是一块钱一瓶，我就会愿意投资。如果通货膨胀了，两年矿泉水能卖到一块五一瓶，我的投资积极性就更高。但是，如果通货紧缩，两年以后矿泉水只卖到七角钱一瓶，投资意愿就会受到很大的影响，就会减少投资甚至不投资。所以我们宁可有点适度的通货膨胀，而不要通货紧缩。由于我们采取人民币不贬值的政策，从 1998 年以后一直到 2002 年，我们都是处于一种通货紧缩的状态。

日本萎靡不振的关键因素，是日本经济长期处于通货紧缩状态，所以安倍晋三采取一系列宽松政策来刺激日本经济，期望尽快扭转通货紧缩状态。前一段时间欧盟国家价格出现了下跌，只有 1% 左右的 CPI，引发一片担忧，怕欧洲陷入通货紧缩状态。我们在 20 世纪 90 年代后期出现过一段通货紧缩，也就是唯独这么一段时间，在其他的年份都处在通货膨胀状态。

另一个问题是，当时中国经济的走势和世界经济的走势发生了背离。虽然中国经济总体增长速度比世界经济高，但是趋势差不多，走势是一样的。一开始都是受影响下跌，后来慢慢都有所恢复。但是仔细地分析一下就会发现问题。

第一个问题是，从 1997 年亚洲金融危机爆发到 1998 年，中国经济和世界经济的趋势是一样的，都是在向下走。但是到了 1999 年世界经济开始上升，1998 年世界经济的增长速度是 2.5%，到 1999 年已经提高到 3.1%。中国经济 1998 年是 7.8%，1998 年继续下降到 7.1%。到 2000 年，中国经济和世界经济的趋势都是在向上走，但是你仔细去分析它的数量，2000 年世界经济已经恢复到 4.7% 的增长率，已经高于 1997 年危机爆发之前的 4.2% 的增长率，而中国经济到 2000 年只恢复到了 8%，仍然低于危机爆发时候的水平。这就是为什么在 2002 年党的十六大上，江泽民和胡锦涛两位领导同志都在讲“抓住战略机遇期”。这是一个大家很熟悉的口号，正是因为在十六大前后，中国经济和世界经济有这样一个趋势上的差别，我们的最高领导人提出来，要紧紧抓住 21 世纪初的战略机遇期，与时俱进，开拓创新，继续把改革开放和现代化建设不断推向前进。为什么要提出这样一个口号呢？就是当时我们在应对亚洲金融危机的过程中，采取了人民币不贬值的政策所带来的结果。

应对前不久美国金融危机，我们采取的对策简单来讲就是4万亿刺激计划。当时采取4万亿刺激计划是必要的，这个计划也产生了非常积极和重要的成果。社科院做过一个模拟，用反事实的模型方法做一些定量的研究，得出来的结论是，我们的4万亿投资计划对2009年GDP增长贡献了1个百分点，对2010年GDP增长贡献了0.7个百分点。如果我们没有这1个百分点，当时的经济增长就会出现大的问题，这一点首先是要肯定的。但是从另一个角度看，由于是在特殊时期采取的特殊措施，这样一个计划必然会对其他的一些方面带来一些不利的影响。我们可以从四个方面去分析，分别是通货膨胀问题、产业结构逆向变化的问题、产能过剩问题和地方政府性债务的问题。

我们仔细分析一下前两个问题，第一个是通货膨胀的问题。为什么会出现通货膨胀？首先，2008年在执行4万亿计划之前，当年银行新增贷款增长15%。2009年开始执行4万亿计划，新增贷款增加量一下增加了32%。到2010年又增加了差不多20%。这样大量的贷款增加，使得流动性大大增加，造成了出现通货膨胀的流动性基础。

2009年开始实行4万亿计划的时候，这4万亿里面只有1.18万亿是政府从财政里面拿出来的真金白银，剩下的两三万亿从哪来呢？就要从各个方面去融资，包括银行的贷款等，最终造成的是流动性大大增加，明显增加了通货膨胀压力。一般来讲，欧盟认为通胀率在1%~2%算是正常的价格波动，我们是发展中国家，稍微放宽到3%。3%~5%叫温和的价格上涨，不会产生什么太严重的问题。超过5%就是需要密切关注的通货膨胀了。超过10%是严重的恶性通货膨胀。

因为通货膨胀有滞后性，2011年度通货膨胀率5.4%，已经进入了比较危险的状态。如果看月度通货膨胀的话，2011年有四个月的月度通货膨胀超过了6%，这是给我们带来的第一个问题。

第二个问题是产业结构出现了逆向变动。从十六大开始一直到十八大，我们都在强调调整产业结构。一个最重要的产业结构调整，就是我们希望第三产业，也就是服务业占GDP的比重上升，相应的第二产业占GDP的比重下降，这是我们的要求。“十二五”规划提出服务业占GDP

的比重要进一步提高。但是在执行4万亿计划的那几年中，2009年、2010年这两年的产业结构出现了逆向变动。2009年，第二产业增加值占GDP比重是46.2%，到2010年上升到46.7%。2009年，第三产业增加值占GDP比重是43.4%，到2010年下降到43.2%。我们原本希望第二产业的比重下降，但是它上升了，我们希望第三产业的比重上升，但是它下降了。

此外还有产能过剩和地方的政府性债务的问题。产能过剩和地方政府性债务问题产生的原因是复杂和多方面的，而且这两个问题在美国金融危机爆发之前，我们采取4万亿计划之前就已经存在，由于4万亿计划的执行，使这两个问题的解决也变得很困难。从某种意义上讲，这些问题又进一步恶化了。

应对亚洲金融危机我们采取了人民币不贬值的政策，在美国金融危机中，我们采取的是4万亿计划的政策，当时国际上都是一片叫好之声，都说中国做得好，做得对，中国拯救了世界经济。但是到了第三个危机，也就是欧洲主权债务危机的时候，我们听不到国际上像以前那样热情的表扬了，好像中国不再是救世主了，反而听到是一片质疑声甚至是批评声。的确，在应对欧洲土权债务危机的时候，我们采取了与以往两次危机不同的政策措施。最早的表述是2013年夏天，达沃斯夏季论坛在大连举行，李克强总理在演讲中说："我们要兼顾当前和长远，稳定宏观经济政策，坚定不移地推动改革开放，着力激发市场活力，着眼转型升级，调整优化结构。"

在亚洲金融危机和美国金融危机的时候，我们更加关注的是如何保持经济增长速度，也就是当时那一两年的经济增长速度。而李克强在大连讲要兼顾当前和长远，坚定不移地推动改革开放，激发市场活力，着眼转型升级，调整优化结构。经济下行时，用短期刺激政策把经济增速提高，不失为一种办法。但是权衡利弊，这无助于解决深层次问题，因此需要选择既有利于当前，更有惠于长远的策略，来保持宏观经济稳定和增长。在应对危机冲击的时候，要想到深层次的问题，要想到长远的问题，要想到政策稳定的问题。当时的财政政策是什么？李克强总理的表述，叫作坚持不扩大赤字，而是调整支出结构，压缩行政开支，加快支出进度，对小微企业实行税收优惠。货币政策是什么呢？是要保持定力，即使货币市场出现短期波动，也要沉着应对，既不放松也不收紧银根，管理好流动性，重点通过盘活存量，用好增量，支持实体经济发展。通过加强监管和规划发展，积极化解财政金融领域的潜在风险。以前在4万亿计划的时候，是积极的财政政策，是扩大赤字。2008年我们的财政赤字只有1700亿，到2009年一下扩大到7000多亿，增发国债规模。2013年的财政政策还叫积极的财政政策，但是它是通过调整结构，加快支出，压缩行政开支，对小微企业实行税收的优惠，来起到扩大赤字的效果。我们的货币增长还是维持着那个公式，就是说GDP的增长速度加上通货膨胀率，等于货币的增加速度。比如说全国一年只生产1瓶水，这瓶水10块钱，它的生产和流通需要多少货币呢？需要10块钱。如果明年一下子增长了100%，生产出两瓶水来，还是10块钱一瓶，需要多少货币？需要20块钱。如果这瓶水今天10块钱，明天变成15块钱了，又生产出两瓶来，需要30块钱。这个公式就是经济增长速度加上价格上涨等于货币供给的增加速度。

这个公式在一般情况下不是严格的等于号，在经济上升的时候应该是大于等于号。就是说货币增长速度要大于等于经济增长速度加上通货膨胀。所以在2008年的时候，我们的贷款增长15%是基本合理的，它略大于经济增长速度加上价格上涨。而2009年的32%和2010年19.9%，就明显大于那个实际需要。所以，在应对欧洲主权债务危机的时候，我们的货币政策是既不放松也不收紧银根。年初制定的M2的增长速度大概是14%，它基本上是略大于经济增长加上通货膨胀。所以这个才叫稳健的货币政策。

我们比较熟悉的九个字：稳增长、调结构、促改革，是在2013年中大连夏季达沃斯论坛上提出来的。我们要兼顾三个方面，不再像以前那样只强调稳增长，而要稳增长、调结构、促改革。当时李克强总理提出来一个“合理区间”的概念，要根据经济发展潜力和当前实际，科学确定经济运行的合理区间，守住稳增长、促就业的“下限”，把握好防通胀的“上限”。这个概念提出来，当时被理解还有一定的困难。比如“下限”是7.5%，是个大的数，“上限”是3.5%，是个小数。一个是GDP增长率，一个是通货膨胀率，这两个怎么可以放到一个区间的两头呢？学数学的人会认为这个说法太没道理了，但是它是很形象的。这个概念从2013年年中提出来以后，现在大家都接受了，国际上也都认可了，觉得讲得比较形象，可以比较深刻地说明实际的情况。

李克强总理讲：只要经济运行处于合理区间，宏观经济政策就要保持基本稳定。主线是转变经济发展方式，着力调整经济结构，推动改革创新，打造中国经济升级版。这就是我们在应对欧洲主权债务危机以来采取的应对措施，也就是说要对宏观调控进行更深刻的思考。而且不仅仅是思考，而是要对我们的历史经验和教训进行有效的反思。

原来我们宏观调控的目标是政府干预，扩大财政支出，搞这一套的目的是为了保持经济增长速度。十八大报告提出加快宏观调控目标和政策手段机制化建设，宏观调控不仅是一个经济速度，而且还提出来政策手段的机制化，宏观调控需要有一套东西限制它，不能够随意来。所谓机制化，就是不是随意的，是有规律可循的，是有原则要遵循的。十八大讲的是加快宏观调控机制化的建设，到了三中全会《决定》讲的是要健全宏观调控体系。十八届三中全会的《决定》中对宏观调控提出了新的表述，比以前我们对宏观调控理解的范围是大大扩大了。三中全会《决定》里提宏观调控的主要任务有四条：

一是要保持经济总量平衡。这也是以前我们理解宏观调控必有的内容。

二是促进重大经济结构协调和生产率布局优化。这是以前没有想过的。

三是减缓经济周期波动影响。这个以前想到过。

四是防范区域性、系统性风险，稳定市场预期，实现经济持续健康发展。这是以前没有想到的。

十八届三中全会所描述的宏观调控提出来的四条，有两条是我们能够理解的，第二条和第四条则是以前没有想到的。

三中全会提出来宏观调控的内容包括：

一是以国家发展战略和规划为导向。短期的调控措施要和中长期的总的国家发展战略规划相符合。

二是以财政政策和货币政策为主要手段，推进宏观调控目标制定和政策手段运用机制化。

第二条前半句是我们以前知道的。三中全会《决定》里面进一步要求，不仅仅要靠财政政策和货币政策作为主要手段，而且还要推进宏观调控目标制定和政策手段运用的机制化。也就是说，还要有一个原则，有一个框架来管宏观调控，宏观调控不能随意为之。机制化这个词确实是很重要的。

三是加强财政政策、货币政策与产业、价格等政策手段协调配合。

现在又讲到了这两个主要的政策要和其他政策协调配合，是需要根据我们过去的经验和实践，结合理论分析，去研究究竟怎么去做，从理论上应该怎么描述这些话。

四是相机抉择，增加宏观调控前瞻性、针对性、协同性。协同现在是时髦词，在经济政策上，在宏观政策上，在宏观调控上，究竟如何协同？如何理解协同？

五是参与国际宏观经济政策协调，推动国际经济治理结构完善。宏观调控不仅仅是我们自己一家的事情，它也应该是对外开放的。要去参与国际上的宏观经济政策的协调，要推动国际经济的治理结构的完善。这是三中全会《决定》对于宏观调控专门讲的一段，主要讲了两个内容，一个是现在对宏观调控的任务是什么样的一个认识，另一个是宏观调控工作的主要内容有哪些。

2014 年的《政府工作报告》是最新的一个表述，讲的是要创新宏观调控的思路和方式，确保经济运行处于合理区间。创新宏观调控的思路和方式，不光是对宏观调控的思路创新，还要对宏观调控的方式创新。比如刚才讲到协同，就是宏观调控方式的创新。创新宏观调控思路和方式是为了确保经济运行处于合理区间。《政府工作报告》中有这样一段话：面对跌宕起伏的经济形势，我们保持定力，明确守住稳增长、保就业的下限和防通胀的上限。只要经济在合理区间运行，就集中精力抓住转方式、调结构不放松。保持宏观经济政策、基本取向不动摇，以增强市场信心，稳定社会预期。

我们回过头去看，2012 年召开的十八大，2013 年召开的十八届三中全会，直到 2014 年的政府工作报告，通过这三年中的这三个文件对于宏观调控一些表述的演化过程，我们可以感受到宏观调控思路的创新。当然我们还需要积累更多的经验，表述的变化说明了这个问题的重要性，说明它是在与时俱进，它也需要创新，真正把它形成一个比较好的理论，能够在实践中得到更好的发展，我们还需要积累更多的经验。

接下来讲在当前我们为什么要加强宏观调控，为什么对宏观调控要创新？

《政府工作报告》里面提出，我们现在经济稳中向好的基础还不牢固，经济增长的内升动力尚待增强。

从国内来看，2012 年 GDP 增长 7.7%，2013 年 GDP 增长还是 7.7%。看起来这两年都保持在一个稳定的水平上。但是如果我们认真地去分析，会发现这两个 7.7% 的背后是不同的。

2013 年工业增加值实际增长是 9.7%，比 2012 年降低了 0.3 个百分点，工业增加值是反映实体经济增长的情况。2013 年我国固定资产投资增长速度是 19.6%，比 2012 年的投资增长下降了 1 个百分点。制造业投资是反映实体经济状况的，制造业投资 2013 年增长了 18.5%，比 2012 年下降了 2.8 个百分点。而且 2013 年 18.5% 的制造业投资的增长是 2000 年以来最低的。非国有企业 2013 年的投资增长是 22.4%，比国有及国有控股企业投资增速快。但是比 2012 年的还是下降了 2.4 个百分点。2013 年城镇居民收入增长 7%，农村居民人均收入增长 9%。城镇居民的收入增长速度比 2012 年下降了 2.6 个百分点，农村居民收入增长速度比 2012 年下降了 1.4 个百分点。2013 年全社会消费品零售额实际增长 11.5%，比 2012 年的数据下降了 0.6 个百分点。2013 年财政收入增长了 10.1%，比 2012 年的财政收入增长低 2 个多百分点。

这些数字说明，如果我们看 GDP 的话，2012 年和 2013 年增长率都是 7.7%，但是我们去认真分析投资和消费，分析居民收入和工业生产，就可以看出来有比较明显的下降。

再来分析 2014 年一季度的数字。2014 年一季度的投资、消费、工业生产和经济增长，与 2013 年同期比增速都是在下降。从三大需求对 GDP 增长的贡献率来看的话，2013 年最终消费支出的贡献率为 50%，比 2012 年下降了 5 个百分点；进出口贡献率继续下降到负的 4.4%。资本形成的贡献上升到 54.4%，比上一年提高了 7.3 个百分点。在两个 7.75% 背后的那些数字，反映在三大拉动经济增长因素的贡献率来看，都出现了我们不太希望的一种变化。

还有一个问题是 CPI 和 PPI。CPI 这些年一直保持着一个正的 2%、3% 的上涨，但是 PPI 已经连续 25 个月是负值了。这样的话，在 CPI 和 PPI 就出现一个剪刀差这样一种长期存在的现象。CPI 和 PPI 的背离，显示出我们实体经济增长的困难，暗含着我们产能过剩的问题，因为价格上不去就会大大影响供给的积极性。

当前存在经济下行压力的原因，应该从长期和短期两个方面来分析。

长期是我国经济发展方式急需转变的长期因素，又有许多需要我们积极应对的短期因素。

从长期来看，有四个因素使我们增长速度应该减慢：

第一，不再单纯追求高速度，必须要转变发展方式，统筹经济增速、结构调整、提高质量效益多目标发展。邓小平给我们制定的第一个目标就是“翻两番”，它是一个纯经济增速目标。当时的中国经济实在是太落后了，十一届三中全会的描述是，我们的国民经济已经到了面临崩溃的边缘。所以邓小平给我们的目标就是一个，把经济搞上去，把经济增长速度提上去。改革开放三十年以后，我们取得了很好的成绩，现在是世界第二了。但是各方面累积和沉淀下来的矛盾和问题，告诉我们不能再单纯地去追求高速度，必须要实现一个多目标的发展。

习近平主席讲的中国梦，就是一个多目标。经济发展是实现多目标的必要条件，但不是充分条件，更不是全部条件。要实现多目标发展，经济增长是要减速的。

第二，人口结构正在发生重要变化。所谓的刘易斯拐点就是劳动力供给的增长在减少，这也会影响我们的增长速度。劳动力供给相对宽裕的局面不复存在，劳动力成本在刚性上升。

第三，劳动力和资本投入增长率减缓，资本形成以及全要素生产率增长率有所趋降。我们特别强调，结构调整是要加强第三产业，加强服务业。服务业的单位劳动效率，特别是普通的、生活性的服务业劳动生产率低于第二产业，低于工业和制造业。所以这样一种结构的调整，也会带来经济增长速度下降的趋势。

第四，资源约束趋紧，环境污染严重，生态系统退化。在发展经济的同时要考虑这些因素，考虑生态的因素、资源的因素和环境的因素。

从长期因素来看，经济增长速度是要减慢。特别是美国金融危机以后，很多发达国家意识到他们存在服务业过度发展、产业空心化等结构性问题的存在。所以他们一方面试图实现再工业化，另一方面加强推行贸易保护主义措施，使得国际经济竞争日趋激烈，国际经济环境日益严峻，这些也会对我国经济形成较长期的下行影响。习近平所讲的“倒逼”，就是外部条件不像以前那么自由自在了，是越来越趋紧的，迫使我们更加重视做好自己的事情。

从短期来看，也有三个因素：

第一，外部环境存在诸多不稳定性和不确定性。

第二，增长速度的一个较大的降幅，对经济社会各方面的影响较大，克服这些影响的冲击需要一定的调整时间。

第三，在特殊时期针对特殊问题的政策措施的特殊性，刺激措施不可避免地对经济社会发展的其他方面产生了一些影响，一定时期内消化这些影响也会带来经济下行压力。

在分析现在下行压力的时候，要从长期和短期两个角度去看原因在哪里。我们怎么去认识和如何去化解经济下行的压力呢？要区分产生下行压力的长期趋势因素和短期波动因素，对这两种因素要做不同的分析，不能一概而论。对于刚才讲的那几条长期因素，要正确认识现阶段出现经济下行的客观性和必然性，不应该去阻止，它是客观的必然的。因此，我们要积极面对经济增长换挡降速的现实，把握这样一个机会，加快调整经济结构，提高经济增长质量的步伐。

现在有几个新的提法，是习近平主席和李克强总理都谈到的：一是坚定不移全面深化改革开放；二是我国经济基本面没有改变，必需适应“新常态”；三是创新宏观调控思路和方式，确保经济运行出于合理区间。

这些思想应该好好去研究，怎么样能够真正做好克服经济下行压力的工作。特别是创新宏观调控思路和方式，它的意义在哪里，有以下几条：

第一，明确调控区间的数量界限，极大加强了调控政策措施的科学性、合理性、透明性、可预期性和可操作性。特别是可预期性，以前外国学者跟我们讲，中国的政策不可预期，现在政策就可预期了。比如发改委还没有调油价，那些投资公司早算出来了，说你这两天该调了。你的机制和大的原则在那里，人家根据你的机制和原则就知道你应该采取什么样的政策。搞出其不意实际上不是好办法，一定要使你的政策是可预期的。之所以可预期，是因为你的政策背后是有规矩的。

第二，明确把保障就业放到了更加重要、更加优化的位置，只要就业水平有保障，增长的下限和物价的上限可以有一定弹性。李克强总理讲了下限 7.5% 和上限 3.5%，也是可以有弹性的。就业是必保，没有弹性。只要就业水平有保障，增长的下限和物价的上限是可以有弹性的。核心目标刚性最大的是就业。

第三，短期宏观调控要围绕长期目标实施。经济运行处在合理区间时，宏观调控更多考虑的是长期目标实现的问题。

第四，保持定力，沉着应对，针对具体问题出台综合政策，兼顾宏观微观，更加注重微观，精准发力，有效降低政策成本，实现政策效益最大化。

现在要做的是怎么样把宏观和微观结合起来。有个人给我提了一个问题，说宏观经济学和微观经济学的区别是什么？当时我想了想，说宏观经济学讲的是总量，微观经济学讲的是效益。为什么微观讲效益？效益是有边界的，在某个边界之内效益最大化。宏观经济学是无边界的，是整个都包括的，怎么去讲它的效益？宏观经济学讲的是 GDP、价格、就业，宏观经济学和微观经济学的结合，是说你也要考虑在宏观层面上怎么体现效益。所以讲合理区间，要求我们兼顾宏观、微观，更加重视微观，要精准发力。精准发力的目标是要降低政策成本，使政策效益最大化。我们讲宏观调控也得讲效益，讲成本。现在有个词叫微刺激，不要花那么大的力气就可以实现自己的预定目标。

第五，在宏观调控中处理好市场和政府的关系，更坚定地把应该由市场解决和能够由市场解决的问题交给市场解决。

吴敬琏
论坛学术委员会荣誉成员
国务院发展研究中心研究员

新历史起点，新改革征程

Chinese Economists 50Forum

Chinese Economists 50Forum

吴敬琏简历

50 人论坛学术委员会荣誉成员。

1954 年毕业于复旦大学经济系。曾任中国社会科学院经济研究所研究员，国务院发展研究中心常务干事，耶鲁大学、牛津大学、斯坦福大学、麻省理工学院客座研究员或客座教授，国际经济学会（International Economic Association，IEA）执行委员会委员，国务院经济体制改革方案办公室副主任，中国人民银行货币政策委员会委员，第九届、第十届全国政协常委兼经济委员会副主任。

现任国务院发展研究中心研究员，中欧国际工商学院（CEIBS）宝钢经济学讲席教授，北京大学、中国社会科学院研究生院教授，《比较》辑刊、《洪范评论》主编，国家信息化专家咨询委员会副主任、国家规划顾问委员会副主任，国际经济学会（IEA）执行委员会顾问，北京乐平基金会发起理事，阿拉善生态基金理事会理事长。

1984—1992 年五次获得中国经济学的最高奖励——孙冶方经济科学奖。2000 年、2005 年香港浸会大学和香港大学分别授予他荣誉社会科学博士学位。2003 年国际管理学会（IAM）授予他“杰出成就奖”。2005 年获“中国经济学奖杰出贡献奖”。2011 年国际经济学会（IEA）授予他荣誉主席称号，以表彰他对于经济理论和政策研究及中外学术交流的杰出贡献。

吴敬琏倡导并努力推进市场化、法治化、民主化的改革，是“整体改革学派”的主要代表人物之一。他关于比较体制分析和经济增长模式转型的研究成果，对中国改革和经济发展产生了重要影响。

题　　目：总第 257 期
演讲时间：2014 年 6 月 11 日

一、20 世纪中国改革的成就和不足

现在我们有一个总的口号，叫“在新的历史起点上全面深化改革”。要讲这个问题，先要回顾一下，中国的改革是在一个什么样的历史平台上开始起步，第十八次代表大会以后，又是在一个什么样的历史平台上开展新一轮改革的。

首先我们来回顾一下中国 20 世纪改革所取得的成就。因为今后的改革是在 20 世纪改革所构筑起来的平台上继续前进的，在讨论今后的改革以前，我们先要回顾一下我们在 20 世纪做了些什么，构筑了一个什么样的平台。

1984 年是中国改革的一座里程碑。当时中共中央十二届三中全会通过了《中共中央关于经济体制改革的决定》，它把“建立社会主义有计划的商品经济”确定为改革的目标，从一定意义上可以说开始了市场取向的改革。经过 20 世纪 80 年代后期的曲折，到了 1992 年的中共十四大，决定要建立社会主义市场经济。1993 年十四届三中全会《关于建立社会主义市场经济若干问题的决定（50 条）》做出了全面改革的总体部署。根据这个部署，1994 年开始了一轮新的改革。那是上一个历史起点。

从 1994 年开始进行的一系列改革，使我们在 20 世纪末期初步建立了社会主义市场经济的经济体制，为我们迎来了中国经济和对外贸易的高速度增长。

但是，20 世纪末期建立起来的社会主义市场经济，仍然保留着许多旧体制的遗产。

所谓旧体制，我们通常把它叫做计划经济。实际上它并不是理论上所说的、按照经过计算做出的资源配置计划运行的经济。它保留着计划经济用行政手段配置资源的特点。所以更准确地说，它不能叫做计划经济，而应当叫做命令经济或统制经济。在 20 世纪末期建立起来的社会主义市场经济初步框架，实际上是一个半市场、半统制的经济。它的半统

制经济的性质主要表现在两个方面：一个是国有经济在整个经济中占有统治地位，另一个是政府对于经济活动有多方面的干预，这就使市场在资源配置中无法起应有的作用。

应该说，主流观点是认识到这一点的，所以，在2003年召开的中共中央十六届三中全会上，通过了《中共中央关于完善社会主义市场经济的决定》，指出我国的经济发展仍然存在许多体制性的障碍，所以需要进一步推进改革来消除这种障碍。但是，后来的情况并没有按照人们的愿望发展，这些体制性障碍始终没有消除，有时还有所加强。

十八大以后，我们就是在半市场、半统制经济这样一个历史平台上开始全面深化改革。

半市场、半统制的经济是一种过渡性的经济。这种经济的特点，就是它既有过去经济制度的因素，又有未来经济制度的因素。两种因素之间存在哪一个因素在成长，哪一个因素就要消亡的问题。

于是，它就有两种可能的前途：一种是旧体制的遗产逐渐被消除，政府从它不应该起作用的、主要是微观经济的领域退出，只做它应该做的事情就是提供公共品。这样，经济体制就会逐渐完善起来，就会越来越接近于以法治为基础的现代市场经济制度。另外还有一种可能性，就是新的因素没有能够得到成长，旧体制的遗产反而变得越来越扩张和强势，就会形成这样一种政府主导的体制，人们也把它叫做国家资本主义体制。这种开倒车的走势，特别在中国的历史条件和政治文化背景下，这种国家资本主义十有八九会演化成权贵资本主义。

2003年的十六届三中全会决议要求消除那些阻碍生产发展的体制性障碍，使得社会主义市场经济完善起来。但是，经过了若干年以后我们回头来看，这个决议并没有得到很好地执行。为什么会发生这种情况？在一些高层论坛上曾经讨论过。许多人指出，主要原因一是21世纪初期，20世纪改革的后续影响使中国经济表现得生机勃勃，正在向成为世界第二大经济体快速接近，人们觉得没有必要做进一步的改革。二是要继续进行改革，就要舍弃一些旧的东西，势必会影响到一部分竭力保持寻租权力的权贵们的特殊既得利益。于是出现了改革的停顿，甚至倒退。

如此一来，在经济制度中旧的遗产不但没有消亡反而被强化了。原来体制中存在的两个问题变得越来越严重。一个问题是经济增长模式，或者叫经济发展方式变得越来越粗放。1995年制定的“九五计划”

（1996—2000 年）就已经提出，要在计划经济到市场经济转变的推动下，从这种粗放的经济增长模式向靠技术进步和效率提高来驱动的经济增长模式转变。但是由于存在体制性障碍，始终转变不过来，因此这种增长模式所带来的问题愈演愈烈。从微观经济来说是资源的匮乏和环境的破坏；从宏观经济来说是货币超发和资产负债表的负债率不断推高。特别是后者出现系统性经济危机的危险正在积累。

另外一个问题是腐败活动日益猖獗。20 世纪 80 年代后期，因为物资分配双轨制和价格双轨制的延续，同一种商品的价格，一部分是由行政规定，一部分是由市场供求决定的。在存在短缺的条件下，后者的价格比前者的价格要高得多。当时十分紧缺的钢材的市场价比调拨价高了一倍。于是，就出现了有权力背景的“官倒”，用在双轨制下倒卖调拨物资或调拨指标发财致富的黑洞。这引起了大众和正直官员的义愤，甚至在一定程度上推动了 20 世纪 80 年代末期政治风波的形成。到了 21 世纪，虽然物资调拨制度已经取消，商品寻租的空间大大压缩，但是，由于各级政府手里掌握的资源越来越多，腐败寻租现象不但没有消失，而且越来越猖獗。21 世纪初期城市化的加速，本来是一件好事，但是在现行的产权制度特别是土地产权制度下，政府手里又掌握了一个非常重要而且规模非常庞大的资源，这就是土地。从农民那里低价征购来的土地和利用土地抵押取得的资金大量掌握在各级政府手里，这就使得寻租活动的制度基础迅速扩大。由于权力有价，以致买官卖官现象变得越来越普遍。这意味着寻租腐败活动一直侵入党政军组织的机体中，引起了大众的严重不满。

二、十八大的历史性决定

十八大的历史意义，在于明确地回答了“中国向何处去”的问题。它根据人民大众，包括广大知识分子的要求，做出了“要以更大的政治勇气和智慧全面深化改革”的正确决定。2013 年 11 月的十八届三中全会根据十八大的方针，对于怎样进行全面的改革做出了战略部署。十八届三中全会《关于全面深化改革若干重大问题的决定》（以下简称《决定》）要求通过 16 个方面的 336 项改革，在 2020 年以前建立起《决定》所要求的体制。这样，2013 年我们就迎来了全面深化的改革元年。

根据十八届三中全会的决定，全面深化改革的重点是经济体制改革。经济体制改革的核心问题，是处理好政府和市场的关系。习近平总书记在对十八届三中全会《决定》的草案做说明的时候说，“进一步处理好政府和市场的关系，实际上就是要处理好在资源配置中市场起决定性作用，还是政府起决定性作用的问题”。所以，经济改革要达到的目标，就是使市场在资源配置中起决定作用。

怎样才能使市场在资源配置中起决定性作用？要使市场在资源配置中起决定性作用，这是《决定》表述的一种愿望。怎样才能做到？《决定》突出了问题的症结：“建设统一开放、竞争有序的市场体系，是使市场在资源配置中起决定性作用的基础”。这句话说得非常到位，只有建立了这样的制度基础，市场才可能在资源配置中起决定性作用。如果没有这样的体制基础，再强烈的愿望也是做不到的。所以经济改革的基本任务，就是要建立这样一个体制基础。《决定》中提出336项改革任务的大部分都是环绕这个体制基础做出来的。

这句话里面的统一、开放、竞争、有序、市场体系五个概念都是关系重大，并且是切中现行体制的时弊的。第一个概念是“统一”。例如，市场规模越大，效率就越高，这是一条经济学的定理。但现在政府还在资源配置中起着主导作用，而政府组织不外是按“条条”和“块块”两种系统构建起来的，于是我们就长期存在“条块分割”的问题，就把市场主体之间的横向经济联系切断了。世界上许多国家在发展初期，都要在民族国家的范围内形成一体化的市场。中国本来是一个统一的国家，拥有广大的国内市场，是我们的一项巨大优势。但是，由于条块分割，却把我们的国内市场“切块、切条、切丝、切末”，大大损害了我国的市场效率，所以第一项要求，就是要消除条条块块的分割，建立统一市场。

第二个概念是“开放”。现在我们的市场，不是对所有市场主体平等开放的，而是分三六九等。所谓国企入“正册”，集体入“副册”，虽然允许民营经济存在，但是往往被看成异类，只能放在“另册”里面，这是违反市场经济基本原则的。所以，我们要建立一个对所有市场主体平等开放，保证它们都能够平等地获取生产要素的市场。

第三个概念是“竞争”。竞争是市场的灵魂，但是因为行政权力的干预，各种各样有行政背景的垄断，所以我们的市场就缺乏竞争性。由于跟权力的关系不同，不同主体力量就不同，有些企业不是靠核心竞争力赚钱，而是靠与权力的关系赚钱，这使我们的市场失去了竞争性，大大损害了市场效率。所以，我们要建立一个具有竞争性的市场体系。

第四个概念是“有序”。现代市场是规模巨大的“非人格化市场”，这种市场的交易只能在明确和统一的规则的基础上进行。但是，在当前，由于有各种行政权力的干预，由于用长官批示和“红头文件”治国而不是实行法治，市场常常是混乱无序的。针对这种致命的缺陷，必须建立有序的市场，也就是以规则为支撑的市场，建立在法治基础上的市场。

第五个概念是“市场体系”。从20世纪80年代改革开放初期，人们对于市场的理解，往往局限在商品市场的范围内。实际上在中国最落后的还不是商品市场，而是要素市场。比如说我们的资本市场就存在严重缺陷。其实，要实现市场有效配置资源的职能，最重要的正是要素市场，所以，《决定》强调市场建设不是局限于商品市场，而是要建设整个市场体系是十分重要的。建设统一开放、竞争有序的市场体系所涉及的改革，有些超出了狭义经济改革的范围。比如说建立法治、实现司法公正、审判独立等，都是建立这样一个市场体系所必不可少的。如果所有改革能够顺利地进行，我们就能在2020年以前建成十八届三中全会所讲的“企业自主经营，公平竞争；消费者自由选择，自主消费；商品要素自由流动，平等交换的现代市场体系”，为富裕、民主、文明、和谐的中国奠定经济基础。

三、实现三中全会《决定》必须攻坚克难

三中全会通过了一个非常好的决议，但是这并不等于说有了这个决定就万事大吉，我们的目的就会自然而然地实现了。必须有这样的思想准备：在这个新的征程上充满着艰难险阻。所谓的艰难险阻，大体上是指四方面的困难和阻力：

第一，来自旧意识形态的障碍。因为我们国家曾经长期实行计划经济，引进了苏联的一套政治经济体制，反映这一套政治经济体制的意识形态有着深远的影响。我们这代人基本上是中华人民共和国建立以后上大学的，1952年“院系调整”以后就全套更换为从苏联引进的教材，老师也到人民大学受苏联专家培训两年后来教我们。我们后面的几代人也许比我们好一点，但是也好不了多少。由于没有经过认真地清理，这套

意识形态至今仍然保持着一定的迷惑力。所以有些人很容易对进一步的改革产生抵触情绪。另外值得注意的是，一些在旧体制中有利益的人往往会打着旧意识形态的旗帜说话。邓小平倡导中国特色的社会主义，他的针对性是十分清楚的，就是这种社会主义必须有别于苏联模式的社会主义。现在有些人虽然嘴里也讲建设中国特色社会主义，可是内容还是苏联的那一套。总而言之，不管真是出于思想意识的原因，还是出于物质利益上的原因，都会有一些人打着旧意识形态的旗帜反对十八大和十八届三中全会所要求的改革。

第二，来自特殊既得利益的阻力，这也是最主要的障碍。改革三十多年来绝大多数中国人都得到了利益，因此可以说，他们都是改革的既得利益者。有些人认为过去三十年的改革只使少数人得益，多数人并没有获得利益。我不这么看。如果你有认识的农民或“农民工”，你不妨聊一聊他们过去的生活和现在的生活。千千万万的人在新的体制下靠自身的努力，不管是靠勤于劳动还是靠善于经营得到了经济地位和物质生活的改善。这也是一种既得利益，这种既得利益并不会导致他们反对进一步的改革。另外还有一种既得利益，说到底是从改革停滞倒退得到的既得利益，这就是靠权力寻租取得的利益，我把它叫做特殊的既得利益，以便和大众从改革得到的利益做出区隔。这种靠权力发财致富的特殊既得利益，肯定会形成我们进一步改革的障碍。由于政府在资源配置中起主导作用的行政权力是特殊既得利益者发财致富的制度基础，他们是不会轻易放弃的。而且21世纪以来，由于寻租活动的蔓延和猖獗，代表这种特殊既得利益的贪腐势力也变得相当强大，所以，这种势力必然成为全面深化改革的阻力和障碍，我们切不可以掉以轻心。

第三，现代市场体系的建设对每一个参与其中的人提出了很高的要求，我们的学养和能力很难满足这样的要求。我们现在的改革跟以前的改革不一样。不管是20世纪的80年代还是90年代，整个中国经济还处在比较低的水平上，只要采取一点放开搞活的措施就能够马上取得解放人们的创造力、提高人们积极性的效果。我们现在所要建设的，是现代市场经济体系。这是一个极其巨大、又无比精巧的系统。改革所面临的问题还非常复杂。拿我自己来说，常常感到过去在学校里和后来自学的经济学不能应付现在需要完成的任务。比如说怎样进一步发展我们的资本市场，就不断有新的东西需要学习。

第四，在过去带病的体制和错误的增长模式下运作多年所积累起来的矛盾和现实困难。我下面还要具体来讨论如何克服这些矛盾和困难。

总之，实现全面深化改革的任务面对着许多阻力和障碍。在这种形势下，我们只有横下一条心，以更大的政治勇气和智慧来攻坚克难。所谓要有更大的政治勇气，就是要毫不动摇地捍卫改革的伟大旗帜，克服意识形态的障碍，克服特殊既得利益的障碍，把改革推向前进。所谓要有更高的智慧，是说一方面要有很高的专业素养，另一方面还要有很巧妙的运作艺术去解决问题。

四、如何克服由于体制和发展模式缺陷造成的实际困难

因为多年来我国经济在有缺陷的体制和粗放的增长模式下运行，使得我们的社会经济中积累了很多实际的矛盾和困难，出现了增长速度换挡期、结构调整阵痛期、前期刺激政策消化期“三期叠加”的态势。要善于处理这些矛盾和困难，才能使改革能够比较顺利地进行。

第一，粗放发展方式大量耗费资源，造成了资源的严重短缺。我们很多重要的能源和原材料进口依存度都变得非常高。粗放发展方式也导致了高污染，使生态环境越来越恶化。以致人类要生存的三个最基本的条件：土地、空气和淡水都发生了问题。

第二，市场需求乏力，资金短缺。一方面我们的货币流通总量超大，2001 年的货币流通总量才十几万亿，现在是 110 万亿了。总体来说是货币过多，但是由于资源错配，在很多环节上都表现为需求不足，资金短缺。

第三，产能过剩，企业经营困难。多年来过度投资造成了两方面的问题。一是产能增加得很快。二是与投资率过高相对应，我国的消费率太低，导致最终需求不足。目前主要的产品几乎都存在产能过剩的现象。1958 年的年产量要从 535 万吨增长到 1070 万吨，结果还没有完成，而现在我们钢的年生产能力是 10 亿吨，一个唐山的生产能力就超过了欧洲各国生产的总量，但是却销不掉。所以钢厂普遍亏损，经营很困难。

第三，各种具体经济问题在宏观经济上的集中表现，是国家资产负债表的负债率（杠杆率），主要是企业的负债率和地方政府的负债率高了。根据 2013 年的统计，国民资产负债表或者国家负债表的负债率超过了 GDP 的 200%。资产负债表的杠杆率过高就隐藏着发生系统性风险的

可能性。

应当采取什么样的方针来应对以上的情况？现在有两种主要的意见。

一种意见是采取扩张性宏观经济政策，刺激经济的增长。也有另外一种意见，认为不应该采取强刺激政策，而应当在保证不发生系统性危机和市场崩盘的条件下，把主要的力量放在推进改革、提高效率上。持有后一种主张的人们提出的理由是：2009 年 4 万亿的投资和 10 万亿贷款，所造成的负面影响到现在还没有消化掉。2009 年以后，也采取过几次较强的刺激政策，比如 2012 年、2013 年都在短时期采用过这样的政策。但是这两年刺激的效果越来越差。诺贝尔经济学奖获得者索洛指出，如果单纯依靠投资来拉动增长的话，投资的回报一定会递减。这一规律的作用正在明显地显现。2009 年的 2 万亿投资、10 万亿贷款虽然留下了不小的后遗症，但多少维持了好几年 8% 以上的增长。但是 2012 年的刺激只维持了几个季度，增长率继续下降。所以靠刺激走出困境并不是一种可行的办法。不过最近主张采取刺激政策的呼声越来越高，我认为还需要慎重地考虑：为什么这个刺激政策的副作用很大，而它的正面的作用也在衰减？到底为什么要努力地保持 GDP 的增长速度？

2014 年在两会以前有过一个争论，到底应该把 2014 年预期的增长速度定在 7.5% 还是 7%？看来后来吸收了两边的意见定在 7.5% 左右。实际执行情况是，第一季度是 7.4%，有一种预计是还有可能继续下降。那么继续下降是不是可以接受？这就有很大的争论了。

主张保增长的人们提出，保增长的目的在于保就业。由于需要明确的一点是，就业对于大众来说有直接的影响，保就业是政府的一项重要责任。但 GDP 增长速度与就业之间的关系并不是线性的，两者之间并没有一种固定的比例关系。增长有一个结构问题，不同产业对就业的贡献是不一样的，结构不一样对就业的影响就是不一样的。比如说在旧的增长模式下，投资主要投在重化工业，就业弹性是很低的。什么样的产业就业弹性高？总体来说是服务业吸收就业的能力更强一些。这几年就出现了这种情况，虽然增长速度持续下降，但是就业情况却有所改善。2013 年政府提出的计划新增就业是 900 万，实际完成的情况是新增就业 1310 万，完成计划的 145%。虽然实际情况可能没有统计数字那么好，但就业的情况良好，新增的劳动力基本上消化了，所以登记失业率维持了原来的水平却是确定无疑的。

发生这个情况跟增长的结构变化有关系。最显著的变化就是第三产业开始发展起来了。在2005年、2006年“十一五”规划时提出的促进经济增长方式转变、提高效率的主要措施大致上是四项：一是农村剩余劳动力向市民的转化；二是制造业的产业链向微笑曲线两端的服务业活动延伸；三是大力发展服务业，特别是生产性服务业；四是用信息化改造整个国民经济，而信息产业本质上也是服务业。这四条中有三条都是讲服务业。

虽然党政领导和主流媒体从2006年起一直强调要发展服务业，但直到“十一五”结束也没有多大起色，从2012年开始有了明显的变化。2012年第三产业的增长速度追上了第二产业，2013年第三产业的比重更第一次超过了第二产业，成为中国规模最大的产业。这是一个历史性的变化。服务业吸纳就业的能力比制造业要强得多。因为这个结构的变化，虽然GDP增速下降，但是就业情况不但没有恶化还有改善。

为什么我们从2006年就开始强调第三产业服务业发展的重要性，但是到了这两年才发生了变化？在我看来，就是因为全面深化改革的序幕期间的两项小改革促成服务业发展的加速。一项改革是从2012年1月开始试行的上海营业税改增值税。上海改了以后，别的城市都纷纷响应。到了7月国务院决定在全国推广。“营改增”为什么能够对分工起促进作用？营业税是一种对营业额全额征收的税种，它会对转移价值重复征税，因此有阻碍分工深化的负面作用；而增值税只就增加价值征税，就有利于分工深化。亚当·斯密说，经济发展效率提高的最主要的推动力量就在于分工。“营改增”的主要好处就是促进分工，这一点在服务业里表现得最明显。网购分化出来很多产业，如快递、结算、广告等，容纳了很多人就业。

另外一项改革是2012年从广东开始的工商登记便利化。本届政府把它列为政府职能转变和简政放权的一项重要内容。工商登记的简化和便利化，降低了企业登记的门槛。根据2013年的统计，很多地方新登记的工商企业，主要是一些服务业的小企业增加了百分之几十。

虽然这些改革只是全面深化改革序幕期间改革的“小试牛刀”，它所起到的作用应当能够大大增强我们对于改革能够解决问题的信心，因为只有改革才能提高效率，才能够从根本上解决我们所面临的困难。

剩下的问题是要控制和化解风险，防止发生系统性危机，我的建议是：

第一，要尽量释放现存的风险，防止风险积累。比如说，要停止没有回报的无效投资。有人说基础建设投资没有关系，反正东西在那儿。这种想法完全不符合经济学的思考方式。经济学思考问题的基本前提条件是资源具有稀缺性。既然资源是有限的，干了这样就干不了那样，就应该把它尽量投放到最有效的地方去，避免低效的和无效的投资。

第二，对“僵尸企业”停止输血。现在有一部分企业实际上已经是“僵尸”了，无望回生，但还是用银行贷款和政府补贴来维持。这是对社会资源的极大浪费。政府应当做的是提供公共产品，帮助处理企业歇业引发的社会问题，而不是听任“僵尸企业”无谓地耗费宝贵的社会财富。

第三，动用国有资本偿还政府的“或有负债”。所谓或有负债就是在资产负债表上看不见的负债。比如，我们的社保基金有缺口，而且从中长期看缺口还不小。三中全会决议里面明确规定要拨付一部分国有资本去充实社保基金，这不仅对国家的经济社会稳定大有好处，而且对社保体系的建立、创建新的公有制的形式和促进国有企业改革都会有很大的好处。

第四，对资不抵债的企业实施破产、清盘或破产重整，以便释放风险。对于负债率太高的企业也要进行资产重整，把小的风险释放出来，把大震变成一些小震，不至于让风险积累起来，最后引发整个系统的震荡。

第五，盘活“晒太阳”的开发区、“死城”等资产存量。现在全国征了地但是没有企业进来的开发区很多，有的省有上百个开发区，但大部分都处在“晒太阳”的状态。需要盘活这些死资产，冲销债务。

除了以上堵塞漏洞、控制和释放风险的措施之外，还要辅以灵活的宏观经济政策。比如说，在出现了某些地方资金链要断裂甚至可能引起市场崩盘的时候，就需要用货币和财政政策来加以调节。但是我不认为一个全面的刺激政策是好的政策。

十八届三中全会召开到现在，已经过了半年多，我们要总结经验加强各项改革的推进。面对当前实际的经济困难，我们要抓紧在争取到的时间内把体制尽量完善起来。这样才能从根本上消除经济和社会存在的矛盾和困难，使制度完善和经济发展逐步进入良性循环。

（本人未审阅）

任志强
论坛企业家理事会成员
华远地产股份有限公司董事长

中国的城镇化与市场①

① 本文为作者在长安论坛及其他场合演讲观点整理而成。

Chinese Economists 50Forum

任志强简历

50人论坛企业家理事会成员。

华远地产股份有限公司董事长、北京华远浩利投资股份有限公司董事长和北京银行股份有限公司董事。并在华远地产持有股权的合资公司或下属公司担任董事长、总经理等职务。任志强先生是全国工商联房地产商会副会长、中国房地产研究会副会长，阿拉善SEE生态协会理事、中国企业家论坛理事、中国经济体制改革研究基金会副理事长。曾当选为北京市西城区人大代表，北京市第九届、第十届政协委员，现任北京市第十一届政协委员。

期　　目：总第258期

演讲时间：2014年6月12日

今天我主要讲中国的城镇化与市场的关系，这也是大家比较关心的问题。尤其是房地产市场现在出现了一些不同的看法。

首先说一说统计局发布的基本数据。第一个是固定资产投资，呈现一种不断下降的趋势，重要的是民间投资在固定投资中的增速下滑得比较厉害。现在主要是国有的或政府能控制的资金在维持固定资产投资增长。其中基础建设的投资增长速度过快，达到23.14%，但这个持续下降的趋势至少到目前为止还没有停止，仍在继续下滑。因此大家也比较担心我们的GDP，固定资产投资在GDP中的贡献率基本超过了50%，上半年是约48%。那么，接近50%的比重仍然是一个关键点，至少对大家的信心影响是比较大的。持续下滑是连续多年没有遇到过的情况，在2008年时都没有，所以大家比较担心。

第二个是工业增加值，在8月的时候下降得比较严重，大概五六年以前可能有过这么低，就是2008年11月、12月有过五点几，其他的时间就没有6.9%这么低的工业增长速度。过去大部分是以工业增加值乘以0.7就可以得出GDP的数值，而且比较准确，现在情况变了，2013年第三产业超过第二产业，第二产业的比重在逐步下降，大概要乘以0.8，GDP也就在6%左右。

过去说的“克强指数”有三个要求，第一个是发电量和货运量，这两个指数都是下降的，而且发电量变成负数。在中国历史上8月是天最热的时候，也是用电量最高的时候，因为不但有工业用电还有老百姓民间的用电，但2014年8月的用电量负增长，所以很多人也在关心GDP增长速度以及GDP随着工业增长下降的严重性，至少这么多年都没有看到这么低的工业增长速度了。

第三个是消费，消费下降了几个台阶，“八项规定”出来之前我们的消费增长率基本上维持在13%～14%，“八项规定”之后我们基本上维持在11%～12%。但2014年初提出的是14.5%，就是李克强总理提出的消费增长大概维持在14.5%，但现在看到的却是持续下降的趋势。

有人认为，可能是“八项规定”的引导作用，因为过去在假日的时候消费都是上升的，8月是大家出去旅游、集中消费的时候，但2014年是下降的。

我们从总的情况可以看到，在6月的时候实际上是出现了回升，但7月、8月的金融指数都是下降的，7月下降得更加厉害。6月可能是存款的高点，有超过38000亿元的存款。但7月下降了18000多亿元，8月也在继续下降，所以宏观经济对社会信心的影响都是很大的。

房地产在固定资产投资中大概要占到25%，低的时候要占到20%左右，现在可能低于20%了。投资增速从年初开始就出现连续下降，之后的几个月可能还要持续下降，从13%下降到10%左右，我们测算全年在10%左右。

如果房地产投资由20%下降到10%，会影响上游和下游0.3%～0.5%，也会影响GDP 1.1%左右。这个是从往年的情况来看作的推算，所以2014年房地产投资下降对GDP的影响还是比较大的。

从1—8月的情况看，土地购置已经有所好转，以往的最低点到了约－47点，现在还有回升，但是这个回升仍然不够，估计这个负值还会持续，9月、10月也并没有看到土地购置的情况有所好转。土地购置实际上是房地产未来的先驱指标，在2011年和2012年，有一段时间是持续的低增长或者是负增长，所以当时预测2013年初价格可能会上涨。

销售额和销售面积的增速也都是持续下降，东部地区更加严重，全国下降到约8%，东部地区接近19%，所以东部沿海地区的下降带动了全国下降幅度的增长。7月的时候中部和西部地区销售增长是正的，东部地区是负的，因为东部所占的比例过大，所以带动全国都是负的。但到了8月，中部和西部地区也变成了负增长，所以8月是一个转折点。

2013年我们大概销售了13亿平方米，即使按10%～15%的下降率来看，也不是最严重的。2012年初恰恰是最严重的，下降幅度达到27%。如果2014年下降10%左右，那么大概最少仍然能维持在12亿平方米左右的销售量，这在全世界来说也是一个很大的数据。

另外的一个数据是最悲观的数据，房地产开发企业到位资金的增速降到了2.7%，其中一个原因是2013年大量非房地产企业涌入房地产市场，带来了很多资金。2013年资金已经达到了12000亿元，当年完成的房地产投资有80000多亿元。2014年的情况则发生了变化，非房地产企业的这些资金基本上都退出了房地产行业，所以自有资金的增长速度已经越来越慢，到现在为止我们的到位资金只有79000多亿元，已经完成投资的是5800多亿元。

从总体上看，手持现金总量并不低，但要将投资增速维持在10%以上是不够的。这意味着在2014年后几个月有可能单月的投资增长速度会低于两位数，只有个位数，这样才可能把约13%拉到约10%以下或10%左右。这种可能性是比较大的，这对房地产市场和宏观经济的影响也是比较大的。

利用外资、其他自筹资金、定金和预收款，包括个人按揭贷款都是负的。个人按揭贷款已经到了-4.5%，预售的房子是-10.7%，这部分影响很大。它既影响我们的到位资金，也影响银行信贷的其他部分。所以从总体上看，房地产市场的恶化对中国经济的影响也是巨大的。

下行有两个条件：一个条件是下一次的高点低于上一次的高点，第二个条件是下一次的低点低于上一次的低点，就是怎么都比上一次低，它就变成了下行。所以很多人都认为房地产进入了下行阶段。

媒体上大部分都已经用中国房地产变成下行的概念来考虑，但我们用这些数据的时候发现并没有那么悲观。比如即使GDP降到了7%或者是6%，中国人认为这已经非常不好了。但之前我们与日本、韩国的一些企业家座谈，韩国的企业家说，“我们的GDP要能增长到4%，我们都很高兴”。日本人说，“2%我们也很高兴”。可想而知，我们是世界第二的经济国家，增长如果能维持在6%以上或者7%就已经非常好了。

虽然我们下一个高点不一定高于上一个高点，但是我们下一个低点在波动中会高于上一个低点，这种趋势就变成一个平衡性的趋势，就是中间轴位置的值基本上是不变的。

比如说我们可能从销售13亿平方米变成了12亿平方米或者11亿平方米，这个会维持一个较长的时间，那么它就可能变成一个整体的中心轴。我们的宏观经济可能从8%以上的经济增长速度变成6%~8%的增长速度，下了一个台阶，从高速变成了中高速，或者叫中速。

房地产市场大概也处于这样的发展状态，有人认为我们6%、7%的增长已经很糟了，但也有人认为我们仍然维持着很高的增长。我个人认为，房地产即使下了一个台阶，也是一个很高的增长。比如说我们维持在12亿平方米左右，那已经高于2011年和2012年的趋势，而且销售量也是非常大的，你能说它是很坏吗？我看不出来。有人说我们黄金变成白银了，我也不太同意这种看法。因为它在不断创造就业机会和经济增长的条件。

2003 年时我们做了测算，认为整体住宅在总量上要达到 10 万亿元，但是 2013 年时一个基数的高速增长超过了我们的运行指标。按照当时运行的情况，它持续增长的过程已经超过了我们当时的测评。

这是由 4 万亿的促进作用加上后期的宏观政策、货币政策、财政政策上的一些作用导致的。住宅投资的增速超过了我们的预期，那么我们就形成了两种情况，假如按照国际经验来预期的话，我们预测在 2020 年之后，它就会处于一个持续下降的过程，就是一手房向二手房转化。这个新增量变成以持有量转化为主，持续下降的过程。

自 2011 年之后，出台了新的政策，要建 3600 万套保障性住房。按过去说都是廉租房，因为只住不卖。只为那些无能力进入市场的家庭解决居住权的问题。但实际上这个 3600 万套并不是这样的，它在现有基础上翻了一倍。开发商一年生产的房子大概也就 700 多万套，5 年建 3500 万套保障住房，就相当于在现有的开发商基础上翻一番，所以我们就有了迅速增长的过程。

大家都说现在库存高，就是因为我们有这 3600 万套，有了保障性住房再加上 1200 万套棚改房，4800 万套房子迅速在这几年之内挤进了市场，变成了一个巨大的供应量。换句话说，2014 年我们的销售量如果下降了 10% 或者 15%，从 13 亿平方米下降到 11 亿平方米，是不是 2014 年的需求总量就下降了呢？没有，今天的需求总量的增量部分就是保障性住房。

这些保障性住房，在 2013 年下半年开始进入市场，2014 年还在迅速冲击市场，如果把保障性住房和我们的销售量加起来，是大于 2013 年的供应总量。我们现在总量降低了，只是商品房部分降低了，但是保障性住房部分加大了，所以这两个总量加起来是总需求增加的过程，而不是减少的过程。

按照统计局的统计数字，中国现有住宅存量是 180 亿平方米，按照国土部的统计是 230 亿平方米的住宅总量，我们预测总需求是 440 亿平方米左右的城市住宅总量。按照 2014 年中国人口规划公布的资料，现在我们的城镇都算上有 4. 3 亿户家庭，每户家庭平均 3. 02 人，这是全国的平均数。

所以城市人口的增量如果按照 12 亿总量计算，这接近 85% 的城镇化率，人均大约35平方米，这个相当于1890年的美国，美国现在的标准是254平方米左右，人均超过70平方米。

按照这样的情况计算会是一个什么样的发展过程呢？2013年大概是13亿~15亿平方米。如果我们的城镇化率达到了60%，GDP降到6%~8%的水平，可能需要七八年的时间维持在10亿~12亿平方米，这个时间会很长。如果我们的城镇化率超过70%，而GDP再下降的时候，我们仍然需要8亿~10亿平方米，需5~7年的时间。

按照这样的计算，我们用15年左右的时间，可以达到70%以上的城镇化率，接近400亿平方米的总量。然后每年按400亿平方米计算，2.5%大概需要10亿平方米的折旧，如果5%大概需要20亿平方米。但不是一年完成，所以我们可能始终要维持6亿~8亿平方米的拆除面积。因此房产市场总体而言仍然是一个可长期发展的市场，而且仍然对中国的经济有一个持续和增长的动力。

从目前来看，我们要完成这样的发展过程还有一个很长的周期，所以不要以为房地产市场以后就完了，或者说就进入一个低发展的过程。

特别要强调的是城镇化与房地产市场发展的关系，从李克强总理的讲话和国务院会议上的决定可以看到，一个非常重要的问题就是推动城镇化。城镇化是未来十几年中国经济发展的重要动力。

世界上90多个国家的数据证明，30%的城镇化发展期是一个平稳发展的过程，发展得非常慢；超过30%以后，城镇化的发展过程就会进入一个加速发展的区域；超过70%以后，就是一个缓慢迟滞发展的过程。

这里面有四个发展阶段。第一个是农村进入城市的阶段，我们已经经历过，大家也都知道。第二个是由小城镇进入大城镇的阶段。我国主要是坚持以小城镇为主，没有进入大城镇的发展过程，这是很多年来中国的争论，我们提出的是小城镇向大城镇集中，而且这个过程在中国是非常明显的，比如说北上广深。第三个发展过程就是由城市进入郊区，很多国家都经历过这样的过程，但中国没有或者是几乎没有。因为中国土地不是私有化的，所以很难让富人或者有需要的人从城市中心向郊区转移。虽然在偏远地区有一些别墅，也有一些买了宅基地的小贩，做荣誉村民，到农村去了，但是这些不会由郊区城镇化形成城市圈。因为除了把自己的住所搬到了农村以外，没有把学校、医院、公共服务和企业搬过去。

中国城镇化的进程还远远没有完成。人口的最高峰也还没有完全过去，从出生率来说我们下降得很严重，但是过去已经出生的人口还没有完全解决住房的需求。比如说按 23 岁计算，我们通常认为 23 岁是大学毕业或者结婚年龄，2015 年是最高峰，到 2015 年以后就会出现下降，但是下降的速度很慢。如果他是研究生的话，一般要到 28 岁才结婚，这未来的五年中，仍然是一个结婚的高峰期，我们没有办法把这些人刹住，这个自然的情况还没有过去。

倒过来说，城镇化到底是什么？这个是让大家很纠结的问题。城镇化的基础是农村的劳动效率提高，劳动力从土地中解放出来向城市跑，城市的工业发展和服务业发展恰恰给了这些生产力发展的余地。

我国的第一个城镇化率提高周期是在土地承包制度之后，让一部分劳动力从土地中解放出来，所以可以看到 20 世纪 80 年代初期有很多农民进城，但是他们仍然是从事第一产业。因为他们进城是为了卖菜、卖农产品、卖鸡蛋，它们并没有脱离第一产业这样一个范畴，所以他们融入不了城镇化。

但是我国的第二个高峰情况变了，1992 年之后发生了一个重大的变化，农村人口开始进城变成工人，到 1995 年时城镇化率是 29.9%，1996 年开始进入 30% 的高速增长期，从 1996—2006 年这一段时间，每年增长 2400 万人，这是城镇化发展的最高峰。

但如果农村劳动力不从农地中解放出来，他们就不能进城。所以前面说，从农村进入城市，从小城市进入大城市，一个重要的原因就是这些劳动力能解放出来。那需要多少农业人口来生产粮食呢？2014 年出现了大旱，很多粮地都已经颗粒无收了，但是农业部给的报告是，我们不但夏粮大丰收，秋粮也大丰收。这是因为靠机械化、化肥和其他经营生产方式，农业生产已经不需要那么多劳动力。中国已经连续第十年大丰收了，这是解放生产劳动力产生的结果。

大多数发达国家从 50% 到 70% 的增长过程就是城镇化的发展过程。美国、英国、法国、德国这四个国家，它们的城镇化率从 50% 提高到 70%，用了 40 ~ 50 年的时间，为什么这些老牌资本主义国家会用这么长的时间完成 20% 的城镇化过程呢？这是因为在那个时候，工业化率还没有迅速提高，农村劳动力还不能迅速地解放出来，要有这么多人吃饭，就要有这么多人干农活。

但日本、韩国、马来西亚这些国家的城镇化率从50%进入70%用了15年左右，最短的是11年。他们为什么可以在10多年的时间内有这样一个增长过程？为什么会超越美国、德国这些老牌资本主义国家？这是因为农业生产不需要这么多人了，而工业化生产和第三产业特别是互联网等的迅速增长，让劳动力可以从农村解放出来并迅速进入城市就业。

城镇化发展的过程不是靠政府投入多少财力，很重要的一点是依赖于农村劳动生产效率的提高。我们用了15年的时间达到30%的城镇化，这是一个漫长的周期，就是因为我们的劳动力不能从农村解放出来，解放出来了它们仍然依赖于第一产业，没有工业化发展。但20世纪90年代后期就不一样了，从30%到40%的城镇化率我们只用了7年的时间，从40%到50%我们只用了8年的时间，15年时间提高20%。

从现在看，城市之间的城镇化率水平的差别是比较大的。2010年的城镇化率是超过50%，现在是53.7%，一、二、三线城市的发展水平差别也很大，一线城市的城镇化率普遍超过了60%，二线城市现在超过了50%，三线城市差不多超过了30%。

按照前面的发展曲线，也就是三、四线城市还是一个高速增长的过程，尤其是一线城市已经开始出现降速的过程。这和城市房产也有关系，也就是在城镇化率最低的时候以住宅建设为主，城镇化率超过50%以后就各一半，城镇化率超过70%以后住宅量就小于了办公总量，尤其是在城镇化发展的过程中第三产业的比重不断转化，第三产业比重越高，需要的办公楼、写字楼就越多，而第三产业比重越低的时候，需要的工厂和其他住宅建筑就越多。这是一个巨大的变化，因为第三产业增长的重点是第一产业和第二产业劳动力向第三产业劳动力转移的过程，劳动人口转移决定了城镇化率的提高和第三产业的提高。

中国和其他国家不一样，我们的一线城市集中了更多的公共资源，而二、三线城市则相对匮乏。所以三中全会中明确提出，我们需要公共资源均等化，但是均等化不是简单就能做到的。比如说，把北师大的中学等好学校搬到延安去，把复旦或上海的医科大学也搬到延安去，迫使地方公共资源配比大大提高，但其实西安是全国高等教育排第三的，除了北京和上海就是西安了，他们并不缺学校，所以如何利用和均等化资源是个问题。

再举个例子，大家都说城市化的过程中，人口密度增高导致城镇拥挤不堪。大家都觉得北京拥挤，可是按照全国人口密度排名，北京位列倒数第四，如果按照城市建成区计算，北京城市建成区的人口密度只有1464人，而城市人口密度最高的是陕西，有5400人。延安城市建成区最新的规划是60平方公里住70万人，1平方公里要住1万多人，所以从城市人口密度情况看，城镇化并非必然导致城市建成区人口密度增高。

但是核心区就不一样了，北京市1400多平方公里的建成区，核心区只有220平方公里，核心区的人口密度达到了将近每平方公里3万多人，超过了纽约、东京、巴黎、伦敦，成了全世界人口密度最高的地区。

在整个城市变化的过程中，不要以为城市病是城镇化必然导致的结果。如果我们有合理的布局、合理的控制，城镇化会高速发展，而不至于引发各种各样的城市病。

不只是中国在进行城镇化，全世界都在进行城镇化。因为农业生产所占用的劳动力越来越少，一定要向城市转移。未来几年仅在亚洲大概还有10亿人进城，其中我国会有3亿人，因此大概得增加16个千万人口以上的城市，500万人口以上的城市还得增加30个左右，否则我们搁不下这3亿人，所以城市发展过程是限制不住的。

城市化发展的结果是土地价格越来越高，工业化用地价格越来越低，而商业住宅的价格在这几年没有太多的变化。商品房生产的过程是一个逐渐增长的过程，2013年大概也就是780多万套，每年的供应量就这么多。也就是说，1998年后，我们全部建的商品房就这么多。供应市场的还有城镇住宅（非商品房），也就是说，政府机构另外盖了一批房子。2013年8.9亿平方米是我们建的，占71%，另外29%是非开发商建房，保障性住房是从2013年开始增加的，我们也从高点开始往下降。也就是保障性住房的比例越来越大，开发商所占的比例越来越小。从北京市的情况看，2013年有40%的保障性住房是开发商建的，另外60%的保障性住房是政府或者其他部门建的。

2009—2013年我们卖了大概55亿平方米的房子，我们报表上竣工的房子是43亿平方米，换句话说，现在正在建设的房子有些已经卖掉了。到2014年5月有大概60多亿平方米的在建面积，其中30%是商业，把这30%扣掉，有40多亿平方米是住宅，如果有20亿平方米已经卖掉，那么还有20亿平方米，2014年卖10亿平方米，2015年再卖10亿平方米，所以到2015年9月，如果没有2014年新增10亿平方米以上的建筑面积的话，基本上都差不多了。所以，在整个过程中，我们比较怀疑的就是有没有这么多的建筑面积，大家都在担心房地产市场垮了，所以我用了竣工率。大概有6个人同时跟我提出过这个问题，就是按照我们的竣工率计算，我们可能没有这么多的房子，有很多的房子开工了之后就不干了，否则这个数不会越来越低。统计报表里显示从21%降到了15%，如果从竣工面积计算，只有15%的竣工率意味着房子得7年才能盖完，从开工到竣工要7年的时间，是不是时间太长了。有人说是楼高了，所以竣工期长了，也有人说是因为地下室多了。过去我们几乎没有地下室，都是地面停车位，现在要求停车位比例越来越高，所以剩的房子大概都是车位。

通常一个小区的车位要业主入住四年以后才消化掉，前面这四年，开发商手里有很多车位，那么即使扣除了当年新开工的面积不算，从34%的竣工率降到了21.8%，也就是最快五年才能盖完这个楼，我不相信。房地产市场短期供过于求的现象是存在的，城市之间分化的供过于求现象也存在，但没有那么悲观。

媒体和大众都以为2013年是一个大丰收年，所有的城市都在丰收，其实他们错了。2013年有大丰收的是温州，增长率排在全国第一，北京市的增长率是-2.1%。

我们喜欢用数字说话，2014年第一个发文件要求取消限购的城市是呼和浩特，为什么是呼和浩特呢？因为它增长得最慢。2013年是大量负增长，当时就应该取消但中央没动静，所以2014年它是第一个取消限购的。无锡2013年也是负的，这跟太湖有关系。苏州周边的太湖保护得很好，为了保护这个湖，有100多家企业和十几万人都搬走了。

我认为现在市场变化中有两个很大的原因，一个是用保障性住房和棚户区改造产生的挤出效应，第二个是贷款利率产生的挤出效应。在统计GDP的时候，房地产市场好不好都和GDP没关系，只有在投资时产生的增压值会影响到GDP，而剩下的都和GDP没有任何关系。因此政府更关心投资，所以就用保障性住房来增长投资。那么就有一个新问题，如何消化库存呢？

从市场经济的角度看是非常简单的一个道理，当库存已经增加的时候，我们就减少生产、消化库存，那中央政府为什么在我们房子已经形成库存而无法消化的时候，还要拼命加大盖保障性住房的力度？还给优惠贷款呢？这是因为要保证 GDP，所以在努力扩大投资，这就一定会产生巨大的挤出效应。

先说个贷，我们可以看到 0.7 倍或 0.85 倍到 1 倍之间差 20 多万。换句话说，这套房子开发商卖的时候减了 10 万，因为利率的增长你还要多付 10 万，要不减房价 10 万就得多花 20 万利息。因此，开发商降价的钱都被银行赚走了，本身卖 100 万现在卖 90 万，房价是跌了，可是由于利息多了消费者花了 110 万。那么这套房子到底实际价格是降价还是涨价？我们认为是涨价。

美国个贷利率大概是 2%，日本是 1%，英国是 3.5%。我们国家这么高的利率就是因为没有形成资产证券化，因为资产证券化，老百姓可以不买 3% 的国债，买 4% ~5% 的个贷。但是我们没有这么做，所以出现了很多问题。

当少数人没有办法利用证券化去投资、去分享房地产城镇化发展过程中的红利时，就必须通过买房子去分享，在国外都是 RS、基金，你只有 10 块钱也可以买，你不需要有 20% ~60% 的首付才能去买，一系列的问题都解决了。但实际上导致的是贫富差距的扩大而不是减少，中国房地产的投资在拉动经济的同时拉动了巨大的消费。房子小了可以换大的，但是一定要收入合理，你需要做更多的事情才能有更大的房子，房子大了你得买个好家具、大电视。我们看到最近很多家具厂倒闭了，就是因为上下游的关系太密切了。所以最终我们可以看到出现了很多问题。李克强总理也曾多次提到要进行市场化改革。

余永定
论坛成员
中国社会科学院学部委员

融资贵、融资难与金融改革

Chinese Economists 50Forum

Chinese Economists 50Forum

余永定简历

50 人论坛成员。

1948 年生于江苏。中国社会科学院学部委员，牛津大学经济学博士，曾任中国社会科学院世界经济与政治研究所所长、中国世界经济学会会长。研究领域为宏观经济和世界经济。

1979 年考入中国社会科学院世界经济研究所从事研究工作；1986 年获经济学硕士学位，并任世界经济研究所西方经济理论研究室主任；1988 年赴英国牛津大学学习；1994 年获博士学位，同年回到世界经济与政治研究所任职；1995 年任研究员并获国家特殊津贴；1998 年任世界经济与政治研究所所长；2003 年当选中国世界经济学会会长；2004 年 7 月至 2006 年 7 月任中国人民银行货币政策委员会委员；2005 年任国家“十一五”规划专家委员会委员；2006 年当选中国社会科学院学部委员，摩洛哥哈桑二世科学技术院外籍院士。孙冶方经济学奖获得者。

1981 年以来发表学术论文、文章数百篇，专著（含主编、合著）10 余部。

期　　目：总第259期
演讲时间：2014年9月24日

非常高兴有机会和大家再次见面。今天除了谈中国的实际问题之外，还想借这个机会间接地跟大家介绍一下研究经济的一些方法。

当我在考虑某个中国经济问题的时候，我总要想怎么能把这个问题纳入一个理论框架之中，然后借助这种理论框架来思考。这样的思维方法最大的好处是，运用设定的理论框架来研究具体问题，可能会帮助你推导出一些你事先没有想到的结论。这是经济学理论研究非常吸引人的地方。

下面我首先讲的是，中国目前所存在的融资难、融资贵以及中国为什么会出现这个问题。

长期以来中国的利息率是偏低的，从经济学角度来讲，这是因为存在金融抑制。但是，自从2013年以来，在中国经济增长速度下降、经济疲软的同时，利息率却在上升，企业的融资成本也在上升 。中央政府对这个问题非常重视。国务院于2014年8月公布了"金融十条"，就是想解决融资贵的问题。国家统计局在第二季度调研中发现，小微企业的年化贷款利息率是25.1%，其实这就是高利贷。当贷款的年化利息率高达25.1%的时候，企业是没法生存的。虽然这是年化利息率，但是无论如何都太高了。虽然最近采取了一些措施，问题有所缓解，但是并没有得到根本解决，融资贵、融资难依然是中国面临的严重挑战。

从短期来看是企业融资难的问题，更是中国的金融稳定问题。为什么这么说呢？这里有三个事实。第一，中国企业的负债率也就是所谓的杠杆率非常高。杠杆率可以用公司债务对GDP的比来衡量，按这个比来衡量中国可能排世界第一。根据社会科学院和其他机构的研究结果，中国企业的杠杆率是120%～150%，这在全世界是没有的。根据标普提供的一个研究成果，美国这么大的经济体，企业的债务总额是13万亿美元。而中国企业的债务总额已经超过了14万亿美元。中国企业债务问题之严重由此可见一斑。

大家都知道债务有几大类，一个是企业债，一个是居民债，一个是政府债，还可以把金融部门的债也考虑进去，但这会有重复计算。中国居民部门的负债率在30%～40%，和世界其他国家相比属于比较低的水平。中国中央政府加上地方政府的债务，比重也是50%多一点，不超过60%，这两类债虽然也值得我们警惕，但是从国际比较的角度来讲还不算特别严重。相对而言，中国的企业债务则是最严重的，所以我们现在要高度关注这个问题。

第二个事实是企业杠杆率非常高的同时，企业的利润率非常低。2012年中国的钢铁行业利润率是多少呢？两吨钢的利润只够买一根冰棍，这是我们整个钢铁行业的利润率。从整个工业部门来讲，根据官方的统计数字，5000个大的公司（指非金融公司），平均利润率从2011年、2012年开始往下走，现在一般是在7%左右，利润率水平很低。根据有关的报道，对于一些大的500强企业，平均利率是2%多。

第三个事实是企业的融资成本在急剧上升，企业的加权平均是7%左右。因此我们一方面看到中国5000家制造业的平均利润率是6%多，另一方面融资成本也是6%多，甚至到了7%，同时企业的债务水平已经非常高了。如果用一个微分方程来表达杠杆率的动态路径，会发现这个方程的解是不会趋于一个稳定水平的，也就是说我们的杠杆率会越来越高。企业杠杆率不会无止境增加，当它高到某一水平后就会触发经济危机。

由于企业的利润率非常低，要想发展生产就得借钱。借钱的代价又非常高，使得企业利润率进一步下降，利润率下降又使企业更加努力去借钱，否则没法发展。当然也可以不发展，不发展的结果就是使经济增长速度下降。杠杆率是一个分数，分子是债务总额，分母是GDP。想让这个比率降低，既可以设法减少分子，也可以设法增加分母。如果希望通过减少投资的方式减少借贷，确实可能把分子减下来。但同时可能会在更大程度上把分母（GDP）减下来，这样整个分子不但不会缩小反会增加。

我想强调的是，融资难、融资贵的问题不是简单的企业财务成本问题，它还会对中国未来的经济增长，对中国未来的金融稳定造成严重的影响。现在大家比较关注房地产价格暴跌、房地产市场崩溃可能造成的不良债权。当然，这是值得我们严重关切的问题。但同房地产相关的贷款在银行贷款总额中所占比例仅仅是20%，更何况房地产价格下跌应当不会使所有房地产开发贷款和住房按揭贷款成为坏账。虽然房地产是一个非常值得我们关注的问题，但是从数字上来比一比，从较长期来看，企业部门负债率过高的问题更可怕，所以我希望大家能关注这个问题。

融资贵的问题是跟企业的融资成本，也就是企业贷款利息率相关的。

我们要考虑一个问题，就是利息率是由哪些因素决定的。经济学学术史中有多种理论来讨论利息率的决定。

最早是重农学派。强调的是如果我们使用资本品进行生产，劳动生产率提高了，额外收获的提供者，也就是资本品的提供者应该得到某种报酬，这个报酬就是利息。后来是西尼尔和马歇尔，特别是西尼尔提出节欲和等待理论。他认为由于资本家节制和克制自己的欲望，才能把资本品提供给你来发展生产，利息是这种节欲应该得到的报酬。马克思最恨的一个人就是西尼尔，他在《资本论》第一卷把西尼尔批得狗血淋头。后来马歇尔对他的理论做了某种补充，认为利息是对等待的一种补偿。第三种理论是庞巴维克学说。庞巴维克是很有思想力的经济学家，大家可以在读《资本论》的时候参考一下他的书，从中可以加深对《资本论》的理解。他提出时间偏好理论。把两块糖给两个孩子。一个孩子可能马上把糖吃掉，而另一个孩子可能不吃，留在明天吃。这说明这两个孩子有不同的时间偏好，一个愿意推迟消费，一个愿意马上消费。糖留着明天吃的这个孩子有资本家气质。庞巴维克认为对于推迟的消费是应该给予奖励的，奖励的东西就是利息。

我刚才讲的这几种利息决定论有许多共同之处，也有共同的问题，那就是没有谈利息率的决定问题，就是利息率到底是怎么决定的。维克塞尔的可借贷资金理论提供了答案，他把供给和需求的概念引到这里面，提出利息率是可贷资金的供给曲线和需求曲线的焦点决定的。资金供给曲线反映了储蓄者的时间偏好。如果孩子把糖留在明天吃，我会再奖励两块糖甚至三块糖，小孩子肯定就会把糖留到明天去，不会在今天消费了，这就意味今天他储蓄了。假设所有的居民都有一个时间偏好的问题，都可以把消费推迟到未来，那么他就应该得到相应的补偿，这个补偿就是你必须要给他的利息。利息率越高，居民就越有储蓄的积极性，相应的可贷资金供给就越多。

可贷资金需求曲线则是由借款者也就是投资者资本的边际生产率决定的。如果他的资本边际生产率越高，要借的资金就越多，如果资本边际生产率很低的话就不会愿意多借了。对于这个借款者，他看到的就是在他借钱时的利息率，如果资本边际生产率非常高，哪怕利息率高一点也可以承受。如果把利息率降下来就可以借得更多。供给曲线的斜率是正的，需求曲线的斜率是负的。

还有一种理论就是凯恩斯的流动性偏好理论。在他的 IS – LM 模型中，IS 曲线和 LM 曲线的焦点同时决定利息率和产出水平。凯恩斯的这个理论跟维克塞尔理论有一个很大的不同，在凯恩斯模型中包含了政府政策。LM 曲线是可以随着政府货币供应量的增加或者减少而移动的，这个是政府控制的。而我在谈维克塞尔可借贷资金理论的时候，这个政府是不存在的。在维克赛尔那里，可贷资金供应曲线和需求曲线焦点所决定的利息率被称为自然利息率。

凯恩斯的流动性偏好理论讲的利息率和维克赛尔讲的自然利息率显然是不同的。但这两个利息率是不是有什么关系，是否可以统一起来呢？

我现在讲这些东西，是为以后分析中国经济问题做理论准备，等于在考虑框架问题。我们把自然率重新定义一下，刚才我说了自然利息率跟时间偏好有关系，跟资本的生产效率有关系。现在我把这个定义放在一边。考虑这样一个事实：如果经济活动水平同潜在的 GDP 相一致，经济就不会出现通货膨胀。再考虑另一个事实：如果假设储蓄和投资处于均衡状态（我们不考虑开放经济），经济也不会出现通货膨胀。基于这两个考虑，我们可以把自然利息率重新定义为不会导致通货膨胀和失业的利息率，从而把自然利息率同凯恩斯利息率统一起来。

需要强调的是，自然利息率是不可观测的。但是凯恩斯的利息率是现实中的所能看得见的利息率。需要强调的另一点是：虽然根据我们对自然利息率的定义，自然利息率和凯恩斯利息率两者是一致的，但尽管政府无法决定自然利息率，却可以通过一种货币政策使凯恩斯的利息率等于自然利息率。政府执行货币政策的目的，就是让经济在潜在经济增长水平上活动，而且不导致通货膨胀。所以政府应该使利息率去适应自然利息率，使利息率等于自然利息率。

凯恩斯所说的政府通过它的货币政策所能决定的利息率到底是货币市场上的哪个利息率呢？

简单地说，凯恩斯利息率应该是表现为某种受货币当局控制的现实的利息率，而货币当局控制下的最重要的利率是什么？如果货币当局在确定基准利息率时，以实现储蓄与投资、可贷资金供应与需求的均衡以及 GDP = 潜在 GDP 为目标，就可以认为凯恩斯利息率就是基准利息率。

在中国基准利率是什么？根据央行金融研究所学者的说法（我认同这种说法），中国有三种基准利率（但有还没有成为现在的基准利息率）：一个是在上海的银行间拆借利息率，一个是中央银行依然在控制的一年期储蓄存款利息率和贷款利息率，还有一个是国债收益率。这些利息率的大小不同，可以假设如果这些相关金融产品的期限相同，其风险就相同（都有国家担保），折算成相同期限这些利息率就是一样的。下面的讨论中，为简化分析，我们假设一年期贷款利息率为基准利息率，是其他金融资产定价的基准。

现在，我们有凯恩斯利息率 = 基准利息率和自然利息率。自然利息率是客观存在的，但却不可观测。政府需要做的是使在它直接操控下的实际的利息率（基准利息率）等于自然利息率。反过来也可以说，中央银行所确定的这个正确的基准利息率（保持经济可以持续增长，没有通货膨胀的利息率）就是自然利息率。一个是客观存在的，一个是政府所能操纵的；一个是看不见摸不着的，一个是可观测的，这两个东西可能一致，也可能脱节 。虽然有这么一个自然利息率客观存在，但是我并不一定知道这个客观利息率是什么。我所能做的只不过是尽我所能，使现实中的基准利率等于自然利息率。

美联储的经济学家还真的试图去计算这个自然利息率 。他们是根据可观察的、已经成为历史数据的联邦基金利息率来倒推自然利息率。这种倒推好比是在向敌人射击，你也不知道敌人在哪，只猜他们大概在某个方位。射击完了之后打扫战场，看是不是死了很多人。如果确实死了很多人，那么他射击的方向是对的，如果一个人没打着，方向就错了，他得调整方向再到别处打。所以在统计上，他可以根据实现了潜在产出水平的联邦基金利息率来倒推自然利息率。

我讲这些东西，是想说明自然利息率在现实中应该是货币当局所瞄准的目标。假定经济是在正常情况之下运转的，就可以根据观测到的联邦基金利息率倒推自然利息率。根据他们倒推的结果，自然利率平均是3%，在 20 世纪 60 年代后期大致是 5%，20 世纪 90 年代是大于 1%，2002 年中期是 3%，现在是多少也可以推算。美联储认为确确实实有个自然利息率，联邦基金利率应该等于自然利息率。

现在我要问的问题是，如果基准利率背离自然利息率将会发生什么情况？如果基准利息率低于自然利息率，就会出现所谓的金融抑制。在利息率太低的情况下，对可贷资金需求强劲，但可贷资金的供给不足，就会出现通货膨胀。还有一个突出的现象就是排队现象，市场不能通过市场机制出清，而要靠拉动关系、走后门、贿赂，这里面就暗含了腐败。如果基准利息率背离了自然利息率，或者它低了就会导致这样一个结果。如果它过高又会导致其他的结果，比如储蓄过剩，消费不足，顺差等一系列现象。基准利率过高过低都是不理想状态。货币当局应该尽可能操作它的基准利率，使它等于自然利息率，经济就会处于一种理想状态。反过来说，如果经济处于一种非理想状态，我们就可以说这个基准利率背离了自然利息率水平。

大家都看过科学研究纲领，在方法论上，一个经济学家的论文要有价值增值，提出一点新东西，而不是把人家说过的重新说一遍。我今天讲座的价值增值在什么地方呢？就是对自然利息率的理论做一点补充。在西方国家可能很多人已经做过这个研究了，在中国还不太关注这个问题。我引入的就是金融机构的中介作用。我有储蓄了，你想要投资了，但是我的储蓄没有直接转到你的手里，而是需要经过金融中介。不像两户农民，我今天的粮食没有吃，就把粮食借给你当种子了，这属于非常直接的储蓄转换到投资。在我们谁都不认识谁的情况下，这时就需要金融中介。金融中介需要有中介成本，如果把金融机构的中介成本考虑进去，我们可贷资金的供给曲线就不是像维克斯尔最初所说那样，仅仅是由时间偏好所决定的，它就会产生变化。如果考虑金融机构的中介成本，投资者所面对的可贷资金供给曲线，并非根据储蓄者时间偏好所推出的可贷资金曲线，这两条曲线是不一样的。我们实际上是两条不同的可借贷资金的供给曲线。

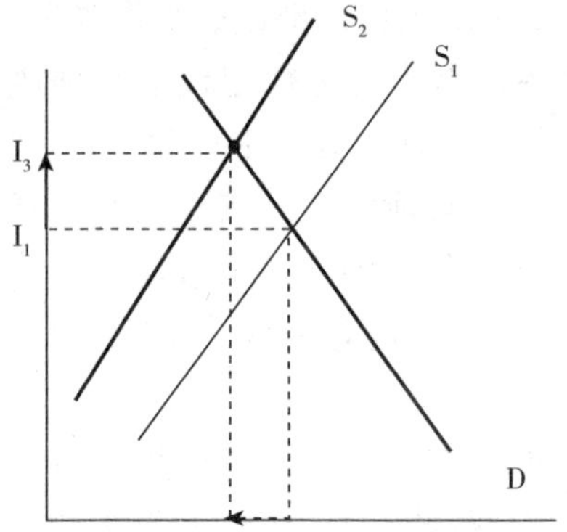

图 1　考虑到中介成本的可贷资金供给与需求

由于中介成本的出现，对于给定的资金供给量，投资者必须支付比储蓄者接受的利息率更高的利息率，这实际上是很容易理解的。你把钱存在银行，银行把钱借给企业，银行跟企业所要的钱跟你从银行得的钱是不一样的，这就是中介成本，企业的利息率就要更高。这样我们就有两条可贷资金供给曲线，一条是对资金供给方而言，另一条是对资金需求方而言，前者随储蓄者时间偏好的改变而改变，二者在前者的基础上进一步随中介成本的改变而改变。如图 1，一开始只有 D 和 S_1 相交，现在由于考虑到了中介成本，对于企业来讲所面对的可贷资金供给线就是 S_2了。对于储蓄者来讲，所面对的供给曲线仍然是 S_1，S_1依然是我们原来所说的可贷资金曲线，是由时间偏好决定的。I_1是自然利息率，是应该有的，但是在现实中得到的不是 I_1而是 I_3，I_3是加上中介成本的实际发生的借贷者所面对的可贷资金曲线。如果这个焦点移动了，就有了新的焦点，对于这两个焦点，利息率上升了。对于一个经济来讲，如果希望能够运行在潜在的 GDP 水平上，没有通货膨胀，没有其他的问题，应该是 S_1，现在变到 S_3上了，所以对经济的增长肯定有影响。中介成本对实体经济的增长是有影响的，当然这种影响是通过它对于可实现的可贷资金的供给和需求的聚合点影响而造成的。

有了这个框架之后，可以想得更细一些。企业融资成本到底由哪些部分构成？所说的企业融资成本，就可贷资金左移所反映的融资成本，它等于几大项之和：基准利息率，比如央行确定的一年期存款的利息率；银行的加成；加上交易成本，银行把你的钱转到别人的兜里，不是不要成本的，要有很多事情要做；风险议价，把钱借给你要 3% 的利率，把钱借给另外一个人要 5% 的利率，因为我觉得把钱借给他风险很大，万一他赔了钱总体来讲我不会受损失，所以要加上风险议价。

企业的融资成本指的是企业必须向银行支付的利息率。在这里我假定基准利息率是一年期居民存款利息率，如果假定使其他利息率如上海银行间同业拆放利率（SHIBOR）也没有关系，都是一致的。我这里为了简单就这么说了。

我们已经有了一个基本的框架，需要用这个框架解释融资难、融资贵问题，我主要讨论融资贵的问题。为什么金融机构融资成本高？大家听到很多的说法，我觉得各种说法都有一个缺陷，就是缺乏一个比较完整的系统框架，所以比较零碎。虽然最多可以列出七八条来，列出来之后也不是没有用，可以帮助你对现实有所了解，甚至给你一些启发应该干什么，但是有些问题你没法给予回答，所以必须有个理论框架。

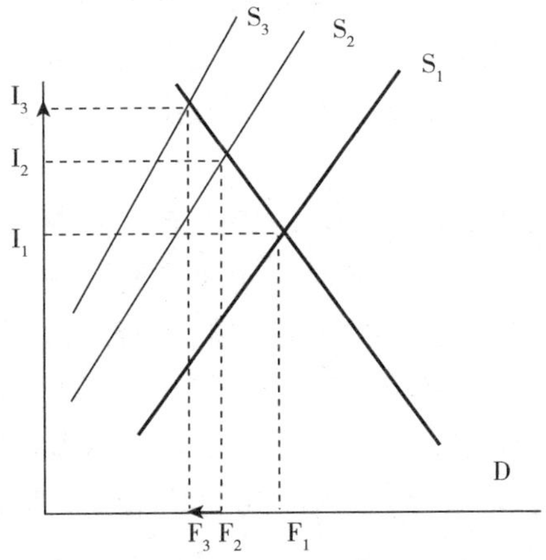

图 2　融资成本上升和居高不下的原因

就是如果假定时间偏好给定，现在研究的是中介成本，其实时间偏好可以变，也可能受政府政策影响。现在只考虑中介成本，刚才给出了中介成本的几大项，这几项中任何一项的增加都会导致曲线的移动，在正常情况下，比如我说应该在 S_2的位置，因为中介成本总是存在的，为什么在 2013 年以后，我们企业融资难变成突出问题，这里所暗示的是什么？这种融资难是由于中介成本上升，是由 S_2移到 S_3的位置。中介成本中的任何一项的增加都会导致资金供给曲线进一步向左移，利息率进一步上升和实际融资进一步下降，原来是 F_2现在变成 F_3了。

2013 年之前假定处于 F_2的水平，2013 年之后到现在转到 F_3的水平了，可想对中国经济的增长是有消极影响的。在正常情况下 S_2对 S_1的垂直距离，这里指的是正常的中介成本。S_1 对水平轴的垂直距离应该保持稳定的比例。现在的问题是这比例变了，中介成本在总的成本中占比增加了，这是我们现在所面对的一个问题。有了这个框架之后回过头来就可以讲具体的问题，导致供给曲线左移的具体原因到底是什么？

实际上过程是反着的，事先已经知道这类原因，想办法把它综合起来，把原因加以整理放在一个框架下能看得更清楚一些。首先讨论导致供给曲线左移的具体原因是什么？

第一个原因是加成率过高。2013 年工农中建交五家商业银行的平均利率高达23.6%，中国工业企业的平均利率是6%多，不超过7%，500强的利率是2.3%。可是工农中建交是23.6%。工行的利润率是28%接近30%，差异是非常大的。这五家银行的利润占中国500强企业利润总额的35.6%。这个对比是非常鲜明的，中国规模以上工业企业主营活动的平均利润率只有6.04%，这都是官方数字。这个差异就是由于加成率过高。

第二个是风险天数上升得比较厉害。有两个原因，一个原因是我们自己的融资环境变了。原来经济增长比较稳定，大家都不认为有太多的风险，所以在借贷的时候所差的风险天数相对来讲不是特别高。还有一个最重要的原因是企业自身的风险偏好改变了。原来企业比较有进取心，敢于冒点风险，但是现在变得不愿意冒风险，这是一个明显的变化，而且我相信这个问题会趋向严重，这跟我们的经济大环境有关系。

风险偏好下降的具体表现是什么？银行不想承担任何风险，给你提供贷款首先要有抵押，这还不够，还要有担保，有了担保还不行，还有担保的担保，有担保的担保也不行，还有担保的担保的担保，这就是联保。而且银行在确定你的抵押品价格时会往低了压，评估费让你付。总而言之，银行要用一系列办法来维护自身安全。当然，这种顾虑是有必要的，但是不能太过。如果银行都不想冒风险，那么整个经济就会出现衰竭状态，最终导致所有银行都会面临风险。我们必须要考虑一种机制，来改变银行这种过于害怕风险的行为。过去无所谓，银行很大胆，谁借钱都敢借，但是现在谁借钱都不敢借，这种行为在最近表现得比较突出。

回过来我想把加成问题顺便说一下，这个问题在经济学中从来都是有争论的，凯恩斯的左派比较强调加成理论的观点。20世纪90年代后期，这个说法不太时髦了。我这个岁数接触经济学，正好是左派力量比较强大的时候。当时我开始步入经济学文献的研究，所以对他们的理论稍微熟悉些。美联储首先有一个基准利率，定了基准利率之后，美国的金融机构（我指的是美国的银行），要在美联储利息率的基础上，通过加成为不同的金融产品定价。举个例子来说，在20世纪80年代到90年代，美国商业银行是以联邦基金利息率为基础，在这之上通过加成来确定给信誉度最高的这些大公司提供贷款（优惠贷款），这个利息率包含了商业银行的正常利息率。

为什么有争议呢？商业银行认为我应得的利润率是这么一个利润率，

加成过高暗示着市场存在垄断，只有垄断才有能力把过高的价格定下来。如果是完全竞争的，过高的加成是加不成的，只能推动其他方式增加利润率。提出加成理论的经济学家认为这种垄断是存在的，中国有没有？有人说有，有人说没有，大家自有判断。

在现实生活中，大家都知道20世纪80年代美国有严重的通货膨胀，沃尔克采取了非常紧缩的货币政策，它的基准利率非常高，水涨船高，加成之后的优惠贷款利率也会上升。但是尽管水涨船高，加成率却始终保持在1.14%～1.6%。我查了当时的数字，90年代的加成率相当平缓。美国联邦基准利率抬得很高，商业银行肯定要增加给企业贷款的利息率，但是所加的这部分始终保持在一个比较稳定的水平上。中国到底能不能用这个观点来研究，我们可以进行分析。

还有一个重要的原因是房地产。如果我把钱借给房地产、借给地方政府，而且是大量的借，大量资金进入这些部门，另外一些部门比如中小企业，就可能得不到钱。中小企业数量极为庞大，占了中国经济50%左右的高比例。如果你没有钱，但非要借不可，这部分的利息率就变得非常高，加权平均利息率就上去了。按照统计局对2014年第二季度的统计，小微企业的年化贷款利息率是25.1%，这就是高利贷，虽然是短期的，仅仅为解决流动性问题。如果地方政府和房地产吸走了大量的资金，总体的利息率水平就会上升。

还有一个问题比较明显，我们现在有两种控制非常突出，一种是信贷规模控制，另一个是75%的贷存比控制。银行必须有信贷额度才能贷款，你的贷存比必须满足75%的要求才能去贷款。银行可能处于这种状态，我有贷款指标，但是我不能满足75%的存贷比；或者我能满足75%的存贷比，但是我又超过了贷款额度，还是不能借钱。当然，银行有了资金不用就没有利润，所以要利用各种通道业务，通过各种桥梁把钱贷出去。本来银行直接把钱借给你就行了，但是现在由于种种规制不能把钱直接借给你，要通过张三、李四、王五把钱借给你。由于在你我之间又插了张三、李四、王五，都要来分一杯羹，自然把资金成本提上去了，可以认为这是交易成本。这不是某地特有的现象，全国都是如此。

金融活动强度增加，金融中介有必要增加吗？可能没有必要。但是它为什么这么活跃呢？在4万亿投资之后，一方面由于种种限制，信托投资暴涨。银行必须依靠它们才能把款贷出来，或者它们干脆取代了银行，造成了银行提供贷款时的交易成本上升。

需求方也是有问题的。可贷资金需求缺乏利息率弹性。如果我这个需求曲线对利息率是无限敏感的，贷款的需求曲线应该是平的。根据我的需求，曲线是这种形状的，如果无限就是平的，弹性越大越平。所以说，一方面是贷款者的行为，一方面是借款者的行为。中国国有企业不太在乎利息率，贷款越多越好。当然这种现象应该有所改变了。所以中介成本的上升导致S曲线往左移，需求缺乏弹性不能对利息率上升有抑制作用，所以需求方也是有问题的，当然还有其他的问题。

还有一个不属于曲线范畴的问题。长期以来中国利息率水平偏低，我们的基准利率不是等于自然利率，而是低于自然利率。最近几年中国的金融自由化悄然而生，虽然对于存款的控制现在还有，但是由于金融自由化，存款的利息率在很大程度上已经是自由化的。比如把存款提出来，变成买理财产品，你的回报率就会高出一大块，因为借款者愿意付那么高的利息，这就是一种利率自由化。自然它也把我们企业的融资成本抬高了。

总而言之，我用供给和需求曲线作为框架，解释了几大原因。有了框架有些问题就比较容易回答了。例如，是否可以通过降低基准利息率降低成本。现在有呼声说央行应该采取宽松的货币政策，降低基准利率，增加货币供应量，企业成本就会降下来。这个说法是有道理的。但中介成本本身跟货币政策没有直接关系，中介成本过高但并不能够通过货币政策来解决，至少不能主要通过货币政策来解决。

我认为货币政策虽然有用，但在解决因中介成本过高导致融资成本过高问题上的作用是有限的，而且会有些副作用。在维克斯尔的理论中，自然利息率的理论是没有中介成本的，现在我把中介成本引入了。如果假设基准利率就是I_1，由于中介成本的出现，我就有S_2这条曲线了。这时对于借款者而言，资金供应曲线实际上是S_2不是S_1了。在信贷市场处于均衡状态的情况下，利息率不是I_1是I_2，往上走，可贷资金的成本不是F_2而是F_3。假设基准利息率被降低了，降到I_3了，还假定这个降幅正好抵消中介成本，在没有中介成本的情况下，S_1和D相交决定的利息率和信贷供给需求的均衡。现在我假设把基本利率通过政府的货币政政策压下来，压到I_3，在这种情况下会出现什么？资金需求会恢复到S_1，基准利率下降抵消了中介成本造成的融资成本上升。企业需要付的利息率自然就不像原来那么高了，恢复到跟自然利率相应的水平，它的资金需求也会相应增加。但由于利息率低了，对于资金的提供者——也就是储蓄者来讲，消费推（储蓄）的报酬减少了，他们自然要减少资金的供给。由于资金供给减少到 F_2，就出现了资金的供给不足，短板在供给方。原来的约束来自需求方面，现在变成了供给方的约束，所以造成了资金供给不足的情况，结果会导致产出不足和通货膨胀压力上升。

由于资金供给小于资金需求，信贷市场上存在利息率上升的压力，金融企业肯定绕着弯把钱借出去。如果你通过各种手段不让他们做，结果就会出现人为压低利息率，必然导致资源配置的恶化。总之，中介成本越高，失衡越严重，基准利息变动并不能消除中介成本过高所造成的问题。它可以使现实利息率下降，但又带来了其他一系列的问题。所以如果短期我们面临非常严重的融资成本过高的问题，我们确确实实可以松一松货币，压一压基准利息率，但是这不是长久之计，它马上带来其他一系列问题。关键问题在于要把中介成本压低。

最后得出的结论是，融资贵是由多方面原因造成的，特别是制度性原因。这个问题不能单靠放松货币政策来解决，各种制度性因素对融资成本上升或者居高不下到底有多少影响，还需要经验研究予以回答。

另外，进一步降低基准利息率有助于降低融资成本，我不否定它的作用，但也有可能恶化资源配置，不利于结构调整，不利于对通货膨胀的控制。总之，加速金融改革是降低中介成本，从而解决融资难、融资贵问题的根本途径。在西方应该说已经比较完善了，它们也存在类似问题。尽管利息率很低，但银行不愿意把钱借给企业，实体经济得不到资金。这个问题从更深层次来讲，同二十多年来的全球化，二十多年来金融在经济中所起的作用，甚至跟人的意识形态的变化都有关系。

模型还可以进一步的具体化，比如区分中小企业和大型国有企业不同行为模式，高收入和低收入阶层的不同时间偏好等，这些因素的引入可能会导致不同的结果。基准利息率变化，可能会通过对资产价格的影响改变储蓄者的时间偏好，这些在今后的分析中也应该考虑。

我们现在面临的融资贵、融资难问题，有些跟货币政策有关，但要想根本解决这个问题，就要加速金融改革。十八届三中全会已经提出了一个相当完整的纲领，主要内容是四个：

第一，完善人民币汇率市场化的机制。

第二，加快推进利率市场化。

第三，健全反映市场供求关系的国债收益率曲线。

第四，资本项目自由化，人民币的可兑换问题。

第二和第三是一致的，可以把它归为一个东西即利率市场化，其中一个目标是要建立国债收益率曲线。

这四条内容是完全正确的。提到利息率的市场化，马上就会有人问中国的基准利率是什么？表面上，中国存在着央行公布的存款贷款利息率、国债收益率和 SHIBOR 至少三个基准利息率，这是不正常的。从本质上来讲，我们没有一个基准利率。你要对金融产品定价，需要有一个基准，否则怎么定价？由于各种金融产品的期限不一样，有的是一天，有的是一个星期，有的是一个月，还有的是三个月，所谓基准利率应该是没有风险的利息率，别的利息率都是建立在这个基础之上的。比如说隔夜拆借利率是 2%，我把钱借给你一晚上，到底应该跟你要多少利息率呢？首先要看基准利息率是多少，我跟你要的钱肯定高于 2%，至于高多少要根据我对风险程度的评估。由于时间不一样，相应利息率更高一些，因此这就不是一个简单的隔夜拆借利率，而是跨越时间很长的一条线，没有这条线就没有定价的基础，乱定价就会造成各种各样的套利活动或者是寻租活动，就会增加中介成本，而不是使实体资源服务于实体经济。所以，我们确实应该尽快建立这条收益率曲线。

收益率曲线的长端是国债收益率曲线，因为只有国债才有 10 年、20 年、30 年这么长。这是美国的收益率曲线，最短端是隔夜拆借率，联邦基金率。把不同时点的利息率连起来，就形成图 3 所示的收益率曲线。

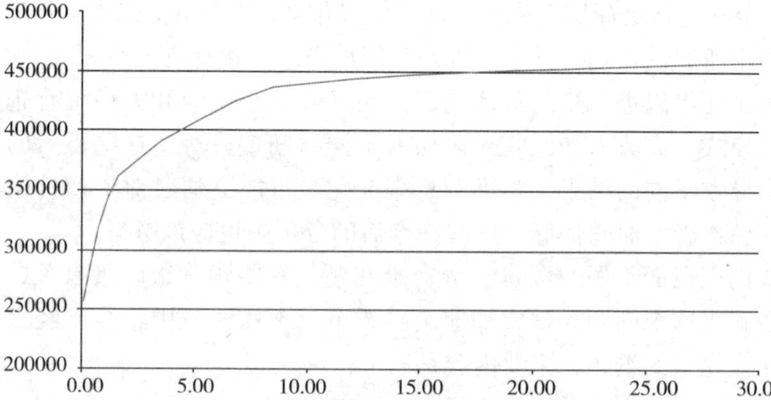

图 3　美国收益率曲线

图 3 中纵轴代表收益率（利息率），5000 代表 5%，其他类推；横轴是以年为单位的时间。

为什么是这个形状？用一些经济理论来解释，简单说就是今天借你的钱我是有把握你会还的。如果借给你钱是 10 年期的，尽管相信你不会违约，但出了通货膨胀怎么办，总得给点补偿吧？所以时间越长，收益率就越高。

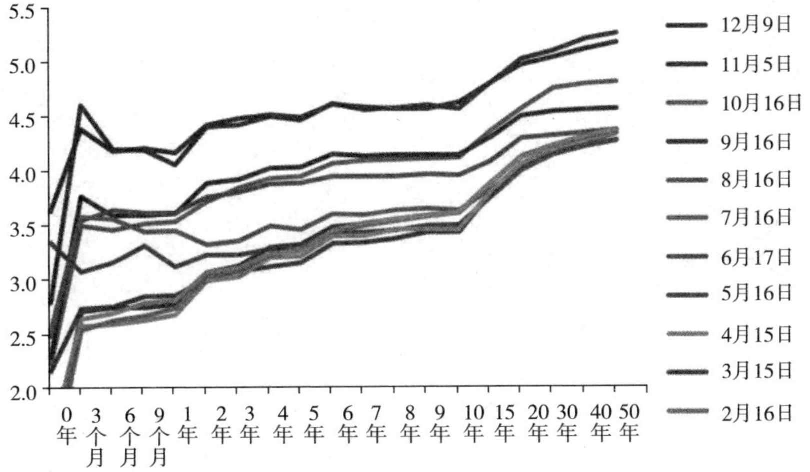

图 4　中国收益率曲线

中国的国债收益率曲线不是平滑的，高高低低，形状怪异。

图 4 中的这些收益率曲线是每隔一个月画一次的收益率曲线。可以看到，每个月收益率曲线的差异很大。美国收益率曲线 5 年间的变化，大概也没有中国几个月变化大。而且中国 6 个月期的基准利息率可能比 3 个月的要低一点，两年的比 3 个月还低，里面有许多莫名其妙的东西。当然这些东西在西方国家也是要发生的，也不真是像图 4 那样的漂亮曲线。我想强调的是像中国没有一个真正的可以作为各种期限资产定价无风险收益率曲线。而这又同中国货币市场、资本市场不发达相关。假如我的市场非常小的话，资金稍有变动，利率可能变动很大，如果市场非常大的话就无所谓了，一般资金的进出对市场利息率没有影响。如果市场本身很小、没有深度、缺乏流动性就了不得了，一个土豪可以把市场折腾得乱七八糟，中国特别需要有一个发达的国债市场。

我们讲利率自由化的时候，往往倾向于认为其真谛就是放手不管。

现实是：我们很多市场根本就没有，哪里来的什么自由化。所以你要先把市场建起来，有些是属于自由化和放宽管制的问题，有些不是这样的。对于中国来讲，市场建设的意义可能比自由化还要更大一些，比如说国债市场，由于常年以来财政赤字不大，发国债量就不大。美国有非常深的国债市场而中国没有。我认为尽管中国没有很多财政赤字，债务占GDP的比也并不高，但是中国依然需要在比较短的时间内建立国债市场，而且是比较有流动性，比较深的国债市场。

隆国强
论坛成员
国务院发展研究中心党组成员、办公厅主任

中国企业国际化战略

Chinese Economists 50Forum

隆国强简历

50 人论坛成员。

现任国务院发展研究中心党组成员，研究员。1966 年生，湖南邵阳人。

1987 年获北京大学理学士，1992 年获北京大学管理学硕士，1998 年获北京大学经济学博士。1989—1990 年参加中国人民大学中美合作现代经济学培训中心（福特班），1994 年参加国际货币基金组织金融规划研究班，2010 年参加清华大学/哈佛大学高级公共管理培训班。

1987—1993 年，在北京大学分校城市与区域科学系，历任助教、讲师、系主任助理。

1993—2013 年，历任国务院发展研究中心对外经济研究部，研究室副主任、主任、研究部副部长、研究部部长。其中，1998—1999 年，应邀赴美国布鲁金斯学会任访问研究员。兼任对外经贸大学博士生导师、北京大学、北京理工大学、延安干部管理学院等多所大学教授/研究员。中国国际经济合作学会副会长、中国国际贸易学会、WTO 研究会理事、世界经济论坛 2009 全球贸易议程委员会副主席。

长期从事中国对外经济政策的研究，在对外贸易、跨国投资、经济合作、特殊经济区、区域经济合作等领域完成多项重大政策研究报告。其研究领域还包括宏观经济、产业政策、粮食经济、汽车工业等。多次参加国务院和相关部委的经济形势分析与政策研讨会议。2007 年为中共中央政治局集体学习讲解《扩大对外开放，维护国家经济安全》。

享受国务院特殊津贴专家。1992 年获北京市哲学社会科学优秀成果一等奖（集体）；1993 年获“北京市优秀青年骨干教师”荣誉称号。多次荣获国务院发展研究中心年度优秀论文奖、中国发展研究奖、全国外经贸优秀成果奖等。

期　　目：总第 260 期

演讲时间：2014 年 9 月 25 日

中国对外投资迅猛地增长，数量很大，成绩不小，但是问题也不少。在这种背景下，三中全会确定了新一轮改革开放的总体战略。当前国际国内环境发生了很多变化，中国企业在对外投资、开展国际化经营的过程中到底应该怎么做，政府应该怎么做？今天想借这个机会，把我在工作中的一些思考提出来和大家一起讨论。

今天我谈四个方面的内容：一是中国企业对外投资的现状与意义；二是后危机时代中国企业对外投资的战略机遇；三是中国企业对外投资面临的挑战与风险；四是打造世界级跨国公司的战略与建议。

过去十几年，中国对外投资增长得非常快。2003 年全国的对外投资只有 28.5 亿美元，到 2013 年已经达到了 1078 亿美元。2006 年以前，我们对外投资统计还不包括金融的对外投资，2006 年以后我们的统计开始分两块，一块是金融类投资，一类是非金融类投资，这两类投资增长得都很快，非金融类投资增长得更快一点。2013 年全球投资增长相对来说比较慢，而中国对外投资增长非常快，增长率达到了 22.8%，中国已经连续两年位居全世界的第三大对外投资国。从 1993 年开始，中国连续多年是发展中国家利用外资最多的国家，外国资本大量流往中国，是投资净注入国。谁也无法想象，从 20 世纪之初中国政府提出“走出去”战略，在这么短的时间我们的对外投资就超过了千亿美元，成为世界第三大对外投资国。

截至 2013 年底，一共有 1.53 万家大陆企业在境外设立了 2.54 万家对外直接投资企业，这些企业分布在 184 个国家和地区，比 2012 年又增加了 5 个国家。累计下来我国对外投资的存量是 6604.8 亿美元，比上年排名前进两位，位居全球第 11 位。从存量和流量的排名可以看出，我们毕竟是新兴的对外投资者，所以存量排名相对落后。一些老牌的发达国家对外投资的流量虽然被中国超过了，但是它累计下来的海外投资存量还是比我们大。

中国对外投资的特点：

第一个特点是“快”。在过去十年里复合增长率为 38.5%，这么快的速度在其他的国家很少见。

第二个特点是“多元化”。我们的企业海外投资是多元的，投资的分布是多元的，行业也是多元的，几乎涵盖所有的行业。

第三个特点是从中国企业的整体来说，国际化经营的程度还很低。尽管我们已经变成了第三大对外投资国，有很多公司在全球很多地方都布了点，但是国际化程度还是非常低的。有关部门统计，在 2011 年我们 50 家“最具全球竞争力中国公司”的海外业务占比 27%，远低于世界非金融 100 强跨国公司 62.3% 的水平。

第四个特点是中国大型跨国公司是以国有企业为主。到 2013 年底，中国非金融类对外投资中，国有企业占到 55.2%，这是纯国有的。还有有限责任公司，虽然股权是多元的，但其中大部分是国有控股的企业。纯粹的民营企业只占到 2%，外资企业占了 1.3%。在我们跨国经营百强中，有 90 家是国有企业。原因就在于，中国是从计划经济转轨过来的一个经济体。我们在改制的过程中又进行了很多整合，国有企业本身有抓大放小的改革。比如中石油、中石化都是当年把整个石油系统和石化系统所有央企并在一起形成的大型央企。通俗地讲是先有孙子辈的公司和儿子辈的公司，再有做爸爸的公司。国内的大企业主要就是国有企业，在世界 500 强里面，中国企业已经达到 100 家了，其中绝大部分是国有企业。所以说，这是一个计划经济的遗产。

国有大企业在对外投资中占有很重要的地位，在国内人们可以理解，但是到了东道国，人家未必理解这一点。看到中国的国企在海外投资，西方就会抱怨或者指责，说中国的国有企业可以在国内得到一些低成本的融资，到国外来投资到底是想赚钱还是有其他什么目的？实际上，我们的国有企业绝大部分是抱着商业目的在搞对外投资，由于东道国本身国有企业很少，他们就不理解，会设置各种各样的障碍，这也是我们国有企业对外投资面临的一些独特的障碍。

大家会有一个疑问，尽管中国已经发展成为世界第二大经济体，但人均收入只有 6600 美元，在全世界大概排在八九十位的水平，作为一个发展中国家，我们的工业化进程仍处于中期偏后的阶段，产业升级、基础设施的完善，特别是区域的发展不均衡，还有很多欠发达的中部、西部省份需要大量的投资。在这个背景下，为什么国家早在 21 世纪初就提出了“走出去”战略，积极推动中国企业对外投资？

从国家层面来看，推动中国的企业开展国际化的经营，至少有下面这四个方面的意义。

第一，一个大国要想建立它在全球的地位，必须要拥有一大批能够在全球整合资源的本国跨国公司来支撑。美国作为世界第一大国和强国，一是靠强大的军事实力，二是靠它对全球规则的主导权，三是靠美元的国际货币地位，四是靠美国自身的一些跨国公司来掌控全球生产价值链的核心环节。中国现在是全球的IT大国，也是世界上最大的IT产品出口国。但是在IT产品里面，我们的芯片用的是Intel和高通的，操作系统用的是微软的，手机很多用的是安卓系统或者是苹果系统，尽管在整个产业链上，这部分占的比重很有限，看上去所有的东西差不多都是中国组装的，但是这些最核心的技术都是美国的跨国公司在掌控。要实现中华民族伟大复兴的中国梦，培育一大批我们自己的跨国公司，是十分重要的。

第二，通过对外投资来进一步保障中国资源能源的供给。以前我们常听说，中国的基本国情是人口众多，地大物博。但是随着经济规模的扩张，今天的中国人口众多没有改变，但是人口开始快速老龄化并且带来很多问题，地大物博这个判断也很难立得住了。在现有的勘探水平下，中国所拥有的各种资源，人均水平几乎都低于世界平均水平，连储藏最丰富的煤炭人均拥有量也是低于世界平均水平。1993年以前，中国还是一个石油净出口国，现在60%的石油需要进口。我们已经变成世界上最大的石油、煤炭等资源的进口国。全球交易量除了石油我们了占百分之十几以外，有色金属、橡胶、煤炭，中国进口都占到了全球交易量的40%以上。

我觉得一个国家有本事去用别人的资源、能源是个好事。在美国非常强盛的时候，它大量去用别人的资源，却不允许自己的石油出口，把油埋在地底下作为战略储备，这是因为美国非常强盛，所以它有这个信心，能够保证自己在全球资源能源供给过程中的安全。但是现在美国在搞能源独立，这对中国来说有好处，那就是它不用了我们来用。但是坏处是，当年美国为了保证资源安全，在全球无论是开采还是运输都提供了很多公共品，其他国家也可以搭便车。他实现能源独立以后，在全世界提供这种全球公共品的意愿和能力都会下降。我们出于自身的利益也好，出于新兴大国的国际义务也好，我们可能要去更多地提供这种国际的公共产品。

对于中国这种严重依赖外部资源环境供给的国家来说，我们其中一个渠道，当然还不是全部，就是希望能够通过海外投资在国际上掌控一部分资源，但是光靠你去投资生产，并不能真正保证资源安全。资源能源安全是一个什么概念呢？很多人讲安全，是说万一发生了战争，资源能源就运不进来了，毫无疑问这是不安全，但是这种不安全只是在诸多不安全因素里最极端的现象。我们说的资源安全和能源安全，是指在平时虽然能够有稳定的供给，但是当你受到国际市场大幅波动的冲击时，将对你的资源能源供给甚至对你的宏观经济造成一系列大的影响，这本身就是不安全。

今天大家说房价太贵，其中有很多的原因。首先是地价高，可能还有政策等方面的原因，但是房屋造价贵也是很重要的原因，房价是由各种因素共同推动的上涨。资源能源有供给，但是它可能受价格波动冲击，这也是一种不安全，加大对外投资在一定程度上可以缓解。我们是最大的需求方，如果我们的企业能对供给方有一定影响力，对于稳定资源能源的价格是很有帮助的。

第三，我们要利用全球市场与资源来保障中国的和平发展和转变发展方式。我举一个例子，过去中国主要靠低成本来参与全球竞争，如今由于劳动力成本迅速上涨，劳动密集型产业的国际竞争力受到了削弱。这就逼迫我们未来只能靠发展技术含量更高的产品，来提升自己的国际竞争力，所以国家提出要建设创新型国家。中国的技术创新必须要在全球范围内来展开，不仅要吸引国内高端的科技人才，还可以主动在全球整合技术创新资源，把我们的实验室、研发中心建到硅谷去，建到其他国家去。中国的华为在创新方面可以说是中国企业的一个典范，它除了在深圳、北京、南京、杭州有上万人搞研发，还在全球很多地方建了研发中心。虽然中国以目前的条件要想吸引顶端的人才跑到中国来搞研发不那么容易，但是并不意味着中国的企业不能去整合全球的研发资源。当我们今天来讨论中国经济转型升级的时候，中国企业主动在全球整合资源就变得更加重要了。这是全球化给我们带来的机会，如果没有全球化你想干这些事也干不了。

第四，中国的对外投资有利于我们改善和东道国的关系，从而进一步拓展中国发展的国际空间。

习总书记提出丝绸之路经济带和21世纪海上丝绸之路战略构想，这些战略构想是为什么？很多人不太明白。丝绸之路经济带上的六十多个国家，恰恰构成了中国内陆和沿海的众多贸易伙伴，这是中国未来发展的一个战略空间。我们是想通过这样一个战略构想，和各国之间深化经济贸易合作，共享发展机遇和拓展发展空间。我曾做过分析，我们十亿美元以上的主要贸易伙伴有几十个，中国对绝大部分贸易伙伴是贸易顺差。但是通过对外投资，推动中国的企业到那里去帮助建基础设施，建开发区、工业园区，把中国的技术带过去给当地创造就业，带动当地的出口，这对东道国来说就非常高兴。

对企业来说，不同的企业“走出去”有不同的动机，即便国家不推动走出去，很多企业已经到了不得不走出去或主动要走出去的阶段了。在全球化时代，企业首先要开拓国际市场。随着中国的改革开放，国内的市场开放程度相当高，吸引了大批外国企业来华直接投资，因此中国国内市场在很大程度上很早就已经国际化了。现在中国本土的企业面临的竞争对手是跨国公司，跨国公司可以利用全球各个市场打组合拳，如果中国企业只局限于本土市场或者局限在出口的几个市场，处境是非常不利的。

巴西曾经搞进口替代，所以关税很高。通过高度的保护，本土也建立起一个完整的工业体系。随着巴西越来越自由化，很多跨国公司到巴西投资。日本的小松公司跑到巴西投资做挖掘机，巴西市场只占小松公司市场份额的5%，所以小松公司可以在巴西以很低的价格出售它的产品，这就是跨国公司掠夺性定价，结果打败了当地的企业。本土没有竞争对手后，就可以提价。如果说巴西本土的企业可以到全球竞争，不依赖于巴西市场，它就可以跟跨国公司一比高下，但是由于它只局限在本土市场，所以竞争能力就很弱。

随着全球市场的国际化，中国企业必须要到全球整合资源，去利用全球的市场。看中国企业的对外投资统计，其中商贸类投资占了大头。项目数占了绝对优势，但金额都不大，只是建一个开拓市场的桥头堡。比如技术密集型的产品，在国际市场卖了以后还要有一个售后服务，原来中国人卖服装，衬衣穿旧了或者纽扣掉了，人家不会找你来要售后服务。但是随着中国产品的升级，你出口的是汽车，就必须要有售后服务。中国有一家汽车企业，前些年把俄罗斯市场做得很好，但过两年就销声匿迹了。就是因为汽车卖完了之后，后续投资没有跟上，维修、配件供应等售后服务没跟上。对于资本技术密集产品，持续、稳定地开拓市场是很关键的。

还有一类对外投资，是为了利用别人的低成本或者说是绕过贸易壁垒，到第三方去投资。前些年，WTO 还有服装配额，当时我们的纺织服装太厉害了，配额早就用完了。很多企业就跑到最不发达的国家，用他们国家的配额。中国原来劳动力很便宜，现在连美国人也说中国制造不再便宜，一些传统的劳动力产品在中国逐渐没有竞争力，开始向外转移。两年前，我去柬埔寨调研，有一家宁波的服装企业在柬埔寨建工厂，雇了六千人，生产纺织服装产品再出口，部分返销到中国。以后中国人穿的衣服不光是中国制造，在中国市场上你经常会买到其他发展中国家生产的服装、皮鞋等。五年前我们去海外逛市场，衣服、鞋子等生活用品大部分是中国制造，而且价格还比较便宜，现在很多此类产品都是越南、菲律宾、柬埔寨等国生产的，只是还在用原来的牌子。中国企业到海外利用别人的低成本，是中国发展到新阶段必然产生的结果。过去很多东亚地区的企业，由于本国人均收入的提高，劳动力成本上涨，纷纷到中国大陆来利用我们低成本的劳动力。现在中国大陆的劳动力价格也上来了，这些做劳动密集型的加工企业就会转走。同样的道理，中国企业也会走出去，到其他的发展中国家，不仅会去东南亚、南亚，还会跑到非洲去投资。

还有一类对外投资是到海外获取技术，研发资源或者谋取获得国际品牌。中国要打造民族品牌，但是造一个东西很容易，要想在国际上推出一个民族品牌则相当费时费力，要形成品牌的知名度和美誉度更要花费很长的时间。打造国际品牌其实可以两条腿走路，一个是努力打造自己的品牌，我们的华为、海尔已经开始有些国际知名度了；还有一条路就是去并购市场上现有的品牌。当然你在什么情况下去买非常关键，当它如日中天的时候你去买它就贵得不得了，但是当它碰到问题了，你去买也许就会捡个便宜。

还有一类对外投资是出去获取自然资源。过去六七年里，中国相当高比例的投资投到了自然资源领域。2003 年以后全球初级产品都开始涨价，有一个很重要的原因是中国出现了巨大的需求。矿业投资是过去几年全球大宗交易最多的，中国企业占了很高的比重。几年前我就说，现在不是中国企业进行矿业投资的好时机，因为它是产品最贵、企业价值最贵的时候，无论你去买矿山或者去并购矿业企业成本都非常高。一旦价格下跌，很多企业就会陷入困境。国内现在很多煤老板都破产了，国际上也是一样的。对外投资如果把握不好时机，会带来很多的问题。

我们对外投资到底面临什么样的国际环境？这个国际环境是机遇和挑战并存的。在金融危机爆发之前，过去三十年是经济全球化加速深化的阶段，伴随着经济全球化，首先是贸易投资的自由化，各国对投资的态度发生了很大的改变。在三四十年前，世界上很多国家对外来投资是非常警惕的，觉得帝国主义要来占领本国的市场，冲击本土企业，所以很多国家对外来投资设定了很多限制。但是，这些国家慢慢看到外国投资者给自己带来了很多好处，包括引进新技术、创造就业、增加税收、增加出口等，所以现在绝大部分国家对外资直接投资不仅不抵触还给提供非常多的优惠。就连发达国家为了吸引外资也会有很多优惠，尤其是地方政府会提供很多的优惠来吸引外来投资者，希望能创造更多的本地就业机会。所以说，我们面临的国际投资政策环境是在不断改善。当然在这个过程中跨国公司也在调整，做了很大的改变，想方设法来赢得别人的信任和欢迎。在多边层面也好，在双边层面也好，在自贸区层面上也好，投资的自由化和便利化都是一个很重要的内容。各国对外来投资政策的调整是越来越开放，越来越优待海外投资者。还有 10% 以上仍有某些限制，这是因为有一些新的问题出现，比如环境问题，或者说国家安全问题等。但是整体上绝大部分的政策是有利于海外投资者的。

技术进步也是推动跨国投资的重要原因，最重要的是信息化的技术。信息化的进步，对海外投资的推动是巨大的。你要把一个工厂建到海外去，要管理这个企业，如果说信息的跨境流动代价非常贵，你能管得住这家企业吗？以我个人的经历，二十多年前我到长安街的电报大楼发一张纸的国际传真，花费了 130 块钱。这是个什么概念呢？我在大学做讲师一个月工资 117 块钱，还不够发一个越洋的传真。如今不一样了，电子邮件不花钱。一个跨国公司把每一个终端都可以连在自己公司的网上，哪个店生意好，哪个库存增加了，每收一分钱公司都可以直接汇总，一清二楚。只有这样，企业才能实现在全球布局并且有效地进行管理。信息技术给我们生产、生活带来的革命性影响，至今还远远没有结束。

跨境投资多了以后，全球分工越来越深化，形成了一个全球生产价值链。生产价值链反过来促进各个企业，要在生产价值链升级的时候去寻找最好的投资地点。各国去争这个投资，不是说真的缺钱。你的投资环境不好，不适合做高附加价值的产业活动，你就会发现你的钱全跑了。如果你的投资环境好，慢慢就会形成生产要素的汇聚，国家如此，城市之间也如此。

全中国研发资源最丰富的地区在北京、上海和西安。深圳只有一个深圳大学。中国很多创新型企业在深圳诞生、成长、壮大。我专门研究过深圳，深圳虽然自身研发资源不多，但是它的投资环境、政策环境、制造环境配套到位，众多研发资源是被吸引过去的。比如深圳的华大基因，原来是北京的一家企业，找了好多地方，最后落户到了深圳，如今已经变成一个全世界基因测序最大的企业。每隔一两年去深圳，人家会给你推荐很多以前没有听说过的高科技公司的名字，不是说只有华为。

各国经济要想升级，一方面要推动企业到海外布局，另外一方面要通过改进自己的投资环境，来吸引目标投资者。当然对投资企业要有筛选。

每一次大的危机都会导致全球跨境投资的下降。2007 年是全球跨境投资高峰，一年有两万多亿美元，但是金融危机一爆发就掉下来了。主要原因是很多企业受到冲击，资金紧张，只能减少对外投资。在这个过程中，很多发达国家的对外投资开始收缩，但中国保持了持续增长，中国企业开始往外走。除了中国的外汇储备很丰富，中国的经济增长很稳定以外，危机爆发也给中国提供了一个历史性机遇。金融危机爆发以后，很多我们原来想买却买不着的企业，现在可以以很低的成本买到手。原来听说中国企业来并购它还不愿意，现在却不得不卖给你，因为不卖给你它就死掉了。比如沃尔沃，它是一个中高端的品牌，号称自己是全世界最安全的汽车。金融危机以后受到了冲击，咱们的吉利才有机会去收购沃尔沃。曾经有一次我碰到联合国的副秘书长，他原来是瑞典外交部副部长，我们一起吃饭的时候我问他，你知道吉利买沃尔沃的事吗？他说我知道。我问他瑞典人怎么看这个事。他说刚开始我们不知道吉利是何方神圣，从来没听说过，当吉利来了说要买沃尔沃，资方、当地政府、当地工会都不知道你是干什么的，所以吉利要花费很大力气去说服股东，在瑞典工会很强大，还要说服工会。听吉利的人跟我讲，说李书福先生向工会代表、资方代表说了他的汽车梦，打动了对方。最后，他居然成功了，而且花了很便宜的价钱。十年前福特购买沃尔沃花了 64 亿美元，他从福特手里买过来，才花了20亿美元。购买成功以后，他把沃尔沃的品牌、技术加上中国本土市场和中国的低成本整合得相当不错，很快沃尔沃可以盈利了，而且开始招工了。这位副秘书长还跟我讲，沃尔沃在他的老家建了一个新的研发中心，招用了500人，其中300人是在瑞典本土招的，200人是从中国选派过去的，合在一起搞研发。现在，沃尔沃的人和当地政府都觉得把沃尔沃卖给吉利卖对了。瑞典还有个汽车品牌叫萨博汽车，本来想卖给北汽集团，但是北汽把人家图纸买了没有买萨博，后来萨博就破产了。现在沃尔沃研发中心的老总曾是萨博汽车主管技术的副总裁，我开玩笑说，你把企业卖给中国你就活了，你没有卖给中国你破产了。

金融危机对中国来说是一个很难得的战略机遇，企业可以通过低成本的并购获得技术、品牌、海外销售渠道。但是战略机遇期也是有限的。美国的股市现在已经到了历史高点，美国的上市公司现在已经不便宜了，可能还有一些非上市公司还有点机会。欧洲现在机会还不错，但是随着慢慢走出危机，欧洲企业的价格也会迅速回升，机遇之窗不会总是敞开的，中国的企业还得有紧迫感。金融危机爆发，很多国家对外投资能力下降，中国对外投资迅速增加，不少国家开始针对中国来招商引资。这些国家在北京、上海设立办事处，专门介绍他们的投资环境、相关法律，还给你提供很多优惠政策。到西方国家投资，创造就业是最关键的指标，当地政府不太关心你的技术和品牌能力怎么样，只要你能实实在在创造当地的就业机会就行。

虽然有很多国家欢迎我们去投资，但是中国企业在很多国家还面临着歧视性的待遇。比如在印度，要调查中国企业想干什么，华为当年在印度搞研发中心，刚开始雇了2000人，企业规模想扩张的时候，在相当长一段时间碰到了来自政府的障碍，因为它会警惕你。像美国这样的国家，它不知道你的国企是干嘛的，所以看到大量有竞争力的国有企业进来，就怀疑你是不是有其他的动机，要搞一些所谓的安全审查，而且安全审查又是不透明的。除了在美国，在其他国家也会碰到类似的问题。有些所谓的敏感行业，比如美国的金融业，中国工商银行要在美国开个分行，申请了很多年也批不下来，因为金融本身是一个敏感行业，工商银行又是一个国有银行，所以美国把后提交申请的招商银行、民生银行都批复了，又拖了很久才把工商银行的分行批下来。从这些例子中就可以看到美国政府背后的所思所想，它的这种价值导向。还有航空运输、基础设施、高技术、能源等，都是美国的敏感产业。美国人对码头也很敏感，当年阿联酋买了英国的一家公司，这家英国公司在美国有码头，为此美国20世纪90年代修订了外资相关法律，加强了安全审查。因为它认为阿拉伯世界的企业控制美国码头威胁其国家安全。我们在改革开放早期欢迎外资来合资建码头，还建了不少的外资电厂，我们认为码头、电厂你搬不走，有什么安全问题？可以看出，每个国家对国家安全的理解有很大的差别。

第二个挑战是企业社会责任的标准。现在社会责任标准在全球普遍明显提高，对我们也是一个很大的挑战。以前中国的国有企业最讲社会责任，政府把很多责任都推给了国有企业，那时候企业要办幼儿园、办小学，大的企业还办中学。后来改革有一个很重要的任务，就是剥离这些所谓的社会责任，直到现在比较偏的地方还没有剥离完。这些年中国的市场秩序比较混乱，企业从特别讲社会责任变得对社会责任关注很淡。现在我们说某个企业家特别厉害，是讲这个企业家很会捕捉机遇，从某个角度讲就是会打擦边球，不太守规矩。因为在不完善的市场环境下，遵守规矩的企业往往反而被挤出去了，所以它要想生存也只好跟着不守规矩。企业形成这样的观念以后再走到海外投资，东道国不会容忍这些不规范的行为。我们很多企业吃亏就吃在这里，东道国说你不讲社会责任、对劳动标准不重视、商业运作不规范。有一次我去波兰调研，波兰使馆的同志特别兴奋地跟我讲，中国工程承包企业国际竞争力非常强，打遍天下无敌手，但是一直没有进欧美的市场。最近我们总算在欧洲拿了一个项目，是修建波兰到乌克兰高速公路的一段，我们的企业以非常低的价格就中标了。当地的这些同行都觉得中国人疯了，这么低的价格怎么干得下来？中国人说没有问题，我们有经验，我们的工程师便宜，工人也很便宜，其实心里想的是先拿下项目来再说。我们在国内工程招标市场普遍的做法，是报一个极低的价钱先把合同拿到手，干着干着就和甲方说环境变了，通货膨胀了，原材料涨价了，我干不下来。如果地方政府说不能涨价，不涨价就让工程烂尾，烂在那里当然不好看，地方政府官员还要问责，于是只能找个理由补偿你。中国企业到了波兰也想这么干，开工不久就说钢材涨价了干不下去了，要求波兰政府涨价。但是，波兰从来没听说过合同签了以后还能改的。人家说那坚决不行，要么继续干，如果不干了就罚款，最后把我们这个企业给撵走了，还罚了一大笔钱，类似这样的例子在海外还不少。

在不太完善的市场体系下，中国企业养成了很多坏毛病，而且这些坏毛病企业自己还意识不到，它觉得在市场竞争下我这么干很正常。海外很多跨国公司原来表现也不好，经过这么多年被逼得不得不变好，因为不变好你就要挨罚，罚了几次就老实了，就守规矩了。我们现在还缺乏这个意识，一些大企业也在每年发社会责任年报，只讲每年给地震灾区、扶贫帮困活动捐了多少钱，摆摆样子，并没有真正从心里理解什么叫企业社会责任，没有和国际标准真正做到接轨。所以企业走出去的时候，要特别注意规范自己的商业行为以及社会责任，像环保、劳动标准等社会责任标准肯定会越来越高的。

第三个挑战，中国企业出去的时候是个后来者，好的资源已经被别人拿走了，尤其在矿业投资上，不得不去那些高风险的地方。十几年前我曾经调研过一批最早走出去的公司，有一个森工企业跑到俄罗斯伐木。后来俄罗斯人发现，中国企业把树砍完了啥也不管就走了。同样在远东地区，印尼有个金光集团，它也在砍树，但是同时它的投资很大，一百平方公里，每年砍2%，然后再种上，等到过50年都砍完了，头一波50年前种的树又长出来了，可以保持可持续的经营，这就是社会责任。中国企业当时很小，好不容易可以给你几十平方公里森林去砍，但是那里既没有电也没有路，你要花钱先把电引进去，把公路、火车轨道接进去，算下来需要投资十几亿美元，企业哪有那么多钱？就算个别企业有钱，它也不干这种事，因为它没有这个社会责任感。投资海外矿业很多情况也是类似，或者是品位比较低的，或者是政治风险很高的，有些地方你进去以后发现什么麻烦都有。因为中资企业是后来者，所以被迫进到很多高风险的地区，其中幸运的企业很少，倒霉的比较多。这也是中国企业面临的很大的挑战。

最后一个挑战是被迫出高价。因为刚才说的这些原因，在海外并购的时候不得不出高价，出了高价股东挺高兴，但是很多人都骂你，觉得你扰乱了市场。前几年看到西方媒体老批评中国，特别是国有企业，说是在国内可以低成本融资，到海外哄抬物价，所以中国人像窦娥一样冤却没地方去说，出了钱也不买好。

在海外投资，会碰到很多和国内投资不一样的风险。首先是政治风险，世界上局部战争很频繁，企业到海外投资会遇上各种各样的政治风险，包括战争、内乱等，外交关系的变化也会带来难以预料的风险。我们有一家企业到菲律宾投资建电网，盈利比国内还好，但是等工程师回来再想去的时候，人家却不给你签证了，影响境外企业的正常运转。在缅甸，中国企业投建密松水电厂，规模相当于三峡大坝。当时缅甸军政府对华很友好，跟政府谈得也很顺利，于是开始把当地老百姓迁走，给人家盖上房子，前期花了好几个亿。后来美国说要重返亚洲，奥巴马去了一趟缅甸，克林顿女士也去演讲了，结果缅甸政府就变卦了，说这个项目暂停，这一停就停了好几年，前期的好几个亿也都打水漂了，已经进场的四千多万元的机器设备摆在那，风吹雨打，全都生锈了。原来你觉得很友好的国家，跟总统可以拍着肩膀的，感觉什么能搞定。但是你今天拍肩膀的是总统，明天搞不好他就是阶下囚了，你想拍也拍不着了。它的政策突然一变，你什么也搞不成了，所以政策风险非常高。

自然灾害的风险不用说了。商业风险也很多，比如有一些汇率波动的风险，这是你在国内投资不太容易碰到，但是做海外投资容易碰到的问题。

有一年我去非洲的津巴布韦出差，津巴布韦的工商组织相当于商业总会和工业总会，邀请我去给他们介绍中国经济，他们想跟中国发展友好关系。为什么呢？津巴布韦的自然条件非常好，津巴布韦受到西方国家制裁，发生了恶性通货膨胀，全世界最大金额的货币就是津巴布韦的，钞票上零都数不过来，汇率贬值得一塌糊涂。

还有一个是工会的风险，很多中国企业败就败在国外的工会手上。上汽在亚洲金融危机时花了五亿美元买了韩国双龙的股份，但是韩国的工会太厉害了，工人闹罢工，一天就是几十万美元的损失。上汽双龙又再次破产卖给别人，5 亿美元的投资打水漂了。给我们的教训和启迪就是，千万别小看外国的工会，外国工会就是资方的对立面，你处理不好工会的关系就会出很大的问题。

讲一下法律风险。某工程公司在非洲某国承建项目雇了很多工人，工程完工后就把招的工人解雇了，结果被解雇的工人开始跟你打官司。中方说我招的是临时工，干完解雇你很正常，但是当地的法律规定，临时工持续工作一周以上就自动成为长期工，他有权获得足够维持两个妻子和三个孩子生活的工资及交通和事业补贴。而且，一个非熟练工人如果连续工作三个月以上则自动转为技术工，工人工资也必须随之提高。中国公司不但没有给人家涨工资，还想把人家开了，所以你要赔钱。最后这家中国公司不仅没有挣到钱还赔了钱，原因是对东道国的法律不熟悉。

再讲一下管理风险。虽然有互联网，有视频会议，但是我们一家航空公司驻韩国办事处的总经理贪污公款超过104亿韩元，折合6000多万人民币，这就是管理的风险。你的企业虽然很大，但是如果你在国内管不住你的子公司，就千万不要到海外去投资。历史上我们就有很多的教训，早年很多投到非洲的项目，最后全都破产了，你派出去的那些管理层都变成了当地的著名企业家。

另外，外派人员的安全也是要注意的。中国人口占世界的六分之一，当大批中国人在海外投资，人员生命安全和资产安全都是个问题。中国人出门愿意带现金，不愿意用信用卡，所以中国人是被抢劫的最好目标，现在海外被绑架被抢的中国人越来越多。

中资企业在海外面临这么多问题，说明了什么？

一是我国的跨国公司国际化经营能力亟待增强。有些企业虽然走出去了，其实并没有做好充分的准备，匆匆忙忙就出去了。

二是暴露出自己的体制和机制问题。我们的政策体制远远不能适应企业走出去开展国际化经营的要求。政府长期习惯于控制对外投资，从严格审批到放松审批，再到慢慢有一点点选择性的支持。但是，对企业需要的大量服务是非常缺失的，政府应该提供的海外权益保护、信息服务、人才服务、法律服务等，基本上是顾不过来。我们是重管理轻服务，总量一千多亿美元都投出去了，政府的服务意识和机制都还没有转过来，我们的管理体制和政策都不配套。

海外投资的恶性竞争问题越来越突出。一些中资企业擅长“窝里斗”，在海外互相挖墙脚，甚至一些国企之间相互恶性竞争。我们是内战内行，外战外行，一个项目大家都觉得好的时候，公司甲去了说你把这个矿给我，我投资10亿，马上就有另外一个企业去说我给你12亿。工程承包时，这个项目我投标10亿，那个就说8亿，最后就拼的血本无归。针对企业相互之间的恶性竞争，政府也想办法去协调，开会的时候都说的挺好，到了实际中依然如故。我曾经问过日本企业，我说你们靠什么协调，是不是你们有商会？或者是由行业老大去协调？日本说我们没有协调。日本企业之间到底是怎么协调还真让人搞不清楚，反正相互之间是不搞恶性竞争，也许这就是一种文化。

我们希望能够有一批中国企业最终成长为世界级的跨国公司。一是具有在全球整合资源的能力；二是它在同行业里面有较强的国际竞争力；三是有一定的行业影响力；四是有良好的国际形象和一定的美誉度。要想实现这个目标，我们给政府和企业分别提了一些政策建议。

我认为打造中国的跨国公司不单单是企业的事，也不单单是政府的事。虽然主体是企业，要按照市场化的原则来打造，但同时政府也要做很多事。

上海自贸区有一个改革，其中一个重要任务就是要改革对外投资体制。

一是改革对外投资管理体制，取消审批。

二是加强对外投资与跨国经营的融资服务。

三是加强信息服务。这个方面政府做了一些事，商务部编了《对外投资合作国别（地区）指南》，在网上可以免费看，非常详细。

四是加强人才培训服务。

五是加强海外权益保护和保险服务。

六是减轻税收。

七是完善相关法制环境。

八是为重点跨国公司开通绿色通道。挑一些优秀企业，比如像华为、联想，让他们国际化运作得比较顺畅。

九是改善中国跨国公司的国际舆论环境。很多企业有点“土豪”，形象不够好，海外有很多误解，问题是我们自己宣传不够，没有刻意营造良好形象。

十是建立为我国跨国公司服务的社会支撑体系。我们的企业在很多情况下都想自己干，但是到海外投资从开始搜集情报，掌握并购对象的底细，到了解具体的法律程序，这些都应该靠投资银行、会计事务所和大的律师事务所。现在国内这方面非常欠缺，所以企业到海外投资，遇到很多陷阱和障碍。去找跨国大投行、会计事务所，要收很多钱，国内支撑服务体系又远远没有发展起来。这是政府需要努力做的。支撑服务主要是依靠市场来解决，这是高附加价值的服务业。

对于企业来说，要着力增强国际化经营能力，包括战略决策能力、风险管理能力、技术创新能力、品牌管理能力、市场开拓能力、企业社会责任能力。联合国关于企业社会责任的全球契约有十项原则，每家企业都应该对照看一看，在很多方面我们的认识上和行动上有更多的欠缺。

今天中国企业开展国际化经营应该说有难得的历史机遇，而且我们已经到了一个开展全球化经营的关键点。站在这个新的历史起点上，要真正实现企业国际化经营的战略目标，从中成长出一批本土有国际竞争力的世界级跨国公司，政府和企业都有大量的工作要做。这个工作应该说刚刚起步，建议学子们多花点精力研究研究中国企业怎么能在国际化道路上走的能够更加顺一点，稳一点。

王一鸣
论坛成员
国务院发展和改革委员会副秘书长

在中高速增长阶段
向中高端水平迈进

Chinese Economists 50Forum

王一鸣简历

50人论坛成员。

现任国家发展和改革委员会副秘书长，中国社会科学院博士生导师，中国人民大学兼职教授，中国宏观经济学会常务理事，中国经济体制改革研究会常务理事，中国区域经济学会副理事长，《宏观经济研究》主编。1989年毕业于南开大学，获经济学博士学位，毕业后长期在国家发改委宏观经济研究院工作。1993—1994年在欧盟中欧研究中心和比利时老鲁汶大学应用经济系做访问学者。曾多次参与国家中长期规划的前期研究和中央经济工作会议文件的起草。主要著作有：《调整和转型——中国经济发展战略和中长期规划研究》《“十一五”时期中国经济和社会发展的若干重大问题研究》《社会主义市场经济体制若干重要问题研究》《知识经济与中国经济发展》《中国区域经济政策研究》等。

期　　目： 总第261期
演讲时间： 2014年10月9日

我国经济进入中高速增长新常态，标志着经济增长发生阶段性变化。在中高速增长阶段向中高端水平迈进，是中国经济发展出现阶段性变化以后面临的一个新课题。在这个阶段，制造业大规模扩张阶段可能将要结束，支撑产业发展的要素条件深刻变化，企业创新能力不足问题日趋凸显，资源环境对产业发展约束持续强化，经济发展从主要依靠生产能力的规模扩张，转向更多依靠提升产业价值链和产品附加值。要结合新一轮科技革命和产业变革新态势，培育创新驱动产业升级新动力，推进产业向中高端水平迈进。

一、我国已进入中高速增长阶段

从过去几年经济运行的情况看，中国经济正在减速换挡。2011年季度同比增长率跌破9%，2012年跌破8%，2013年在7.5%～7.8%波动，2014年一季度增长7.4%，二季度增长7.5%，三季度增长7.3%。如果从更长的时间段观察，2007年以来，无论是季度还是年度同比增速都出现了大幅回落，季度同比增速从2007年二季度的14.8%回落到2014年三季度的7.3%，增速下降一半，年度增速由2007年的14.2%回落到2013年的7.7%，下降6.5个百分点。经济增速由过去两位数高速增长转向7.5%左右的中高速增长表明中国经济增长已进入新阶段。

这一轮经济增速放缓，回落幅度这么大，持续时间这么长，难以完全用周期性因素来解释，有更深层次的结构性因素在起作用，是周期性因素和结构性因素相互作用的结果，而且结构性因素占据主导地位。从需求结构看，近年来外需和内需扩张都在放慢，尤其是投资增速明显放缓，导致经济减速。从产业结构看，制造业在经历了过去几年迅猛扩张后，由于内外需扩张放慢，面临较为严重的产能过剩，倒逼制造业生产要素向服务业流动。服务业的特点是就业容量大，但是相对来说，平均劳动生产率要比制造业低，如果服务业的劳动生产率没有明显提升，要素流动在一个时期内也会带来减速。

最深层的是要素结构变化。人是最基本的生产要素，我国人口结构正在发生明显变化，劳动年龄人口数量在减少，2012 年减少 345 万，2013 年减少 244 万，人口抚养比从过去 30 多年的下降转为逐步提高。我国老龄化进程在明显加快，2013 年 60 岁以上人口超过 2 亿人，按比较保守的估算，到 2025 年将超过 3 亿人，相当于美国的总人口。随着抚养比的提高，储蓄率和投资率趋于下调，劳动和资本投入增速将相应放缓，经济增长将更多依靠全要素生产率提高来对冲要素投入增长放缓。

过去，全要素生产率的提升在相当程度上依靠生产要素的跨部门转移，即从农业部门向制造业和服务业部门转移。比如一个农业劳动力转移到制造业和服务业，产出会成倍增长，有人做过一些实证，大概是 7 倍甚至更多。现在，随着转移速率的下降，意味着通过要素跨部门转移推动全要素生产率提高的速度放慢了，而技术进步和人力资本还不足以替代生产要素跨部门转移对全要素生产率提高的贡献。在这些因素共同作用下，潜在增长率趋于下降。根据多数学者的测算结果，中国经济潜在增长率正从过去的 10% 左右，下降到“十二五”时期的 7% ~8% ，以后还会继续下降。

从旧常态进入新常态，虽表现为经济减速换挡，但本质上是发展方式转变的过程。进入新常态，产能出现相对过剩，劳动力成本上升，资源环境承载能力接近极限，依靠高强度投入铺摊子的空间越来越小，支撑经济发展的主要因素已经由生产能力大规模扩张转向提高生产效率，从过去追求高速增长转向追求高效增长，提高效率和效益将成为主旋律。只要生产效率有提升，即便速度放缓了，企业的盈利水平也不会随着速度放缓而明显下降。企业盈利了，政府财政收入就能稳定增长，民生就可以持续改善。速度放慢一点，环境压力还可大大减缓。从这个意义上讲，新常态是从高速增长阶段向高效增长阶段跃升的过程，是中国经济实现由大变强历史性转变必然要经历的过程。

二、经济增速放缓具有渐性特征

中国经济增速放缓总体上符合经济增长变化的一般规律。从国际经验看，一个经济体在经历了较长时间高速增长之后，都要出现经济减速或者调整的过程，但中国经济增速放缓也有区别于其他经济体的不同特点。

首先，我国经济增速放缓后增速明显高于样本平均增速。利用Conference－Board世界经济数据库（前身为麦迪逊数据库）进行大样本统计，绝大多数经济增长急剧放缓出现在4000～15000国际元，约占全部样本的3/4。根据Conference－Board数据库，2010年我国人均GDP达到7371国际元，按增长趋势预测，2015年将超过11000国际元。这意味着我国正处于经济减速的高概率区间。但绝大多数经济体进入高速增长的第四个10年，增速都降到4%以下。我国改革开放以来高速增长已经30多年了，已经进入第四个年头，现在仍保持7.5%左右的增长率，比绝大多数经济体要高3～4个百分点。

其次，我国经济增速放缓具有渐变特征。高速增长经济体增速下降，有的表现为突变式下降，有的表现为渐进式下降。从各方面因素看，我国具有更多渐进式下降的特征。我国具有一个尚未充分开发、潜力巨大的内需市场，特别是城镇化发展潜力巨大。2013年我国城市人口占总人口的比重为53.73%，但仍明显低于经济发展水平大体相当的发展中国家。加快推进城市化进程，可以继续创造基础设施和住宅等巨大的投资需求，以及农村转移人口和农民工市民化形成的巨大消费需求，并对经济增长形成较强的拉动作用。与此同时，我国作为一个幅员辽阔、区域差异较大的国家，与经济具有均质性，资源禀赋具有单一性小规模经济体不同，经济增长的回旋余地较大，低成本比较优势可以通过产业跨区域转移而得以保持，产业的生命周期得以拉长，使经济增速放缓表现出更明显的渐进变化特征。

三、中高速增长阶段的产业变化

从高速增长向中速增长的转变过程，往往会出现一个增速明显变化的拐点。以日本、韩国为例，日本的拐点大致发生在1969年，韩国大致在1988年。如果以这两个年份为界分别统计日本和韩国前10年和后10年的平均增长率，日本由10.4%下降到6.3%，韩国由10.0%下降到7.6%，分别下降了3.1和2.4个百分点。日本在经历1973年的石油危机后，韩国在经历了1997年亚洲金融危机后，高速增长过程基本就结束了。更重要的是，拐点出现以后，制造业如钢铁、电力和汽车等部门，产能规模都逐步逼近极限规模。

同样，我国在进入经济增速换挡期后，制造业发展呈现出一系列新特征。

一是制造业大规模扩张阶段可能将要结束。过去一个时期，制造业产能迅猛扩张，在国内外市场需求变化的情况下，制造业部门面临较为严重的产能过剩，一些行业产能规模接近极限。2013 年，我国钢材产能达到 10.6 亿吨，发电装机容量达到 12.4 亿千瓦，汽车产量达到 2211 万辆。这些部门生产能力已经或将要接近极限规模，大规模扩张的空间逐步缩小，再靠规模扩张已经走不下去了。

二是支撑产业发展的要素条件深刻变化。我国劳动年龄人口数量已经开始减少，劳动力成本上升趋势逐步形成，特别是近年来企业面临人工成本上升的巨大压力，土地、矿产资源等生产要素供求关系发生变化，要素价格持续上升，生产要素低成本优势趋于减弱，依靠大规模增加投入支撑经济增长已经越来越困难，必须更多依靠技术进步和人力资本质量，将创新和人力资本投资作为产业发展的新动力。

三是企业创新能力不足问题日趋凸显。面对全球以制造业数字化、智能化为核心的产业变革新态势，我国企业研发能力不足的问题逐步暴露出来，大多数规模以上工业企业没有研发活动，即便是有研发活动的企业，研发规模和研发水平也偏低，高度依赖低端加工组装、缺乏技术创新和品牌的产业体系已越来越不适应竞争环境的变化，如不加快提升研发能力和产业技术进步，部分已有的技术路线和生产能力将面临被淘汰的风险。

四是资源环境对产业发展约束持续强化。我国煤炭、铁矿石和铝土矿等资源消费量已分别占全球的 48%、55% 和 40%，原油、铝土矿对外依存度超过 50%，铁矿石、铜精矿超过 60%。全国各地雾霾天气频繁出现，波及范围不断扩大，各地水体和土壤污染累积性负面效应不断显现。随着国际社会要求我国承担有约束力的减排责任压力增大，以及国内经济发展面临的能源资源和环境硬约束更趋强化，迫切要求最大限度地提高资源利用效率，降低能耗和排放强度。

综上所述，产业向中高端水平迈进已势在必行。如果说过去经济增长主要依靠生产能力的规模扩张，也就是"铺摊子"，那么进入中高速增长阶段，增长动力主要来自于产业升级，提升产业价值链和产品附加值，推动产业向中高端水平发展，也就是要"上台阶"。过去产业升级可以依靠技术引进或技术外溢效应来实现，现阶段产业升级与技术创新越来越融合为一体，因为大规模引进技术的外部条件已经发生变化，这就要求加快形成推动技术创新的体制机制，通过为市场所需要、有利于提高市场竞争力的不同层次的技术创新和商业模式创新，推进产业向中高端水平发展，形成一批具有持续创新能力的企业，特别是在技术含量较高的行业形成一批处在创新前沿的龙头企业。

四、推动产业向中高端水平迈进

进入21世纪以来，随着经济全球化迅猛发展和新技术加快扩散，国际产业结构调整表现出诸多新的趋势和特征。

一是服务化。制造与服务的边界日趋模糊，生产性服务环节成为制造业价值链增值的主体，制造业服务化趋势更加明显。国际著名的制造巨头如西门子和通用等，越来越从提供成套设备转向提供最终解决方案，虽然其后台还是制造业，但前台主要是提供各种服务。

二是高端化。跨国公司加快在全球配置制造业生产活动，在本国保留研发、设计、标准、营销网络、供应链管理等高附加值环节，把低附加值环节转向低成本的发展中国家，形成全球化供应链。

三是智能化。新一代信息技术发展并广为渗透，使得物联网、大数据、云计算和3D打印技术等成为生产过程的重要支撑环节，形成了智慧灵巧的高效生产方式。大规模的定制成为一种可能，个性化生产将成为重要生产方式。人力资本的重要性凸显，正在成为一种新的最具活力的生产要素，影响和决定产业的市场竞争力。

四是网络化。生产工序和价值链分工成为重要形式，跨国公司基于全球价值链的考虑，将生产工序在全球范围内配置到成本最低的区位，并对国际生产网络进行系统整合。

五是生态化。以绿色制造、低碳技术和循环经济为特征，按照生态产业链和生态工业园的模式配置上下游产业，实现最佳生产、最适消费和最少废弃，实现绿色低碳可持续发展。

推动产业向中高端水平迈进，就要推动产业升级上台阶。产业升级不是调整产业间比例关系，而是提升产业价值链，调整不同价值链区段的比例关系，重点实现三个转变。

一是从价值链低端向价值链中高端转变。解决我国产业发展中的结构性矛盾，必须改变过度偏重处于中低端价值链的加工制造业，以及由此带来的产能过剩、过度竞争和能源资源、生态环境矛盾加剧的问题，着力突破研发、设计、标准、物流、营销、品牌、供应链管理等关键环节，增加在全球价值链中高附加值环节的比重。

二是从成本竞争转向质量技术品牌服务竞争。只有促进以价格竞争为主向以质量、技术、品牌和服务等非价格竞争为主的转变，才能促使企业立足差异化和个性化需求，更多地依靠研发、设计、市场开发、品牌建设等和无形资本投资，加快摆脱对能源资源消耗较多的加工制造环节的过度依赖。

三是从要素驱动转向创新驱动。无论是应对我国资源环境问题，还是适应全球绿色发展的趋势性变化，都要求我国把握新一轮科技革命和产业变革带来的机遇和挑战，抢占战略性产业和技术领域的制高点，加快推进产业发展由资源要素大规模高强度投入驱动转向创新驱动。

当前，新一轮国际产业变革对我国产业上台阶提出了非常紧迫的要求。

一是加快发展生产性服务业，促进制造服务化和服务知识化。生产性服务业已经成为提高制造业附加值和服务业生产效率的关键环节，要加快发展研发、设计、标准、物流、营销、品牌、供应链管理等生产性服务环节，提高制造业附加值和知识、技术、人力资本含量。

二是抓紧培育战略性新兴产业，抢占国际产业竞争的制高点。适应金融危机后国际产业竞争格局的新变化，着力培育发展节能环保、新一代信息技术、生物、高端装备制造、新能源、新材料和新能源汽车等战略性新兴产业，构建“核心技术—战略产品—工程与规模应用”的创新价值链，增强我国产业的国际竞争力。

三是加快重化工业现代化改造，提升产业现代化水平。综合运用经济、法律和行政手段，加快淘汰高能耗、高排放、低附加值的传统重化工业，提高环保、能耗和技术等准入标准，加快技术进步、管理创新、产业重组和优化布局，有序发展现代化重化工业，鼓励重化工业发展跨国经营。

四是推动传统劳动密集型产业向劳动、知识、技能相结合的制造业和服务业方向发展。加快提高劳动者素质，全面提升人力资本水平，推进传统劳动密集型产业和加工贸易转型升级。

五是推进高新技术产业以组装为主向自主研发制造为主转变。强化研发、设计能力，提高配套能力，促进细分市场、专门化分工和集群发展，支持具有技术密集和知识密集、高附加值的高技术产业和装备制造业的发展。

五、培育创新驱动产业升级的新动力

当前，以信息网络、新能源、生物、纳米等技术群体性突破和广泛应用为标志的新一轮科技革命和产业变革风起云涌。一是信息技术现在进入新一波的创新浪潮，云计算、物联网、移动互联网、大数据、3D打印等新一代信息技术不断涌现，推动信息产业升级换代。二是新能源技术取得重大突破，目前新能源占全球能源消费的比重已达14%左右。三是生物技术进入产业化阶段，尤其是基因测序技术的发展正在改变传统的医疗模式。四是新材料技术和先进制造技术取得重大突破，最重要的是机器人技术的突破。目前智能工业机器人的价格平均为每台10万~15万美元，预计到2025年将下降50%，并广泛应用于工业制造、康复医疗、国防军工等领域，现在国际上最前沿的科学家们正在开发具有逻辑思辨力的智能机器人，未来机器人产业将有很大发展空间。

近年来，我国推动经济增长由要素驱动向创新驱动转变，科技投入大幅增长，自主创新能力有所提升，科技进步对经济增长的支撑作用开始显现。但从总体上看，经济增长仍然主要依靠资本和劳动投入驱动，创新对经济增长的贡献率不高，推进经济增长向创新驱动转变还存在一些深层次制约因素。

一是企业创新能力薄弱。据统计，大多数规模以上工业企业没有研发活动，研发投入占销售收入的比重平均不到1%，远低于发达国家2.5%~4%的水平；研发中心平均人员平均不足100人，而跨国公司一般都拥有规模庞大的研发中心，人员少则几百人，多则几千人。

二是技术转移和转化水平低。我国技术研发活动仍主要集中在科研院所和高等院校，许多技术成果的研发没有以市场为导向的，作为技术创新主体的企业没有成为科技研发和科技成果产业化的主体，而大量承担国家重大科技计划的科研院所和高等院校缺乏科技成果产业化的条件和动力。据调查，目前我国科技成果转化率不到10%，部分科研院所、重点大学科技成果产业化率不到5%，而发达国家高达40%~50%。

三是科技创新的体制机制尚不完善。生产要素价格扭曲，资源要素供给压力没有转化为企业加快转型升级和技术创新的动力。科技体制、教育体制不完善，与经济发展结合不紧密，不适应经济增长向创新驱动转变的要求。

推动产业向中高端水平发展，就要推动创新上台阶。我国总体上已进入由工业化中期向中后期、由中高收入向高收入经济体迈进的阶段。从国际经验看，这一时期已经具备由要素驱动向创新驱动转变的客观条件和可能性。今后一个时期，要采取切实有效的措施，以创新推动产业向中高端水平迈进。

一是推进企业主导市场导向的科技创新。构建以企业为主体、市场为导向、产学研相结合的技术创新体系，引导资金、人才、技术等创新要素按市场导向优化配置，引导创新资源向企业集聚。支持有条件的企业加强研发平台建设，加大对中小企业、微型企业技术创新的扶持力度，加快建立高校、科研院所技术成果向企业转移机制，推进传统制造向以研发为基础的制造转型。通过为市场所需要、有利于提高市场竞争力的不同层次的技术创新和商业模式创新，推进产业向中高端水平发展。

二是把科技创新与发展现代产业体系结合起来。我国正在培育和发展战略性新兴产业，特别是新一代信息技术、生物技术和新能源，市场潜力非常大。要把培育发展战略性新兴产业与增强科技创新能力结合起来，力求掌握核心技术。加快新技术新产品新工艺研发应用，加强技术集成和商业模式创新。

三是构建科技创新的动力机制。加快生产要素和资源性产品的市场化改革，深化垄断性行业和国有企业改革，增强企业创新发展的动力。实施知识产权战略，加强知识产权保护和执行力度。

四是强化科技创新的教育和人才基础。推动经济增长向创新驱动转变，对深化我国教育和人才培养制度改革提出了更加紧迫的要求。要深化教育体制改革，积极探索创新人才的培养和激励机制，造就高素质人才队伍。

五是促进科技与经济的深度融合。要加快形成推动创新的体制机制，在云计算、大数据、物联网、电动汽车等新兴领域以增量倒逼存量改革，组建一批新型研发机构，取得一批原创性科研成果。建立有利于创新潜能充分发挥的体制环境，促进创新资源高效配置和综合集成，使全社会创新潜能充分迸发出来。

蔡　昉
论坛学术委员会成员
全国人大常委
中国社会科学院副院长

千呼万唤始出来
——从公布调查失业率说起

Chinese Economists 50Forum

Chinese Economists 50Forum

蔡昉简历

50人论坛学术委员会成员。

1956年9月生于北京，先后毕业于中国人民大学，中国社会科学院研究生院，获经济学博士。曾在国外多所大学担任访问学者，现任中国社会科学院学部委员、副院长，人口与劳动经济研究所所长，博士生导师。中共十七大、十八大代表，第十二届全国人大常委会委员。

20世纪90年代以来分别获得“做出突出贡献的中国博士学位获得者”、国家级“有突出贡献的中青年专家”、出国留学人员杰出成就奖等表彰。兼任中国人口学会副会长、全球变化人文因素国际项目中国委员会副主席、中华全国青年社会科学工作者联谊会副会长、农业部软科学委员会委员、国家人口和计划生育委员会专家工作委员会委员、国家“十一五”规划专家委员会委员、《中国社会科学》和《经济研究》等刊物编委。

主要研究领域包括：农村经济理论与政策、劳动经济学、人口经济学、中国经济改革、经济增长、收入分配和贫困等领域。著有《中国的二元经济与劳动力转移——理论分析与政策建议》《十字路口的抉择——深化农业经济体制改革的思考》《穷人的经济学》《中国流动人口问题》和《科学发展观与增长可持续性》等，合著《中国的奇迹：发展战略与经济改革》《中国经济》《劳动力流动的政治经济学》《中国劳动力市场的发育与转型》等，主编《中国人口与劳动问题报告》系列专著等。获第二届张培刚发展经济学优秀成果奖，第四届中国发展百人奖。

期　　目：总第 262 期
演讲时间：2014 年 10 月 16 日

一、关于失业率的事实并澄清一些认识误区

今天我想从中国失业率这个指标谈起，来看一下中国劳动力市场上的新常态，进而来观察中国经济的新常态。大家都在关心宏观经济，但是在中国谈宏观经济和在西方有一个最大的不同，就是西方任何一个央行行长想到做什么政策动作，他就要到国会去游说，并且一定要摆出充分的理由来劝说国会，他们引用的主要依据是失业率。而我们的央行或者财政部在出台相关的宏观经济政策的时候，通常没有人去引用失业率的数据。事实上，有关失业率指标的一些重要数据甚至从来也没有系统公布过。最近有了一些发布的片段信息，所以我想从这些信息入手，来看一看劳动力市场的状况。

首先我们来看关于中国失业率的一些事实，可能会谈到不同的指标，同时澄清一些认识误区。

中国的经济增长到目前为止，已经是 18 个季度呈现增长速度下滑趋势，大概 14、15 个季度已经持续低于过去 35 年的平均经济增长速度，从接近于两位数的增长掉到了 7% ~8% 。

在 20 世纪 90 年代末，我们遭遇了东南亚金融危机，时任总理朱镕基要求保 8% 。到 2008 年、2009 年我们遭遇全球危机，时任总理温家宝也要求保 8% 。这次我们经济的下行趋势连续这么久，只是实行了一些所谓的微刺激手段，总体来说并没有要求必须保 8% 。政府也有了一种与以往不同的心态，认为保持在 7. 5% 上下就能够接受。原因就是我们的政府有了定力，这个定力应该是源于没有看到经济下滑带来的就业压力以及失业率的提高，这就是定心丸。

经济增长速度降下来了，劳动力市场没有压力吗？很多人认为就业肯定有压力。我们需要比较系统地来看一些指标，光看个别指标还不够，还要看劳动力市场整体，要看失业率、劳动参与率等，同时要把劳动力市场的变化和其他相关指标如宏观经济指标结合起来比较，这样才能形成一个准确的认识。

到目前为止，我们能够从官方取得的系统的失业率数据，还是叫“城镇登记失业率”。很多人批评这个指标不可靠，大概有这么几个理由。一是它的统计对象只是城镇居民中有户籍的人，而农民工已经占到城镇就业的35%，大部分人并没有被这个指标所覆盖。二是虽然有本地户口，但是失业了也不一定愿意来登记。还有人觉得我失业了来登记也没有什么用，即使有资格登记也没有登记，所以这部分人也没有纳入失业率登记里。可见这种登记并不是客观的统计，而是需要根据你的主观意愿来申报才行。

从2002年开始，城镇登记失业率基本上是不变化的。这期间我们经历了一些宏观经济的波动，特别是经历了2008年、2009年的大规模的金融危机。但是即使在那个时候，失业率的常态基本是在4.1%左右，2009年经济状况最糟糕的时候，仅仅一度提高到4.3%，后来又降下来了。所以大家都觉得，这个指标和我们实际感觉到的失业状况差异很大。因此人们一直不太喜欢这个指标，而且有很多批评，还有很多学者提出比较系统的看法，认为这个指标不准确。我觉得这个指标没有不准确，只是它有局限性而已。

大家一直在呼吁，认为应该发布真正反映实际劳动力市场状况的指标——“调查失业率”。这是国际劳工组织推荐的一个指标，很多国家都采用。如果依据调查失业率这个指标，覆盖对象就不仅仅限于有户籍的城镇居民，还要包括所有在这个城镇劳动力市场的人群。由于是接受了国际劳工组织的建议，它是可以进行国际比较的。比如中国的调查失业率是5%，美国的调查失业率是8%，至少大体上可以有效地进行比较。

我们的文件里面多次写到，要启用和公布调查失业率，但是一直没有公布此类数据。最近我们发现，有一些零星的数据开始公布，但是这些数据的公布并不是用政府部门很正规、很系统的方式，而是以李克强总理在不同场合讲话，透露出若干个关于调查失业率的片断信息。2013年李克强总理在英国 *Financial Times* 上发文称，中国的失业率前7个月为5%。可能是因为与欧美的失业相比这个5%还算比较好看，于是就公布了。2014年李克强总理在给两院院士介绍当前经济形势时披露了几个数据，3月、4月、5月调查失业率分别为5.17%、5.15%、5.07%。后来可能是人社部又补充了一下，6月末31个城市调查失业率为 5.05%（每个月提供的调查失业率都是 31 个城市的汇总）。李克强总理在 2014 年夏季达沃斯会议上称，2014 年 1 到 8 月 31 个大中城市调查失业率为 5% 左右。近年来调查的失业率大约也是 5%。我们的登记失业率总是在 4.1% 浮动，很多人觉得不太可靠，如果你告诉大家调查失业率是 5%，也会有很多人怀疑。那么真实的失业率到底应该是多少呢？

我们先来看一下调查失业率是怎么得来的，知道了它的特征可能有利于我们理解这个指标。调查失业率是一个国际通用的指标。各国都曾用各种各样的指标来描述劳动力市场状况，经过国际劳工组织充分研究以后，认为相对比较好的是调查失业率，因此就作为一种推荐，目前多数国家都采用这个指标。这有一个好处，它剔除了两种现象。第一种现象是你失业了但是你没有去登记，因为觉得登记没有什么用处，介绍的工作不见得好，甚至也不想接受失业培训。登记领取失业保险金是有期限的，能领到救济金的时候就去登记一下，如果超过了这个期限，你不给保险金了我也不登记了。真正失业了但是没有登记，所以登记失业率反映不出来。还有一种现象是，我原来的工作没有了，我也登记了，可能还拿着失业保险金，被统计在登记失业的那 4.1% 里面，但是我又有临时的工作，这种情况在登记失业率里反映不出来。调查失业率的好处是可以把上述情况都考虑在内。

按照定义，调查失业率需要进入到家庭中，经过各种问卷调查提问三个问题，就能确认你的劳动力市场状况。第一个问题是：过去一周里面你有没有 1 小时及以上有报酬的工作？如果你说有，对不起，你属于就业，你说“没有”，那么你离失业就比较近了，已经有 1/3 的程度是符合失业定义了。

第二个问题是：在过去一个月的时间内，你有没有积极地寻找工作？比如有没有到就业服务部门去登记，有没有积极地向朋友、亲戚发出帮助的请求，诸如此类，它的作用是问你是不是真想工作。有的人原来有工作，丢掉或放弃工作以后并不想找，这时候不应该叫失业，而是叫退出劳动力市场。听说最近美国的失业率已经降下来了，金融危机之后美国失业率超过 10%，最近降到接近 6%。人们说 6% 并不能真正代表美国的就业状况，因为很多工人实际上处在没有工作的状况，他也不积极找工作，这就是退出了劳动力市场，反映出美国人的劳动参与率下降了。

原因当然是各种各样的，比如妇女生育需要在家照看孩子，或者是有些人对工作没兴趣，或者是他衣食无忧不需要出来工作等。但是，如果有人的确需要工作，但对劳动力市场没有信心，对找工作比较沮丧，这些人看上去是退出劳动力市场，其实是处于一种失业状态。如果劳动参与率下降了3个百分点，再把这3个百分点拿出2个百分点加在失业率上，其实美国失业率又到了8%。所以在调查时你回答说积极找了还没有找到，你距离失业状况又近了一步。

接下来是第三个问题：如果有一个工作机会，你能不能在一定时间到位，比如一个月之内？如果你说不行，孩子还太小，表明你是自愿退出劳动力市场，如果说明天就可以去，那就确定了你的确有就业意愿和可行性。

假如以上三个提问你的条件都符合，你的状态就叫失业，你就会被记录到调查失业率的指标当中。当然这里也有一些问题，比如说，过去一周里你有1小时及以上有报酬的工作，但是这么短时间的工作肯定对你的生活没太大的帮助，你的就业状况也并不算太好。但是，定义就是如此。总的来说，虽然还存在一些问题，这还是一个大家能够接受的失业率指标。

事实上，1996年国家统计局就构建了劳动力市场的调查系统，按照当时的数据就已经可以计算调查失业率了。但是，长期以来他们没有公布这方面的数据，可能我们的决策者和政府官员也不太希望公布。大概有以下几个原因。

首先是失业率曾经非常高。1996年国家统计局刚建立这个调查系统，1997年宏观经济就开始不景气，加上东南亚金融危机的冲击和国有企业打破铁饭碗、减员增效的一系列改革，使得失业现象大幅度提高。表现不仅是失业，还有很多人是“下岗”。到2000年，调查失业率曾经达到7.6%。从过去早就习惯了的“铁饭碗”，变成失业率一下高达7.6%，政府担心引起恐慌，不太愿意公布数据。但是，登记失业率不怕公布，因为2000年的登记失业率只有3.1%。这个不是不准也不是错误，当时有一部分人的确是公开登记失业了，这部分人是3.1%。当时没有一个失业的社会保险体系，大家都登记失业也没有失业保险金可供支付。所以当时采取了一个办法，中央拿点钱、地方拿点钱、企业拿点钱，再动用一点失业保险基金，在企业一级建立起再就业服务中心，让没有工作的职工进到这个中心，这不叫失业叫做下岗。下岗了但也能获得一些保障，这部分人就不会在登记失业中反映出来。假如当时调查失业率的话，这部分人就会被统计到失业数字里面去了。

后来的问题在于，人们发现调查失业率一下子降得很低，因此自然想不通怎么会降到那么低。和我们想象的不一样，和老百姓想象的也不一样，最后连我们自己也不相信这个数了。国家统计局也想把这个数背后的问题搞清楚，但是搞了很多年可能也没有完全搞清楚。有的部门比如那时的劳动部，觉得别公布那个东西了，公布3%、4%的调查失业率，上到中央下到基层就不重视我们的就业保障工作了。此外，我们发现不同的城市、不同的月份、不同身份的人群之间，调查失业率波动特别大，因此大家说这个数据不稳定，或许是迟迟没有公布，甚至直到目前为止也没有统计部门以系统的方式公布这个数据的原因。

当年我也曾加入对统计局不公布调查失业率的抱怨，说你们为什么不公布这个数，至少应该让我们搞研究的人掌握更多信息。统计局搞研究的人善意地说，调查失业率是由一系列相关的数据计算出来的，我们虽然没有算这个调查失业率，但是如果你认真研究我们发布的各种各样的数据，最后你能够估算出来个八九不离十。既然他们这么讲了，我就要琢磨琢磨，结果我花了近一年的时间琢磨出来了，计算出了一个调查失业率。我不是用自己的微观数据算出来的，全都是使用官方调查，是在同一个调查系统中，把不同的数据汇总以后就能够得出系列数据。其实，这么多年以来这个数一直是有的，它明显比登记失业率要高，尽管最近一段时间两者之间的差距有所缩小。这个系列数据我大概在2004年、2005年已经开始以研究成果的方式发布，当时劳动部主管就业的领导曾经告诉我说你跟我们掌握的数据确实没有什么差别。现在看，与最近李克强总理公布的数据大体上也是一致的。

多年以来很多人就呼唤，要知道中国劳动力市场到底是什么样，想知道调查失业率。但是我很多年前就公布了这个数，谁也不去注意。你呼唤这个数，我们做出来了为什么你不注意呢？一方面我不是统计局，可能他们认为我没有什么权威性，也不知道我怎么算出来的。另一个方面是人们头脑里有一个传统观念，认为中国是一个劳动力无限供给的国家，二元经济结构导致大量的剩余劳动力，失业率高是必然的，我计算出一个不高的失业率没有什么新闻性，不符合大家的预期，所以大家不

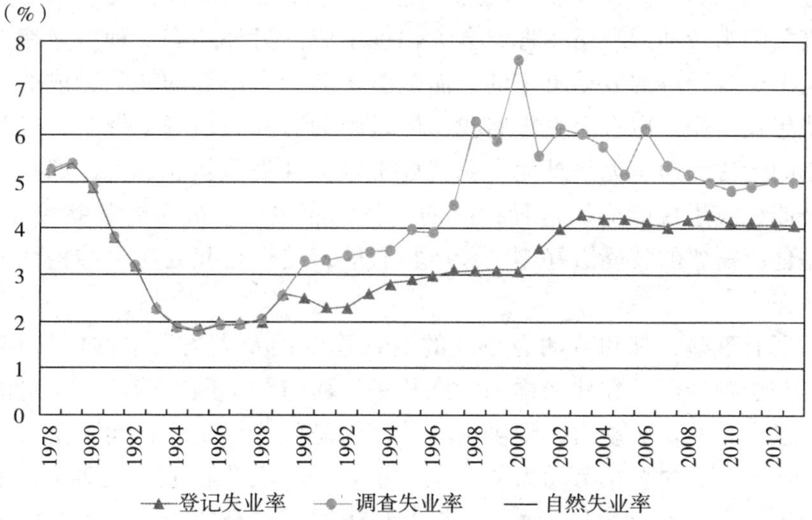

图 1　几种城镇失业率指标的变化情况

重视。相反，如果谁偶尔给出一个数，也不说是怎么算的，马上就会引起高度关注。

比如世纪之交时，有人估算失业率为 20%，甚至局部地区（如东北地区）失业率达到 40%，立刻成了重要新闻，虽然没人解释是怎么计算出来的，但是却被社会广泛引用。其实这种估算根本就不合逻辑。在 20 世纪 90 年代末中国人生活水平还很低，收入来源单一，两口子都要工作，如果说 40% 的失业率，就有相当多的是全家人失业。当时又没有失业保险，真有那么高的失业率，大家的日子都没办法过了。所以，这是很不符合逻辑的。到了 2009 年，调查失业率已经明显下降了。但是社会学家又公布了一个数，说当时的调查失业率在 9.6%，再一次引起轰动，也引起了决策者的震惊，当时就怎么进行的调查，失业率的定义和口径有过不少争论。从那以后，国务院领导开始要求和敦促国家统计局，如果没有这么高的失业率，为什么不公布你的数。我这样说的意思是人们的确有一种传统的观念，认为中国就应该失业率很高，但这个观念是应该转变的。

人们认为在劳动力丰富的发展中国家，失业率高是一种必然的现象，其实这是一种误解。因为失业率并不是以劳动力的存量多还是少来决定的，失业率反映的是经济发展的波动状况。宏观经济是波动的，宏观经济处于景气的时候，失业率就应该低，处于低谷的时候，失业率必然会提高，因为劳动力利用率肯定会大幅度下降。另外还有一种失业率，它不是由宏观经济的波动决定的，而是由于劳动力市场的缺陷造成的。比如我想找工作，也有雇主想雇我，但是因为劳动力市场不健全，我和雇主之间无法沟通也无法见面，我就处于摩擦性失业状态。再比如我有一种技能，我想找能应用这种技能的工作，雇主虽然好不容易找到了我，但是他所需要的技能恰好不是我所具有的，结果是我处在了结构性的失业状态。

所有这些，都和劳动力市场的发育程度以及人力资本的匹配相关，或者与宏观经济处在什么样的状态相关，而与一个国家劳动力总量的多和少没有关系。劳动力无限供给，导致的是就业不足问题而不是失业问题。例如，农村剩余劳动力的含义，不是一堆人蹲在那儿没事干，脑袋上写着“剩余劳动力”，而是这些人和所谓不剩余的人是分不开的，我们都在那儿干活，但是相当于五个人干两个人的活，这就是就业不足。在城市也是一样，通常是以冗员的形式，或者有的人处在非正规就业的部门做一点事，就业不足同时收入不高。

举一个例子，我们到一个很穷的国家，住在首都一家叫绿洲的五星级酒店。这个名字很贴切，因为绿洲的含义就是周边都是茫茫沙漠，只是中间一小块地方有水源长了一些椰枣树。酒店大门口是有人拿着枪站岗的，当我们一出酒店就陷入贫困的汪洋大海中了，有些穷人会马上跟在身后，如果你不理睬，他们就渐渐离开了，最后剩下一个人一直跟你走了两个小时，他还用英语给你介绍当地的一些情况，最后你过意不去给了他大约半个美元，他非常高兴地走了。一周之内在统计局的调查员那里，他的劳动力市场状态算是就业，虽然是处在严重的就业不足状态。因此说失业率和是不是劳动力无限供给没有关系，而是和宏观经济以及劳动力市场的功能有关的。这个认识应该澄清。

二、把发展现象和周期现象分开观察中国劳动力市场

作为发展现象，我们长期以来处于一种劳动力无限供给的二元经济中。而作为宏观经济状况，我们可能在不同时期处在不同的宏观经济形势中。两者不是一回事。

中国劳动力市场正在经历从二元向新古典类型的转变过程。在过去几年里，我们经历了两个经济发展的重要转折点。一个是刘易斯转折点。刘易斯作为发展经济学家，创造了二元经济理论。他把发展中国家大体上分为两个经济部门：一个是传统部门以农业为代表，拥有大量剩余劳动力。比如有五个人在劳动，走了两三个人并不影响工作，说明这两三个人都是剩余的，随着非农产业的发展可以不断地吸纳他们。就业扩大不取决于有多少人去找工作，而取决于非农产业发展有多快。这是一个长期的过程。过去三十多年我们大体都处在这个过程中。但是，这个吸纳过程终究有结束的那一天。比如以前我需要招一个人，不涨工资他也很高兴，如今你再给他这些工钱，他就不高兴了，你必须得给他涨工资，否则你就招不到人了。

从劳动力无限供给，到你要想招人就必须涨工资，这就叫刘易斯转折点。中国的这个转折点发生在2004年，我们第一次看到沿海地区特别是珠三角地区有民工荒的现象，本来以为这是一个临时状况，感觉有些莫名其妙不知道是为什么。但是接下来，这个现象从珠三角蔓延到了长三角又扩大到了全国，今天我们可以看到到处都是劳动力短缺。从2004年到今天，农民工的工资每年以12%的速度一直在涨，这还是剔除了物价的因素。

2004年之后，我们又经历了一个很重要的转折点，更加明确地告诉我们现在的劳动力已经是绝对短缺了。从2010年的第六次人口普查数据看，我们发现中国15～59岁的劳动年龄人口已经达到了最高峰，从2011年开始逐年减少，从今以后就是绝对的减少，这个现象是我们从来没有见到过的。由于15～59岁人口是我们劳动力的来源，因此我们从这个人口年龄结构的变化，更加确信劳动力短缺是真实的，也是必然的现象。

从劳动力过剩到劳动力短缺是一个重要的变化，它仍然不影响失业率（如果说影响只能是降低失业率）。如果我们把劳动力市场的失业现象分成周期性失业、结构性失业、摩擦性失业的话，这些东西都不会变化。真正和发展阶段以及刘易斯转折点有关的，是隐蔽性失业或者劳动力剩余从而就业不足现象的变化。经过了刘易斯转折点，只会大幅度减少就业不足现象和劳动力剩余程度，但是并不影响失业率本身（如图2）。这就是我们面对的一个重要变化，这个变化的过程其实就是劳动力从以二元经济为特征的状态，不断转向所谓的新古典状态。所谓的新古典状态就是你的工资是由边际劳动生产力决定的。就业问题越来越表现为周期性失业和自然失业，而不是就业不足，因此越来越需要劳动力市场制度的配合等。

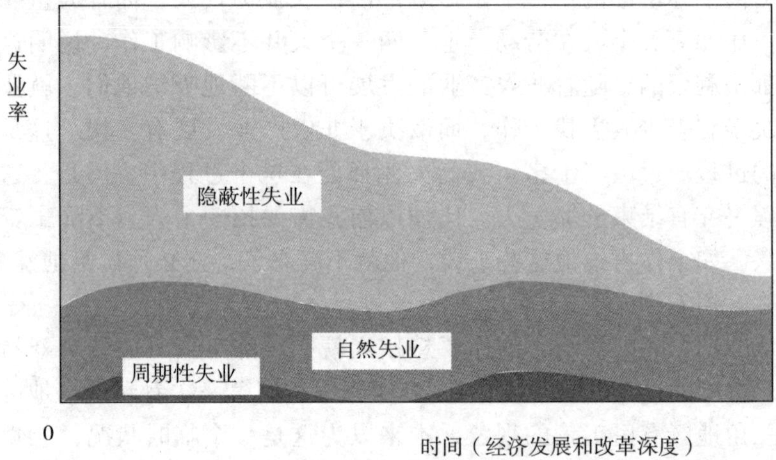

图 2　劳动力市场从二元结构转向新古典状况

我们可以论证一下剩余劳动力的明显减少。城市里经历了打破大锅饭、减员增效改革之后，目前没有一家私人企业愿意雇用不需要的工人，国有企业也是一样。虽然还有一些老工人暂时不好处理，但是总体上不会新雇不需要的劳动力。因此城镇冗员已经不是一个主要的现象。农村也呈现着剩余劳动力（隐蔽失业）迅速减少的势头。从官方的统计看，目前农业劳动力的比重是30%多一点。如果真的还有30%的劳动力在务农，意味着改革开放三十多年来，中国农业剩余劳动力下降的速度并不是很快。按照这个数据，日本和韩国在各自高速增长的三十年中，农业劳动力比重的下降速度比我们要快一倍以上，对这个结果我们非常怀疑。

实际上，改革开放的伟大成就不仅仅是 GDP 增长，还有产业结构的调整和大量的农村劳动力转移。西方人说，中国的劳动力转移是人类和平历史上（除了战争、灾难或者是摩西带着犹太人逃出埃及等活动）最大规模的人口流动。如此惊人的巨大变化，却和历史上日本和韩国相比速度慢了很多，这肯定不合逻辑。我们发现问题出在定义上，当官方计算务农劳动力的时候，定义中包含了相当多在外打工只是偶尔回去干一点农活的人。当我的同事尽可能合理、尽可能本着可比性原则进行务农定义以后，按照比较合理的数据（当然很复杂不可能做到完美）重新估算了到底还有多少人在务农，最后发现至少可以把官方数字的30%多再减少10个百分点，大约只有22%的人还在务农。图3显示了劳动力在三次产业中实际的分布情况。

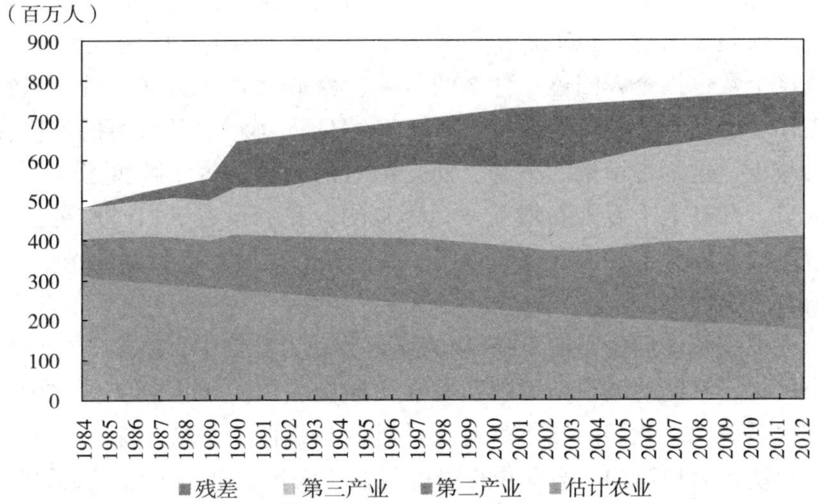

图3　劳动力数量的产业分布

把三大产业劳动力重新划分一下，又遇到了一个问题，你把官方统计的务农劳动力人数减少了10个百分点，但你无法调整第二产业、第三产业的劳动力人数，多出来的这部分劳动力你不知道该放在第二产业中还是放在第三产业中。因此，我们把多出来的这些劳动力放入虚拟的部门，并称之为"残差"。这个虚构的"残差"部门其实也很有实际意义，即这些劳动力在不同的宏观经济形势下，处在不同的实际部门里。例如，2009年遭遇金融危机后，春节期间，官方最初的说法是有7000万农民工提前返乡，后来澄清了，又说这7000万中有很多是正常回家过春节的。随后，又提出来有1000万～2000万是因为金融危机影响返回农村了，这部分人就可以加在农业劳动力里。但是时间很短，春节过后不久他们又回来找工作了，不久以后又发现民工荒了。在经济发展速度特别快，对农民工需求特别大的时候，他们有可能分别进入到第二产业和第三产业。所以，对残差作用的研究也是有意义的，表明我们的经济增长和劳动力的分布有密切的关系，但是由于制度的原因你不知道他们具体进了哪些部门。总之，现在农业劳动力确实没有那么多了，剩余劳动力一定是在大幅度减少。大家可以到一个典型的农村做一个试验，如果不是春节的话，你一般不会见到40岁以下的人。尽管还有一些人在务农，但是这些人的年龄都很大了。

还有一个矛盾的现象。这两年的政府工作报告中，都讲到我们每年都会实现超过1000万的新增城镇就业，2014年10月已经达到了1000万，这个数也很令人困惑。什么叫就业？就业就是指劳动年龄人口找到了工作。劳动年龄人口是多少？15~59岁的人每年以几百万的速度在绝对的减少，这不是增量的下降，而是绝对的减少。每年减少了几百万劳动人口，却有上千万人新增就业，哪来的？我们没有进口越南劳工，也没有进口非洲劳工，所以来源不明。我们只好再做一些数据的挖掘工作，去看看怎么回事。

在国家统计局公布的2009年的城镇劳动力数据中，略多于12%的人是农民工，我们的城镇新增就业是在不断把农民工纳入到统计之中，到现在也是如此。我们的城市就业统计是两条线两个系统。第一个系统是官方只统计有户籍的、有单位保障的就业，农民工都不列入职工的名单，名单上的基本上都是城镇居民，我们怎么能知道农民工的数呢？根据我们的农民工监测调查，离开本乡镇半年及以上的人目前大概有1.6亿~1.7亿，这些人都进入了各级城市，构成了城市劳动力市场的一部分，目前大概占到了35%。真正城镇的居民在城市劳动力市场中只占65%。过去，两个统计是完全分开的，你要想知道城镇有多少人实际在就业，就必须把我们系统内城里人和农民工的统计加在一起，其实这两者之间已经有重合和交叉的部分了（如图4）。有一部分农民工慢慢被企业接纳为职工，签了一年合同或两年的合同，甚至还有干了多年签了无固定期限的合同。如果再统计就业人数和企业的人数，这部分农民工也应该报上去了。

我们回过头来看失业率，前面讲到登记失业率、调查失业率是怎么回事，这都是现实中的。再给大家介绍一个理论上的失业率。理论上失业有三种类型，一类叫周期性失业，和宏观经济波动相关。宏观经济好失业率低，宏观经济不好失业率就高，失业率随着宏观经济波动是必然的。还有两类失业现象和宏观经济没有关系。一个叫摩擦失业率，是指劳动力市场还有找到就业的机会，在撞上机会之前一个人就处在摩擦性

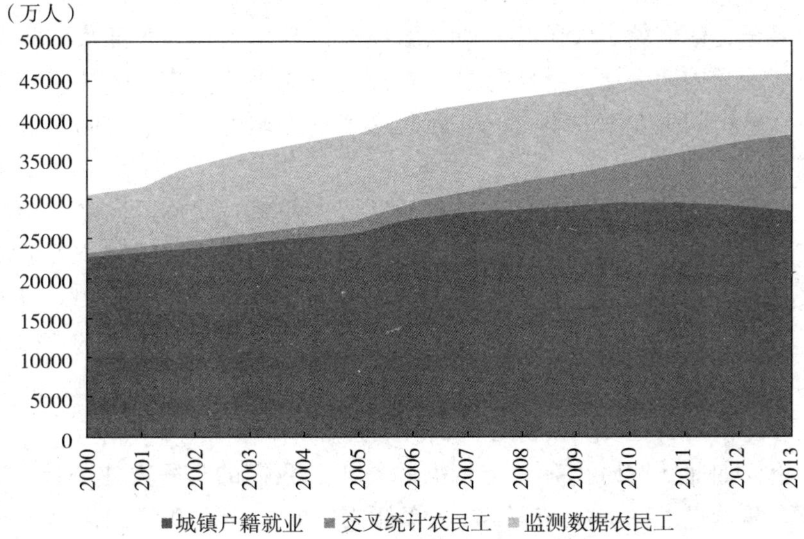

图4　城镇就业者的构成及其变化

失业状态。另一个叫结构性失业率，比如一个人遇不上恰好需要他一技之长的企业家，他就处在结构性失业当中。除了继续学习之外，还得等待产业结构变化等机会。因此，摩擦性失业和结构性失业合起来是比较稳定的失业，叫做自然失业。自然失业也可以这么定义，就是不随着宏观经济波动而波动的失业。要计算的话也很简单，周期性失业和经济增长速度等有关系，最后在模型中会有一个不变项，那就是自然失业。因此我们理论上可以算出自然失业率的。

我的同事恰好也算出来，近年来我们的自然失业率是4%～4.1%，跟我们的登记失业率是一样的（见图1）。这是一个合理的巧合。城镇居民才有资格进行登记失业，所有打算就业的城镇居民中只有4.1%的人是失业的，自然失业率也是4.1%，这意味着城镇居民只承受自然失业，不承受周期失业。这也容易理解，城市居民跟大学生一样，因技能不符合市场的需要而没有找到合适的工作，就是结构性失业。老的城镇职工不会上网，亲戚朋友也不太多，又没有门路，再加上技能也不太行，所以老是找不着工作，他就会处在摩擦性失业中。如果宏观经济不好了，企业真有困难的时候，企业也不敢随便解雇城镇职工，因为职工被解雇了就要去登记，城市登记失业率就会上升，政府部门就会来找企业了。

因此企业就会选择不受这些约束的人，他们既没有劳动合同，失业后又不会登记，他们就是农民工。所以城镇居民只承受自然失业率，只有农民工才承受周期失业。经济不景气农民工首先丢掉工作，丢掉工作就返乡了，城镇的失业率并不上升。因此这个很好理解，两者之间重合也是合理的。

调查失业率和自然失业率（也是登记失业率）之间的关系，中间就差了一块周期性失业。按照李克强总理的说法，目前城镇调查失业率是5%，国家统计局的城镇登记失业率是4.05%，自然失业率是4%～4.1%，你会发现周期性失业还不到1个百分点。每个部分说的逻辑都是通的，因此不到1个百分点的周期性失业的确可以让政府、决策者不那么担心经济增长速度，足够让我们有定力。

不仅如此，按照我有一定依据的猜想，我们的实际失业率比5%还低，要是低过了4.1%，自然失业率都成负的了。2010年我们做了一个调查，从城市劳动力市场分出了城镇居民，又分出了农民工。我们发现城镇居民的调查失业率是4.7%，大体上跟官方数差不多。农民工如果找不到工作就回乡了，所以它的调查失业率只有0.75%，不到1个百分点。城市劳动力市场是由这两种人共同组成的，城镇劳动力失业率应该是这两部分人一起构成的平均失业率。这很好办，城市劳动力市场上有65%是城镇居民，还有35%是农民工。我把0.65和0.35作为权重，把4.7%的失业率和0.75%的失业率算成一个加权平均失业率，就是城镇真正的调查失业，算出来的结果是3.3%，的确很低，低于自然失业率。也许没有这么极端，但至少说明真实的失业率的确非常低。你找一个典型的普通老板，问他经营的最大困难是什么？通常他们会告诉你说是招不到工人。

失业率的确非常低，低到比自然失业率还低，意味着劳动力市场非常强劲，这是一个好的方面。另一方面，自然失业率有它的意义。我们设想，自然失业率里最主要的是结构性失业，是你的技能和企业所需要的技能不匹配，如果没有这个失业率，你学什么会什么都不重要，反正有工作就干了。所以，这个结构性失业率可以使企业知道什么样的人难招，也使劳动者个人知道什么样的技能找不到工作。这些信息反过来传递到教育系统，对教学方向和内容要进行必要的改革。如果没有这样的失业现象，这个信息就传达不来。现实中我们已经遇到这样的问题。

我们并不敢说现在5%的调查失业率中完全没有包括农民工，因而我们也不清楚农民工在这个统计中究竟占了多大的比例。不过，为了论证这个统计至少是没有充分包括农民工，可以看看不同类型的人口统计调查能在多大程度上把城市里的流动人口识别出来（图5）。我们有两类调查，一类是人口普查，对象是全部人口，另一类是1‰人口抽样调查。在多数情况下，人口普查识别出的流动人口比抽样调查推断出来的流动人口要多。这就是说，1‰人口抽样调查倾向于低估流动人口（农民工）。或者说，样本越小越容易把流动人口遗漏掉。然而，我们的城市劳动力调查（城镇调查失业率由此而来）就是基于1‰人口抽样调查框架的。而每个月汇总的31个大中型城市调查失业率，是在1‰的抽样框中劳动力调查的样本又大幅缩小的样本，它所能够包括的农民工就更不成比例了。

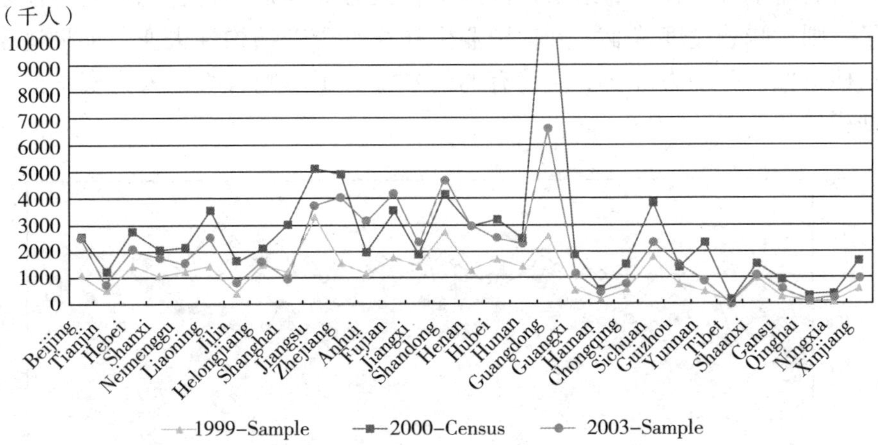

图5　小样本人口调查低估流动人口数量

因此我们有理由说目前计算的调查失业率，很可能高估了城镇的失业现象，因为它代表的主要是城市的居民，并没有把农民工充分反映进去，这和我们现在出现的劳动力短缺的确是对应的。前不久人社部的新闻发言人召开记者会，记者问有关最低工资的问题，说2014年经济显著下行，应该有很大的就业压力和很高的失业率。但是为什么各地政府还纷纷大幅度提高最低工资标准，这相当于商品卖不出去你还在那儿提价，这明显不合逻辑。新闻发言人具体怎么回答的并不重要，只是说这个现象是矛盾的。但是如果说经济下滑并不一定意味着就业压力，也不意味着失业率的上升，那就符合逻辑了。当然你还会继续问经济下滑不就是宏观经济周期，周期性失业率当然应该上升了。

从下面展示的一些数据（图6），我们可以看到貌似振奋人心的现象。这里使用的指标叫做求人倍率，是人社部在公共劳务市场上搜集的数据，用岗位数除以求职人数，这个比值大于1，意味着岗位数多，劳动力供不应求。如果小于1，意味着有人还找不到工作，劳动力供大于求。从中可以看到，文化程度在初中以下的劳动者，很长时间以来都在1以上。另一个是大学文化程度以上人群，最近也有上行的趋势，已经超过1了，说明大学毕业生的就业形势跟历史比较也有所改善，总体反映出我们的确没有就业压力。大学毕业生就业压力减小，如果是教育质量提高和教学内容改善的结果，这固然是好事。但是，如果仅仅是劳动力市场需求过于强劲的结果，以致不管人力资本是否符合就业岗位需求了，则意味着过度就业。大学毕业生往往承受着结构性失业，如果这个指标太低，劳动力市场上应该有的信号没有了，则有害于人力资本的长期积累。

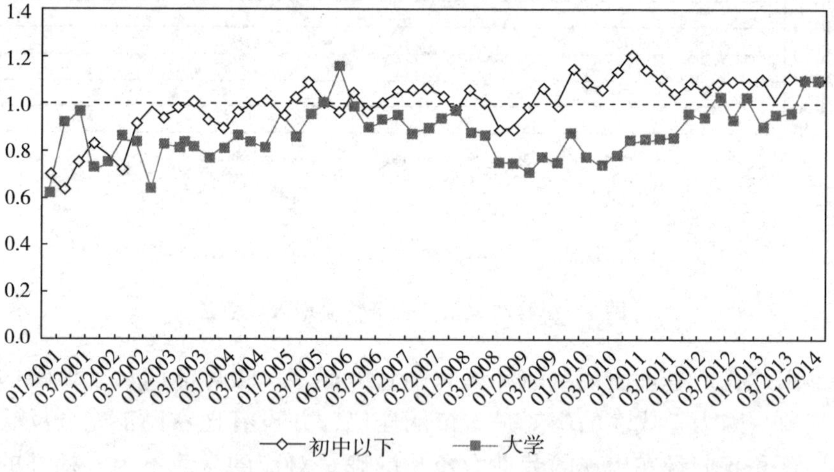

图6　分教育程度的求人倍率

我们看外国投行的报告，常常引用制造业采购经理指数（PMI）中的就业指数，来说明我们劳动力市场的状况。PMI由几个不同的指数合并，其中有一个指数叫就业指数。我想告诉大家的是这个指数是不能反映真实就业状况的。因为这个指数名字叫制造业的采购经理指数，不是问经理你们想雇多少人，而是说你上个月实际雇了多少人。假如上个月雇的人数比前一个月少了，可能有两个原因：一个是它的生产下滑了，不需要那么多工人了；还有一个是上个月不是想少要工人，而是劳动力市场紧张根本雇不到。因此供求双方都在影响 PMI 的就业指数，如果拿它来看就业和宏观经济的关系就不可靠了（如图 7）。我们看两条线，一条是 PMI 的产出指数，另一条是 PMI 的就业指数，理论上说两者之间应该具有完全的相关性。但是由于劳动力市场的短缺现象，过去两者之间还比较一致，现在变得经常会不一致，而且很明显，就业指数的稳定性比产出指数的稳定性要强。用 PMI 来分析经济形势固然可行，但是用 PMI 就业指数反映劳动力市场则不太能够说明问题。

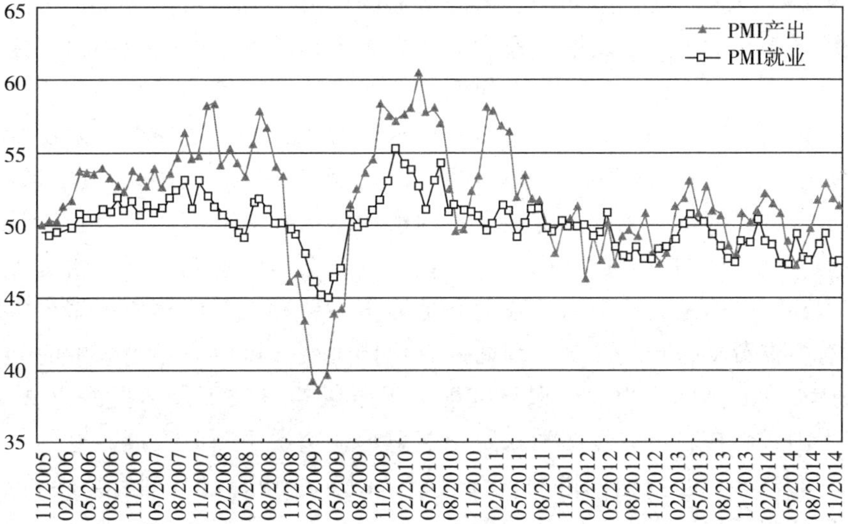

图 7　PMI 产出指数与就业指数关系

劳动力市场有一些关键性的指标，我们需要把劳动力市场这些指标相互之间的关系弄清楚。同时尽可能地使劳动力市场指标和宏观经济指标之间保持逻辑上的一致，这样才能得到正确的结论，否则就经常会受一些错误信息干扰。对于已有的一些官方数据和计算出来的一些指标，简单称之为不准确是没有道理的，应该说我们的统计系统在发展中国家中无论就规模还是能力绝对都是最强大的。正如世界银行有几个学者得出的一个结论，中国出现的问题是变化太快，体制变化很快，经济增长速度很快，经济发展阶段转变得也很快，以致统计体系跟不上实际变化的速度。你不能够理解各个指标之间的关系和某一个特定指标所对应的统计对象，你就无法解释这些数据。所以需要我们动用全部的知识才能够理解这些问题。

三、从劳动力市场现状认识中国经济新常态

现在该来回答经济下滑为什么没有带来劳动力市场的问题。首先要看我们过去经济增长是靠的什么，才能知道为什么现在经济增长下滑。我国长期的经济增长至少到2010年为止都是靠人口红利（如图8）。很多人会跟我争论，争论者往往是按字面意思理解人口红利的含义，说由于劳动力丰富，我们劳动密集型制造业的产品就有比较优势，在国际上有市场，因此得到了高增长速度，获得了人口红利。中国劳动力规模仍然巨大，所以人口红利不会很快消失。但是这个回答不了我们争论的问题。说到人口红利，比劳动力丰富更深层的含义是，劳动力无限供给帮助打破了新古典经济理论坚决捍卫的一个经济规律，即资本报酬递减。对于西方经济学家来说，有些人不理解中国为什么会有高速增长，认为劳动力是短缺的，当资本积累到一定程度就会报酬递减，所以永远唱衰中国经济。但是，他不知道我们有足够多的劳动力，能够积累多少资本就有多少劳动力与之配合，因此两者比例不变，可以在相当长的时间内保持资本的高回报率。所以，劳动力无限供给打破了资本报酬递减律，使中国经济在新古典经济学家所不能解释的情况下得到发展，这是人口红利的核心。但是他们讲的也没有错，因为一旦跨过了刘易斯转折点，人口结构变化使得人口红利消失了，这时资本报酬递减的规律就要发生作用。

迄今为止我们经历了两个转折点：刘易斯转折点和人口红利消失。所以劳动密集型产品比较优势就开始下降了。很多人说中国经济现在面临的问题是需求的冲击，由于西方经历了金融危机，直到现在还没有恢复过来，欧洲市场和美国市场都疲软，所以我们的劳动密集型产品没有人要了。如果是这样，我们的出口因国际市场的需求减少会随之减少。这无疑是我们面临的一个需求制约因素，但是，关键在于这个因素的影响程度有多大，是否足以导致中国经济长期减速。至少还有另一个因素，

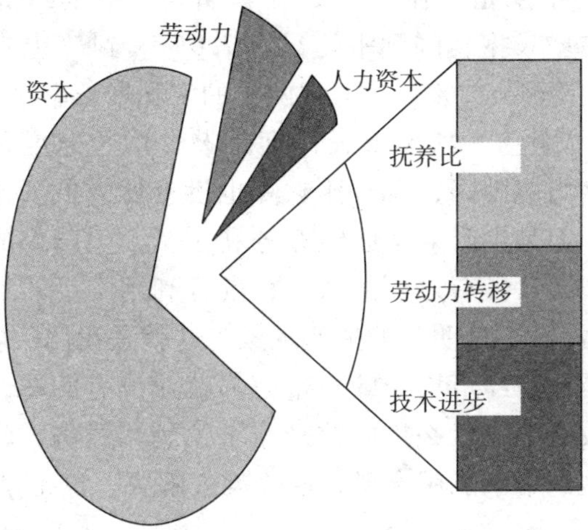

图 8　人口红利期间中国经济增长因素构成

即中国制造业的比较优势下降了。我们算一个显示性比较优势指数，就能把国际市场本身的变化剔除掉，如果它下降了意味着我们的成本提高了，别人对我们产品的相对需求下降了。这个指标是中国劳动密集型产品出口占全部出口的比重。计算显示，传统上具有比较优势且占中国出口主要地位的 11 种劳动密集型产品，显示性比较优势指数从 2003 年的 4.4 下降到了 2013 年的 3.4。很显然，这个指数的下降就意味着我们在这些产品上的优势和世界平均相比在下降。即不是说没有绝对需求了，只是比较优势下降了，结果必然表现为 GDP 的潜在增长率下降。

潜在增长率是由土地、资源、劳动力、资本等生产要素供给能力以及生产率进步的速度所决定的。这些要素和生产率发生了变化，一个经济体的潜在增长率就会下降。它是一个理论上的增长率，但是很有意义。当人们做预测时，很自然会用过去的增长速度来外推未来的增长速度。如果一个经济是非常稳定的状态，没有大的结构性变化，没有经历任何有意义的转折点，没有经济发展阶段变化的话，这样做预测可能还是大体可行的。但是，如果经历了重要的经济增长转折点，各种各样的变化都发生了，这么外推就不大靠谱了。这时就要看我们的生产要素供给能力还有多强，未来还有多大可供挖掘的潜力，生产率的进步在未来能有多快，然后才能估算出潜在的增长速度。我想这样做预测比外推的结果要好。

我们测算的结果是，在“十二五”期间，中国经济会从过去接近10%左右的潜在增长率，降到平均只有7.6%。到“十三五”时如果没有其他变化还会降到6.2%。过去这两年的实际增长率是7.7%，2014年可能是7.4%，大体上，实际增长速度跟潜在增长速度是一致的，也就是增长速度在潜力范围内，没有比它高也没有比它低。这意味着虽然增长速度下降了，但是生产要素已经充分利用了，生产率的进步潜力也充分发挥了，生产要素没有过剩的状态，没有利用不足的状态（包括劳动力），因此也就没有出现明显的失业现象。这就是我们所说的劳动力市场的新常态，也是一个经济增长的新常态。就业没有问题，就不要以就业为借口去要求政府采取什么措施拉动需求、刺激经济。就业虽然有结构性的问题，但是这个不能用宏观总量政策去解决，也不是靠GDP增长可以解决的。

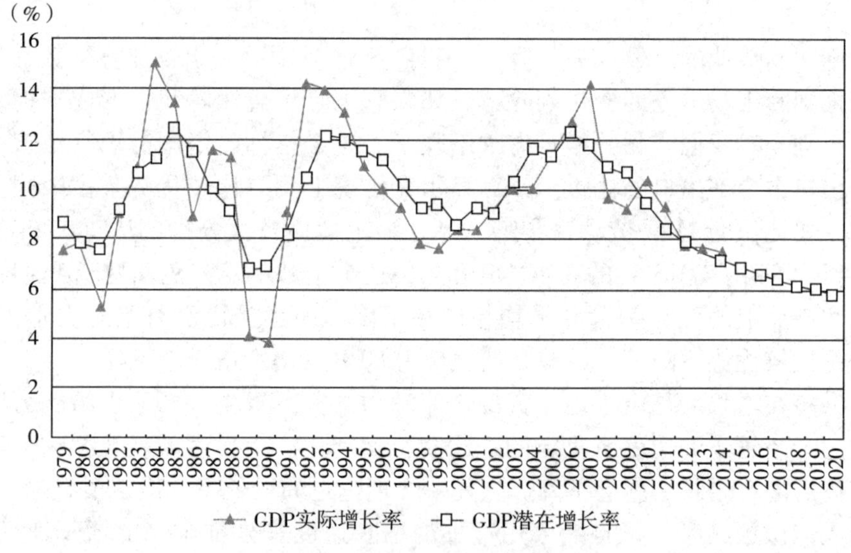

图9　中国经济潜力和实际增长率

如果说老常态是两位数的增长率，新常态是不是7.5%的增长率？应该说不是。按照我们的人口变化，劳动年龄人口逐年减少，意味着我们未来的潜在增长率会逐步下降，直至降到3%都有可能，因为发达国家能够实现3%的增长就已经很了不起了。越是发达的状态，每一步经济增长都必须靠技术进步、靠生产率的提高。你没有人口红利了，没有后发优势了，总有一天会降到3%，能接受这个事实也很重要。我们不要去刺激经济，不要让经济的实际增长速度超越潜在增长率。然而，确实有必要去改变和提高潜在增长率，办法就是通过改革。

四、改革红利：挖掘劳动力供给以提高潜在增长率

我们现在面临一些困难也有诸多潜力，原因之一就是仍然有制度障碍，而克服这些制度障碍可以提高生产要素供给和生产率。劳动力市场上有一定的自然失业率不见得是坏事，在劳动力市场上，不仅你是一个生物意义上的人，而且你还必须有人力资本，否则你还是找不到工作。如果真是失业率对劳动力市场需求太旺盛了，只要有人我就想用，特别是年轻一点的人，这时候劳动者就不要学习了。我们已经发现的“工资趋同”现象，即高技能工人和低技能工人的工资趋同，表明人力资本的回报率或教育的回报率在下降。这形成一种对受教育的负激励，酝酿着长期的风险，既是个人风险也是整个经济的风险。

我用图10说明这一点。我们给出了农民工在不同年龄上所具有的受教育年限。多数的年轻农民工基本上适应了目前产业结构中劳动密集型第二产业和劳动密集型第三产业岗位对教育水平的需要，所以他们极受欢迎，以致农村的父母们觉得九年义务教育就足够了，孩子应该赶紧出去打工，在一些农村地区很多人甚至从初中就辍学了。但是，我们的产业结构未来会发生非常快的变化，例如第二产业的资本密集型岗位、第三产业的技术密集型岗位，都会要求更高的人力资本，更多的受教育年限，而这些充其量完成了义务教育的新一代农民工难以胜任那些新岗位。

中国老话说：“十年树木，百年树人”，这个百年之说不是夸大其词。我们在1990年、2000年、2010年分别有三次普查的数据可以做比较。在这20年间，中国经历了最快的教育发展，经历了普九，经历了扩招，大幅度提高了人力资本受教育年限，但是20年里成年人的平均受教育年限仅仅提高了2.7年。而如今你要想跨越就业岗位，进入更高端的产业结构中去，可能需要额外的2年、3年甚至4年的受教育年限，所以要花很长的时间。过去农民工都集中在外向型的制造业企业中，而近年来越来越多被吸引到经济政策刺激的产业里，比如基础设施、建筑行业等，但是那些行业面临着产能过剩甚至泡沫，将来一旦不景气，这些农

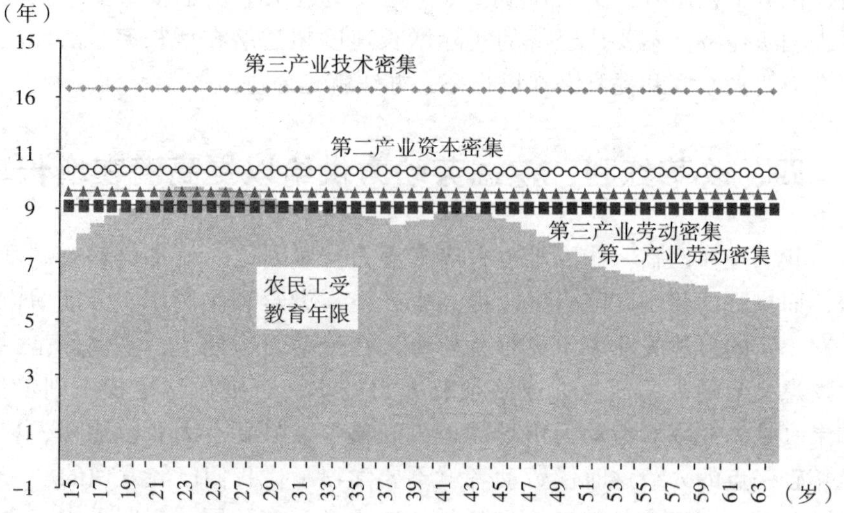

图 10　产业结构升级对人力资本的要求更高

民工就必然面临周期性失业。

根据欧洲的经验和教训，这样背景下的周期性失业接下来会转变成历时更长久的结构性失业。例如，西班牙在 20 世纪 90 年代经历了建筑行业的大幅度增长，年轻人都不读书了，跑去干活挣钱，工资还在上涨。结果金融危机爆发了，主权债务危机爆发了，产业结构变化了，虽然还会创造出新的工作机会，但是这些年轻人都没有好好读书，人力资本不适应新的增长需求。所以西班牙现在面临着 50% 的青年失业率。我们的劳动力市场现在虽然处在黄金时期，也应该替农民工想一想未来会怎么样，政策要以人为本，就是要在宏观层次上和个体层次上都能做到未雨绸缪。所谓的刺激政策，只能把风险刺激得更大。刺激产生的就业“过犹不及”，我们不需要这样的就业，何况我们现在没有就业压力和周期性失业问题。

现在还有一个现象，那就是工资上涨固然是一件好事，可以改善收入分配，但是过快的上涨也的确意味着有过多的企业会垮掉。当 10% 的 GDP 增长率降到了 7.5% 的增长率时，降下去的 2.5 个百分点是什么呢？不是说你少生产一点，我也少生产一点，而是说一部分承受不起高成本的企业已经垮掉了。一定的创造性破坏是需要的，这是我们进步的一种方式，是一种机制。但是如果这个过程过快的话，它的确会在短期内伤害我们的经济，我们有点承受不起。所以我们希望能使这个调整的过程掌握一个适当的节奏，延续的时间长一些，我们并不需要工资无限制上涨。当然这并不意味着要保护那些没有竞争力的企业。那么，有没有替代工资上涨的办法呢？既让农民工愿意出来就业，又不会过重地加大企业负担。应该说有，那就是用公共政策的改革来代替工资的一味上涨。

这个公共政策改革首推户籍制度改革，这项改革所能带来的红利可以立竿见影、一石三鸟。从供给方的因素对提高潜在增长率效果的角度来看，户籍制度改革能够稳定农民工的劳动力供给，这样就可以让劳动力供给增加，提高劳动参与率，潜在增长率就会提高。同时进一步挖掘剩余劳动力转移潜力，劳动力从生产率低的部门转向生产率高的部门，还会取得资源重新配置效率。这种资源重新配置，本身就是一种全要素生产率。从需求方面看也有改革红利。农民工有了充分有保障的就业，就会改善收入分配。他们如果有了户口，就获得了均等化的社会保障和其他基本公共服务，生活就没有了后顾之忧，不用每年都回家过春节了，就可以像城市居民一样消费。我们的经济增长需求结构就会更加平衡，宏观经济也更加稳定。此外，农民工市民化后，可以更好、更有激励地接受教育和技能培训，或许还会产生一种新型的生育行为等，这些都会改善我们未来的经济增长。

我们做了一个关于改革红利的模拟。模拟的东西虽然从来不可能是精确的，不过精确性不是我们的目的。我们只想指出一个方向性的东西。这里，我们做了一些改革效果的假设。假设“单独二孩”政策可以使我们的生育率从以前的 1.4% 提高到 1.6%，其他什么都不变，未来潜在增长率将呈现逐年下降的趋势。随后我们在模型里加进去的，是假设有一个合理的劳动参与率的提高，以及能做到农民工市民化和国有企业的改革，所能导致的全要素生产率的提高。也假设了一个教育和培训的合理增量。这样，在生育政策调整前提下做出关于生育率的不同假设，模拟会得到不同的未来潜在增长率（如图 11）。不管怎么说，改革都比不进行改革要好很多。特别是生育政策调整，在短期内没有什么正面的影响，负面影响也不大，但是在 20 年以后，会产生对潜在增长率向上的一个拉力。结论是改革可以带来显著红利，我们必须要推动改革。

我们知道历来都不乏唱衰中国的人，有一些还是国际大牌的经济学家。例如克鲁格曼就说中国的刘易斯转折点到了，靠廉价劳动力的时代

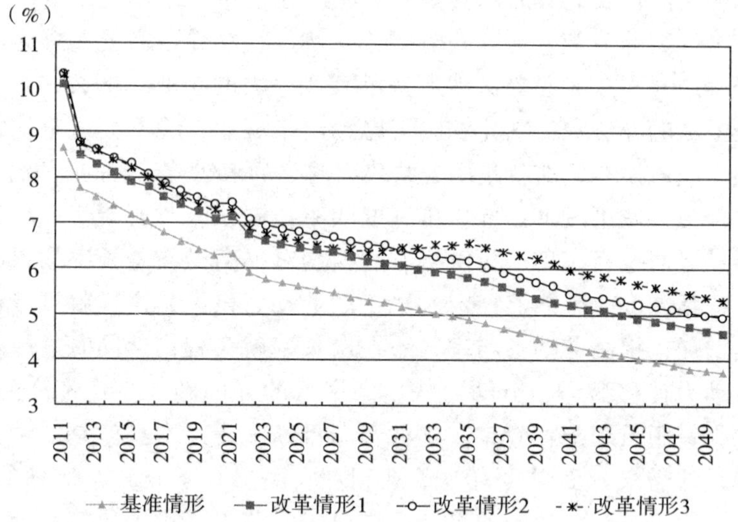

图 11　改革红利的模拟

结束了，必须进行调整，转向内需拉动。但是，他认为中国很可能转不过来，所以中国经济很快会撞墙，撞的还不是普通的墙，而是万里长城。也有一些善意的人说，中国需要进行改革，但是改革总要牺牲一些经济增长速度，改革和增长至少是此消彼长的关系，甚至也有人说改革是反增长的。他们建议中国要承受更慢一点的速度来加快改革。国际货币基金组织正面肯定改革是有收益的，但是它也认为，短期之内中国的改革会造成增长率的下降，只是长期会把它补回来。

但是，我们选择户籍制度改革是可以立竿见影带来红利的，即短期内也不会对增长造成影响，而且改革红利可以及时得到。改革和增长是互相促进的关系，可以产生改革红利，有很积极的意义。首先有利于达成改革的共识，树立改革的决心。更重要的是能够选择一个恰当的改革方式，真实推进我们的改革。户籍制度改革、农民工的市民化，十八大报告和十三届三中全会都部署了，但是到现在看还没有什么动静。显然是因为存在着激励不相容的问题，即地方政府知道改革的好处，但也担心承担不起改革的成本，同时不能完全获得改革红利。所以，观望也是一种免费搭车行为。

现在中央和地方政府之间形成了某种对话，最初，中央发出声音说要推进新型城镇化，地方一听觉得是个好机会，纷纷表示赞成也积极响应，以为可以借着基础设施项目搞土地开发。但是中央又说，新型城镇化是以人为核心的城镇化，紧接着又部署了户籍制度改革，要推进农民工的市民化。地方这才明白过来，于是说这种改革哪有那么容易啊，解决一个农民工的市民化要花十万、二十万、三十万，地方哪来的钱呢?这个账现在又返回到中央。中央回复说，要探索农民工市民化的成本分担机制，政府拿一点、市民拿一点、农民工拿一点、企业拿一点、社会拿一点。但是到目前为止既没有弄清楚各个参与方到底都要拿多少，也没有明确在各级政府之间如何分摊改革成本。

如果我们算出户籍制度改革是带来显著红利的，同时这个红利是从国家经济社会发展和政治稳定的意义上讲的，不见得能够为地方政府全部获得，中央政府就应该承担一部分财政支出责任，支付市民化的成本，推进地方的改革。这样可以把户籍制度改革变得更加激励相容，它就更容易推进。以前我们的改革叫“帕累托改进”，改革给一部分人带来好处，但是不伤害任何其他群体，所以没有人反对，易于推进。现在这种机会越来越少了，我们就要探索叫“卡尔多改进”的方式。即改革总的收益是巨大的，使得最高的协调人和顶层设计者，可以拿出预期的改革收益重新分担成本，并做出将来如何分享改革收益的承诺，让改革的各方都有积极性，这样改革就能及时得以推进。

段永基
论坛企业家理事会召集人
四通集团公司董事长

深化改革的必要准备是进一步解放思想

Chinese Economists 50 Forum

段永基简历

50 人论坛企业家理事会召集人。

四通集团公司董事长、中国民营科技实业家协会理事长、中国民间商会副会长；曾任全国政协第八、第九、第十届委员，第九届全国工商联副主席。

段永基是中国 IT 界知名的企业领导人，他积极探索中国民营与科技产业的发展之路。1984 年他与一批科技人员共同创办了中国首批私营高科技企业四通公司，1993 年他领导四通公司在香港地区成功上市，完成了公司管理与国际标准的接轨。同年，他投资创办了四通利方公司，2000 年该公司成功在纳斯达克上市，并更名为新浪网公司，为中国互联网产业的发展开辟了国际融资渠道。1998 年四通率先在中关村展开大规模的重组改制，完成了中国业界首例 MBO。

2004 年四通实现了和巨人集团的全面合作，开始发展生命健康产业，三年内成为生命健康产业的亚洲第一品牌；同时与广电系统密切合作，持续投资中广有线公司，成为中国最大的有线电视运营服务商之一。

2007 年为了响应国家开发海外资源及新型能源的政策，段永基带领四通公司投身于资源开发产业及生物能源产业，目前旗下四通资源有限公司已经完成加拿大上市工作。

四通公司从 1994 年就投资支持过的以刘修才博士为核心的海外留学生团队，从那时至今，坚持不懈地研究生物技术的规模化生产。现已建成全球最大的济宁凯赛长链二元酸生产基地，建成全球最大的吉林凯赛生物丁醇生产基地，成为生物发酵技术及规模化生产的世界领先企业，该企业将在美国上市。

由于段永基在中国非公经济界内的重大影响，他还同时受政府聘任，担任第三届、第四届中国政府监察部特邀监察员、中国经社理事会常务理事、中国发展研究基金会理事、中国经济 50 人论坛企业家理事会召集人等职务，在沟通政府与企业关系、加强理论界与企业界联系方面起着重要作用。2008 年获得“共和国 60 年影响中国经济 60 人”、“中国改革开放 30 年 30 名经济人物”和“中国改革开放 30 年影响中国经济 30 人”荣誉称号。

期　　目：总第 263 期

演讲时间：2014 年 10 月 22 日

我做企业三十多年，自己的总结是做失败的事比成功的事多，做错的事比做对的事多。所以我们讨论的时候可以多谈谈教训。

十八届三中全会在谈到如何深化改革时，首要的一条是“要进一步解放思想”。这说明它不是一句套话，也不是空话，更不是闲话，它是有针对性的，是有丰富内涵的话，所以应该给予高度重视。但是我们现在讨论深化改革，很多时间都在讨论具体的事，不太注重体会进一步解放思想指的是什么，也不太重视当前影响我们深化改革的各种思想障碍有哪些。实际上，意识形态的障碍、思维方式的障碍是存在的。我们要想完成改革的深化，就必须把在当前社会上影响我们的思维方式和思想意识形态方面的思想障碍破除掉，否则改革很难深化下去。

第一个是思维方式的障碍。研究我们国家未来的经济发展，一定要用全球化的思维制定我们的改革方略。全球化思维就是要在全球范围内组织市场、组织技术、组织资金、组织人才、组织各种生产要素，这应该成为我们制定改革方略的思维方式。

比如说粮食问题，中央领导定下了十八亿亩的红线，这就是底线思维，当然是对的。但你想想看，凡是适合种庄稼的地方，肯定也适合住人，随着人口的增长，人和庄稼一定要抢地，你说庄稼能抢得过人吗？所以我们在粮食问题上一定要有全球思维。很多国家根本没有土地资源，比如新加坡、日本，但是它有全球的布局，粮食问题解决得也很好。有很好的全球化的设计，所以他们的粮食没有构成问题。再比如说老百姓吃饭，除了吃粮食还要吃肉。如果我们在膳食结构里面提高牛羊肉的比重，我们进口牛肉、进口羊肉不就等于进口土地吗？不就等于进口水资源吗？所以这次国务院常务会已经决定了，要重视进口牛羊肉。改革开放 35 年了才有这个思维，显然是有点滞后。

充分考虑颠覆性技术对产业结构、商业模型、社会管理的深刻影响，我们的改革措施才不至于落后。互联网技术、大数据和云计算技术、基因技术、3D 打印和 4D 打印技术，都是正在迅速发展的颠覆性技术。

互联网的本质是消灭了时空距离，过去在全球范围经商，是靠全球范围内的时空距离打时间差、信息差、地区差来赚钱。一个日本企业叫三井物产，当年三井物产一个公司的销售额、就占到日本全国GDP的47%。因此1945年美国人先把三井物产老板抓起来，把三井物产分成了28个公司，目的就是要破除三井物产的垄断。后来三井物产老板跟我说，三井物产本质上是情报公司，因为当时日本在全世界设有大使馆、领事馆150多处，而三井物产在各国和各地区设立的办事处多达180多个，当时我还没有理解他这句话的含意。随着时间的推移，我越来越体会到，在互联网没有出现之前，由于时间和空间的距离差距，信息交流存在地区差、时间差，很多商业公司就靠这个差异来赚大钱，但是到了互联网时代这种差异就消失了。最近听说亚马逊的国内电子商务已经开通了，现在买美国东西甚至买全世界东西都很简单，五天保证送到，运费也不贵。

过去我们确定一个企业的发展方向，需要做市场调查，依据的是统计学概率论。但到了大数据时代，就完全不一样了，它是全数据时代，这方面例证很多。美国疾控中心是全美在疾病的预报、管控方面很厉害的一个系统，但是美国疾控中心的数据是滞后的，因为它是根据过去一周美国全国各地各种病的发病率来进行统计和预测的。后来谷歌发现了这个问题，谷歌有客户查询各种病和药的巨大的数据库，全面分析这个数据库，能够很快发现某一种疾病暴发的规律。用谷歌的数据和结论与美国疾控中心报告对比，契合度达到97%，这就是大数据的作用。还有一例，美国有一个网络专家乘飞机去参加朋友的婚礼，因为他是搞网络的，很注意调查。到婚礼上和朋友们一块吃饭，他说自己买的机票很便宜，结果同桌所有人拿出票来都比他便宜。于是他回去后就利用大数据库，统计出了各个航空公司不同季节的售票规律并开发了购票软件，用它的软件买票人均每次旅程可以节省50美金。在没有互联网的时代，这是根本统计不出来也做不出来的，这就是大数据的作用。

袁隆平的水稻叫超级水稻，其实就是转基因技术。基因技术对农业、对健康、对医疗都产生了颠覆性作用。乔布斯身患癌症，他有钱，思想又很超前，就把癌细胞和自己吃的药拿出来，请专业公司做对比调查，从基因的角度来研究药和病变细胞的关系。基因技术揭示了生命的本质，对农业、健康产业、医药业发展都起到了巨大的推动作用。

3D、4D打印的本质是把过去的制造业从做减法变成做加法，省材料、省设计，美国军工企业使用这种打印技术已经非常普遍了。

要有前瞻性的思维。说起来比较抽象，其实就是要尊重小人物，尊重小公司，尊重失败者，这一点我有很深的体会。1985 年 5 月我去日本三井物产访问，人家当年的销售是 1700 亿美金，而我们四通公司的年销售额只有 300 多万人民币。当我们几个走进三井接待大厅时，看到大厅里悬挂着中国国旗和日本国旗，我们以为今天一定是有大人物来了，要不然三井物产怎么挂出国旗呢。于是就问日本人接待人员，今天是有中国政府的领导人来吗？人家说没有什么领导来，我们就了为了迎接你们。我们去了三井物产的办公大楼顶层，三井物产的会长和社长亲自出席会面并请我们吃饭，使我们受宠若惊。这就是有眼光。1993 年，四通公司是第一家在境外（香港地区）上市的中国公司，也是 2000 年第一家在美国上市的中国公司。当时四通公司已经发展到有 17 家中外合资企业，1996 年我们一家公司的销售额占中关村所有公司销售额的 54%，税收占 67%。三井物产有眼光，这就是一种前瞻性的思维。要懂得尊重小人物，尊重年轻人，要懂得支持小微企业创新，现在很多重大的发明都是小企业搞出来的，很多大公司也都是由小企业发展壮大起来的。

第二个是传统观念的障碍。首先就是对私有制的看法。我们一向把私有制看作是万恶之源。但是人类自从有了文明史以来，主要的物质财富和精神财富是在什么所有制下创造的？我想不用讨论，都是在私有制为主的制度下创造的。过去一百年来，全世界范围内曾经有过大面积的公有制试验，是成功了还是失败了？这个也不用讨论。实践证明，公有制垄断一切的经济体制是失败的。改革开放多年了，中国模式、中国经验到底是什么？

香港大学经济学教授许成刚是孙冶方经济学奖的获得者。他和首尔国立大学经济学教授金炳转、香港科技大学教授王井联合发表一篇论文，从微观层面探讨了中国近几十年快速发展的原因。许成刚等称“我们在实证研究中发现，在企业里面私有制是决定绩效的最重要的制度，私企是中国经济成长和绩效的最重要的推动力。如果革除歧视私企的制度，让私企在平等市场竞争条件下自由发展，中国经济还有巨大的发展空间。通过对比，中国企业和 26 个其他转轨国家的企业，得出来的结论是与世界其他国家发展的规律是一致的，既不是奇迹，也并不存在超越市场经济规律的特殊模式。正是私有企业，尤其是新型的私有企业，而不是违反其他国家经济共同规律的奇迹，决定了中国经济惊人的总体表现。”文章指出，在所有因素中，包括外国环境因素和企业内部制度特征，解释企业绩效差异的最终决定因素是所有制。不论以哪一种标准衡量绩效，中国的新型私营企业在所有的转型经济中是最有效率的。这是以上专家的研究结论。

我们小的时候在农村吃不饱饭，后来上了清华大学每月定量28斤，根本就不够吃，于是就拼命锻炼，因为被挑选到学校文艺宣传队和体育代表队，就可以吃到不限量的饭菜。那个时候农村是人少地多，但是种的粮食还是不够吃，原因就是农民没有生产积极性。现在改革开放了，搞了土地承包制，粮食多得吃不完。农村改革为什么成功，就是把土地经营权私有化了。城市为什么发展起来了？就是允许像四通公司这样的民办企业出现了。民办企业是中国叫法，实质就是私有制企业。在当下对民营企业的偏见还是根深蒂固的。

其实，新中国的民营企业家，和旧社会过来的工商业者完全不同。这些人基本是生在红旗下，长在新中国，长期受党的培养教育，其中很大比例是共产党员，所以对他们的政治定位和政治评价应当有别于过去的工商业者。他们在建设社会主义新中国的大军中与国有企业一样，也是依靠力量，也是共产党执政的基础。现在之所以疑虑重重，就是我们对私有制的看法有偏颇，不公平。

在现代社会里，私有制最大的毛病是会扩大贫富差距。但是不可否认，它是激发人们创业热情和创新激情最有效的工具和最强大的动力。当然我指的是绝大数社会成员。

公有制听起来非常美妙，但它隐含着一个重大的道德前提，就是社会成员中的绝大多数必须毫不利己专门利人，必须全心全意为人民服务，必须不远万里跑出去帮助别人支援别人，要实现这一点我不知道需要多长时间。只有把全社会的绝大多数成员变成这样的人，在这个前提下公有制的优越性才能发挥出来。如果没有这个前提条件，公有制的优越性肯定发挥不出来。

从逻辑上来看，生产资格的占有和生产成果的分享可以有四种模型。一是共有共享，这是我们追求的最高境界，是共产党人的远大理想。二是私有私享。三是公有私享。四是私有共享。这种模型为什么不可以试一试？既可以用私有制调动全社会绝大数成员创业和创造的热情和积极性，又可以用政府的各种政策、法规来调节收入分配，达到北欧那样的福利社会。在人类几千年的实践过程中，世界上部分地区已经实现这一点了。第一重要的是财富的创造，如果没有财富你能分配什么？所以我觉得，对私有制没有一个公平的认识是我们各级干部头脑中最大的意识形态障碍，这个障碍不破除，必然会影响到未来我们要重点开展的国企改革。

不应该把公有制说得一无是处，但是至少应该对私有制有一个公正的评价，应该肯定它积极的一面，况且我们在社会主义初级阶段还是需要很好地发挥它的积极作用。

最后我谈谈对资本的看法。以前有德国的《资本论》，最近又出了法国的《21 世纪资本论》，在这两个新旧不同的资本论里面，都把资本说成是血淋淋的剥削。这也没错，在资本主义初级阶段就是这样。但是经过技术的进步、生产力的发展以及人类文明的成长，资本获得利益的手段已经转移到主要依靠技术创新和流程再造，转移到全球化发展和制度革命了。我是私营业主，你说我会把精力放在克扣员工的工资，延长他们的工作时间来获益？靠这个根本赚不了多少。如果我想办法把他们的积极性调动起来，通过技术创新、制度创新、流程再造和全球化发展，他们创造的利益将是无限的。所以我经常跟我的合作伙伴和投资者讲，咱们互相之间不要算计，算不出多少钱来。18 世纪时那种利用资本盘剥工人、盘剥合作者的做法早就落后了，而通过技术创新、流程再造、制度创新和全球化发展，收益贡献的增长率和盈利空间则是无限的，所以我们对资本也要有一个更新更全面的看法。西方国家现代的管理学都是讲如何激励如何整合，如何倍增全体员工的创造热情和工作积极性，没有人讲如何盘剥。

要深化改革，很重要的一条就是改变对私有制的看法，应该就大张旗鼓名正言顺地发展私有企业，这有什么不可以？2013 年 7 月国家统计局副局长讲，国有企业、民营企业、外资企业三块贡献的 GDP 比重，民营企业占 56%，税收占 62%，投资占 66%。我听了也非常吃惊，这是国家统计局的官方数字，而且这个数据只可能往上涨，不可能往下降。民营企业这一块已经非常强大了。

所以我觉得我们要深化改革，要建设完善的社会主义市场经济体制，这些思想障碍不破除，这个任务恐怕很难完成。

樊　纲
论坛学术委员会成员
中国经济改革研究基金会国民经济研究所所长

中国的发展潜力、增长要素与风险管理

Chinese Economists 50Forum

樊纲简历

50 人论坛学术委员会成员。

国民经济研究所所长，创始人。北京大学、中国社会科学院经济学教授。中国经济改革研究基金会理事长，中国经济体制改革研究会副会长。

樊纲是蜚声海外的中国著名经济学家，主要研究领域为宏观经济学和制度经济学。1991 年和 2005 年两次获得中国经济学界最高奖项“孙冶方经济科学优秀论文奖”，1992 年被评为国家级有突出贡献的中青年专家，2004 年被法国奥弗涅大学授予荣誉博士学位，2011 年被加拿大皇家大学授予名誉法学博士学位。2005 年和 2008 年两次被美国《外交政策研究》与英国《观点》杂志共同评选为“全世界最受尊敬的 100 位公共知识分子”之一，2010 年被《外交政策研究》评为“全球 100 位思想家”之一。

樊纲是极具影响力的政策建议者，长期致力于推动中国经济体制改革。在中国政府经济主管部委制定重大决策时，樊纲经常受邀提供政策咨询和改革建议，被公认为中央政府的重要智囊；是深受主流媒体信任和被持续跟踪的意见领袖，享有极高的社会声望。

2006—2010 年曾连任两期中国人民银行货币政策委员会委员，是“中国经济 50 人论坛”的联合发起人和学术工作负责人。

期　　目：总第 264 期
演讲时间：2014 年 10 月 30 日

2013 年是“十二五”规划的第三年，我们曾经做了“十二五”规划的中期评估。2014 年我们受国家发改委的委托，开始做“十三五”规划的前期研究，对中国长期增长的很多问题做了分析，最近研究报告已经基本完成，当然还在补充一些内容，继续深化。“十三五”规划指的是从 2016—2020 年，当然要谈的不光局限在这五年，还要看看中国以后长期的发展。

首先讲第一个问题。通常有一种说法是，中国经济告别了两位数的高增长时代，开始进入一个高中增长、中低增长和比较低的增长时代。现在中国经济增长速度是七点几，看上去好像低了点。对这种说法我一直有不同的看法。第一，中国过去三十年绝大多数时候并不是两位数增长。可以查一下统计数据，过去十年我们有过两次高增长，其中有五年是两位数增长，一次是 2004—2007 年，一次是 2009—2010 年。第二，过去二十年凡是增长速度超过 9%，一定是通货膨胀。增长速度超过 10% 达到两位数，一定既是通货膨胀又是资产价格膨胀。2007 年最高达到 14% 的增长速度，当年是通货膨胀加房产泡沫和股市泡沫。两位数增长从来就是过热增长，历来都是我们要防的。老说中国政府在刺激经济，其实真正的刺激就是 2009 年和 2010 年。2004—2007 年人们印象中的宏观调控政策就是压，不让你干这个不让你干那个。所以我们很多时间是要来防止两位数增长，因为两位数的增长从来不是好增长。

经济学管好的正常增长叫潜在增长率，就是没有通货膨胀。充分利用了潜力，没有通货紧缩，需求又不是特别的膨胀，实际的增长速度和潜在增长速度基本吻合，没有产能过度利用、通货膨胀。分析潜在增长率有两个基本的方法：第一是要素分解法，即你有多少资本、多少劳动等；另一个比较直观的方法是滤波法，把通货膨胀过热去掉，把通货紧缩去掉。都说中国过去三十多年的高增长，实际上 2003—2007 年中间好几年通货紧缩，消费品价格指数有几年是负的，生产者价格指数曾经连续 31 个月负增长，我们现在这个月可能是第 33 个月，生产者价格指数连续负增长，现在仍处在轻微通货紧缩的状态。把通货紧缩和通货膨胀都去掉，过去就是 7% ~9%。这与很多研究小组用要素法研究的结果基本相吻合，就是 7% ~9%。发改委宏观经济研究院曾经说过，我们潜在的增长率多数都是 7% ~9%，从来不是 10% 以上。

现在我们其实是在回归正常，并不是进入了低增长阶段。潜在增长率是慢变量，慢慢会发生变化，20 世纪 90 年代可能是 7% ~8%，21 世纪初是 8% ~9%。因为 20 世纪 90 年代改革、清理坏账加上 3000 万国企职工下岗等，潜在增长率没有那么高了。20 世纪 90 年代改革红利开始发挥作用，企业效率提高了，劳动人员减少了，但是还没有完全调整到新的机制，21 世纪初确实是比较高，为 8% ~9%。现在加上劳动成本提高等因素，可能又回到了 7% ~8%。

我们不仅研究未来的增长潜力，还要研究未来我们保持稳定的目标。我给联合国办的一个研讨班讲课，有人提问题说要如何制定宏观政策，怎么能知道是紧还是松了？我说前提是要理解什么是潜在增长率。美联储是管货币政策的，也是研究潜在增长率的权威机构。它要知道这个标杆在什么地方，美国一般是 3%，超过 3% 就要出紧缩政策，低于 3% 或者低于 2.5% 就要搞扩张政策，但首先你要知道基准点在什么地方。这个也是我们要解决的一个问题，要先看看中国未来潜在的增长率是什么。我们的基本关系方法也是要素分析法，要分析今后中国有多少资本，有多少劳动力，有多少人力资本，有多少制度改革，有多少知识创新，这些要素我一会儿要具体分析。

基本的结论是，2016—2020 年中国的潜在增长率至少在 7% 以上，这很难有具体的数，大概是有这么一个区间。这个数比起国际组织算的数是比较低的，2013 年国际货币基金组织算了一个数，2013 年中国潜在增长率是 8% ~9%。2013 年经合组织得出一个数，2012—2017 年中国的潜在增长率是 8.9%。汇丰银行 2014 年上半年算了一个数，2018—2022 年中国潜在增长率会在 7.5% ~8%。我们的结论是 7% ~7.5%。究竟这个数是多少还是有争议的。现在国内有一个重要的观点是，由于中国的劳动力开始短缺了，劳动力增长的速度比过去大大下降，因此到“十三五”期间中国的潜在增长率可能是 6.4%。最近亚行也得出一个数是 6.4% 左右。我们仔细研究了这些模型，它们都犯了一个重要的错误，就是没有计算人力资本，没有计算我们的教育因素。

现在在研究增长模型，人们已经不仅仅用劳动力作为一个变量，而是用人力资本作为一个变量。人力资本就是劳动力再根据所受教育的年限进行折算，受教育的年限低，同一个劳动力折算出的人力资本就少，相反受教育水平高，折算出的人力资本就高，这是现代经济学的发展。这也相当于资本的概念，如果只有原材料和资源，那仅仅只是原料和资源，但是经过技术加工转换之后，它们就变成了资本，因此资本里包含着技术的含量。所谓的内生增长理论，其实就是因为包含知识的因素在里边。我们很早运用了资本的概念，最近这几十年计算增长模型，必须用人力资本的概念替代劳动力的概念。我们把今后几年退出劳动力的人力资本，再计算新进入劳动力的人力资本，新加入劳动力的年轻人不管城里的还是农村的，受过教育的水平比四十多岁的人的教育水平显然高出一大截，产生出的潜在增长率是7.1%。如果再加上其他因素，7%～7.5%应该是能够实现的。这是一个基本的判断。

潜在增长率是个慢变量，周期性的因素导致我们的经济增长率在波动，并不是完全按这条直线运动，而是在波动当中体现这条直线。什么时候中国潜在增长率变成6%～7%或者是5%～6%，我们还没有进一步的研究，但是至少在可预见的5～10年，7%左右的增长速度仍然是符合潜在增长率的各种要求。从长期来看，即使我们到了6%，到了5%，仍然是比较高的，仍然是高增长的阶段，只不过它不是过热过高的增长，而是正常的高增长。

首先要做的工作是判断现在的形势。中国经济在放缓，有人动不动就说中国经济什么时候到3%或到3.5%，研究这一点可以使我们对中国经济的实际情况有一些了解，做到心中有数。

分析中国经济目前的状态和今后增长潜力的因素，还要看它和发达国家之间的差距。发展经济学有一个基本的原理，就是差距产生动力，发展的过程就是趋同的过程，最终达到人均收入水平趋同，经济发展水平趋同。用另一句话说就是赶超，虽然赶超战略不好，但是发展最基本的命题是赶超，落后国家追赶上发展国家才叫发展。为什么增长不是发展？发展是对落后国家而言的，增长得比发达国家快那才叫发展，能够缩小差距的发展才叫发展，不能缩小差距的发展只是增长而已，所以缩小差距是是否实现了发展的标志。印度在相当长一段时间里每年都有4%～5%的增长，但是它永远处在贫困状态，世界上经济学者给它起了一个名字叫“印度增长”，就是说它年年增长，但是人均GDP的水平跟发达国家相比没有变化，它增长了4%～5%，美国增长了3%，但印度人口增长比美国增长多 1% ~2%，所以人均一算还是没变化。跟发达国家的差距没有变化，所以就是有增长而无发展。

2013 年底中国人均 GDP 是 6700 美元，2014 年大概是 7400 美元，说起来我们已经接近高中等收入国家，但是比起发达国家差距还是十分大的。现在世界人均 GDP 最高的是挪威，人均 10 万美元，瑞士是 8 万美元。当然挪威、瑞士物价水平太高，按 PPP 比和美国也差不多。美国、日本人均 GDP 是 5 万美元左右，我们还不到 1 万美元。

以我们的人均 GDP 比美国的人均 GDP，中国和美国的追赶指数，按 2013 年底算我们只占了 13%，差距巨大，因此潜力也巨大。同一个指数，韩国 1979 年达到 13%，当时显然比我们的收入低多了，比美国现在也低很多。同时潜在增长率也是比较高的。

如果我们按照每年 7% 的速度增长，到 2020 年追赶指数大概在 26% 多一点，如果按照 8% 的速度增长追赶指数可能将近 30%。30% 是很重要的一个指标，“二战”后很少有发展中国家的追赶指数能超过 30%。按 PPP 计算有些拉美国家早年比美国高，但是由于一次次的危机，结果陷入了中等收入陷阱。最近这些年很多国家都没有超过 30%，巴西说是很高，但是只有 20% 左右。墨西哥、智利以前比较高一点，后来又掉下去了。1995 年墨西哥发生过金融危机，它加入了北美自由贸易区。一直到现在还在争论发展中国家和发达国家结成的自由贸易区，对发展中国家会有什么结果。用墨西哥的例子也是在说明这个问题，它能够保持增长，但不一定能缩短差距。

一些东南亚国家也没有超过 30%。马来西亚没有越过 30%，印度和印度尼西亚现在低于 10%。“亚洲四小虎”都没有超过 30%，唯一超过 30% 的是“四小龙”的几个经济体。新加坡几乎和美国持平，中国香港和欧洲持平，70% 左右，西欧基本在 70% 左右。韩国和中国台湾这些年持续不断增长，现在在 60% 以上，这也是真正超越了。首先一个坎是超越 30%，第二个坎是进入到 60%、70% 的团队，受到的压力就很不一样了。越过 30% 这个坎是世界经济学界普遍认为比较难的一个坎，达到 20% 的时候可能是面对中等收入陷阱的时候。2013 年我专门讲了中等收入陷阱，问题多的时候就是容易出事的时候，经济容易停滞就过不去这个坎。真正越过了 30%，再努力就是越过中等收入这个阶段，尔后进入高收入阶段，很多问题就会不一样了。进入到第一梯队，你的问题就是发达国家的一些问题了。我们现在正处在这个坎上，从百分之十几越向30%的过程当中。这个过程不仅仅是在“十三五”期间，可能还需要再多一些时间。

这个赶超指数还取决于美国的增长率是多少。美国如果增长3%，我们增长7%，到2020年我们只达到25%。假定它的增长比较低，增长率是2.5%，我们增长8%，到2020年我们才能接近30%。所以这些都会是在动态当中发生的变化，所以可能我们需要更长时间。美国一般增长预期都是在3%，所以今后5～10年，是我们能不能越过30%这个坎的重要时期。当然那些坎不是绝对的，都是相对的概念。

发达国家从来没有当过中等收入国家，虽然他们也有人均GDP五六千美元的时候，但是那时候他们就是世界最高水平，所以他们历来都是最高收入的国家，从来就没有和发达国家情况进行比较的那种不幸福感。所谓中等收入国家其实还是落后国家，中等收入不是绝对的，中等收入永远是相对概念。横向与西方的历史比较，西方起飞的时间大概是从1780年的瓦特蒸汽机工业革命开始，而我们是从1980年开始，起飞时间相差了200年。西方经过了70年之久的起飞后，发生了第二次法国大革命，无产阶级开始争取权利、民主、反特权、要求建立社保等。我们大概是在起飞30年后，到2010年这些问题都暴露出来了。由于吸取了西方的经验教训，我们建立了社会保障体系，政府也非常重视这个问题，所以出现了一些社会问题还能应对，不至于发生革命。但是我们确实正在进入一个真正暴露问题的年代，一个比较困难、社会矛盾比较多的时期。这是大的历史画面，一方面我们的潜在增长率还很高，同时这个潜在增长率与我们所处阶段的大量风险、困难、挑战、问题并存，这是一个将要突破30%的界限又容易跌入陷阱的时代。

其次，讲讲增长的要素。现代发展经济学归纳了劳动、资本、知识、制度四大要素。知识、制度增长要素是软件，不是硬件。资本很大程度上也属于软件，比如金融资本也是资本组成的一部分，需要一部分虚拟资本和实体资本相配合，才能够有资本市场，才能起到资本市场的作用。经济越往前发展，增长的要素越不是硬件本身，而是要靠很多软件。比如说制度是人与人之间的关系，但是制度也能创造价值，因为制度可以改善效益。改革一个制度，就能把过去同样由一个物转换到另一个物。产生产品的转换率提高，这就是效率提高了。效率提高了，价值就增长了，我们的产品就增加了。最直观的例子是农村联产承包责任制改革，短短的两三年时间，人还是那些人，地还是那些地，技术还是那个技术，只是改了一个制度，三年之间解决了粮食短缺问题。还有一个例子是知识，这些年人类财富的增长不就是技术进步的成果吗？由于技术的发展，原来地底下的一块石头现在变成铁矿了，炼出的铁就成了生产原材料，成了有用的资源了。这就是知识和技术的增进，就是它的提升。

很早以前的增长模型就把生产力的提高和技术进步变成了一种增长要素，后来又加进了制度，现在研究劳动和资本之外的就是知识和制度。劳动力刚才说了变成人力资本，资源变成资本其实里面都包含着知识的要素，因为获得了教育，增长了知识，因此有了人力资本。当年有一个著名的悖论，大家分析说美国有那么多资本，美国输出的产品一定是资本密集型的，但是研究来研究去，发现美国出口的产品中劳动力工资成本占了大头，是劳动密集型，这就解释不了了。美国的比较优势是资本大国，财富最多，应该是资本密集型出口，怎么成了劳动密集型出口？后来通过仔细研究包括理论的进步，发现原来美国的出口不是劳动密集型，而是知识密集型，是人力资本密集型。它出口的都是由大学毕业生生产出的东西，是人力资本生产出的东西，这就和附着在人身上的知识对应起来了。

然后又有一个内生增长理论。我们为什么不会出现增长率递减的情况呢？正是因为知识的不断增长。先有一个知识存量，在现实当中不断传播这个知识，然后生产出新的知识增量，人们会有创新，用知识本身创造知识。因此，从劳动和资本的角度看，看不到边际递减，而是可以持续按照同一速率甚至更高的速率增长，这就叫内生增长率。这个理论迄今为止还没有获得诺贝尔奖，但是这在现代经济学上越来越重要，它开辟了一个新的思路，应该获得诺贝尔奖。

最近有人在论证这件事，在 18 世纪以前的一两千年中，世界的人均收入几乎没有什么变化，而最近 200 年却成几何基数递增，人口也因此在递增，这主要是因为我们现在利用的资源还是那些资源，但是我们的科学技术水平提高了。如今世界是每年发明新的东西，创造新的财富，更多的不是由物质资源构成的，而是由知识、技术创造出的。比如一台电脑，一个苹果手机，它们并没有消耗多少铁，但是把它转化成更有用的、价值更高的东西，财富也就增长了，这是知识的作用。

研究制度经济学，改善了人与人之间的关系，改变了对人们的约束和激励，就能使人们更多地创造出价值，提高资源的利用效率，减少资源浪费，更有效地配置资源，使各方面的效率提高，因此它也使人们获得了更大的价值和更多的收益。从这个角度看，我们今后的潜力确实还是存在的。一是劳动力是一个被很多人用错的概念。现在都在说劳动力没有了，人口红利没了。客观地说劳动力总量再有五六年的时间可能停止增长，人口老龄化正在逐步提高，确实有这个因素。但是有两个因素会抵消劳动力总量增长放缓的趋势。一个是我们还有30%甚至更多的劳动力是农业劳动力，这不是说农村户口就是农业劳动力，而是指仍在农村从事以农业为主要收入来源的人才叫农民，他们的转移还远远没有完成。美国农民只占劳动力的1.7%，日本不到4%，韩国不到5%。假如我们要占到10%左右，那么还有20%的农业劳动力要转移出来，这个转移过程仍然是劳动力增长的过程。我们现在劳动力短缺，工资迅速上涨，不是因为我们劳动力用完了或者转移完了，而是因为制度上有缺陷，阻碍了劳动力的转移。有人调研得出结论，农民工到城里打工平均八九年就回去了，因为城里待不下去，我们把这个现象叫做农民工早退。退出城市工业的劳动力供给，又退回到低劳动生产率状态和低收入的状态去了，不仅导致城里农民工短缺，而且农民的收入只有农民工收入的一半，又加大了贫富差距。这是制度的问题，也是城市化滞后的问题。如果下一阶段，我们能够真正重视农民工进城的问题，所谓劳动力短缺的问题就会得到缓解，就能基本保证未来十年、二十年劳动力的基本供给。因此新型城镇化问题很重要，农民工问题很重要，城乡一体化发展很重要。我这里特别不想提户籍制度，因为户籍制度是以农村的土地制度为基础的，单讲户籍制度讲不清。农民进了城，找到了工作，凭什么城市不给农民提供公共服务和社会保障？这种情况再持续下去是不行的。问题之所以存在至今，就是因为农村的一亩三分地很小，不是国家收入增长的源泉，但是如果要搞农民工的社会保障，则是一个很大很复杂的系统工程，当然我们正在改革。

第二个关于劳动力的因素是教育的发展。这些年我们的教育有了长足的进步，教育的硬件条件确实改善得挺快。你到很偏远的地方去看，村里最好的建筑通常是小学校。虽然房子盖得不错，但是师资力量还不行。劳动力少了一些，但是如果把人力资本加进去，这个因素还是充分的，比过去劳动力因素对经济增长的贡献会小一点，但是综合起来仍然会有贡献。

关于资本。我们不缺资本，而且现在还有点资本过剩。资本过剩不是说我们就富裕了，我们的储蓄比起可用于投资的水平是差太多了，每年整个 GDP 的 50% 都储蓄起来了。这其中主要不是家庭储蓄，而是企业储蓄和政府储蓄。有储蓄就得有投资，不投资就会变成外汇储备，就叫做经常项目顺差。有外汇储备就得投到外国去，投到国家债券去。如果不能让私人和企业更多地利用这些储蓄的话，他们就会把钱投到债券去。我们国内不需要那么多的投资，我们也不需要那么多的外汇储备增长，现在的政策是鼓励企业走出去，允许个人、企业利用更多的外汇到外面投资。2014 年是中国对外投资进顺差元年，我们对外直接投资叫 ODI，比外国人对我们的直接投资 FDI 要多。以前一直是他们多我们少，现在是我们多了。国内需要我们就国内多投一点，资本对增长的贡献可能没有过去大。比起前面十年、二十年我们的资本比过去还多了，今后要改革降低储蓄率。假定“十三五”规划能够争取提高居民收入、改革社保体制、进行社会再分配，把该做的事都做了，大概一年可以降低一个百分点的储蓄率。六七年过后大约还有 43% 的储蓄率，这还是比较高的，因此资本不缺。

关键的问题就是技术进步和制度改革。制度问题放在后面单独讲，现在讲创新的问题。中国今后几年是不是能靠创新支撑增长？我们的分析结论是过去的三十年确实没什么创新。我觉得这也很正常，人家已经发展两百年了，我们才刚开始，落到后面很远，最初二三十年也只能是学习、引进、消化、吸收、模仿、山寨，你没走到前沿，没有经过一定的实际积累，就不可能有创新的能力。但是现在经过了二三十年，我们的企业学习到一定程度了，越来越多的开始走进前沿，许多行业逐步具备创新能力了。不说大的创新，小的创新至少开始了。教育的发展也达到一定的程度，因此我们说未来创新可能对经济增长的贡献比过去要大。也许劳动力的因素小一点，但是创新因素一定会比过去要大。

这里特别要说的一点是，创新不能狭义地理解，创新是一个很广义的概念。它既包含科技创新，又包含商业模式、管理方法、产品品牌、销售渠道等方面的创新。创新概念的发起人从皮特，曾经讲过五个方面的创新，包括技术、工艺、管理、市场等。他还谈到了创新的定义，当你是独一份并且在没有被别人模仿之前，你具有垄断性的利润加价，别人开始模仿以后你的创新利润就没有了，就需要有新的创新出现，这叫毁灭性创造。然后别人又来模仿，所以对创新者来讲，被模仿是很正常的事。为了鼓励创新，使创新者获得更大的利益，现在人们制定了专利制度，因此有了知识产权。专利制度是保护创新者的一种方法，但是对落后者是不利的。现在专利权一般是三十年、五十年，据说好莱坞的版权保护要到九十年。当然这个问题也需要从不同的角度来看。

创新本身是广义的。创新包含两个过程，一个是创新本身，一个是模仿的过程，两者都是知识的扩散过程，是整个生产力提高的一个过程。我们过去的模仿也是技术进步，模仿就是各种改进，这是很多发达国家学者不理解发展中国家问题的一个重要方面。不能说发展中国家没有自主创新就没有技术进步，它也有技术进步，只不过是学习和模仿来的，而不是自创的。原生自创的东西不仅仅是技术问题，也包含了很多其他的东西，包括商业模式。阿里巴巴不是技术创新，而是商业模式创新。阿里巴巴的模式使中国人进一步认识到，创新不仅仅是技术创新。过去我们的国家领导人、决策者都是工程师出身为主，特别重视技术创新。现在一轮一轮走过来，大家越来越重视商业模式、商务模式、管理模式等创新。这些模式的创新再加上技术的创新和进步，今后一定会对我们的增长做出更大的贡献。我不同意媒体、学者天天唱衰中国企业，说中国企业就是不行。中国的企业发展有它的历史过程，尤其是绝大多数民营企业，都是在邓小平同志南方谈话以后才开始发展起来的。民营企业天生在夹缝当中生存，本身就弱小，能走到今天而且发展壮大起来已经很了不起了。中国的企业今后潜力还很大，对我们增长的贡献是可以预测的。

关于制度改革问题，大家都很关注，十八届三中全会、四中全会都讲到很多内容。当年农村就那么一个联产承包责任制改革，就爆发出那么巨大的生产力，今后也许制度红利不会像过去那么大，那种突破性变化也许不会那么凸显，但是应该说我们的潜力依然非常巨大。如果我们的制度优势能够充分发挥，包括金融制度改革，包括充分发挥每个人的创造力，让每个人的奇思怪想都能够在市场上试一把，能形成由市场机制作为发展基础这样一种制度环境，我们的制度红利还是有的，贡献还是有的。

综合起来讲，劳动力和制度改革也许贡献比过去小，但仍然有贡献。知识进步和资本这两项可能贡献比过去大，综合加在一块比过去可能低了一点，但是7%左右也是符合这种要素分析的。不去放在模型中分析，就做这种要素的比较分析，加上一些辅助的要素分析。控制一个变量变化产生一个结果，得出的结论也是基本一样的。

如果人力资本提高的话，虽然劳动力人数是减少的，但是生产力提高了，劳动成本仍然是低的。2008 年以后工资涨得快了一点，劳动工资不断上涨，单位的劳动产品会不断地下降。

我们要想让潜力发挥出来，实现潜在增长率，保持稳定增长就要做很多正确的事情。社会稳定要不能出大乱子，搞好社会保障体系建设缓解收入差距，要深入抓好反腐败工作。要努力发展教育，搞城市化建设，要调整产业结构，减少污染。要保持宏观经济基本稳定，别出大的过热，别出大的危机，不能像拉美国家那样，出现金融危机、经济危机、社会危机再加上政治动乱。如果失去一个十年，又失去一个十年，那就没希望了。有些拉美国家过去增长得很高，比如阿根廷早年和美国差不多，结果跌到 30% 以下一直爬不上去。

下面我简要讲一讲“十三五”期间面临的各种挑战、问题和风险。

第一，经济结构、产业结构要转型。这个转型不是说转产，而是要提升它的结构，提升它的生产力。怎么提升生产力？政府该做什么？如何实现产业结构的转型？如何使我们的产业提高生产力？还要不要产业政策？产业政策是政府有选择地支持鼓励某些产业发展的政策。“十二五”期间一个重大的教训，就是政府有选择的产业政策有非常大的负面效果。比如造成了光伏、LED 等产业严重过剩。虽然这些产业也需要大的发展，但是中央政府在五年规划中提出来要重点扶持，资本市场投资分析师也忽悠，然后就出现一窝蜂。全国 28 个省都把这两个产业当成战略新型产业，各级政府给补贴，最多给了全国第二大光伏企业 50 亿补贴，最后政府给不起了，直接破产。其实政府不说市场也知道。政府可以鼓励其发展，是不需要用这种方式，为什么不是更多地让市场选择而是由政府来选择？因此我们希望能提出一个“普惠式”的产业政策，鼓励各行各业应用新技术。比如可以对所有中小企业进行减税或者给予某种激励政策，不要有选择地鼓励某些产业，要让各行各业提高竞争力。各行各业劳动成本是提高了，竞争是激烈了，但是用不着转产，用不着放弃原来的产业，只要努力提高生产力，努力改进和升级技术。转型不是转产，而是依靠升级来提升生产力。我们浪费了很多重大的资源，搞出一些过剩生产力，比如钢铁行业这个问题就很严重，而且还产生了巨大的金融风险。一个企业破产欠200多亿，坏账怎么处理？一般的中国市场发展的产品，只有让市场去选择，政府只做一些市场还不能做或者做不起的有公共性的东西。当然政府会有一些具有高尖端技术的，需要保密的产业，比如军工、航天等，这也是私人部门做不起的。

第二，如何进行创新驱动和科技发展。“十二五”期间有一个重大的教训，就是科技发展政策不成功。巨大的投入没有产出多少真正的新技术，这是科技界公认的。对教育界的大量投入和大量的补贴，扭曲了人们的动机，反而导致创新动力不足。很多大学教授忙着填表申请经费，没工夫做科研。企业为了争当一个科技创新企业，想方设法弄点专利，其实他们自己都知道是垃圾专利，目的就是为了申请政府补贴，造成了动机扭曲，资源浪费。

我们提出了一些改进的方法。要有制度上的保障，政府的资源集中在基础科研，而市场鼓励创新的资源可以通过风险投资的方式。风险投资不是由政府一家单独搞，政府可以选择风险投资项目，但政府是要搭风险投资基金的便车，你投80%，我跟20%，退的时候我先退20%，你们可以继续持有，不再去花那些冤枉钱，也不再用那些补贴扭曲市场。本来政府是好心，各级政府各部门都追加创新经费，结果反倒腐蚀了企业的创新能力，创新条件太好了就没有动力了。我们今后确实更多要依赖创新来增长。

第三，城市化。关于农民进城的问题，不要老想着户籍制度，而是要逐步淡化户籍制度，强化人均公共服务供给的概念。你可以没有户口，但是要逐步渐进地实现和有户口的人一样获得平等的公共服务的供给。从长远来讲，现在是双轨制，一方面是有户口，另一方面是没户口，要给予没户口的人越来越多的公共服务，逐步达到趋于平等。如此一来，原来的户籍制度就逐步淡出了，最后在历史的长河中走向消亡。在“十三五”规划中，新型城市化一定要提上日程并大力推进。要推进农村土地制度改革，推进农民进城的城市化的进程。要提高教育水平，增进人力资本，提高竞争力，为了进入高收入阶段创造条件。我们现在之所以穷，正是因为70%的人没有受过初中和高中的教育，只能说有过一个基础教育。理论上讲是九年的完全义务教育，但是很多人还是没有上完初中。我们提出一个想法，“十三五”期间能不能开始在有条件的地方逐步推行十二年义务教育制度，使我们的基础劳动力水平和基础人力资本水平大大提高，劳动力各项技能的提高，促使生产力的提高，同时带动了居民收入的提高，我们就真正进入高收入阶段了。

第四，生态平衡和可持续发展，“十三五”是关键时期。从现在开始到“十三五”也是一个好的窗口，因为事情已经恶化到不可容忍的地步，成了社会政治问题。前两年人代会50%的提案是关于放假，这两年提案多是关于环保。前几年大家注意力关注到低碳去了，虽然低碳也是环保，但是低碳是全球气候变暖的问题，当地污染的问题和全球变暖的问题是有一致性的，主要的问题也是因为能源。煤和石油我们叫重污染能源。天然气也排碳，但是天然气相对来讲清洁一点，碳少一点。最好要发展新型清洁可再生能源。如果说核能还不太清洁的话，水利、太阳能、风能都是清洁的，这就需要很多政策了。我们过去也有教训，我们发展了很多光伏产品，但是光鼓励生产却没有鼓励使用，结果生产的东西过剩，生产的过程也造成了污染。现阶段是我们实现生态平衡和可持续发展的关键时刻，也是重大挑战。能源结构要发生变化，要在需求方采取政策，鼓励使用消费，而且通过需求方传导到供给方的方式，促进发展新能源产业，而不是一个劲地鼓励生产却忘记了消费。中国能源储量65%以上是煤，煤是最脏的，煤和石油的消费仍然是污染的重要源泉。太阳能加在一块才占到1%～2%，确实太低了，如何进行调整需要采取很多政策。

第五，化解金融风险、避免经济波动，这是一些宏观问题。过去十年当中两次过热，遗留下产能过剩、债务问题、影子银行、地方融资平台等大量后遗症，这些都是悬在我们头上的问题。尽管问题是可控的，但是大家感觉风险还是比较大，还需要一段时间来处理。“十三五”期间需要把这些问题基本清理干净，不去追求两位数增长，如果能实现7%～7.5%的稳定高增长，比如7%的增长，到了2020年基本就能达到11000多美元的人均GDP，接近12000美元的高收入国家的标准，跟美国的比例大概就是26%～27%，就可以又上一台阶了。我们应认真应对这些风险，要看到过热产生的恶果，保证今后实现稳定增长。

第六，提高资源效率，突破资源约束。资源的约束是可以突破的，我不相信世界末日的理论。马尔萨斯理论讲的是过去没有技术进步的时代，人太多了就要通过战争或者是瘟疫消灭一批。如今只要努力追求技术进步，人的增长是无限的，资源约束是不存在的，真正存在的是技术约束，归根结底技术是效率，真正的瓶颈是我们的效率低下。日本缺不缺资源？日本几乎一点资源都没有，我们缺资源日本就更缺资源了。现在我们所有资源的利用效率都只是日本的 1/2 ~ 1/3，日本原先是世界第二大经济体，人均 GDP 仅次于美国，正是因为它的效率高，日本买过来的资源再加上运费成本按说很高，但是它的产品出口仍然可以比别人便宜。关键是它的技术水平高，可以用技术来换资源。要想突破资源约束，就要提高我们的资源利用效率和改进各种技术。能源只是一个方面，其他资源也是同一个道理。

第七，进一步国际化。我们需要世界的市场，需要世界的技术，我们要适应新的世界的发展。美国人在倡导搞 PPP 协议，搞新的全球化，我们应该思考怎么去应对，怎么去实现。

最后一个问题是如何改进政府。过去我们搞规划，是把国家发展目标和任务分解到各个部门，往往导致规划和实施的“部门化”和“碎片化”，一些需要协同的国家总体战略目标不能在政府各个部门的工作中得以体现。比如说工信部从来不关心就业的事，因为每个五年规划就业都是在社保部工作范畴之内。其实就业首先应该是工业产业，应该是各个部门的事。中国有这么多劳动力，需要在各个产业各个行业中就业，结果最后都成了社保部的事。因此在“十三五”规划当中，应该在整个政府工作安排中讲怎么建立劳动力市场，怎么搞人才培训。环保也应该是各个部门的事。为什么要提倡绿色金融？金融本身是最不污染的，它根本就不直接生产，但是它配置资源，可能把资本配置到最污染的行业去，因此金融业也可能导致间接的污染。但是我们的银行根本就没有环保的任务。因为没有一个协同机制和效益来贯彻统一的国家目标，五年规划有时候就可能无法实现。所以我们在提这方面的建议，今后不要把国家规划分解成各个部门的任务，国家规划就是国家规划，各个部门都要贯彻所有的战略目标，都要体现在部门的工作当中，因为很多部门跟其他部门的工作是相关的。政府的挑战在哪呢？政府的规划原则就是规定政府要干什么，现在是市场经济，你不能去规划私人部门做事情，只能去引导。我们提出一个观点，就是怎么限制政府，让政府做事情的同时还要限制政府，政府权力不能膨胀。现在大家知道一个词叫做负面清单管理，用负面清单管理市场，用正面清单管理政府、约束政府。对于企业，政府只能规定它什么不能做，但是不能规定它什么可以做，否则就没有创新了。政府只能说企业什么不能做，而其他事都是可以做的，即使将来发现某些事不可以做，还可以再规定不可以做。你没有规定不可做，企业做了就不违法，就可以在你没有规定不可以做的领域去无限地创新。对政府则是规定可以做的事情才能去做，而且必须要做好，那是政府本身的责任。不能允许政府的权利恶性膨胀。我们特别要强调协同的问题，要打破部门格局导致政府工作碎片化和部门化的情况。中国经济绝大部分取决于政府，不管我们说将来怎么市场化，客观上说最近五年政府还会起到很重要的作用。最近由于反贪腐，有些政府官员只廉洁不奉公，既不跟企业吃饭也不给企业办事，政府该做的事情不做了，现在经济为什么走低，恐怕这也是重要原因。2014 年 6 月财政部开会，下通知督促各级政府加快支出，原因就是政府自己该花的钱也不花了。不反贪腐中国就垮了，但是反了贪腐讲了廉洁，还要讲更好地奉公。

（本人未审阅）

刘光超
论坛企业家理事会成员
道可特律师事务所创始合伙人

影响中国市场经济良性发展的十大法律问题

Chinese Economists 50Forum

Chinese Economists 50Forum

刘光超简历

50人论坛企业家理事会成员。

1973年出生，1997年毕业于北京大学，硕士研究生，先后在央企、律师事务所及上市公司任职，2003年发起并创办北京市道可特律师事务所，并担任高级合伙人、主任至今。现任全国律师协会理事、北京市律师协会理事、朝阳区律师协会副会长等行业职务和中国经济50人论坛企业家理事、北京市人民政府特邀建议人、朝阳区人民政府法律顾问、朝阳区人大代表等社会职务。

刘光超长期致力于融资、并购、重组等资本市场业务和房地产、矿产、基础建设等大型投资建设项目的法律服务，曾为中石油等近百家企事业单位提供过顾问服务，并且主导了“鸟巢”等上百个大型、综合项目的法律方案设计和深度服务。潜心专业研究，著有《企业创业板上市筹备与操作指南》《中国PE的法律解读》《外资PE在中国的运作与发展》《有限合伙在中国PE中的深化运用》《直击新三板》等专著，并在各级刊物上发表过数十篇论文。刘律师注重法律、管理与金融的结合，属于典型的专家复合型律师，在业界享有良好的声誉，多次获得全国、北京市、朝阳区优秀律师称号。

期　　目：总第265期

演讲时间：2014年11月20日

我是一个专业的律师，今天想从律师的角度谈一谈影响中国市场经济良性发展的十大法律因素。

两个月以前，阿里巴巴在美国上市，以218亿美元的融资完成了IPO，而且当天股价就上涨了38%，阿里巴巴是2007年在中国香港上市，2011年又从中国香港退市。在所有人认为阿里巴巴有可能选择在国内上市的时候，它最后选择了在美国上市。我想探讨的是为什么选在美国上市？

阿里巴巴在说明书里面写"如果条件成熟想回到国内资本市场"，那么它真的能够回来吗？有可能回来吗？这个问题我希望作为我们今天探讨的切入点。

第一个是阿里巴巴的外资背景，应该说从一开始就决定了其境外上市是优先选择。雅虎和软银是它的主要股东。它们的外资背景是要求退出的，对于外资的退出当然优选的是境外的市场。

第二个是它把企业从港股撤回来，从理论上还是存在把它的结构拆为国内上市的返红筹的方式，回归A股的结构，理论上可以操作，但是为什么没有选择呢？因为如果选择这条道路，它的整个股权结构的变化必然会带来很多股权的交易和相关税费的重新测算。这对它来说可能是不可接受的数字。

第三个是A股的监管环境和时间。A股上市时间不可控，也让阿里巴巴望而却步。大家都知道A股在这之前停了一年多，重启以后情况也不是特别好，像阿里巴巴这样的企业在国内上市的话肯定会非常受欢迎，但是假设它的法律主体合格，它不可避免地要走相应的程序，所以肯定不可能走这样一条道，走的话不可能在2014年上市，有可能会受三年期限的约束。本身自己就要等，还要排队，所以在时间价值方面肯定会选择境外。

第四个是美国市场支持并满足阿里巴巴特殊的合伙模式设计。了解股市的人都知道，在A股是没有合伙制企业的。阿里巴巴的合伙制一是为了分配，二是为了企业控制。虽然像马云这样的创业者和相关的管理层股份比例很低，但是对公司的控制权很高。用什么结构实现了这一点呢？就是用合伙制。用这样的结构在中国法律上是不认可的，是不能作为上市主体的。美国市场对这一块没有什么限制，我说的只是简单情况，具体可能要比这个复杂。

还有最重要的一点是美国市场的国际化和市场化。它能够很快地融资、并购、用股权支付，对投资者的包容性和投资市场的巨大，使投资者能够进入美国市场，而中国外资现在暂时进不来。基于这些考虑，阿里巴巴选择在美国上市就成为必然了。大家可能会问为什么不回到中国香港，因为当时是把所有旗下资产打包再上市，也有可能回到中国香港，但是中国香港不支持它的合伙模式，加之考虑到体量的问题，最后还是选择在美国。

我把这些都称为表面原因，再深入分析一个层次，对于阿里巴巴这样的企业，在它刚开始起步的时候，我们国内的资本就已经输给国外资本了。相信那时候国内不缺投资者，但是缺乏看重它的投资者。当然了，可能在投资理念、估值各个方面国外更大胆。一开始就变成了别人的“儿子”，所以不可能成为所谓的真正的国内企业，或者是中国民营企业的骄傲，它从来都不是真正的中国民营企业。当然它的创业者是中国人。

实际上随着一些财务做假事件，很多中方概念股在美国被迫退市，有一批企业在想是不是可以回归国内，甚至也有一批企业做好了红筹上市的架构。红筹上市简单说是企业经营、生产、销售基本上在国内，但是股权架构在国外，通过 VIE 的结构，协议控制、利益输送完成上市模式。新浪等是典型的代表，但是国内并没有为这批企业的回归创造一个环境。国内一方面在制定十号文，限制红筹上市，但同时当这些企业有可能回归的时候，又没有把在国内上市的路径铺平，所以导致这些企业在市场恢复的时候又纷纷走向国外，这里面涉及法律问题，实际上是政策框架的设计问题。国内在法律、决策的力度和胆量上应该说是滞后的。

中国的市场经济从 1994 年正式提出到现在已经整整 20 年，可以说它已经有了市场经济的样子，但是否有了市场经济的实质是我们需要思考的问题。经过这样的分析后，我们可以看到这些问题都指向了法律与经济的关系，或者说是法律与市场经济的关系。这也是我今天首先要探讨的三个基础问题：一是怎样理解市场经济的良性发展？二是法律到底可以怎么去解读？三是法律与经济的关系应该怎么认识？

市场经济应该说是一种契约经济，它是经济的一种配置方式，也是一种经济形式。市场经济要想良性发展，至少要具备一些条件。企业是市场的主体，放在最上面，市场和政府放在两边，市场是有效竞争的市场，政府是规范职能的政府。往下是两个基础，一个是良好的社会信用，一个是健全的法制基础。

企业应该有独立的产权和独立的决策，它能够决定自己的命运，也能够独立承担责任。这与法人的概念有相似的地方，但是不完全一样，它一定是产权、决策、责任三者结合起来的。有效的竞争至少要有充分的竞争、公平的竞争和有序的竞争。规范的政府职能一定是法定的，是要在监管之下的，而且应该能够杜绝或者防止它超出职能外的一些行为，或者说一定要建立在充分有效的防腐败的基础上，才有可能有良性的政府。社会信誉和法制，我认为是真正的市场经济的两个基础。

在我们做市场经济的时候，或者说在企业发生经济行为的时候，有三种东西在约束着我们，即道德、交易习惯和法律。这三者之间有一定的联系，也有一定的交叉。道德是比较高端的范畴，是比较广义的，交易习惯相对是集中在交易的领域里面，法律是用来解决道德和习惯解决不了的问题。

如何认识法律与经济的关系？生产力决定生产关系，经济基础决定上层建筑，上层建筑反作用于经济基础，这是基本的理论模型。但是随着工作经历的增加，随着对有些问题认识的增加，我觉得可能要反思。我也做过一些研究，马克思、恩格斯在晚年时期，对这个理论也有了一定的修正。我觉得这个理论可以用批判的精神去看。

我个人的观点是，决定作用体现在方向和趋势方面，反作用有时候会更明显。因为经济基础从整体上决定了上层建筑，但是在某一个时点、某一个领域、某一个法律出台的时候，不一定这种法律完全反映经济的需求，甚至这种法律对经济的反作用会更明显。

这里又提出了一对矛盾统一体，就是政府和市场。政府和市场实际上是经济和法律关系的代表，政府和市场分别代表着公权和私权。

在法学领域，公权和私权实际上是有截然不同的划分标准。简单说，如果法律不禁止我们做什么，我们就可以做，这叫私权。但是公权恰好相反，如果法律没有明确它可以做，它就不能做。这就是公权和私权的区别，我们可以这么简单地去理解。强调公权和私权的和谐，就是怎么样使政府和市场能够统一。这对矛盾真正要解决的是市场自由和市场秩序的问题。自由是维权，秩序是维稳；自由是私权，秩序是公权。

从两个层面进一步说一下法律对经济的作用。有的时候法律是经济的一个基础，有的时候法律对经济会有反作用。比如说在经济快速发展的时期，像 1994 年提出市场经济以后，大家都能感觉到中国出台的法律非常多，这个时候经济催生了法律尽快出台，因为现有的规范不能调整新型的法律关系，所以很多法律是那时候出来的，因为经济在膨胀。在经济萧条的时候，法律通过一些规范、引导，甚至修正，去为经济乐观复苏和创新开创空间。

举两个例子。

第一个例子是法律受经济影响做调整。这一两年有外资开始往回撤，或者外资的总量增长速度在下降。这不仅是全球金融市场决定的，实际上也跟我们的法制有关系。我们从一开始全面优惠，到后面部分优惠，到现在基本上平等对待，如所得税现在基本上持平了。当然有个别地方还有一些特殊的变通的做法是属于地方政府的行为，不属于国家的行为。所以这就是典型的经济发展到了一定的时候，我们对外资的需求，对整个经济总量进行判断后做出的政策上的调整。

再来看一个反过来的例子。新三板经历了很多阶段，真正迅猛发展应该是在 2013 年底，2006 年新三板开始到 2009 年一共有几十家，2009—2013 年进行扩容，扩容到四家。当时我们也在做新三板的业务，而且业内第一本书是我们写的。当时我说扩容最彻底的是一次性扩容，而且要扩容到所有企业。国务院在这个方面真是很开放，这个做法对中国未来的资本市场肯定会产生深远的影响。

现在正在考虑新三板直接的转板机制。如果打通转板机制的话，很有可能成为中国资本市场的蓄水池。这样一个安排完全得益于政策和法律的决定，也就是经济发展到一定程度，提出一个要求，法律做出一个示意。也可以说法律在这个时候的推动作用体现出来了。

接下来分享几个问题，首先从市场经济良性发展的五个要件着眼，同时把它按照顺序分成四个层次，后面更多落脚到反作用于经济。下面我分四个层面来讲立法、执法、司法和守法。

从立法层面看，立法的理念分两块，一块是立什么法，即想怎么样制定和制定什么样的规章或者说是规则。二是立法的方式，即通过什么技术手段，用什么流程和什么规则来立法。在这两个方面，我们理性地思考以后发现，在立法层面还是会对经济有一些影响。

在资本市场进行内幕交易是很可怕的事情。内幕交易害了不少人，特别是无辜的股民投资者。这个方面的立法理念上从国外到国际有两种倾向。第一种是把内幕交易当作一种欺诈行为，从反欺诈的角度说你不能说假话，你不能隐藏信息，这叫反欺诈。还有一种倾向是正面的角度说市场需要诚信，我们要维护诚信，所有的参与主体都有维护诚信的义务。大家看起来好像这两者是一个问题的两面，但是这样一个理念在责任的认定上、法律的适用上很多方面都是不一样的。如果是反欺诈，它的主体范围相对会比较窄，它一定是涉及证券市场信息内幕人员，中国通常是先制定一个法律，再补充规定，它的问题是一开始设计这个理论模型的时候主体是从业人员，后来不断解释从业人员的概念，相关人员范围也就会不断扩大。如果说反过来的思维是正向的思维，我们要维护证券交易的诚信。那么在这个时候，用这样一个大的原则把这样的行为包含在里面，在主体范围上可以扩大，法律的治理空间就会大。从责任上来讲，如果是反欺诈的思路，欺诈的是具体对象，股民与内幕交易者之间是不是有必然的侵权关系或者因果关系，在目前仍然是有分歧的。但是反欺诈的立法里面可能更倾向于你要承担部分责任。如果从诚信的角度来讲，造成的损失是整体市场的，这之间没有必然的因果关系。更多的是从治理的手段和技术方面，因为理念的变化对经济的作用是不一样的。

再来看一个例子。《环境法》现在已经成为很多企业，尤其是大型企业非常关注的一件事。原来是要向一定的地方排放，后面修改时没有了。比如说原来是危险物，现在是有害物质。原来的犯罪条件是一定要造成财产损失和人员伤亡，而现在明确只要严重污染环境，显然通过文字上的区别体现了后面立法理念保护的对象和主体范围以及尺度不一样。很显然，这样的立法对于国民经济发展、对于保护资源更有效果。所以从这个方面来讲，理念非常重要。

这种理念我总结为三个方面。首先是从体系角度，我们国家的立法之前是一个盲目被动的过程，现在是主动反思的过程。其次是从内容角度，我们国家的立法是从学习到开发的阶段，我们很多法律在一开始都是间接的，当然也做了一些变通，这种变通并不代表着变革和创新，很多东西跟中国国情是没有完全结合，所以接下来中国的法律在立法的时候要在开发方面做文章，而不是学习方面。最后从效果角度，我们国家的立法应该从治标往治本转变。中国的法条注重乘法，注重责任，要向警示性和指导性渗透。

从立法的活动方式来讲，有了立法的理念以后就应该探讨怎么去立法。立法活动应该秉承民主、法治、谦抑和责任四大原则。

谦抑是一个专业术语，谦抑原则首先出现在刑法领域。即尽量不要用刑法来治理这个国家，要尽量用民事和行政的手段，因为刑法是要剥夺人的自由甚至生命。如果把谦抑原则用在立法领域，就是指国家尽量不要立法，能不立法就不立法，能少立法就少立法。

从立法的数量和速度来讲，中国这三十多年已经超乎寻常了。在数量上已经建立了，但是在结构、质量、平衡度上还远远不够。

我们在刚开始学法的时候，第一句话是有法可依，第二句话是有法必依，然后是违法必究、执法必严。“有法可依”说明当时那种状态是没有法可依才提出的，现在中国最大的法律问题是有问题的法律太多了。因为这种法律要么是不适合的，要么是超前的，要么是滞后的。大部分的法律并没有真正解决这个行业、这个领域、这个市场的问题。这是中国立法层面真正的问题所在。

以《劳动合同法》为例。《劳动合同法》刚出台时，一些企业让我们解读该法，并给企业提建议。从律师角度看，我觉得《劳动合同法》超前了。因为2008年时金融危机态势很猛，整个经济也开始往下走。在这种情况下出台了这样一部法律，是不太符合经济特点的。

中国有些法律在制定的时候没有论证，即使有也不是真正的论证。

关于责任，我要讲的是现在我们国家立法错了没责任，谁决定立法，谁决定不立法，都没有责任，立什么法也没责任。这就是出现问题法律的原因之一。

现在很多地方法规对于同一件事情，中央一套政策，地方一套政策，甚至县里面也是一套政策。而且到了县里面，判断合同有效无效是要看强制性的法律法规，但是某些地方法院会说要结合当地的实际情况，所以立法的地方化已经很明显了。对于立法地方化的监控中国是缺失的。

从速度、长度、宽度方面都要走向谦抑。速度太快，长度过长，宽度过宽是中国立法的现状。中国很多立法都有征求意见稿，有专家论证会，但是效果甚微。而且中国没有形成大家参与议法的热情，也没有这种能力。立法权的监控是非常重要的。

中国最多的不是法律而是司法解释，约10%是法律，约90%是司法解释。如果把司法解释扩大到法检两院则数量更多，以法院最高法和各个地方的高级人民法院司法解释最多。有的我们认为是好的，有的从律师角度看比法律还法律，甚至法律的原则它都可以突破。

总之，缺乏立法的论证和立项审查，缺乏专业力量参与的机制，是立法中较为突出的问题。在专业领域有很多专家、学者、中介机构，但是国家缺少机制设计。对于实质性征求意见和审议的系统安排，也是重程序而不重实质。当然还有司法解释的问题，包括部门立法的混乱等。

立法技术的落后直接导致质量不高，这体现在匹配性差、可执行性差、矛盾和冲突增加。直接增加了经济运行的成本，因为它增加了合法性判断的难度，减弱了经济运行的规范性，甚至制造了法律的冲突和空白，带来保护不力、规范不够、责任不清和途径不明等问题。

关于执法。首先，执法目的的偏离是现在执法里面最重要的问题。执法目的的偏离、选择性执法、运动式执法、钓鱼式执法的目的都是利益。如果目的偏离了，我们甚至可以称之为敛财式执法。这是中国执法里面的一个毒瘤，如果这个问题不解决，法律再好也没有用。立法层面即使解决了，执法层面解决不了，仍然没有用。因为它把整个经济环境损坏了，而且增加了很多成本。

执法层面主要关注两点，一个是主体执法的目的性，另一个是结果上的执法不公。执法不公是很多法律问题和社会问题的一个原因，或者说是能产生它的一个源泉。

司法还有体制的问题，比如行政化。十八届四中全会有意在这方面突破，希望建巡回法庭，希望跨区建法院。去地方化和去行政化是司法体制改革的一个必然趋势。另外，还有司法权力配置的绝对化。现在审判和执行是一个法院。特别在执行里面有一个判断，我们叫执行中的审判质量，是不是构成非法转移，是不是应该被追加为被执行人都是法院说了算，这就是制度设计不合理。这些都说明司法体制设计是有问题的，当然司法公正又是另外一个非常重要的问题。大家怎么去认识法，怎么去判断违法的成本，是守法的两个前提。所以，法律公信力的缺失导致市场经济规则紊乱。没有公信力，大家可能会把法律当成一种知识，一种信息，而不是把它当成准则和标准。

随着经济的发展，法律也会出现一定的问题。

为什么这种法律问题会影响市场经济的良性发展？究其本质，不外乎破坏经济规律、增加成本、损害公平、损害等价、破坏秩序、降低效用，最后结果是偏离法律。它都指向了主体的独立、有效的竞争、良好的社会信用、规范的政府和健全的法制。

宋晓梧
论坛成员
中国经济体制改革研究会顾问

混合所有制
——公有制与市场经济的衔接点

Chinese Economists 50Forum

Chinese Economists 50Forum

宋晓梧简历

50 人论坛成员。

1947 年 12 月出生，1983 年毕业于北京经济学院，获经济学硕士，研究员（享受政府特殊津贴）。

现任中国经济体制改革研究会顾问。曾任国务院振兴东北地区等老工业基地领导小组办公室副主任，国家发展和改革委员会党组成员兼宏观经济研究院院长，国务院经济体制改革办公室党组成员兼秘书长、机关党委书记、宏观体制司司长，国家体改委分配和社会保障司司长兼国务院职工医疗保险制度改革领导小组办公室主任，中国劳动科学院常务副院长，劳动部国际劳工研究所副所长，中国厂长（经理）工作研究会副秘书长等职。

社会兼职：中国劳动学会顾问、中国医疗保险学会顾问、中国企业联合会（中国企业家协会）执行理事、中国人力资源开发研究会常务理事；国家行政学院、中国人民大学、社会科学院研究生院、暨南大学教授、博导。

长期从事经济理论研究与改革的实践，在企业改革和劳动体制、社会保障体制改革方面撰写了一些有理论创新和应用价值的论著和文章。主要著作:《改革：企业·劳动·社保》《我国收入分配体制研究》《中国社会保障体制改革与发展报告》《完善养老保险确保老有所养》《中国社会保障制度改革》《中国社会保障基金营运管理》《中国社会保障制度建设 20 年》《我国人力资源开发与就业》《养老保险制度改革》《中国市场经济建设全书（劳动力市场)》《产权关系与劳动关系》《通过市场实现就业》《国际劳务合作与海外就业》《劳动力市场》《劳动科学大辞典》《人口、劳动力、教育、医疗保健中长期预测技术》《企业劳动管理》《中国厂长学》《厂长负责制讲话》等。

有关研究成果曾分获 2000 年度孙冶方经济学奖，劳动部 1997 年度科学技术进步一等奖、1995 年度二等奖，改革十周年论文奖，1986 年度全国企业管理优秀论著奖等。

期　　目： 总第 266 期

演讲时间： 2014 年 11 月 26 日

混合所有制是当前争论比较大的一个问题。早在 20 世纪 80 年代，学术界就开展了关于混合所有制的理论探讨。20 世纪 90 年代中期，党的正式文件中已提出发展混合所有制，特别是党的十五届四中全会决定指出，“国有大中型企业尤其是优势企业，宜于实行股份制的，要通过规范上市、中外合资和企业相互参股等形式，改为股份制企业，发展混合所有制经济。”党的十八届三中全会更加明确地提出，要积极发展混合所有制经济，允许更多国有经济和其他所有制经济发展成为混合所有制经济。可见，发展混合所有制并不是一个新问题。中外经验都说明，混合所有制的基本形式是股份制，但是混合所有制并不能完全与股份制划等号，混合所有制指投资主体的所有制性质多元化，股份制是指企业具体的组织形式。

最近看到国资委的一份资料，说中央企业及其他国资企业引入非公资本形成混合所有制的企业，已占到总企业户数的 52%。按照十八届三中全会的精神，2014 年的政府工作报告提出，要制定非国有资本参与中央企业投资项目的办法，提出在金融、石油、电力、铁路、电信、资源开发、公用事业等领域，向非国有资本推出一些项目。这些项目有的可能是非国有资本承担，多数是吸收非国有资本，成为混合所有制的投资项目。同时，国家发改委就 2014 年深化改革的重点任务出台了一份文件，明确提出要引导民间资本参股，加快发展混合所有制经济，推进国有企业股权多元化改革。这是讲中央层面的精神。

十八届三中全会提出发展混合所有制以后，各地陆续推出了地方发展混合所有制的一些政策。根据网站的信息，上海提出“通过流动平台，使部分高度市场化和竞争性领域的国有企业公开、透明、有序地实现国资退出”；南京市要求“国企坚定不移地退出一般竞争性领域，修订完善国有企业发展混合所有制的实施办法”。河北最近也出台了关于混合所有制的政策。

我收集了一下媒体最近关于这方面的报道，比较典型的有北京、上海、河北等，目前 14 个省市出台了国企推行混合所有制改革的意见，说明在实践中各地对发展混合所有制是十分积极的。但是如果关注一下意识形态方面的争论，关注一下关于国有企业在社会主义市场经济中究竟怎么定位，我们会发现关于混合所有制的争论十分激烈。有的说发展混合所有制是又一次私有化高潮，还有人说这是保卫公有制经济的一场决战。这个问题在一定程度上演变为意识形态领域的争论，变得很复杂。我想从三方面谈谈我对发展混合所有制的看法，主要还是从经济理论的角度来进行分析。

一、关于发展混合所有制的理论依据

搞实际工作的人对这个问题可能不太感兴趣，他们主要关注到底怎么搞。但是不把这个问题说清楚，就会有人说搞混合所有制是在用西方新自由主义指导中国经济体制改革。有的文章明确说，之所以能搞混合所有制，依据就是科斯的产权理论和诺斯的新制度经济学。持反对观点人认为，这是以新自由主义和西方经济学解读十八届三中全会精神。一些媒体也公开发表文章，批评发展混合所有制搞不好就是进一步的私有化。

我认为，既然要搞社会主义市场经济，就应该承认发达市场经济国家走过的路，有很多值得我们学习借鉴的经验，包括它们从实践中提炼出来的理论。比如像科斯的产权理论，我觉得对于发展社会主义市场经济下的混合所有制，在理论上是有借鉴意义的。不能说借鉴科斯、诺斯的产权理论和新制度经济学理论，就变成了用西方经济学来指导中国经济体制改革。我们应该借鉴人类文明发展过程中所有优秀的成果。

从马克思主义经济学的角度来看，我认为马克思关于商品两重属性的分析，更早地揭示了市场经济发展过程中，按照一定客观规律就会出现混合所有制的组织形式。马克思指出，商品作为价值形态和实物形态的双重存在，其所有权自身是可以分离的。商品的这一内在特性，为其自身在市场经济的发展过程中发生分离，并为不同的所有者拥有，不同的所有者又相互组合、相互渗透，从而产生纷纭复杂的企业组织形式开辟了道路。

我们都知道工业化经历原始积累阶段，到工业比较发达的阶段，再经过第一次世界大战、第二次世界大战，到“战后”现代市场经济发展过程。工业化初期，资本家集所有权、经营权于一身。随着工业化协作和生产分工的发展，不仅所有权和经营权可以分离，所有权自身也发生了分离。资本家分为货币资本家和产业资本家，所有权分为自有资本的所有权和借入资本的所有权。货币资本家是生产资料的法律所有者，产业资本家是生产资料的职能所有者，或者叫经济上的资本所有者。发生这种分离的原因，就在于资本作为一种特殊商品，它的价值形态和实物形态可以分离，可以为不同的资本家所有。

在“两种所有权分离”的情况下，资本有着特殊的运动形态。马克思指出：“货币资本家和生产资本家实际上相互对立，不仅在法律上有不同的身份，而且在再生产过程中起着完全不同的作用，或者说，在他们手中，同一资本实际上要通过双重的完全不同的运动。一个只是把资本贷出去，另一个则把资本用在生产上”。①

在“两种所有权分离”的情况下，资本的特殊运动形态可以表述为：

$$G_{贷}----\boxed{G_{产}--W--G_{产}'}----G_{贷}'$$

网格内的部分表示资本的实物生产运动，网格外的部分表示资本的借贷运动。其中 $G_{贷}'$ 是产业资本家付给货币资本家的利息。这里有几点应当强调指出：

第一，“两种所有权分离”发生在企业的实物生产过程之外。货币资本家在贷出资本以后，不直接干预企业的具体生产过程。产业资本家在付足利息以后，合法拥有剩余利润。这种“两种所有权分离”的内涵明确、界限清晰。

第二，“两种所有权分离”为资本的复杂运动提供了可能性。从资本的运动形式看，它可以表现为单纯的法律所有权和职能所有权分离，即产业资本家完全靠借贷资本经营；它更多地表现为复合的法律所有权和职能所有权分离，即资本家用借贷资本和自有资本混合经营；它可以表现为实物形态的积聚和价值形态的离散，如一个企业接受多个货币资本家的贷款；它也可以表现为价值形态的积聚和实物形态的离散，如一个金融财团向多个企业投资。

① 《资本论》第 23 章“利息和企业主收入”。

第三，“两种所有权分离”和“两权分离”可以并行不悖。前者发生在企业的生产过程之外，同资本的现实运动本身无关；后者发生在企业的生产过程之中，同资本的现实运动本身密切相关。经营权，严格说就是一种“指挥劳动”、“管理劳动”，它是所有权派生出来的。在法律所有权和职能所有权分离的情况下，经营权可以进一步和职能所有权分离。当“两种所有权分离”和“两权分离”在一个企业中并行时，就呈现出三个层次：资本的价值形态所有者——货币资本家或股东；资本的实物形态所有者——产业资本家或法人企业；资本的现实运动指挥者——经理或董事长。①

计划经济体制下，企业是单纯的产品生产单位，生产资料的价值形态所有权、实物形态所有权和经营权都集中在政府手中。改革初期，我们认识到所有权和经营权可分，不断扩大了企业的经营自主权，但在一个时期内对所有权却采取了回避的态度，没有充分认识到在社会主义市场经济条件下，全民所有生产资料作为商品，也是价值形态和实物形态的双重存在，也可以分离，而是笼统地说所有权归国家，经营权归企业。这一方面造成国家在弱化所有权时，可能有损生产资料价值形态所有者的权益；另一方面使企业不能明确得到应有的实物形态所有权，其经营权也难以强化。

既然私人资本通过法律所有权和职能所有权的分离创造了新的企业产权关系形式，并在此基础上形成了复杂的资本运动形态（包括股份制），适应了市场经济发展的需要，就可以设想国有生产资料也通过法律所有权和职能所有权的分离来明确国家和企业之间的产权关系，并在此基础上形成适应社会主义市场经济发展的多种运动形态。具体运动形态可以描述为：

$$G_{国} - - - - \boxed{G_{企} - - W - - G_{企}'} - - - - G_{国}'$$

网格内表示企业生产资料的实物运动，网格外表示同一生产资料的价值运动。两种不同运动的衔接应当通过法律形式加以确定。“无论生产资料的价值形态和实物形态分离后各自如何独立运动或相互组合、相互

① 宋晓梧．厂长经理代表国家还是代表企业［J］．中国企业家，1986（11）．

作用，从国家的角度说，是价值形态的积聚和实物形态的离散，并能保证其总体价值增值；从企业角度说，则是实物形态的积聚和价值形态的离散，且企业作为一个独立的经济实体，还可以从集体、个人以及私人资本、外国资本等方面筹集资金，把不同性质生产资料的价值形态转化为由企业统一经营的实物形态，并保证其国有资产增值。”①

应当强调的是，从理论上说，全民所有生产资料的“两种所有权分离”也是发生在生产过程之外，因而生产经营的全过程都由企业负责，这将有利于从根本上解决政企不分的问题。至于“两种所有权分离”后，企业在生产过程中是否再实行所有权与经营权的分离，则取决于企业经营的具体形式。这对国家来说不是最重要的。国家要确保的是它作为全民所有生产资料价值形态所有者的收益，即 $G_{国}'$。同时 $G_{国}'$ 也成为国有资产的利润冲动，而能否把准投资方向，就成了国有资产的市场风险。

以上分析说明，马克思对市场经济条件下商品两重性的分析，为混合所有制的形成和发展提供了理论依据。至于混合所有制实现的主要企业组织形式——股份制，马克思也曾指出：“那种本身建立在社会生产方式基础上并以生产资料和劳动力的社会集中为前提的资本直接取得了社会资本（即那些直接联合起来的个人的资本）的形式，而与私人资本相对立，并且它的企业也表现为社会企业，而与私人企业相对立。这是作为私人资产的资本在资本主义生产方式本身范围内的扬弃。”②

这些观点我比较早就提出来了，1989 年发表的《企业改革两种思路的理论比较》提出国家要管价值形态的国有资本，少管实物形态的资本。现在的提法是国家要管资本不要管企业，用马克思主义政治经济学分析这个提法不是很准确，因为资本有价值形态也有实物形态，能增值的就是资本，企业不是资本？但现在约定俗成，其含义大家也明白。我觉得比较准确的说法还是价值形态和实物形态相分离。

二、混合所有制是市场经济重要的产权组织方式

有关文献表明，大多数学者认为私私相混，或者公公相混（包括央企和地方国有企业混合），都不算混合所有制。尽管这两种混合也在一定

---

① 宋晓梧．企业改革两种思路的理论比较［J］．改革，1989（01）．

②《资本论》第三卷。

程度上改变了单一私人所有或单一公有的企业组织形式。大多数学者认为，公私相混才叫混合所有制。那么，如果私私相混不算的话，发达市场经济国家有混合所有制吗？根据我了解的情况，不仅有而且是重要的企业产权组织形式。

我在研究美国社会保障问题时，注意到美国员工按税法401K条款建立的养老基金控制了大量美国公司的股份。这些养老基金应属于社会基金，其规模要比我们城镇或农村的集体经济大得多。为此，许多国外学者认为资本主义的性质悄悄发生了革命性变革。1976年，美国管理大师德鲁克发表了《看不见的革命：养老基金社会主义是如何来到美国的》，按他的计算，当年美国补充养老基金控制了全美公司35%的股权，已经超过了相对控股所要求的比例。德鲁克惊叹，养老基金成为美国企业的新大亨，并没有经历任何危机和斗争，这是一个出人意料的成功案例。当年德鲁克预测，到1985年美国养老基金控股的比例将达到70%，并断言："如果社会主义的定义是生产资料工人所有，那么美国就是第一个真正的社会主义国家。"尽管美国的养老基金后来放慢了前进的步伐，但到2005年美国养老基金总资产高达14.5万亿美元，超过当年美国12.5万亿美元的GDP，持有美国40.7%的股权，极大地改变了公司的资本所有权结构，使其社会化、多元化了，在某种程度上，可以称其为混合所有。不仅美国的养老基金在公司股权中占有如此大的比例，欧洲一些国家也如此。

表1　部分OECD国家养老基金资产占GDP比重　（单位:%）

国家＼年份	2001年	2004年	国家＼年份	2001年	2004年
美国	93.9	95.0	澳大利亚	57.7	72.7
英国	72.5	65.1	加拿大	53.3	52.1
爱尔兰	44.3	42.6	日本	13.9	14.2
瑞典	8.3	12.7	西班牙	5.8	9.0
法国	3.9	7.0	德国	3.3	3.8
意大利	2.3	2.6	韩国	--	1.7
G10合计	86.5	86.4	经合组织合计	84.9	84.1

资料来源：OECD：Global Pension Statistics。

对现代市场经济这种企业产权结构的演变，同意德鲁克“养老基金社会主义”提法的人不多，多数人士称之为“社会资本主义”“养老金资本主义”“信托资本主义”等。这些变化，都可以被《资本论》关于货币资本与产业资本相分离可能产生的复杂运动形态所容纳，但其具体形态又大大超出了马克思的预想，如职工养老基金在资本市场上的巨大作用。

如果有人认为养老基金参股不算典型的混合所有制，那么国有资本与私人资本合股在发达国家也是普遍存在的。发达市场经济国家都有国有企业，多数在通信、能源、铁路、航空、机场、公共交通、邮政服务、军事工业、健康管理等行业或领域，一般可以分为国有全资公司和国家部分所有公司。例如，根据美国国家公共管理研究院（NAPA）对国有企业的定义，大致可分三类：一是完全政府所有企业（Wholly - owned Government Corporation），这类企业实施授权法令中政府所安排的任务而成立，由政府提供经费，资产归政府所有，由总统或部长任命其董事会或行政官员；二是政府部分所有企业（Partly - owned Government Corporation），这类企业的产权由总统和私人股东所选择的董事会支配；三是政府赞助企业（Government - Sponsored Enterprises，GSEs），这类企业虽然由私人投资、私人拥有（如联邦住宅贷款银行），但由于是政府特许，服从联邦政府的监督管理。

法国国家统计及经济研究所（INSEE）2012 年网上公布的统计数据称，法国国有企业总数为 1143 家，其中绝大多数是参股企业，国家独资或控股的为少数。国家控股管理局（APE）主要管理全资国有企业和 25 家控股企业，其中全资国有企业包括法国国有铁路公司、巴黎自治港、国家印刷局等，控股企业有法国电力公司（84.4%）、国家邮政公司（77.1%）、法国博彩公司（72%）、阿海珐公司（14.33%）等。法国国家控股管理局 2012 年公报表明，国家控股企业上缴国家的股息率近三年都超过 50%。

发达国家国有企业的产权结构是随着经济社会的发展变化而调整的。欧洲一些国家“二战”后建立了不少国有企业，20 世纪 70 年代后大大缩小了国家控股的比例。如法国“二战”后曾有 7000 多家国有企业，现在减少到 1000 多家。又如挪威北海石油公司（Statoil）在 20 世纪 90 年代初按法律规定由国家石油能源部（MPE）百分之百控股，后来修改法律可向社会转让出40%的股份，目前仍然是国家绝对控股（66.7%）。挪威北海石油公司的高管在国家全额控股时参照公务员工资标准执行，现在也没有变化，相当于社会平均工资的3倍左右。

由此可见，市场经济经过二三百年的发展，起初是家族企业，资本家和经营者相分离，然后是货币资本和实物资本的分离，再后有了股份公司，现在出现社会资本以及国家资本和私人资本混合这种复杂的企业产权组织形式。这种市场经济的自然演化过程，马克思在《资本论》中做了深刻地分析和预测，从基本的原理出发，预测推论得很远。混合所有制是现代市场经济重要的企业产权组织形式，我们坚持市场化导向的改革应当也可以借鉴。

三、我国发展混合所有制的作用

当前批评搞混合所有制的有两种声音：一种担心搞混合所有制实际是在国有企业一股独大的前提下圈民营企业的钱；另一种说法是，借发展混合所有制进一步削弱国有企业在经济中所占的比重，是新一轮的私有化。

认真研究混合所有制本身的组织形态，可以看到它自身并没有扩大私有资本或扩大公有资本的含义。如果说市场交易是公平的，在交易过程中不应该出现损害私人资本和公有资本的情况。但增值过程是另外一回事，谁效率高，谁增值快，谁投资准，谁收益大。合理的竞争环境将为各类所有制资本在不同行业或领域的所占份额提供公平的制度平台。

针对我国国有企业改革的实际情况，当前发展混合所有制至少具有三方面的重要作用。

一是有利于实行政企分开。国有企业改革搞了30多年，应该说取得的成绩不小。中国经济50人论坛成员在讨论国有企业改革的时候，对国有企业改革提出了很多现在还不尽如人意的地方。我从20世纪80年代初期参加工作就搞国有企业改革，经历了国有企业十分困难的时期。当时企业的所有权非常小，像大庆油田这样的企业，盖个厕所要到原石油部来报批，企业怎么搞好？因此许多国有企业要求松绑。20世纪90年代，国有企业普遍亏损，几千万职工下岗分流。与当年情况相比，现在国有企业确实有很大的变化，成绩还是有的。

一个重要的问题是，至今政企之间千丝万缕的联系还是“剪不断，理还乱”。一些国企老总强烈反映，最近这些年，国有企业和政府的关系越来越密切了，特别是地方政府，保8%也好，保7.5%也好，主要抓手就是国有企业，与国有企业谈，今年投资必须增长多少，今年利税必须增加多少。政企分不开，关键是改革过程中对于国有资本价值形态的所有权、实物形态所有权以及经营管理权没有清晰界定和合理分开。发展混合所有制，必须将资本的价值形态所有权与实物形态所有权分离，在这个基础之上，引入私人、集体以及外资资本，使原国有企业的投资主体多元化，构筑不同利益主体的协商制约机制。按照现代市场法则，政府作为持股人之一，不能随意直接支配企业的投资、生产、经营和用人、分配决策，这为政企分开提供了一个产权制度平台。当然政企分开还有另外一方面，就是政府职能的转变。混合所有制解决不了政府职能转变，它只能提供一个比较好的企业产权制度平台，并不能说实行混合所有制，政府职能就自然转变了。如果政府职能本身不转变，政企分开还是有很大的难度。据反映，有的地方政府为了完成确保GDP增长幅度，不仅给地方国企下达投资指标，还要求民企完成一定的投资指标，可见企业产权制度改革并不能取代政府与市场两者的职能界定。但是，至少发展混合所有制，比笼统的所有权与经营权“两权分离”更有利于政企分开，这从理论上来说是很清楚的，因为两种所有权分离可以发生在企业之外，而政府就在企业之外。

二是有利于激活国有资本。发展混合所有制可以大大激活国有资本。过去的国有企业都是国有企业，赢利、破产都是政府自己着。“文化大革命”期间，我在中国最大的内燃机厂当了八年电工，现在这个企业破产了。经过多年酝酿，20世纪80年代末，企业要上一条FL912风冷内燃机生产线，先报北京市有关部门，再报中央有关部门，最后到国务院讨论，三四年的审批过程下来，南方合资企业的同类生产线早上马了。国企不能自主管理、自主经营，在瞬息万变的市场竞争中很无奈。如果国家只管价值形态的资本，让企业完全自主经营，国家可以很方便地把资本抽出来，向有利的地方投入，可以通过资本的灵活运作，把资本用在刀刃上，增加国有资本的活力。在需要减少和退出国有资本的行业或企业，国有资本的减持应通过资本市场的公平、平等交易实现，这是一个必要的前提。在这个前提下，从某个行业、某个企业来看，国有资本的控制力、影响力可能减弱了，但从全社会的国有资本运行来看，把减持和退出的资本用到更恰当的领域，反而增强了整体国有资本的控制力和影响力。所以认为搞混合所有制就是新一轮私有化的高潮，就一定会损害国有经济的控制力，理论上不一定站得住脚。

从这个角度看，我认为混合所有制是公有制与市场经济有机结合的一个衔接点。20 世纪 80 年代初期我们就探讨，公有制经济可不可以和市场经济结合起来。我认为发展混合所有制在不影响国有资本性质的情况下，能使公有经济比较灵活地在市场中运作，和市场经济比较好地结合在一起。

三是有利于企业走出国门。现在是经济全球化时代，我国也发展到企业走出国门，开拓世界市场的新阶段。许多案例说明，完全独资的国有企业到国外去投资遇到了诸多麻烦。人家一听说是国有企业，认为有政府背景，就觉得是中国政府要想做什么事。企业要到国外收购矿产资源，或者到国外开拓商品市场，变成政府行为了。根据 WTO 和国际贸易的一些规定，国有企业要想走出去就会困难重重。我举一个例子，甘肃白银市的白银公司。白银市是资源枯竭型城市，20 世纪 50 年代白银公司搞了一次大爆炸，把山炸开建立露天铜矿。白银公司是一家老国有企业，2006 年我去调研的时候已经破产了，眼底一片荒芜景象，到处是破烂不堪的厂房。但经过 8 年的破产重组之后，2014 年再去，厂容焕然一新。我问企业领导，你们现在取得的成绩主要是什么？他说一是通过股份制改造，成立了吸纳上百个民营和自然人股东的混合所有制公司。二是通过私募融资为公司提供了大量发展资金。公司 2011 年收购南非第一黄金公司，2014 年投资世界第八大黄金公司斯班公司。先后在哈萨克斯坦、南非、刚果（金）、秘鲁建立原料和产品初加工基地，形成全球全产业链的投资合作。当年的破产国有企业，只用了八九年的工夫就完全翻身了。企业董事长认为，如果没有破产重组和发展混合所有制，白银公司不会有今天的局面，特别是走出国门会有很大的障碍，而股份制公司按照国际惯例操作就方便多了。同时他还认为，如果能再吸收一些大的民营资本和海外资本，更加规范股份制公司运作，对实现政企分开更有利。

最后讲两个与发展混合所有制密切相关的问题。

一是发展混合所有制需要分类实施。是不是所有国有企业必须百分之百实行混合所有制？我觉得不一定。美国的分类里第一类国有企业百分之百还是国家的，法国至今也还有国家全额控股的公司，挪威石油公司过去也是百分之百国家控股。西欧国家公用事业、核能、军工等行业的企业75%以上是国有独资或绝对控股，我们作为社会主义市场经济国家，保持一定的国家全额或绝对、相对控股企业完全有必要。可以把国有企业分成公益、保障、竞争三类。公益类是指提供公共事业方面的企业，十八届三中全会决定也指出国有资本要“加大对公益性企业的投入，在提供公共服务方面做出更大贡献”。保障类指的是在当前条件下保障国家经济安全，将来经济社会发展了，可以适时调整。比如说像航天航空核心企业和一些稀有或重要资源企业，现在就可以列在保障类。我看到有的把这类企业列为战略类。实际上，在各种不同的分类中，对公益、保障或战略类企业国家还要全额或相对控股分歧并不大，主要争论在于竞争性领域国有资本还要不要控股或持股。有的学者提倡国有企业从竞争领域全部退出，有的地方要求国有资本百分之百退出竞争性领域。同时也有学者写文章说混合所有制主要适用于竞争性领域，如果百分之百退出，混合所有制就没有了。这些问题现在还在探讨和争论中。我认为划分类型还是要以竞争和非竞争为原则，这也是我30年前提出的原则。

我曾提出：“从参与市场竞争的程度来分析。凡是竞争性质的企业，都可以实行两种所有权相分离，让它们成为完全独立的社会主义商品生产者：一部分小型企业还可以考虑通过出售、转让、转归集体、个体所有，国家连法律上的所有权也不保留；还有一些企业可以实行股份化，成为国家、集体以及职工合股的企业，经济上的所有权归企业。”“国家的股份最好不由政府直接掌握，而由企业化的投资公司掌握，以免重蹈政企不分的覆辙。”① 现在我仍然坚持这样的观点，即应以企业的竞争与非竞争性质作为分类的基本原则。不能因为一些人反对国有企业退出竞争性领域就退缩回去了，在分类上提出特殊民族品牌企业也要保持国有控制力，那么各地就可以将包括餐饮、烟酒、文化产业等众多民族品牌或地方特色品牌纳入国有控制范围，反而使国有资本不能“好钢用在刀刃上”。

我认为正是混合所有制为国有资本进入和退出竞争领域提供了极大

① 宋晓梧．厂长经理代表国家还是代表企业［J］．中国企业家，1986（11）．

的灵活性。在竞争领域民营企业已经可以很好地发挥作用，国家没必要去经营实体企业并为此承担竞争风险，但国有资本可以根据具体情况参股竞争性企业。这是我和一些人意见不太一致的地方。我认为在竞争领域国有企业不用绝对控股，也不一定相对控股，但是可以参股。参股灵活性很大，企业经营好可以从中获得红利，再用于国计民生，企业经营不好就退出。要求国有资本从所有竞争性领域完全退出的提法，我认为值得商榷。以行政命令搞运动的方式限期国有资本从竞争领域完全退出的做法更值得商榷。

二是发展混合所有制需要配套推进。没有混合所有制一混就灵的事情。第一，要有一个公平的市场竞争秩序，特别是资本市场。搞混合所有制，关键是资本运作，要真正在资本市场公开公平公正地交易。没有一个正常的产权交易市场，地方政府负责人找一个民营企业家谈，收购市里的酒厂行不行？这样一对一的谈判，暗箱操作的空间太大，本来价值一千万，几十万就出手了，对方赚了一大笔钱，给领导送别墅，很多人就倒在这种交易上了。第二，要调整优化国资布局，国资主要集中到价值形态，成立国有资本投资公司和运营公司，从一般的企业实体中退出，这又涉及刚才说的国有企业的分类问题。第三，要进一步完善公司法人治理结构。混合所有制有不同的股权所有者，不同的利益在企业内部，就需要有一个制约机制，建立完善的企业法人治理结构，明确董事会、监事会的职权，制约政府单方面下命令。第四，推行市场选人机制。在竞争领域国有资本参股，企业用人完全市场化操作，市场决定工资。但国家完全控股或者绝对控股的企业，高管由组织决定，借鉴国外经验，应参照公务员的报酬来确定，不能过高。不能随领导意图推荐一个快退休或者提不上去的人到企业拿高薪，而且成了官场潜规则。第五，合理分配国资收益。国企多年不上缴红利，有当年“放水养鱼”的历史背景，但鱼养大了食利自肥，国有资本的收益成了国企高管和职工的红利。近年来国企开始上缴红利，10%、15%，到2020年逐步提高到30%。法国这个比例是50%，挪威石油公司80%的收入被政府以特别税收缴。我们一些垄断性行业职工工资福利远高于一般竞争性行业，高管更是天价报酬，原因之一是没有合理上缴红利。发展混合所有制必须实行价值形态所有权与实物形态所有权的分离，那么价值形态所有权的收益必须相应明确，这样国企分配的问题反而容易解决。第六，优化国资监管方式。

不是直接监管企业内部事务，而是主要监管资本的运作。现在不少国有企业抱怨政府管得太多，以社会责任干预企业。20 世纪 80 年代国企改革就是让企业成为自主经营、自负盈亏的社会主义商品经营主体，要给企业用人权、工资权，企业不仅可以开除违纪职工，还可以根据生产的需求进行裁员，现在国有企业要做到这些反而很难。所有企业都应承担社会责任，现在有些事情，与其说是国有企业的社会责任，不如说是政企不分。发展混合所有制，国家重在资本运作，不要去管企业内部的事。至于该审计审计，该纳税纳税，那是对所有企业都实行的社会管理。第七，支持企业跨国经营。企业要走出去，国家可以为企业提供信息服务。一些到国外建厂的企业家不知道国外的法律法规，对工人罢工感到很奇怪，以为都像国内那样，凡罢工都是集体闹事。国家有关部门和行业组织，可以事先向企业介绍所到国的法律规定、财税制度、风俗文化等，为企业走出去提供融资等各种便利条件。

胡鞍钢
论坛成员
清华大学国情研究院院长

中国现代化之路
（1949—2014）

Chinese Economists 50Forum

Chinese Economists 50Forum

胡鞍钢简历

50人论坛成员。

1953年4月生于辽宁省鞍山市，1988年获中国科学院工学博士学位。先后在美国耶鲁大学、哈佛大学、日本早稻田大学等多所世界著名大学和研究机构，做访问教授和客座研究员。现任清华大学公共管理学院教授、博士生导师，清华大学国情研究院院长。

胡鞍钢教授是现代中国研究领域学术领军人物之一，也是中国学术界思想活跃、成果显著的经济学家之一，著名的国情研究专家，对中国学术界和公共政策决策具有重要影响力。他前瞻性地提出了许多有关发展和改革的政策建议先后被中央政府所采纳。胡鞍钢教授从1998年创办《国情报告》，面向中国高层领导干部提供及时和高质量的决策知识和信息，对国家决策产生了广泛影响。2014年党建读物出版社与社会科学文献出版社正式出版胡鞍钢主编:《国情报告》(1998—2012)，共计15卷，28册。

1991年胡鞍钢被国家教育委员会、国务院学位委员会授予"有突出贡献的中国博士学位学者"。1995年以来，连续获得中国科学院科技进步一等奖（两次）、北京市科学技术进步二等奖和国家科技进步三等奖等多项奖励。2000年被国家自然科学基金委员会评为"国家杰出青年科学基金"特优项目。2001年获第九届（2000年度）孙冶方经济科学论文奖。2004年被俄罗斯科学院远东研究所授予荣誉经济学博士学位。由于在中国宏观经济管理研究领域的突出成就，2008年荣获复旦"管理学杰出贡献奖"。

截至2014年9月，胡鞍钢已经正式出版中文专著24部、合著24部、主编12部、合编8部，英文著作12部、日文著作11部、韩文著作1部。

1998—2012年，中文社会索引（CSSCI）收录文献291篇，被引用次数共计3022篇次（不含自引）。

期　　目：总第 267 期
演讲时间：2014 年 11 月 27 日

2014 年是新中国成立 65 周年。在 65 年前，毛泽东在制定了《共同纲领》之后，曾经宣布：中国的历史，从此开辟一个新的时代。他还预言随着经济建设高潮的到来，不可避免地将出现一个文化建设的高潮。中国人被认为不文明的时代已经过去了，我们将以一个具有高度文化的民族出现于世界。

因此可以这么讲，1949 年标志着中国正式进入现代化时代。不过这已经比西方国家的工业化、现代化晚了几百年，也比明治维新的日本现代化晚了七八十年。

我们要讨论一些重要的问题了。所以我今天不是去讲当前经济形势，这个讲座还是放在历史的视角、国际的视角来讨论几个基本问题。

中国是如何发动工业化、现代化、城镇化的？如何成为现代化的追赶者？特别是追赶先行者。因此我们要把更多的注意力集中在追赶最发达、最现代的资本主义国家，即美国。

今天我们还要进一步讨论，中国有没有可能成为现代化的超越者和创新者？今天我们看到一个更具现代化、更加强大又更加开放的社会主义中国，巍然屹立于世界的东方。所以我们才逐渐看到 1949 年这个历史的起点，的确给我们开辟了一个伟大的新时代。即中国工业化、现代化的时代；中国社会主义的时代；中国走向伟大复兴的时代。

因此今天我们再去回答毛泽东所说的什么是新时代的问题。从 1949 年以后，新中国的主题就是现代化，或者我们确切地讲就是社会主义现代化。这也是中国共产党的领导人包括中国学者所追求和探讨的最大目标，也成为这个时代的主题。

因此这个基本问题我们把它概括为：为什么是现代化？在什么历史起点下我们才能够发动工业化、现代化、城镇化？什么才是中国特色的社会主义现代化等一系列问题。这就包括怎样来衡量中国现代化进程？尽管我们天天在讲现代化，包括 1964 年提出“四个现代化”，但实际上我们对现代化的基本知识和含义还是知之不多的。

一、现代化的含义

如果我们能衡量中国的现代化，就要问另外几个问题：中国在多大程度上创新了现代化？什么原因创新了它的现代化？今后中国现代化的基本方向是什么？我把它称为绿色现代化。2012 年我出版了《中国：创新绿色发展》，2014 年 5 月正式出版英文版，我们希望中国的绿色现代化能创新并超越西方现代化或者说传统的现代化。

对这个问题的讨论的确要提出一些基本理论问题去认识现代化的含义。

如果从文献的角度来看，对这个问题有无数个定义。这里我主要是基于中国学者原创的定义，也就是张培刚先生在 1949 年哈佛大学出版社出版的《农业与工业化》英文版，后来 1984 年出版了中文版。我上博士生的时候才读了这本书。1991 年他又主持撰写了《新发展经济学》，我本人参与到他的写作过程中，我负责人口就业方面。他对工业化做了一个十分经典的定义，我们也基于这个经典定义延伸为现代化定义。这就是指全社会范围一系列现代要素（我没有用现代生产要素，比现代生产要素宽一些）以及组合方式连续发生的由低级到高级的突破性的变化或变革的过程。

因此我是基于中国学者张培刚的原创，对这个定义又进一步展开它的含义，包括五个方面。

一是现代化一定是历史的概念、发展的概念。这就告诉我们，现代化不是一个固定的概念，也不是一成不变的概念。它实际上是随着人们对现代化的实践和认识，不断丰富、不断完善、不断动态的概念。这也告诉我们，现代化不等同于西方化，因为现代化没有固定的模式、唯一的道路，不同的国家会有不同的现代化道路，因为是基于不同的国情。

实际上任何一个现代化的后来者，不是简单的对西方现代化的道路的拷贝、模仿，而只是学习借鉴。这是我们后面所说到的后发优势。同时我们也要避免所谓的西方现代化进程中的劣势问题。这就是中国领导人所提出的和平发展的道路。

我们还要成为创新 21 世纪条件下新的现代化。因此今天讨论这个问题实际上已经说明中国从一开始的现代化就不可能是西方现代化，而是中国特色现代化，也不是亦步亦趋在后面模仿爬行的现代化，一定是独辟蹊径的道路，又是跨越式发展的道路。这是我的一个很重要的假定。

二是现代化是全社会范围内的现代化。“全社会”这个词是非常关键的。我想包括两个方面的含义：第一个方面是现代化不只是经济现代化。所以我说的这个现代化要加 s 的，是复数，不是单数。还应该包括我们说的全社会在内的其他的现代化，比如社会现代化，政治现代化，文化现代化。特别是我们具有几千年文化传统，我们要把这些文化传统本身现代化，当然也要国际化。这么来看，很重要的是人的现代化，而人的现代化的本质是如何强化对人力资本投资，使我们中国巨大的人口及其包袱变成巨大的人力资源财富，因此它一定需要花六十多年的时间。还有生态文明的建设。此外还包括国防和军队现代化的建设。也就是党的十八大报告涉及的“五位一体”的现代化总体布局，这就是我们的理论根据。

二是现代化不只是我们所说的一部分人的现代化。我们希望这个现代化能够是全体人口的现代化，它不是排斥性的，而应当是包容性的并且覆盖全体人口。它不只是城市现代化，还包括农村的现代化；它不只是沿海地区的现代化，还应该包括内陆地区的现代化；它也不只是汉族人口为主的现代化，也应该包括少数民族地区人口的现代化，当然也希望它们能保留并发扬发展自己的民族特色及其文化等方面。

从这个意义上来看，现代化是全社会范围内的现代化，本身突破了西方的物质现代化或某些方面的现代化以及高度现代化人口与贫困人口并存的现代化。

三是现代化本身是现代要素以及组合方式。涉及现代的生产要素，比如土地、资源、能源、资本、劳动。但是进入 21 世纪我们认为更重要的现代要素还包括了教育、科学、技术、文化、信息，以及知识。这种知识还包括人类的知识。此外来看还应该包括制度法律等现代要素，我们称之为现代政治要素。这就解释了为什么提出国家治理体系和治理能力现代化，本质上是制度和法律等现代政治要素不断地在全社会扩散应用。

从涉及这些现代要素的组合方式来看，很显然有的要素就是要靠市场机制，有的要素要靠政府机制，有的要素要靠组合机制，有的要素要靠社会合作机制等。这远比我们想的复杂得多，因此不同的要素有不同的组合方式，有不同的机制。有赖于我们有效的创新，提供多种新的机制，使得这些要素能够不仅被社会所传播、扩散，更能有效地应用。

这也就解释了为什么前两天有一个外国报纸报道中国已经成为移动互联网的超级大国，我们20年前是空白之国。1993年我从耶鲁大学回来的时候用不上互联网。1994年，就是清华大学包括中国科学院联手建立中国互联网，20年间，这个信息要素很快让全世界为之一震，已成为世界最大的用户，包括移动互联网的用户。

四是现代化是一个连续、积累、发展和建设的过程。从低级到中级再到高级，从量变到部分质变，再量变到部分质变，最后引起质变。因此我在这里实际上应用唯物辩证论了，现代化的发展过程就是沿着这条轨迹走下去。能不能从这个角度来看，我们从绝对贫困到解决温饱，再到小康水平，再到小康社会；从人均收入水平来看，从极低收入到低收入，20世纪90年代中后期到下中等收入，而后进入中等收入，过去几年我们开始进入上中等收入，将来还会朝着高收入方向进展。我们称之为不断积累的量变的现代化过程。

因此如何防止现代化的破坏和中断非常重要。今天我们所看到的很多国家几十年前处于中等收入阶段，但是只有13个国家进入了高收入国家，这和现代化的中断破坏是有关系的。瑞典从19世纪初到现在将近200年，他们喝咖啡喝茶就能喝出世界最富的国家，既没有内战也没有外战。其实它的人均收入增长率超过了1%，只有1.3%，但是200年积累下来是完全不一样的，一定会成为世界最富的国家。从现在来看现代化不怕慢就怕站更怕断。因此现代化实际上本身是一个时间的函数，确切地讲也是天下大治的函数。

五是现代化本身是全方位的变革过程。包括了观念的变革，体制的变革，社会的变革，文化的变革等。由此来讲，国家制度建设本质上就是制度变革。

中国的现代化正是在上述几个方面体现出来了，并且按照自身的发展逻辑和历史逻辑以及文化逻辑不断发展的。

为什么我要强调文化？因为中国提出的现代化目标，比如像小康之家，小康水平，小康社会，英文词是没有的，现在又要提出大同世界，翻译过来确实没有办法翻译，因此它本身提出的目标具有中国文化的那种理念。

我想对此做一个说明。中国现代化就是按照这样的逻辑不断发生、发展、跃迁、积累、变化的，这是我对现代化理论的简要概括。

二、领导人如何认识中国现代化

更重要的是看一看中国领导人如何认识现代化。1949 年之后，现代化成为当代中国的时代主题，确实有领导人将社会主义工业化和现代化作为宏观目标或者说宏伟目标。他们是怎么来认识的？

我的结论是，他们不是一次性完成的，而是经过多次不断地实践、认识、再实践、再认识。回到毛泽东所提到的认识论，至少长达 60 多年的过程，在这个过程中经历了从必然王国到自由王国的过程。我今天不是讲哲学，但是这些哲学思想有助于我们认识现代化的进程。

1953 年，党中央和毛泽东提出了国家工业化目标。而张培刚先生所讨论的有三种模式，1949 年就提出来了，一种是国家工业化模式，另一种就是私人工业化模式，私人发动，基本上是英美的模式，第三种是混合工业化模式，政府发动和私人发动是混合的，如德国和日本。这一历史经验基本上是概括了从 1750—1950 年的工业化过程，分了三种模式。很可惜的是，张培刚的探索和毛泽东的探索没有进行知识的交流和沟通。2013 年我去参加“纪念张培刚先生诞辰 100 周年”时就讲了这一段历程。从这个意义上看，中国的仁人志士百年来都在探索这个道路。可以说张培刚先生做出了重要的学术贡献。

我在 30 年前读他的《农业国的工业化》一书就感慨万千，很显然我们走上了国家工业化的道路，并不是说国家工业化就是一成不变的。因此在党的八大，特别是 1956 年的党章首次提出“四个现代化”。不过那时候的“四个现代化”是讲中国具有强大的现代化工业、现代化农业、现代化交通运输业和现代化国防。

1964 年底，毛泽东、周恩来正式提出“四个现代化”目标。这个大家比较清楚，但是本质还是经济现代化。1975 年，周恩来在四届人大又重申了“四个现代化”。1977 年，党的十一大再次将“四个现代化”写入党章。

到改革开放之后，特别是邓小平到新加坡、日本、美国等国访问以后，讲了一句话：“我懂得了什么是现代化。”实际上邓小平参与过 1956

年、1964 年包括 1975 年提出的“四个现代化”的决策，1975 年周恩来的政府工作报告就是邓小平主持制定的。邓小平是在开放的条件下重新认识现代化，才提出小康之家、小康水平、小康社会的中国式现代化目标。因此在党的十二大报告提出“两步走”，党的十三大报告提出“三步走”的设想。现代化已经开始具有中国特色了，包括中国文化特色的设想。它的追赶目标是比较明确的，就是以中等发达国家为目标，以基本实现现代化为核心目标。

而后党的十四大、十五大、十六大等，又进一步阐述了现代化及目标。此时我们对现代化的认识就比以往丰富多了。特别是党的十八大，首次提出了“五位一体”。实际上是“六位一体”，党的十八大的第九节的标题是“加快推进国防和军队的现代化”。我们做了一个非常专业的研究，对比过去十几年，中国在科学技术方面和美国的差距非常大，但是迅速缩小，而我们在国防建设方面有所缩小，差距仍然很大。这也是一个基本事实。我们的领导人对什么是中国现代化的认识又进一步深化。在 2013 年，党的十八届三中全会首次提出了全面深化改革的总目标，是完善和发展中国特色社会主义制度，推进国家治理体系和治理能力现代化。我出版的《中国国家治理现代化》，就是回答和探索关于现代化方面的研究。

我们可以看到，中国的现代化的总体布局基本形成，但是它不是一次性形成，而是经过至少 60 多年的不断探索才逐步形成、逐步深化，也更加深入、更加全面。

在几十年之后，比如 2050 年、2060 年再回述，看看这个大战略、大布局，它会有深远的影响。就像今天去回述 1987 年小平提出三步走的战略设想。

从这个角度来看，中国本身的现代化开始超越西方的现代化，不仅是经济现代化到全面现代化，不仅协调经济内部的一些重大关系，也开始协调不同类型的现代化，从而推进我们进入一个全面现代化的伟大时代。

从这个意义上来看，它将深刻地影响整个中国现代化的进程以及面貌。同时因为它作为世界最大的国家，将影响并改变世界 21 世纪现代化的进程。

三、中国现代化的历史变迁及阶段

我们来看看另一个话题，中国现代化的动力和它的历史阶段。这是基于我们对国家发展生命周期的一个分析，这是我的一个很重要的理论框架。我在 2006 年的一篇文章主要是讨论四个阶段。当时有个假定，就是 A 国、B 国，两国模型。

我们来看看，一个国家是怎么兴盛的？又是怎么衰落的？可以划分为四个阶段：有准备成长期、迅速成长期、强盛期、衰落期。“二战”之后主权国家是 51 个，今天我们可以看到是 193 个，再加上其他地区，共有 240 多个经济体。就是它本身这种国家竞争的程度与意义远远超过 1840 年鸦片战争、1894 年甲午战争、1937 年抗日战争时期，它更多表现为世界性商战。

从这个意义上来看，国家发展生命周期是有其动因的，取决于在多大程度上形成国家创新。也就是说两个国家的竞争本质上是两个国家的创新竞争。我们如果用这样一个理论框架来分析一下，就可以看到中国是先衰落、后崛起。这里我们假定在农业文明、农业经济、农业社会，它所基于的农业创新是没有办法和西方为代表的工业文明、工业时代、工业社会竞争的。因此 1840 年之后中国失败是有其历史的必然性，除非这个社会发生变迁形成新的创新，才有可能和西方国家竞争。因此它走过了一个先衰落、后崛起的过程，也可以说是重新崛起的过程。

1820 年中国的 GDP 占世界总量的 1/3，但它是基于农业文明、农业经济、农业社会的“老大帝国”，因此它就必然被自身 1/3 的英国所打败。到了 1950 年中国的 GDP 降至不足世界总量的 1/20，降到了历史的最低点，我们就把它称为一个基于农业经济传统国家生命周期的完结。这个完结又引发了一个基于现代经济的现代国家生命周期的开始，也正是从 1949 年之后，我们就进入到一个新的现代国家发展的生命周期，第一个阶段称为准备成长期（1949—1977 年），这个准备成长期就为第二个阶段，为 1978 年以后经济起飞、迅速成长奠定了物质资本基础、人力资本基础以及制度资本基础。

预示着改革开放之后一定会从国家工业化转变为混合工业化，不仅改革国有经济、国有体制、国有企业，更多是发展非国有经济、非国有企业。

可以说1978年中国进入经济起飞的阶段，我对这个问题的认识是1988年做了长期预测和分析。很大程度上还是受到美国历史的启发和影响。因为从南北战争之后美国进入经济起飞阶段，1870—1913年经济增长率达到了4%，完成了世界大国到世界强国的整个过程。1913年实际上美国的出口额取代了英国成为世界第一，维持了一百年的过程。

当时我认为，1980年前后中国进入经济起飞阶段，可能作为一个大国会有40年左右的时间，也就是到2020年。当时做的预测认为中国的长期增长率大体在6%～7%。现在回过头来看，对中国经济起飞给出了一个比较保守的估计和分析。

如果我们把中国放在60多年的历史过程中来看它的经济与社会变迁，这是我们的一本书给出的结论，给大家进行了归纳介绍。

这本书是《国情与发展》，讲述了中国是从哪里来的，走向哪里。从政治、农业、工业、基础设施，包括农村社会到现代社会，也包括教育、健康、科技，以及中国与世界，做了一个讨论和分析。

总之，新中国60多年现代化的历史进程，不仅从总的方面，还从各个不同的角度论证了实现了真正历史大转变，从“一穷二白”“一大二弱”“老大帝国”的传统农业经济、传统农业社会、传统农业国家，转变为一个日益现代化的经济、日益现代化的社会、日益强大的社会主义国家。当然我们在这个转变过程之中就走出了自己的道路。

四、衡量中国现代化进程的主要指标

如何来衡量一个国家的现代化进程呢？我们能不能找到一些简约的重要指标来进行衡量或者比较准确衡量中国现代化的进程？特别是与其他世界大国尤其是与世界最发达的强大的美国做比较。

当然我也是受毛泽东“中国梦”的启发，因为他在1956年在党的八大以美国为例，讲到中国比美国人口多，国土面积和美国差不多，因此他提出用50年到60年的时间能够用钢产量超过美国。因此在他的心目中始终把美国作为中国的追赶对象。很可惜毛泽东1957年去了苏联访问，赫鲁晓夫告诉他，我们要赶超美国，这个目标对毛泽东刺激非常大，而且他们是要用15年赶超美国。毛泽东改变了自己的战略设想，提出用

15 年来赶超英国。

这里想用几个重要的指标讨论，一个用经济增长相关的 GDP 指标。大家都知道这是一个最重要的指标。当然我们会用几种计算方法来讨论。

第二个用现代化因素相关的发电量。这个我也是受到一些启发。因为我这里有一个很重要的假定，就是没有发电量就意味着没有现代化技术和现代化因素。事实上发明发电技术，是迄今为止工业革命最大的发明，应用最广泛。如果说 GDP 是经济学最大的发明，作为现代化的因素来看，发电量就是衡量从一个家庭到乡村，再到一个地区，最后到一个国家最好的指标之一。为什么这么讲呢？迄今为止根据国际能源署（IEA）的统计，现在世界上有 20% 的人口缺少电力，意味着 70 亿人口有 20% 与现代化无缘，我们叫无电人口，无电的本质是没有现代化因素。除非它有电，有电不平稳总断电也是一个问题。

目前中国基本上是消除了无电人口，最新的《人类发展报告（2014）》已经告诉我们，中国基本上和发达国家的指标是一样的，叫电气化指标，达到了 99. 7%。现在印度至少有三到四亿人没有用上电，非常像我们在改革开放初期的基本情况。因此我在这使用了发电量。

第三个指标涉及科技创新能力，特别是发明专利申请量和授权量。还有其他的指标，包括人口预期寿命、平均受教育年限，人类发展指数（HDI）等。

首先我们锁定追赶对象就是美国，它既发达又强大。这就是为什么我总将美国作为中国的追赶目标，就引入一个追赶系数。以美国在不同时期的情况做一个对比。

在 1950 年，按照购买力平价国际美元的价格来计算的 GDP，中国仅相当于美国的 16. 8%，到了 2010 年，实际上按照安格斯·麦迪森的数据推算，其实中国已经超过美国了，相当于美国的 114%。

第二个指标就是世界银行刚刚在 2013 年 7 月 3 日公布的，用最新的购买力平价做评估计算项目。我们可以看到，在 1990 年中国相当于美国 GDP 的 19. 1%，到了 2013 年，相当于美国的 96. 2%。这就是为什么世界银行和 IMF 先后宣布，2014 年按照购买力平价计算中国已经取代美国，成为世界第一。世界银行做了非常专业的研究，并且中国国家统计局也参与了这个项目研究，提供了相关的数据。

第三个是我们官方采用的汇率法。在 1960 年，中国 GDP 还相当于美国的 11.4%，受汇率变动，在 1980 年为 6.6%，1990 年还受汇率变动，为 6.0%。而后不断提升，2013 年达到了 55%。我们估计 2014 会达到 61.5% 左右。2020 年之前，差不多可以超过美国，因为按照汇率法计算的话，2014 年中国 GDP 将超过 10 万亿美元。可以看出来，这里面实际上有很多因素的影响，除了我们本身的经济增长率高于美国，还包括汇率的变动，和双方国家平减指数的变动。这个增长率是非常快，尤其是从 2005 年汇率变动以后，因此我们保守地估计到 2020 年中国可能会达 20 万亿美元，美国在 19 万亿美元左右。

这三个不同计算方法会有不同的结果。我称为“GDP 测不准原理”，实际上是“GDP 算不准原理”。

现在看来最有效的一个指标，我认为就是发电量，因为它是实物量，而不是价值量，是测出来的，不是算出来的，不存在各个国家价格水平的影响，可以说这个指标更加客观，优于 GDP。

1900 年，中国相当于美国发电量的比重为 0.01%，也就是美国的现代化因素是中国的一万倍。

到了 1950 年，中国仅相当于美国的 1.2%。也就是美国的现代化因素相当于中国的 80 多倍。这是中国工业化、现代化的历史起点或初始点。

经过了 30 年的国家工业化，毛泽东时代至少使这一比例提高至 12.1%，也就是 1980 年，基本上奠定了一个比较完整的比较独立的工业体系、国民教育体系（很可惜这个教育体系中的高等教育后来被摧毁了，有几年没有招收大学生，或者说没有研究生了）。还包括全国性科研体系、军工体系等，形成了十分完整的国民经济体系，在所有发展中国家是独有的。而后的改革开放就是基于这些基础，这就是我们所说的前 30 年与后 30 年的关系，基于物质资本基础、人力资本基础、制度基本基础，中国开始经济起飞，突出表现为我们的发电量相当于美国的追赶系数迅速提高，到了 2013 年已经相当于美国的 1.26 倍，同样在 960 万公里具有现代化的因素相当于美国的 1.26 倍。这不是人均的概念，是总量的概念。

从发明专利的角度来看更为重要了，特别是一个国家的现代化进程，实际上和它的创新能力特别是技术创新能力是相关的。美国是从 1790 年开始实行专利法，到今天为止已经是 224 年，中国是 30 年前才开始实行专利法，当然在清朝末期已经有了，但是到了1949年只有极少数专利，而后就开始新的技术追赶。

我2014年在《中国科学院院刊》发表署名文章《中国自主创新发展道路（1949—2013年）》，就是专门讲技术追赶过程的。过去没有专利法，也没有发明专利，不是激励发明人，但是经过改革开放以后，我们作为后来者很快追赶上来。现在我们已经超过了美国，达到了美国的1.20倍，刚刚世界知识产权组织公布2013年的数据，中国发明专利申请量占世界总量比重的32.1%，中国已经是美国的1.44倍。不过美国有效专利量最多，占世界总量的26%，紧随其后的是占19%的日本。那有没有重大的发明创造呢？现在国家知识产权局开展这方面的工作，叫发明专利金奖。

在全球化条件下，一个国家的出口额非常重要。前面讲到1913年美国取代了英国成为世界第一出口国。1978年的时候邓小平还在问我们的原外贸部部长等人，为什么我们的贸易量还不如中国台湾、中国香港，更不如日本，当时日本出口相当于我们的十倍。因此中国改革开放和领导人认识全球化有关系，从而推动了我们参与全球经济，参与国际竞争，出现了追赶。到了1990年，中国的出口额已经相当于美国的15.8%，到了2013年已经相当于美国的1.40倍。这个速度是非常快，特别是中国加入WTO之后，在这方面迅速发展了，先追赶后超越。

1952—1957年，我们的经济增长率是9.2%，说明中国作为一个后发国家长期增长趋势是9%，这就不奇怪为什么改革开放以后中国保持在9.8%以上的增长。中国占世界GDP的比重，从1950年4.6%提高到1957年的5.5%，后来一下提高到1958年的5.9%，而后1960年降至5.0%，而后发展到1976年为4.5%。

我们看一看发电量，也是这样一个数据，美国在“战后”曾经达到很高的位置。居然可以达到世界总量的40.9%，而后持续下降。中国发电量相当于美国的追赶系数从1913年0.26%，1929年1.2%，到了1937年2.1%，而后又下来了，1950年只有1.2%，之后才开始上升。基本可以看出中国现代化的历史进程了。

从世界现代化的进程来看，特别是作为大国，就是它的技术创新与它的制度创新，特别是知识产权的制度创新。这里就举出了各国的《专利法》，中国是最晚的国家。英国是1624年，是世界最早的。美国是

1791 年，法国是 1791 年，德国是 1877 年，日本在 1899 年，中国在 1985 年。因此实际上中国是一个人口大国，也是一个经济大国，但本质上还是一个技术发明空白国，实际上我们没有这样的制度安排等于压抑了科技人员以及企业创新的能力。一旦建立这样的制度安排就出现了我前面所说到的迅速的变化。

从世界有数据以来，即 1883 年，美国一直是世界第一，到了 1968 年被日本取代。因此日本长期以来一直居世界第一。但是 20 世纪 90 年代以后日本专利数持续下降，美国在持续上升，所以 2006 年美国超过日本再次成为世界首位。中国先是 2010 年超过日本，接着 2011 年又超过美国。最新数据是 2013 年已经占全球总量比重的 32. 1%。所以说我们现在也显示了中国从 1999 年开始实行国家专利战略，2006 年提出了自主创新战略，2008 年制定了《国家知识产权战略纲要》，它作为一种加速器推动了整个中国在世界比重的迅速变化。因此从国家发展生命周期的视角来看，的确中国先经历了一个初步成长期，进入到一个迅速成长期，而且这个迅速成长期比我们当时所估计的到 2020 年时间还要长得多，而且这个时期还没有结束，尽管我们的经济增长率有所下降。

因此从这三大指标可以看出来中国是如何追赶的。可以看出这三大指标进入 21 世纪以后，形成了一个加速上升的阶段。而且是占世界总量的比重，在世界总量比重提高一个百分点是非常难的，这三个数据基本上成为一个很重要的一个同向上升的态势。

这三个指标虽然在总量上超过了美国，但是在人均量上还与美国有相当大的差距。要缩小这些相对差距还需要更多时间。因此在中国追赶美国现代化的进程中是分步走的：第一步在总量上能赶上美国并且超过美国；第二步在总量上超过美国之后，从人均量开始追赶，是一个新的追赶。前面是一个长征，现在我们又进入了一个新的长征。这样我们才能够从现代化因素、从技术创新的角度不断完成现代化的追赶者、并驾齐驱者并且引领世界现代化的进程。

在人均指标方面我们还有相当大的距离。这里我们采用了人均 GDP、人口预期寿命、15 岁以上平均受教育年限、人均发电量。即便到 2013 年还跟美国有相当大的差距，尤其在人均 GDP 指标上，仅相当于美国的 1/3 多，人口预期寿命和 15 岁以上平均受教育年限，2010 年相当于美国的 95. 8%，根据 WHO 刚刚公布的数据，美国现在是 79 岁，中国是 76 岁，北京是 81 岁，上海更好了是 82 岁。所以说从局部地区已经接近美国。尽管我们的人均 GDP 比美国差距比较大。实际上我们从发展的思路更多是关注人力资本，也就是健康指标和教育指标。当然简单用平均受教育年限不能真正反映教育的质量，这还需要有待于进一步的改进。

我们来看看国家发展生命周期，告诉我们实际上中国两百年来，先是前一百多年（1820—1949 年），大体上经历了传统的农业经济衰落的过程，是没有办法与发达的西方工业国家进行竞争。1949 年以后，开始了新的现代国家生命周期，先后经历了至少两个阶段。第一个阶段是准备成长期，重要的标志就是能够建立比较独立的比较完整的工业体系、教育体系、科研体系、军工体系以及其他体系所共同构成的国民经济体系。应当说我们实现了这样一个目标。这是党的八大提出的一个战略设想。当时是用三个五年计划，我们知道到 1980 年基本上建成这样庞大的体系。

第二个阶段是进入迅速起飞的阶段。因此一个国家发展进入经济起飞的阶段本身是一个自我投资、自我持续、自我创新的过程。特别是在一个开放的条件下，因此我们可以看到通过这三大指标，就可以发现我们在过去 65 年，特别是过去 36 年，实现了美国花上 200 多年走过的过程，尤其是在专利方面，因此美国人一直问我们一个问题，中国人能为世界提供多少发明创造？客观地讲在 19 世纪我们没有，到 20 世纪世界主要的发明创造大都是美国人做出来的，希望 21 世纪，是我们对人类做出巨大的技术创新贡献。

我们最大的创新还是中国道路。中国为什么从“一穷二白”成为日益强大的社会主义国家呢？对此毛泽东是有其雄心壮志、远见卓识的。他在 1954 年，也就是说 60 年前召开的第一届全国人民代表大会第一次会议上，明确提出建设成为一个工业化的具有高度现代文明的伟大的国家。1956 年他也讲过我们在 20 世纪上半叶对人类没有做出重大贡献。因此我们所说的重大贡献就是要通过我们重大的创新才有可能做出这样的贡献。

中国最大的创新是什么？我们界定为“中国道路”。改革之初，中国领导人充分意识到：我们取得的成就是伟大的，看不到这个伟大的成就完全是错误的。同时他们也清醒地意识到：我们走过的道路并不平坦。既有过比较顺利的发展，也有过严重的挫折，同全国人民做出艰苦努力相比，同社会主义制度应该发挥的优越性相比，我们的成就很不够。这是30多年前的一段话了，当时是叶剑英同在纪念新中国成立30周年的一段话。后来我做了一个非常专业的分析，包括计算了“大跃进”以及“文革”的损失。至少从经济增长角度来看，损失了将近40%。因此实际上党中央对这句话是痛定思痛。

反过来，中国领导人并没有因为这些挫折失败而放弃这一政治方向，而更加提出了中国道路。特别是1979年4月，李先念同志在中央工作会议上提出我们的现代化究竟怎么搞法，这是一个很大的问题。对此他代表党中央国务院做出回答，我们一定要从自己国家的实际出发，走出一条在社会主义制度下实现现代化的中国式的道路。因此中国道路最早提出这个命题是李先念同志。到了1982年就由小平同志正式在党的十二大上提出“中国道路”。

我觉得这个中国道路是几代领导人不断的摸索过程，而且在“大跃进”、“文革”严重的挫折和失败之后痛定思痛，走出这样一个道路来。

中国道路概括为三个方面的基本因素。第一个就是现代化的因素。无论从1953年毛泽东提出国家工业化，还是到1956年党的八大提出“四个现代化”，以及到后来小平提出的“三步走”战略构想，主线就是现代化。第二个因素是社会主义因素。我们的经济制度基本上是从国家工业化变成混合工业化。就是现在看到的社会主义市场经济体制和社会主义公有制和非公有制的混合经济。最后一个因素是中国文化因素。这是基于中国的历史来源的基本因素。

中国道路的含义就是这三个方面的因素不断加强，不断扩大。一是不断增加现代化因素，最大程度的扩大生产、创造财富，最大限度利用现代知识、科技、教育、信息等要素。二是不断增加社会主义因素，共同发展、共同分享、共同富裕，要发挥社会主义制度的政治优势。三是不断增加中国文化因素，对构建中国特色的理想社会有重大创新，如小康社会、和谐社会、学习型社会、安居乐业社会。包括像习近平主席提出的“中国梦”，我出国访问感受到中国不仅已经开始处在世界经济的中心舞台，或者是舞台的中心，而且中国领导人在说什么已经影响世界。如果说中国现代化第一个因素是与美国基本相同，第二个因素、第三个因素就是与美国最大的不同。

从这三个因素来看中国的现代化道路是独特的，简单概括为三大优势。

一是后发优势。中国作为后发国家，可以加快与发达国家现代化水平的趋同，即现代化发展差距缩小。不过也面临两种选择：一是照搬照抄西方国家，使东方国家变成西方国家。这是20世纪初期中国和第二次世界大战之后南方国家的普遍做法，为什么毛泽东提倡全国人民代表大会，说搞国会我们早就搞过，搞臭了，为此他创新了全国人民代表大会。第二种是既学习又超越发达国家现代化模式。吸取他们的教训，避免他们的劣势，在更高、更新、更绿色是起点上创新绿色工业化、城镇化和现代化。

二是社会主义优势，中国的现代化之路，不是资本主义道路而是社会主义道路，这是与所有发达国家最大的不同之处。从历史上看，在20世纪上半叶，中国走资本主义道路没有走通，反而是老师欺负学生。1949年之后，先是新民主主义道路，后是社会主义道路，也不太顺利，曾有过重大失误，走过曲折之路。1978年之后成功地探索了中国特色的社会主义道路，经历了两次资本主义的金融危机，特别是这次国际金融危机是美国制造并出口全世界，再次说明我们确实要走出了比资本主义更具优势的自己的道路。

三是中国文化的优势，中国有着几千年的文化，要求我们的文化，我们的现代化不是排斥这些文化的，恰恰应该是源于这些文化。并且使得它更加开放，更加包容，并且还要同其他国家的文化相互学习借鉴交流融合，并成为创新中国特色现代化的巨大的文化优势。尽管我本身不是研究文化的，我已经意识到这是中国道路的独特优势、长远优势。

中国道路是我们所说的由总道路和具体道路构成的。所谓总道路是中国特色社会主义道路。

怎么来表述呢？胡锦涛经过两次表述，第一次是2011年7月1日讲话，第二次是党的十八大报告中，再次对中国道路的新的表述，使得中国本身的现代化道路已经开始超越西方的传统的现代化道路。

我们在1989年的第一份国情报告中提出中国的国情决定中国的现代化道路，是非传统的现代化道路，不同于西方高消费、高消耗、高污染的道路。当时对这个道路到底是什么也是知之不多的，但是今天我们可以对这个道路做一个经典的讨论了。这也充分反映了中国“五位一体”的现代化因素、社会主义因素和中国文化因素，反映了中国道路三部曲和三个阶段。

第一个阶段是"先富论"阶段（1978—2011 年），这是符合经济发展规律的，也使得中国用了 20 年左右的时间，实现了从绝对贫困到总体小康水平。第二阶段是以党的十六大报告为标志，建立惠及十几亿人口的小康社会，称之为"共同富裕"的阶段，从 2002—2030 年，需要花上 30 年的时间，先是全面建成小康社会，后是迈向共同富裕社会，我们在《2030 中国》一书中作了大胆地探索。第三个阶段是"全体人民共同富裕"阶段，希望能够在 2030 年之后，进入到全体人民共同富裕，这还需要更多的时间、更大的努力。因为在党的十八大报告用这样的语言是"逐步实现全体人民共同富裕"，小平同志只是讲共同富裕，因此中国的现代化可能会经历一个先富论、到共同富裕论再到全体人民富裕论的三个阶段。

由于中国的道路是由多个具体的道路所构成，这就需要不断地阐述和分析研究不同的具体道路。包括中国特色的农业现代化道路，中国特色的新型工业化道路，中国特色新型城镇化道路，中国特色自主创新道路，中国特色的社会民主政治发展道路，中国特色的社会主义生态文明的道路等等。这些具体的道路的研究分析有助于我们理解总道路。反过头来对总道路的认识也需要这些具体的道路来相互的关联。

中国道路是从现代化的落伍者到追赶者、进而到赶超者的路径。早在 1956 年，毛泽东在《纪念孙中山》一文中指出，中国的面貌将更大变化，中国将变成一个强大的社会主义工业国，中国应当这样，因为中国是具有 960 万平方公里土地，中国应当对人类做出较大贡献。因此实际上中国的现代化进程中，作为世界人口最大的现代化，同时会对世界性现代化本身做出最大的贡献。

首先来看，中国的现代化本身包含两个基本的线索，一是国家现代化建设，从国家工业化、四个现代化、小康水平、小康社会到五位一体。

二是国家治理现代化，从新中国现代国家制度建设，到改革开放重建现代国家制度，再到国家治理体系和治理能力现代化。

两者相互关联、相互作用、相互促进，从而构成了中国特色现代化道路。

可以说中国现代化的未来方向不仅是"五位一体"的现代化，还包括了制度现代化，与制度变迁相互作用，因此中国的现代化未来目标不仅实现两个“一百年”，还包括伟大复兴，包括为人类做出重大贡献。

这里要谈到两个伟大的预言了，一个是“毛泽东预言”，一个是“邓小平预言”。毛泽东在1962年的七千人大会上说，资本主义的发展经过了好几百年，16世纪不算，从17世纪到现在已经有360多年，在我国，要建设起强大的社会主义经济，我估计要花100多年。他还指出，社会主义和资本主义比较有许多优越性。我们国家经济的发展，会比资本主义国家快得多。三百几十年建设强大的资本主义经济，在我国，50年内外到100年内外，建设起强大的社会主义经济，那有什么不好呢？

我们再看看邓小平的预言，1987年他同外宾谈话指出，我们现在要做的就是通过改革加快发展生产力，坚持社会主义道路，用我们的实践来证明社会主义的优越性。要用两代人、三代人，甚至四代人来实现这个目标。到那个时候，我们就可以真正用事实理直气壮地说社会主义比资本主义优越了。

今天我对中国现代化之路（1949—2014）的研究和介绍，既证明了“毛泽东预言”，也证明了“邓小平预言”。

李 波
论坛成员
中国人民银行货币政策二司司长

人民币的新角色

Chinese Economists 50Forum

李波简历

50人论坛成员。

1972年7月出生，获美国斯坦福大学经济学博士（Ph. D.），哈佛大学职业法律博士（J. D.），波士顿大学经济学硕士（M. A.）。曾先后任美国纽约达维律师事务所专职律师，中国人民银行条法司副司长、司长，2009年至今任货币政策二司司长。研究领域为宏观经济学、货币金融学、中国经济改革。

部分研究成果：《深化经济体制改革重点领域一揽子方案》（主编，即将出版）。《金融危机与宏观经济政策（文集）》（专著，即将出版）。《汇率与货币政策文集》（主编，即将出版）。《新金融评论》（即将出版）中的“构建有利于地方改革创新的统一大市场”（与魏加宁合著），“社会保障体制改革的方案设计”（与白重恩、马骏合著）。《国际汇率监督——规则的嬗变》（与邢毓静、郑红合作主编）。《公共执法与私人执法的比较经济研究》（专著）。

期　　目：总第268期
演讲时间：2014年12月4日

今天我讲三个方面的内容，第一是人民币国际化的背景，第二是人民币跨境使用的一些举措，第三简单讲一下展望。

人民币走出国门是最近五年的事。大的背景我简单概括为三个阶段。第一个阶段是在经济全球化的背景下，中国在过去30年主动参与全球化的进程，也是全球化最大的受益者之一，我们参与了全球的贸易体系，制造业分工体系，也逐渐融入全球的金融市场。我国对外开放分为三个阶段。第一个阶段是1980—1990年，这个阶段的主要特点是引进外资，同时引进了一些技术、管理等。第二个阶段主要是21世纪的头十年，即加入WTO的第一个十年。第二个阶段的特点主要是融入全球的贸易体系和制造业分工体系，中国成为世界工厂。在加入WTO第一个十年，经济得到高速发展，贸易规模也快速增加。第三个阶段是从金融危机以后，即21世纪的第二个十年。对外开放更多的是要“走出去”，企业、银行等金融机构开始“走出去”，货币也开始“走出去”。第三个阶段有个很重要的特点，就是我们要逐渐融入全球的金融市场和金融体系。很显然第三个阶段跟第二个阶段有点不一样，第二个阶段是加入WTO，我们是融入全球的贸易体系，但仅仅融入全球的贸易体系是不够的，还要融入全球的金融市场体系。我们对外开放经历也是不同的，首先是要引进外资、引进产业，逐渐参与商业、参与全球贸易体系，促进贸易自由化。然后金融市场要双向开放，要实现资本项目的开放。资本项目的开放还有一个表述叫资本项目的可兑换，人民币要成为一个在资本项目下也可兑换的货币。

1993年十四届三中全会就明确要把人民币变成一个可兑换的货币。可兑换包括两个方面：一个是经常项目可兑换，一个是资本项目可兑换。经常项目以贸易为主。1996年我国宣布适用国际货币组织第八条款，实现了经常项目可兑换。当时有人估计大概再用五到七年，中国就可以实现资本项目的可兑换。资本项目可兑换实际上就是双向投融资的开放。就是允许我们中国的企业、中国的老百姓到境外投资和融资，也允许境外的企业到中国来投资和融资。如果双向投融资开放，人民币不仅仅是经常项目可兑换的货币，而且也是资本项目可兑换的货币。这样就能实现了 1993 年所宣布的要把人民币变成可兑换货币的目标。

1996 年到现在过了 18 年了，人民币资本项目可兑换还没有实现。这里面有客观原因，首先是 1996 年宣布经常项目可兑换之后遇到亚洲金融危机，亚洲金融危机刚过，我国加入 WTO。加入 WTO 前几年大家比较慎重，再之后发现国有银行技术性破产，所以我们对国有银行进行了改革，要注资、重组、上市。包括把银行变成一个具有现代治理结构的、财务健康的、市场化的主体。2003 年开始推进国有银行改革，2005 年开始汇率形成机制改革。因为我们知道如果银行不健康，如果汇率形成机制不够市场化，实现资本项目可兑换是有风险的。资本项目可兑换需要我们的微观基础改革。要先推动金融机构改革，也要推动汇率形成机制和利率市场化改革，只有这样才有比较好的基础。也就是金融机构比较健康，同时汇率、利率基本上是市场化的，这样实现资本项目的可兑换才比较安全。从改革顺序上来讲还是符合了很多经济学家所希望的顺序，就是我们先使金融机构健康，把汇率、利率的市场化改革基本上完成，这时候再实现资本项目可兑换，风险就比较可控了。

现在情况怎么样呢？从 1996 年宣布经常项目可兑换到现在有 18 年，我们的银行改革已经基本完成，金融机构的市场化水平大幅提高，汇率、利率市场化改革也有了突破性进展。未来一两年，我们将争取实现利率市场化，人民币汇率也会越来越接近均衡，因此，应该尽快把资本项目可兑换提上日程。刚刚我讲了资本项目可兑换是双向投融资开放，而双向投融资开放包含的一个重要内容就是金融市场的开放，即股市、债市、货币市场都要双向开放。从这个意义上来讲，资本项目的开放实际上是中国金融市场要成为全球金融市场的一部分，我们的企业能去国外的股市、债市投资融资，境外的主体可以到中国的市场投资融资。这就是为什么把资本项目开放和加入 WTO 联系在一起。因为加入 WTO 是融入全球的贸易体系，而资本项目开放则是融入全球的金融市场。

过去十年，我们推出了一系列有关资本项目开放的制度安排，只不过这些制度的便利程度不够，很多东西还需要审批，还实行额度管理。实现资本项目可兑换需要大幅简化这些审批和额度管理。

2009 年之前人民币基本没有在国际上使用，我国对外贸易主要使用美元、欧元等国际货币进行计价和结算。过去的五年，人民币国际化的步伐确实超出了我们的预期，但是我们在崛起和发展壮大的过程中也有成长的烦恼。对外贸易用外币计价结算首先是存在货币错配问题，企业需要花人民币，但收到的却是美元。其次在人民币升值预期下，企业更不愿意持有美元，因为美元拿在手里贬值，因此收到的美元第一时间卖给银行。而银行也不愿意持有美元，拿在手里一样贬值，银行卖给谁？有人愿意买吗？愿意买的不多，大家都不愿意买。最后是中央银行来接盘。这就是我们为什么会有近四万亿的外汇储备的原因，外汇储备大家知道是别人印的钱，如果印多了价值能不能保证还不能确定，因为我们受制于别人。那么中央银行为什么要接呢？大家想一想，如果中央银行不接会有什么效果？人民币会升值得更快，出口受影响，就业也会受影响。所以，接盘的主要原因是我们要管理这个升值过程不要太快。过去十年我们要对它进行管理，如果不进行管理我们经济可能受不了。管理的结果是外汇储备近四万亿。大家可能觉得有点多。六个月的进口可能是一万亿左右，我们有近四万亿。为什么我们对外汇总觉得不太放心，说白了是别人的货币，对中央银行来讲这种接盘的行为靠什么呢？是靠印钞票来接盘的，钞票印多了会有什么后果呢？物价上涨，会通胀。为了防止通胀怎么办？对冲。就是印了钞票买了美元之后还得把钞票收回来。所以，中央银行要采取对冲。对冲有两种方式，一是提高准备金率，二是发央票。就是怕这个货币出去以后形成通货膨胀，所以赶紧把这个货币收回来对冲，但对冲是有成本的。不管是准备金还是发行央票都是有利息要付的。但是我们储备有收益，资产方对应的是外汇储备，负债方对应的是准备金或者央票。资产方有收益，但负债方是有成本的。我们的货币政策在过去的十年，是不断想办法把流动性收回来的货币政策。

我们试想一下，如果进出口贸易都用自己的货币计价结算，如果人民币是国际货币，那么刚才说的烦恼就没有了。为什么呢？因为第一不存在货币错配了，不用把收来的货币着急卖掉，因为我收的是人民币。第二也不存在贬值的问题，因为拿来的都是我们自己的货币。贸易顺差全部是人民币，那就不存在企业和银行把别人的货币卖给中央银行的问题。因此，从这个意义上来讲的话，人民币没有国际化是比较吃亏的。我们意识到，仅仅成为一个制造业大国、贸易大国是不够的，我们还要成为金融大国。而成为金融大国一个很重要的标志就是其货币是不是一个被国际市场接受的货币，国际市场愿不愿意用其货币进行计价和结算。

下面我想说一下为什么人民币国际化步伐是从 2009 年开始的。最重要的原因是这一次的国际金融危机，美国次贷危机引起的全球金融危机给了人民币一次机会。因为这次危机使不少国家都出现了美元短缺。他们都不约而同地来找中国，说你能不能给我们点儿美元，或者给我们点儿人民币，用人民币来做贸易行不行？所以国际金融危机让很多国家认识到国际货币体系可能应该更加多元化。

事实上，国际货币体系改革是好几次峰会的话题，越来越引起人们的重视。国际金融危机给了我们一个机会，也给了市场更多的需求，他们希望有更多的货币能够扮演国际货币的角色。我可以推荐大家看一下2009 年 3 月人民银行网站上发表的三篇文章。这三篇文章主要是针对当时一些西方学者提出的所谓“危机责任论”。即为什么会有次贷危机？次贷危机的罪魁祸首是谁？有人说是美联储，因为美联储的货币政策过于宽松。但是美联储说他们很冤枉，格林斯潘也说自己很冤枉，说从2003 年就开始加息，连续加了七八次，并没有让货币政策很宽松。但加息有一个什么问题呢？大家知道美联储只调控短期利率，通过金融市场逐渐传导到中长期利率。历史上来讲，美联储只要把短期利率调高，中长期利率也会跟着往上走。但 2003—2006 年却出现了长期利率没有动而且还很低，所以美国老百姓拼命借钱，出现了次贷房地产泡沫。格林斯潘说这不能怪我，我的货币政策只能管短期利率，长期利率不跟着动我也不知道为什么？当时格林斯潘本人有一个理论，他说是不是出现了大的技术革命，大的供给端的冲击导致了长期利率很低。

但是这一次危机出来之后，有一些人说看来这个次贷危机不能怪美联储，因为格林斯潘先生已经多次加息了，所以美国流动性过剩，资产泡沫不能怪美联储。那应该怪谁呢？他们想了想可能这个事得怪中国。美国的次贷危机为什么怪中国？这个逻辑链条是怎么来的呢？他们当时发明两个词。一个叫全球贸易失衡。说美国长期贸易逆差，而以中国为首的东亚国家以及石油输出国大量的贸易顺差。这些国家的贸易大量顺差的结果是大量积累外汇储备，这些外汇储备又源源不断回到美国去投资，去买美国的国债，买美国的金融债，所以造成美联储货币政策失灵，所以他们认为这个危机的罪魁祸首是贸易失衡。另外一个词叫储蓄失衡。以中国为首的东亚国家有一个特点是储蓄率特别高，到了国内用不完的程度，所以多余的储蓄转换为贸易顺差。贸易失衡和储蓄失衡的后面是什么？他认为是中国操纵汇率。为什么中国会有那么多储蓄？为什么有那么多的贸易顺差？是因为我们对人民币长期低估。人民币低估就是出口更便宜。而且人民币低估会抑制服务业的发展，因为补贴给加工业而相比服务业就没有那么多回报，因为干出口加工业回报多。所以很多资源都流向了出口加工业。服务业受到抑制，其结果就造成消费不足，而消费不足的结果就是储蓄太高，汇率低估也造成储蓄过多，所以储蓄失衡也跟汇率有关系，贸易顺差也跟汇率有关系。这种情况下，有三篇文章是对这个问题进行了一个回答，到底怎么看中国贸易的顺差，到底怎么看中国的高储蓄，到底应该怎么看这次危机的根源。

第一篇文章是讲储蓄率，中国的储蓄率确实很高，但是有很多原因。很多现有的文献都研究了高储蓄率，认为有文化的因素，也有社会保障不健全的因素，也有一些企业部门储蓄率高的因素，还跟我们的公司治理、资本市场不发达也有关系。无论怎样，没有一个经济学家说中国的高储蓄是因为汇率低估，至少现有的文献没有发现。严谨的学术研究没有发现说中国的汇率和中国的储蓄率有什么关系。

第二篇文章是讲国际货币体系。这一次危机的一个重要原因是国际货币体系。为什么美国货币政策会失灵呢？这跟它的美元的储备货币地位有关系。美国作为货币储备的发行国，就要接受来自于全世界的多余储蓄。因为各国储备投到你这里来，只能买流动性最好的资产。因为你是储备货币，而这个储备货币的地位不是全世界强加给你的，是你自己要的。1945 年当时有两个方案，一个是美国财政部提的怀特方案，一个是凯恩斯方案。凯恩斯方案和怀特方案有什么区别？怀特方案就是要把美元作为国际货币体系的核心，建立国际货币基金组织，美元跟黄金挂钩，其他所有货币跟美元挂钩，这就是怀特方案。凯恩斯的方案是不能以主权货币作为国际货币体系的核心，这个很危险，应该搞一个世界货币。把名字都取好了。他认为应该搞一个超主权的货币作为国际货币。但是最后谁赢了？最后怀特赢了，最后美国赢了，因为美国是“二战”以后唯一的超级大国，没有国家能够抗衡。所以建立了布雷顿森林体系，成立国际货币基金组织，美元跟黄金挂钩，其他所有货币跟美元挂钩，搞固定汇率。美国人承诺只要拿美元来就可以换黄金。可是黄金窗口到 1971 年就关闭了，美国人受不了，关闭了黄金窗口。但黄金窗口关闭欧洲人非常生气，欧洲成立了一个财长代表团，各个财政部部长联合起来去美国兴师问罪。当时美国财政部长接见了他们，说了让欧洲人刻骨铭心的一句话："美元是我们的货币，但是你们的问题不是我们的问题，不要来找我们。"欧洲人从那天开始发誓一定要搞一个欧元。欧洲人当时用了一句话，说美国人享受了令人发指的特权。美国教授写了一本书，书名叫《嚣张的特权》，我翻译成"令人发指的特权"。美元储备地位不是全世界强加给它的，是它自己要的，后果是它必须要接受来自于全世界多余的储蓄。全世界官方储备都要投资到美国债券上，意味着货币政策可能失灵。所以说，很多意义上来讲次贷危机包括格林斯潘的困惑，它的根源可能在于国际货币体系，不能怪我们这些高储蓄国家，因为我们没有选择。国际货币体系是美国人定的，不是我们定的。其实我们这些多余的储蓄还可以用得更好。因为全世界还有很多穷的国家、很多发展中的国家需要很多投资，谁有这个能力在这个国家投资呢？其中一个很重要的群体是国际开发机构，世界银行、亚洲开发银行、非洲开发银行等。这些国际开发机构很重要的职责是去落后国家投资，帮助他们发展经济。这些国际开发机构可以发债，它如果发债我们会买，因为它们的债券是3A级的。它们发债的好处是可以把各国多余的储蓄用到穷国身上去，能够帮助穷国发展。但是事实上他们基本上不怎么发债。国际开发机构谁是大股东？美国。包括亚洲开放银行的大股东都是美国。实际上国际开发机构本来可以发债，通过发债的方式把各个国家的官方储备资金筹过来，然后用于穷国的发展。有这个能力让它发债的是大股东，大股东应该有前瞻性的考虑，怎样把这些国家这么多的储蓄用好。但可惜的是没有人考虑这些问题，没有更多考虑第三世界发展中国家。所以从这个意义上来讲，这个危机责任论是有问题的，它把这个责任全部都推给以中国为首的高储蓄国家不符合历史，也不符合今天的逻辑。这篇文章引起国际社会的讨论，我们到底想要什么样的国际货币体系？如何改革，如何优化国际货币体系？这个题目获得了很多国家的响应，戛纳峰会的一个议题就是国际货币体制改革。在这篇文章里面也提出了一个建议，各国可以联合起来研究，把国际货币基金组织的SDR发展成为一个储备货币，即一个超主权的国际货币。能不能把SDR发展成为一个超主权的国际货币，需要做哪些工作，这本身就是一个很大的课题，但是也很有意思。

我刚才讲了人民币国际化的启动有特定的国内国际背景，总体上的一个考虑是要顺势而为，不能拔苗助长，要根据市场的需求，给市场一个选择。我们主要的工作是清理法规，消除不必要的管制和歧视，让市场选择。而且人民币跨境使用是一个比较低调务实的一些提法，目的是要推动贸易投资便利化。我们认识到人民币能不能成为一个国际货币，是市场选择的结果，绝对不是中央银行推动的结果。中央银行能做的是解除管制，允许市场主体做出选择。在过去的五年主要开放的是贸易和直接投资结算，是实体经济领域。

下一个阶段要加快实现人民币资本项目可兑换，使人民币成为可兑换货币。因为人民币只有成为可兑换货币之后，人民币国际化的步伐才有坚实基础。如果不是可兑换货币的话，别人会觉得你的货币使用起来不方便。人民币成为可兑换货币之后，我们也可以加入 SDR 篮子，SDR 是国际货币基金组织的一个储备，所有的国际货币基金组织的成员都可以持有一定额度的 SDR 作为它的国际储备的一部分。它本身并不是货币也不是资产，只是一种权利。SDR 有一个定值的篮子，目前只有四种货币：美元、欧元、英镑、日元。国际货币基金组织每五年会评估一次，评估篮子是不是要加入新的货币。一种货币成为 SDR 篮子货币有两个条件：一是出口量要大，要名列世界前茅，这个条件我们已经满足了；二是这是可以自由使用的货币，即在国际的银行存款、国际债券市场、国际外汇市场及国际的官方储备中有一定的占比。如果满足这两个条件就可以加入 SDR 篮子，成为定值货币之一。现在最有希望成为第五个货币就是人民币。

第三个阶段就是能够推动实现国际货币体系的多元化，我们有可能成为第五个比较重要的国际货币。我们在过去这五年处于第一个阶段，通过解除管制，通过制定一些基本的政策，为人民币的跨境使用提供一个政策环境。与一系列国家签署了本币互换协议、本币结算协议，推动人民币与非主要储备货币进行直接交易，以香港为主的人民币离岸市场也逐步发展起来。然后我想简单介绍一下在过去几年人民币国际化发展的情况。

第一是 2008 年底，上海市政府和广东省政府向国务院上报了请示，希望在上海和广东试点跨境贸易人民币结算。国务院责成人民银行牵头研究。其实用人民币作为贸易结算的货币在这之前就提出来过，2005 年、2006 年提出来跟香港之间可不可以用人民币进行贸易结算，当时因为各方的意见不一致没有得到通过。2008 年雷曼事件之后世界经济形势不好，贸易也不太好，所以大家感到有紧迫感，于是再次提出来研究。

2009 年 1 月，我们将试点方案上报了国务院。2009 年 4 月国务院常务会议同意在上海和广东四个城市试点跨境贸易人民币结算。2009 年 7 月正式开始跨境贸易人民币结算试点。

第二是跨境直接投资人民币结算。ODI 是走出去，FDI 是引进来，在这方面也发展很快。现在跨境直接投资人民币收支占比达到三分之一。FDI 更高，因为用人民币更方便，用人民币投资不用结汇了，而用外汇投资有个结汇的问题。而结汇按照规定还不能一次结，也是根据需要，需要用钱才能结。所以一些企业发现用外汇来做 FDI 不太方便，用人民币做 FDI 更加方便。跨境人民币融资包括两个方面，一个是贸易融资，一个是项目融资。贸易融资是双向开放的，一年六万亿的贸易人民币结算量，很大一部分是有贸易融资支持的。项目融资方面，我们起步比较晚。项目融资主要开放的是中资银行向境外提供人民币贷款，主要是人民币输出。反向的从境外流入管得比较严。原因之一是因为我们希望人民币在境外先飞一会儿，不急着回来，不希望境外人民币很快通过融资又回来。有些国家货币国际化不太成功的原因之一是本国的企业来回倒腾，没有实现货币的国际使用。我们的重点还是输出，鼓励境内银行和企业使用人民币向境外融资、投资。

第三是跨境人民币证券投资。自从人民币开始跨境使用之后，我们陆续推出了 RQFII 和 RQDII。2014 年 11 月 17 日启动了“沪港通”，双向允许大陆的投资者去买港股，国际投资者来买 A 股，双向都用人民币。

第四是我们的本币互换。互换实际上是借贷关系，不是买卖关系。如果有的国家需要人民币，该国央行与人民银行签个互换协议。有个授信额度，比如人民银行与欧央行签的是 3500 亿人民币与欧元的互换，如果欧元区某个国家需要人民币，欧央行可以启动互换，互换三个月的时间，三个月后还给你。什么叫互换呢？就是它启用互换之后我把人民币给它，它把欧元给我。相当于把欧元抵押给我，三个月之后它把人民币还给我，我把欧元给它，还要付利息给我。相当于一个借贷关系。3500 亿是额度上限，签的协议只是一个授信，实际上用不用就取决于它在当地市场有没有需求。所以，所谓的互换实际上是一个相互的，如果我们需要欧元也可以启动互换。启动方付利息，提供方不用付利息，是典型的借贷关系。最初这种互换主要的功能是维护金融稳定，像韩国等国家担心国际金融危机影响金融稳定，想与人民银行签一个互换协议来提振金融市场信心。后来发现危机之后互换又有一个新的功能，就是它可以为人民币的离岸市场提供流动性。相当于人民银行发挥了提供人民币流动性的功能，如果某个离岸市场需要人民币了，当地的央行或货币当局可以启动互换，人民银行通过互换提供人民币。目前，本币互换安排越来越多的国家开始使用了。现在人民银行签了28个互换协议，总额度超过三万亿人民币。有了这种互换安排后我们发现还是起到了很好的作用。有些国家在本国推出了人民币的优先安排，韩国央行专门推出一个安排，允许韩国本地的银行把当地的债券抵押给韩国央行，韩国央行提供人民币，韩国央行人民币从哪来？就是通过互换获取的。

同时，过去这几年人民银行逐渐实现了人民币和一系列外币的直接交易。什么叫直接交易？以前我们跟其他货币之间没有直接汇率，我们只有跟美元有直接汇率。其他的货币汇率都是通过美元套算出来的，包括欧元、日元等国际货币。这次危机来了之后，很多国家说能不能直接交易，鼓励银行持有本币，而不仅仅是美元。原则上是对方在他们的银行间市场挂牌，我们也在境内银行间市场挂牌，通过这种方式进一步加强了与一些国家的货币合作。我们还在一些地方尝试新的跨境人民币业务。例如在上海自贸区首先尝试了跨国企业集团人民币资金池业务。后来人民银行就将该项政策推广到了全国，允许全国跨国企业集团都可以开展人民币资金池业务。

第五是人民币离岸市场，首先从香港开始。香港从2003年开始开展个人人民币业务，但是规模很小。那时候我们并没有一个政策是允许离岸市场做大的。当时的主要原则是人民币要回流。自2009年开始人民币离岸市场逐渐发展壮大，现在香港人民币存款已经接近12000亿。台湾的人民币存款超过3000亿。人民币离岸市场发展呈现以香港为主、多个市场并行发展的局面。很多国家都对人民币业务表达了强烈的兴趣，而且主动提出了一些要求，一是希望与人民银行签互换协议，二是希望在当地选一家人民币清算行，第三是希望给一个RQFII的额度，第四是希望其货币与人民币直接交易。对此，我们总的态度是乐见其成，希望通过人民币离岸市场的发展能够推动双边贸易投资的便利化，通过人民币的跨境使用能够推动实体经济的发展，同时也希望在从事跨境或者国际交易的时候，能够便利双边的企业和金融机构，使他们能够多一个选择。尤其是最近这两年，大家可以看到除了中国香港以外，新加坡、伦敦、法兰克福、悉尼等地，越来越多的国家和地区开始把人民币业务看成是当地金融市场发展的一个机会，纷纷提出来一系列的货币合作需求。我们因此很受鼓舞，这说明国际市场确实对人民币有需求，人民币的国际使用确实服务了实体经济，也成为我们对外经济交往的一个亮点。

最后我再简单地展望一下，人民币国际化的道路任重而道远。其实我们只是刚刚起步，过去五年只能说开了一个头，这个开头总的来讲还不错。但下一步人民币能不能进一步上台阶，真正成为一个国际结算货币、投资货币和储备货币，应该说我们还有很多工作要做。我想主要有四个方面。第一是“家庭作业”要做好，加快实现人民币资本项目可兑换，同时利率汇率市场化改革要基本到位。第二是要进一步优化我们人民币跨境使用的政策。第三是要建立人民币跨境使用及人民币国际使用的一些基础设施，其中一个很重要的措施是人民币跨境支付系统，即CIPS。这个系统人民银行正在紧锣密鼓地建设，建成之后，就能够为人民币跨境使用提供更高效、更安全、更稳定的支付清算渠道。同时要逐步实现政府部门在涉外经济管理、统计核算中使用人民币计价。自2014年开始进出口、国际收支等统计数据已经开始使用人民币作为主要计价货币。政府部门首先使用人民币计价有很重要的意义，会给市场主体一个良好的导向，促进企业签约更多用人民币计价。最后是风险防范。人民币跨境使用，包括资本项目开放肯定会面临更大规模的资本跨境流动。相关的风险我们要密切监测分析，同时要建立宏观审慎政策框架来有效管理跨境资本流动。我们要实现资本项目开放，实现资本项目可兑换，逐渐取消很多审批。因为传统上是通过行政审批包括额度管理来控制跨境资本流动，资本项目可兑换之后管制和审批就要逐步取消，取消之后是不是就不管了呢？跨境资本流动尤其是短期资本流动还是有风险的，因此还是要保留必要的管理措施，但不再是用事前审批的方式来管，而是要建立一些宏观审慎的指标，通过宏观审慎指标来监测整个经济体系的宏观风险。比如说外债，通过一些指标来管理，如果突破了这个指标就不能再借了。所谓可兑换，实际上就是逐渐用宏观审慎的管理来替代微观的行政审批，来替代微观的外汇管制。

下一步在推动资本项目的开放，在推动人民币国际化的过程中，要建立一套新的以宏观审慎为核心的管理框架，来逐步替代以前的微观行政审批式的管理制度。

附录 1

中国经济 50 人论坛简介

中国经济 50 人论坛，是由中国经济学界部分有识之士于 1998 年 6 月在北京共同发起组成的独立的学术组织。论坛聚集了中国具有一流学术水准、享有较高社会声誉并且致力于中国经济问题研究的 50 位著名经济学家。论坛成员都以学者身份参与论坛研究活动，自由发表自己的学术成果及建议，共同参与中国经济重大课题的交流与探讨，提出政策建议和意见。论坛的宗旨和目的就是把各个领域有着深入理论研究的专家聚集起来，通过自由、深入的研讨和交流，激发彼此的创造力，用集体智慧的成果，推动中国经济的改革与发展。

Brief Introduction

Chinese Economists 50 Forum is an independent academic research institute based in Beijing, China. It is initiated by a group of celebrated Chinese economists, who enjoy the reputation of first class academic expertise and are dedicated to research China's economic issues. The Forum constitutes of 50 Chinese economists that contribute their ideas and researches at their own free will, on the basis of their independent academic activities that engage in the study and analysis of significant economic issues in China, as well as policy suggestions and comments. The mission and aim of the Forum is to encourage the creative ideas of economists by collective, extensive, in-depth exchanging and discussing of research results and policy suggestions by experts and economists who have carried out tremendous work in their academic fields. The Forum believes that its activities are helpful to the reform and development of China's economy.

附录 2

中国经济 50 人论坛成员名录

学术委员会成员：

樊纲、易纲、吴晓灵、许善达、蔡昉

学术委员会荣誉成员：

吴敬琏、刘鹤

论坛成员（以姓名拼音字母为序）：

1. 白重恩（教授、博导） 清华大学经济管理学院副院长、经济系主任
2. 蔡　昉（中国社会科学院学部委员、研究员、博导） 全国人大常委、中国社会科学院副院长
3. 蔡洪滨（教授、博导） 北京大学光华管理学院院长
4. 曹远征（研究员、博导） 中国银行首席经济学家
5. 陈东琪（教授、研究员、博导） 国家发展和改革委员会宏观经济研究院副院长
6. 陈锡文（教授、研究员、博导） 中央农村工作领导小组副组长、中央财经领导小组办公室副主任、中央农村工作领导小组办公室主任
7. 樊　纲（教授、研究员、博导） 中国经济体制改革研究会副会长、国民经济研究所所长
8. 管　涛 国家外汇管理局国际收支司司长

9. 郭树清（研究员、博导） 山东省人民政府省长

10. 韩　俊（研究员、博导） 中央财经领导小组办公室副主任

11. 韩文秀 国务院研究室副主任

12. 贺力平（教授、研究员、博导） 北京师范大学国际金融研究所所长

13. 胡鞍钢（教授、研究员、博导） 清华大学国情研究院院长

14. 黄益平（教授） 北京大学国家发展研究院副院长

15. 江小涓（教授、研究员、博导） 国务院副秘书长

16. 李　波 中国人民银行货币政策二司司长

17. 李剑阁（教授、研究员、博导） 中央汇金投资有限责任公司副董事长、申银万国证券股份有限公司董事长

18. 李晓西（教授、博导） 教育部社会科学委员会经济学学部召集人、北京师范大学校学术委员会副主任、经济与资源管理研究院名誉院长

19. 李　扬（中国社会科学院学部委员、研究员、博导） 中国社会科学院副院长

20. 林毅夫（教授、博导） 全国政协常委、经济委员会副主任、北京大学国家发展研究院名誉院长

21. 刘世锦（教授、研究员、博导） 国务院发展研究中心副主任

22. 刘　伟（教授、博导） 北京大学常务副校长

23. 隆国强（研究员） 国务院发展研究中心党组成员兼办公厅主任

24. 楼继伟（研究员） 财政部部长

25. 马建堂（研究员、博导） 国家统计局局长

26. 钱颖一（教授、博导） 清华大学经济管理学院院长

27. 盛　洪（教授、博导） 北京天则经济研究所所长、山东大学经济研究中心教授

28. 石小敏（高级经济师） 中国经济体制改革研究会副会长

29. 宋国青（教授、博导） 北京大学国家发展研究院

30. 宋晓梧（研究员、博导） 中国经济体制改革研究会顾问

31. 汤　敏（教授） 国务院参事、友成企业家扶贫基金会常务副理事长

32. 汪同三（中国社会科学院学部委员、研究员、博导） 中国社会科学院数量经济与技术经济研究所

33. 王　建（研究员） 中国宏观经济学会副会长兼秘书长

34. 王一鸣（研究员） 国家发展和改革委员会副秘书长

35. 魏　杰（教授、博导） 清华大学中国经济研究中心主任

36. 吴晓灵（研究员、博导） 全国人大常委、财政经济委员会副主任

37. 夏　斌（教授、研究员、博导） 国务院参事、南开大学国家经济研究院院长

38. 肖　捷 国务院副秘书长

39. 谢伏瞻（教授、研究员、博导） 河南省人民政府省长

40. 谢　平（研究员、博导） 中国投资有限责任公司副总经理

41. 许善达（高级经济师、教授、研究员） 中国注册税务师协会顾问、联办财经研究院院长

42. 杨伟民（研究员） 中央财经领导小组办公室副主任

43. 易　纲（教授、研究员、博导） 中央财经领导小组办公室副主任 中国人民银行副行长、国家外汇管理局局长

44. 余永定（中国社会科学院学部委员、研究员、博导） 中国世界经济学会前会长

45. 张维迎（教授） 北京大学国家发展研究院

46. 郑新立（教授、研究员、博导） 中国国际经济交流中心常务副理事长

47. 周其仁（教授、博导） 北京大学国家发展研究院

48. 周小川（教授、研究员、博导） 全国政协副主席、中国人民银行行长

论坛荣誉成员：

茅于轼

附录3

中国经济50人论坛
企业家理事会名录

企业家理事会召集人　段永基　柳传志

企业家理事会秘书长　林荣强

企业家理事会副秘书长　王小兰

企业家理事会监事会　段永基　林荣强

理事会成员（以姓名拼音字母为序）

1.	段永基	四通集团公司董事长
2.	郭翠萍	中元宝通（北京）商业发展有限公司董事长
3.	李河君	汉能控股集团董事局主席兼首席执行官
4.	林荣强	信远控股集团有限公司董事长
5.	林寿康	中国国际金融有限公司代理总裁
6.	柳传志	联想控股有限公司董事长
7.	刘关清	深圳迅宝环保股份有限公司董事长
8.	刘光超	北京市道可特律师事务所主任
9.	刘志硕	自由投资人
10.	卢志强	中国泛海控股集团有限董事长兼总裁
11.	潘仲光	东方高尔夫国际集团总裁
12.	平　凡	上海朗盛投资有限公司董事长兼首席执行官

13. 秦　朔　上海第一财经传媒有限公司总经理
14. 任志强　中国房地产业协会副会长
15. 史玉柱　巨人投资有限公司董事长
16. 孙珩超　宝塔石化集团董事局主席
17. 王金生　北京天正中广投资控股集团有限公司董事长
18. 王小兰　时代集团公司总裁
19. 杨胜利　北京貔亿投资管理有限公司董事长
20. 赵　民　北京正略钧策管理顾问有限公司董事长
21. 赵伟国　北京健坤投资集团有限公司董事长
22. 周远志　新意资本基金管理（深圳）有限公司总裁
23. 朱德贞　上海国和现代服务业股权投资管理公司总裁